化学工业出版社"十四五"普通高等教育本科规划教材

江苏省高等教育教学改革研究重点课题成果

化学教学论

HUAXUE JIAOXUELUN

杨玉琴 编著

U0359511

化学工业出版社

·北京·

内 容 简 介

《化学教学论》坚持"落实立德树人根本任务",以《普通高中化学课程标准(2017 年版 2020 年修订)》《义务教育化学课程标准(2022 年版)》的实施对化学师范生的素养要求及师范生毕业后的教师专业发展需求为本,构建了系统回答"为什么要教化学""化学教学教什么""学生怎么学化学""教师怎么教化学""如何知道教学效果好不好"以及"未来到了工作岗位上如何更好地发展"等教学论基本问题的内容体系。教材以案例学习模式呈现内容,自下而上地揭示"素养导向"的化学教学规律,重视师范生实践能力和实践智慧的培养。通过"学习准备""案例分析""交流讨论""课堂实践""对标整理"及"练习与实践"等多样化栏目的设置,丰富教学活动,力求"易学便教"。

《化学教学论》不仅可以作为师范生学习"化学教学论"课程的教材,也可作为国家化学教师资格证考试的参考书,还可作为中学化学教师提升教学设计能力的参考书。

图书在版编目(CIP)数据

化学教学论/杨玉琴编著. —北京:化学工业出版社,2023.5(2024.2 重印)

化学工业出版社"十四五"普通高等教育本科规划教材 江苏省高等教育教学改革研究重点课题成果

ISBN 978-7-122-43245-2

Ⅰ.①化… Ⅱ.①杨… Ⅲ.①中学化学课-化学实验-教学研究-师范大学-教材 Ⅳ.①G633.82

中国国家版本馆 CIP 数据核字(2023)第 058638 号

责任编辑:褚红喜 宋林青　　　　　　　　文字编辑:王丽娜
责任校对:宋 玮　　　　　　　　　　　　装帧设计:刘丽华

出版发行:化学工业出版社(北京市东城区青年湖南街 13 号 邮政编码 100011)
印　　装:河北鑫兆源印刷有限公司
787mm×1092mm 1/16 印张 20½ 字数 475 千字 2024 年 2 月北京第 1 版第 2 次印刷

购书咨询:010-64518888　　　　　　　　售后服务:010-64518899
网　　址:http://www.cip.com.cn
凡购买本书,如有缺损质量问题,本社销售中心负责调换。

定　　价:59.80 元

前言

化学教学论是四年制化学（师范）专业的一门必修课程，也是为师范生将来从事化学教学工作打基础的、最具"师范"特色的、"实战性"最强的一门课程。该课程具有"三性"：①思想性。课程以"立德树人"为根本任务，从教育理念、教学内容、教学方法、科学态度、科学方法以及优良品德和习惯等方面对师范生加以熏陶。②师范性。课程为师范生做"人师"（即教怎样做人）和"经师"（即教学问）进行职业定向的培养和教育。③实践性。课程紧密结合中学化学教学实际，师范生不仅要理解学科教学理论，更需要积累与化学教学实践相关的"临床"经验，学会如何应对和解决复杂的现实教学问题。其中，思想性为先导，师范性为核心，实践性为根基。

自 2018 年中共中央、国务院《关于全面深化新时代教师队伍建设改革的意见》和教育部等五部门《教师教育振兴行动计划（2018—2022 年)》出台以来，师范教育迎来了"新时代"。党的二十大报告提出"实施科教兴国战略，强化现代化建设人才支撑"。这些都对新师范教育提出了新要求、新挑战。化学教学论的课程定位不仅是为教师职业之旅奠基，而且要以培养适应"教育强国"需求的高素质教师为旨归，构建"师德为先，能力为本，知识为基"的立体化课程目标，强化实践性课程知识，倡导案例式学习、研究性学习等以学生为中心的学习方式。

化学教学论课程与基础教育化学课程具有共生共长的关系。21 世纪以来，基础教育化学课程改革不断进行，随着《普通高中化学课程标准（2017 年版 2020 年修订)》和《义务教育化学课程标准（2022 年版)》的颁发，相应的中学化学教材体系也发生了变化。这就需要化学教学论课程内容及时更新，甚至要走在中学化学课程改革的前面，这样才能保证师范生毕业后能够适应基础教育改革的需求。从基础教育实践的现实需求出发，构思和优化课程设置，选择和组织课程内容，培育和提升师范生的教学素养，这是化学教学论课程建设的应然路向。

在新时代师范教育改革和基础教育课程改革的大背景下，本书的编写具有鲜明的时代性、基础性、实践性和应用性。在课程内容体系的选择和构建上，我们以《普通高中化学课程标准（2017 年版 2020 年修订)》和《义务教育化学课程标准（2022 年版)》对化学师范生的素养要求以及师范生毕业后的教师专业发展需求为本，呈现了实施新课程标准的许多鲜活的理论和实践问题，譬如，如何理解"以发展化学学科核心素养为主旨"的课程目标体系和内容体系？如何实施"素养导向"的教学？"双减"背景下如何设计化学作业？等等；从化学教学的基本原理出发，选择了学生未来从事教师职业专业发展最需要的化学教学基础知识和基本技能；为解决学习本课程前学生因尚无机会接触大量的学科教学实践，而较难对学科教学理论知识产生共鸣的问题，本书中编写了与中学化学课程教学相关的大量精品案例。通过各种具体案例的分析和讨论，让抽象的理论更加鲜活、生动。师范生不仅可以更好地领悟、理解和检验有关教学论的原理知识，还能像真正的专家型教师那样去思考问题、分析问题和解决问题，一旦他们走上工作岗位，就可以把这些解决问题的思维方式进行迁移应用，形成真正的"实践智慧"。为"易学便教"，在体例呈现上，本书进行了一定程度的改革创新，设置了"学习准备""案例分析""交流讨论""课堂实践""对标整理""练习与实践"等栏目。尤其是"对标整理"部分，基本涵盖了中学化学教师资格证考试中"学科教学能力"所要求的内容，在"练习与实践"中还编入了"化学学科教学能力"考试中的典型真题，便于师范生或非师范生通过该教材的学习为教师资格证相关考试做好准备。

全书共 11 章，第一章"化学、化学教育与化学教师"主要回答"什么是化学""为什么要教化学"以及"怎样才能教好化学"的问题，帮助师范生建立崇高的职业信念；第二章"化学课程、课程标准与教科书的解读"主要回答"教什么"的问题，帮助化学师范生认识化学课程体系，读懂化学课程标准和教科书，为教好化学奠定基础；第三章"化学教学目标及其科学研制"主要回答"教学中带领学生走向哪里"的问题，帮助师范生学会制订"素养导向"的教学目标，为教学与评价确定明确的方向；第四章"化学学习特征与方式"主要回答"学生怎么学"的问题，以使师范生能够"以学定教"；第五章"化学教学的原理与方法"、第六章"化学实验与实验教学"、第七章"化学教学情境的创设与利用"以及第八章"化学教学媒体的选择与运用"着力解决"怎么教"的问题，以化学教学的基本原理与方法为基础，突出"化学以实验为基础"的特征、教学情境在"素养导向"教学中的重要作用以及多媒体的辅助作用等；第九章"化学作业的选编与利用"则解决"双减"背景下，如何精选作业以达到"教、学、评"一体化设计的目的这一问题；第十章"化学教学设计与教案编制"是第二至第九章内容的综合运用，旨在帮助师范生学会综合利用化学课程、学习教学基础知识的设计和撰写不同课型的教学方案；第十一章"化学教师的专业发展"则回答了师范生未来到了教师岗位上怎么发展的问题，也是对第一章"怎样才能教好化学"的进一步回应。

本书由盐城师范学院杨玉琴教授编著和定稿。书中不少内容来自本人长期耕耘于基础教育研究领域的成果，也引用了国内外不少学者的研究成果。葛超老师以及研究生杭瑄同学对全书进行了审读与校对，化学工业出版社为本书的出版提供了大力支持。在此一并表示衷心感谢！本书是江苏省高等教育教改研究重点立项课题——新师范背景下"学科教学论"课程与教学持续改进研究（2021JSJG132）的成果之一，既可以作为高等师范院校本科生化学教师教育的教材、中学化学教师资格证考试的备考学习用书，也可作为化学课程与教学论硕士、化学教育专业硕士的学习参考书，还可为中学化学教师的在职学习和集中研修提供素材。

由于作者水平有限，本书中的观点、案例和文字等难免存在遗漏或失当之处，恳请使用本书的同行、学生和专家等批评指正！

杨玉琴

2023 年 5 月

目录

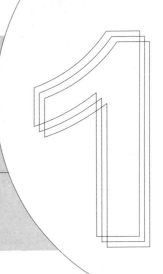

第一章

化学、化学教育与化学教师

 学习准备

查阅资料，说说"化学"在人类抗击新冠疫情中起到了哪些作用？作为一名化学师范生，你眼中的"化学"是什么？

案例分析

【案例1-1】 中学生之"问"——为什么要学化学？

学了多年的化学，但还是不明白我们为什么要学化学。有人说化学能训练思维，而我以为这是数学科目的职责；有人说学化学是为了体验科学的探索精神，可现实中，我们有多少机会能获得这样的体验！我们只是一天到晚做题目，有点儿类似脑筋急转弯。不是你不聪明，只是你没站在出题人的角度去思考。谈到化学，我更多会想到有毒、污染、酸雨、爆炸……唉！化学究竟能为我们带来什么？学化学究竟为了什么？

——摘自一位中学生的日记

作为一名化学（师范）专业的学生，你未来的职业取向是成为一名化学教师。若上述日记来自你的学生，你会如何回答？作为一名未来的化学教师，你有没有思考过：究竟什么是化学？我们为什么要教化学？我们如何才能教好化学？

第一节 化学：人类进步的关键

人类从远古时代开始，通过使用火、制造陶器、冶炼金属和提取染料等一系列化学实践活动，远离了原始单调的生活方式，逐步进入了今天的文明社会。在人类发展进程中，化学始终扮演着重要的角色。现代社会的人类生活以及社会发展更与化学密不可分：是化学印染和合成纤维让衣饰丰富多彩；是化肥和农药的使用让粮满仓、菜满篮；是石灰、水泥、玻璃等的制造和使用让广厦千万；是金属冶炼、橡胶合成、石油分馏等让人类以车代步；是化学洗涤品、食品添加剂、美容化妆品以及装饰材料等使人类的生活锦上添花❶。人类的衣食住行无不与化学化工产品有关，可以说，如今我们生活在化学的世界中。无怪乎，美国著名化学家、诺贝尔化学奖获得者西博格（G. T. Seaborg）教授曾说，"化学是人类进步的关键"。

👥👥 合作交流

> 　　消毒剂、口罩和防护服等都是医院必不可少的防护用品。你能说出这些产品中的主要原料是如何生产的吗？请小组合作画出它们的主要生产工艺流程图，并在全班进行展示交流，谈谈你对化学及其价值的认识。

一、什么是"化学"

　　人类从用火开始，就逐渐认识到自然界中发生的各种变化：将柴草燃烧，熊熊烈火，烟气腾腾，柴草化为灰烬；将黏土拌水，做成陶瓷坯件，经火燃烧，变化成可以盛水的陶瓷器皿；将矿石冶炼，化石成金，得到性质和矿石完全不同的金属。人们从生产和生活实践中发现，物质能互相作用、发生变化。"变"是变化和改变之意；"化"是造化，即自然界运动变化、造成万物。据史学家考证，中文"化学"一词于 1856 年（清朝咸丰六年）见于书刊。由英国人韦廉臣（A. Williamson）编写的《格物探原》一书介绍了西方近代科学中的一些化学知识，书中用"化学"一词来翻译英文 chemistry，体现了中国文化所积累的对事物变化的认知。此时，距道尔顿（J. Dalton）原子学说的建立已超过半个世纪，已知道有 64 种元素，及由这些元素的原子互相化合生成的各种化合物。"化学"从其诞生起就深入原子和分子的层次来研究物质的变化规律❷。

　　化学作为自然科学的一个分支，在 17 世纪获得学科的地位，但还没能发展到开展专门的学校教育。这个时期的化学家或是从医药方面转行而来，或是完全出于个人兴趣和爱好而自学成才。近代和现代化学肇始于 18 世纪 50 年代，即化学从实验化学（experimental chemistry）进入定量化学（quantitative chemistry）时期，其主要标志是拉瓦锡（A. L. de Lavoisier）元素概念的提出结束了燃素说及随后道尔顿原子学说的提出。而作为"学科"进入学校体制的化学教育教学活动则延迟到 19 世纪中叶，恰为化学分支（二级学科）建立之后。从 19 世纪中叶起，发达国家的高等和中等教育相继设置化学课程；1865 年由清政府洋务派在上海创办江南制造局并附设机械学堂，其中设置了我国最早的化学课程，拉开了我国学校化学教育的序幕。可以说，"化学教育"作为我国教育系统的一个子系统，以化学课程为中介运作、发展，并在实践中发挥它的启智育人等功能。

　　虽然化学及其学科教育的历史悠久，但对于化学的定义至今尚未统一。如《美国科学

---

❶　王祖浩. 化学案例教学论［M］. 合肥：安徽教育出版社，2014：2.

❷　周公度. 化学是什么［M］. 北京：北京大学出版社，2011：1-3.

技术百科全书》（AEST）提到，"化学是研究物质的性质、组成和结构，研究物质所发生的结构和组成的变化，以及随之产生的能量变化的科学"；《中国大百科全书·化学》定义化学为"研究物质的性质、组成、结构、变化和应用的科学"等；不同时期、不同学者对化学的定义不一，但就其科学意义来说，化学是在原子和分子水平上研究物质的组成、结构和性能及其相互转化的规律性的科学。由于化学特有的研究对象，既以微观本质为基础，又具有多层次性，这使化学学科具有许多与其他科学学科不尽相同的特点❶。

19 世纪化学的各种学说的提出推动了化学的发展。例如：1811 年"分子"概念的引入成为整个化学的基础和发展源泉；1869 年门捷列夫（D. Mendeleyev）在批判和继承前人工作的基础上，发现元素周期律，把化学元素及其化合物纳入一个统一的理论体系，这对于化学和其他自然科学的发展起了重大指导作用。随着化学的理论不断完善与发展，化学家对组成分子的化学键本质、催化机理、分子间相互作用等的认识逐步系统和深入，并以此为基础使得化学在人类发现与创造新物质的征程上应用得更加如鱼得水，并逐步渗透到国民经济发展、人类生活改善以及国家安全保护等各个方面。

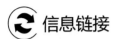 信息链接

化学的定义

化学是在原子、分子水平上研究物质的组成、结构、性质、转化及其应用的一门基础学科，其特征是从微观层次认识物质，以符号形式描述物质，在不同层面创造物质。化学不仅与经济发展、社会文明的关系密切，也是材料科学、生命科学、环境科学、能源科学和信息科学等现代科学技术的重要基础。化学在促进人类文明可持续发展中发挥着日益重要的作用，是揭示元素到生命奥秘的核心力量。

——《普通高中化学课程标准（2017 年版 2020 年修订）》

二、化学开启了物质世界资源宝库的大门

工业革命以来，能源、金属材料、药物、肥料等产业，无一不是构筑在化学成果的基础上。现今，各种高分子材料、陶瓷材料、无机结构材料、合金材料等也不断问世。例如：家用电器中大部分零部件都由工程塑料制成；90％以上的药物属于化学合成药物；一大半以上的棉花消费已经被化学纤维取代❷。再如：普通医用口罩中的纺粘无纺布和熔喷棉是由石化产品聚丙烯（PP）做的；信息技术的核心是集成电路芯片，是由化学合成的硅单晶片经过光刻生产的；计算机的存储材料也是合成的，其他部件也用了大量合成高分子材料……

作为自然科学的一个分支，化学有别于其他自然科学的是可以制造奇妙的物质，包括合成与分离出新物质供人类所需。在过去的一个世纪，新分子和化合物的数目从几十万种增加到几千万种以上，成为"取之不尽"的资源宝库。以手性化合物为例，手性化合物对

❶ 杨玉琴. 化学学科能力及其测评研究 [D]. 上海：华东师范大学，2012：28-29.
❷ 徐光宪，陈敏伯. 化学：20 世纪的辉煌及其前途 [J]. 科学（上海），2003，55（1）：11-15.

映体的分子量、分子结构相同，但如果空间排列形式不同，其性质可截然不同。如第一个通过手性催化方法合成的手性药物 L-多巴，其可用于治疗帕金森病，而 D-多巴没有治疗效果（图 1-1）。20 世纪 50 年代末 60 年代初，"反应停（沙利度胺）事件"促进了人们对手性药物的深入研究与高效开发。2001 年诺贝尔化学奖授予分子手性催化领域的三位杰出科学家威廉·诺尔斯（W. S. Knowles）、野依良治（R. Noyori）和巴里·夏普莱斯（K. B. Sharpless），他们的重要贡献就在于开发出可以催化重要反应的分子，从而能保证只获得手性分子的一种镜像形态。这种催化剂分子本身也是一种手性分子，只需一个这样的催化剂分子，往往就可以产生数百万个具有所需镜像形态的分子。瑞典皇家科学院评价说，三位获奖者为合成具有新特性的分子和物质开创了一个全新的研究领域。像抗生素、抗炎药和心脏病药物等，都是根据他们的研究成果制造出来的。目前世界上使用的药物总数约为 1900 种，其中手性药物占 50% 以上，而在临床常用的 200 种药物中，手性药物多达 110 余种。同时，正在开发的药物中 2/3 以上是手性的。现在世界上手性药物销售以每年大于 15% 的速度增长，我国的手性药物市场更超过千亿元。因此，国际上对手性和手性药物的研究方兴未艾。

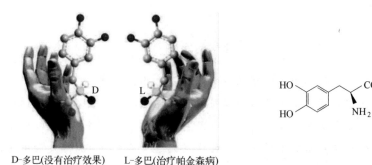

D-多巴(没有治疗效果)　　　L-多巴(治疗帕金森病)

图 1-1　第一个通过手性催化方法合成的手性药物：L-多巴

三、化学支撑了人类社会的可持续发展

信息技术、生物技术、核科学和核武器技术、航空航天和导弹技术、激光技术、纳米技术，常被媒体称为 20 世纪发明的六大技术，但却很少提及包括合成氨、尿素、抗生素、新药物、新材料和高分子的化学合成和分离技术。六大技术中如果缺少一两项，人类照样能够生存，但如果没有哈伯（F. Haber）在 1909 年发明的用铱作催化剂的高压合成氨技术，世界粮食产量至少要减半，全世界约有一半人口要挨饿。哈伯流程是 20 世纪最重大的发明之一，哈伯也因此于 1918 年获诺贝尔化学奖。之后，博施（C. Bosch）改进了哈伯流程，获 1931 年诺贝尔化学奖。如果没有合成各种抗生素等新药物的技术，人类不能控制传染病，平均寿命要缩短 25 年；如果没有合成纤维、合成塑料、合成橡胶的技术，人类生活要受到很大影响；如果没有化学方法将自然界中硅化合物转化为单质硅，也就没有硅芯片；核燃料的生产和后处理等都涉及化学工业。激光、航空、航天、导弹和纳米等技术无不需要化学合成的高新材料，如果没有化学，上述六大技术根本无法实现❶。由此

❶　徐光宪，陈敏伯. 化学：20 世纪的辉煌及其前途［J］. 科学，2003，55（1）：11-15.

可见，化学为新能源、新材料的研究，以及信息、医药、资源和环境等方面的发展提供了物质基础和技术保障。

以能源领域为例，1901年美国得克萨斯州的斯平德勒托普（Spindletop）油田的发现，使得石油在20世纪50年代开始逐步超过煤成为主要燃料来源。从原油中分离出不同化学馏分的炼油技术在不断地改进，最初采用的是简单的常压蒸馏，后来采用减压蒸馏，再后来发展为高温裂解，直至现在采用催化裂解。现在在汽车行业，人们通过在汽油中添加少量的化学物质（醇类、醚类）来提高辛烷值、改善汽油的性能和降低发动机的磨损以延长其寿命。电池的发展也与化学密切相关，从铅酸蓄电池到锌锰电池、镍镉电池、镍氢电池，再到锂离子电池、钠离子电池，化学的身影无处不在（图1-2）。1889年化学家提出了燃料电池的概念，1965年和1966年将改进的培根氢氧燃料电池应用于双子星座和阿波罗飞船，这使人们对燃料电池的兴趣达到顶点，20世纪90年代，实现了燃料技术上的真正突破，使得燃料电池进入了应用阶段。当电力、煤炭、石油等不可再生能源频频告急，能源问题日益成为制约经济社会发展的瓶颈时，越来越多的国家开始实行"阳光计划"，开发太阳能资源，寻求经济发展的新动力。1839年科学家发现了光伏效应，1954年生产出第一个硅基太阳能电池，1977年第一个非晶硅太阳能电池问世，20世纪90年代世界太阳能电池年产量稳步增长，2007年，美国特拉华大学研制的"超高效硅太阳能电池"转换效率达到42.8%，这一系列里程碑式的进展为人类未来大规模利用太阳能提供了极大的信心，使得太阳能电池这一近乎无限的能源体系有望成为未来重要的能量来源❶。

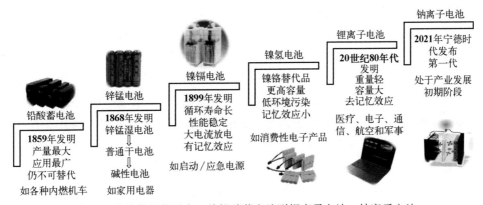

图1-2　电池发展的历史：从铅酸蓄电池到锂离子电池、钠离子电池

化学作为一门与社会和国民经济各个领域息息相关的基础学科和渗透于各种新兴、交叉学科的中心学科，其未来的发展是注重加强资源的有效合理开发、无害化使用、再生和循环利用等方面的工作，为经济的可持续发展提供物质保障，为改善人类的生活环境、提高生活质量提供更加绿色、更为质优价廉的衣食住行条件。为此，强化基础研究将始终是发展化学科学之根本，取得新进展与成果、提出新理论与观点、开发新材料与性能、创造新方法与工艺、建立新技术与装备将是学科发展的强大驱动力，而服务于社会和国民经济发展则是化学工作者须臾不可忘的历史使命❷。

❶ 白春礼. 化学：发现与创造的科学——国际化学百年发展启示［J］. 中国科学院院刊，2011，26（1）：1-10.
❷ 中国化学会. 化学学科发展研究报告（2008—2009）［M］. 北京：中国科学技术出版社，2009.

第二节　化学教育的价值：启智育人

化学教育作为学校教育中的一种教育实践活动始于 19 世纪中叶，发达国家的高等和中等教育相继设置化学课程，以法令的形式规定对儿童、少年实施义务教育，尤其是承认科学教育的地位，开设或加强物理、化学课程，为科学教育的普及和发展创设了必要的条件。19 世纪末至 20 世纪 20 年代为我国化学教育的成形期❶，《奏定学堂章程》（1903 年）对化学课程的设置做了明确的规定，这标志着化学课程在我国教育制度中正式确定了自己的位置。经过近 200 年的无数化学家和化学教育家的共同努力，化学教育的发展随着化学科学研究领域的扩展，已从"化学中的教育"（education in chemistry），经历了"通过化学进行教育"（education through chemistry），进入了"有关化学的教育"（education about chemistry）这一新阶段❷。作为科学教育的一个分支，化学教育以其特有的功能在培养一流人才及提升全体公民的科学文化水平中发挥着重要作用。基础化学教育承担着提升每一个国家公民的科学素养以及为国家的建设、社会的发展培育化学专门人才的重要使命。

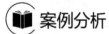 案例分析

【案例 1-2】　侯德榜与侯氏制碱

侯德榜（字致本），1890 年 8 月出生在福建省闽侯县坡尾村的一个普通农民家庭。他自幼养成刻苦求学的钻研精神。1911 年考入北平清华留美预备学堂，公费赴美学习化学工程，留学 8 年，先后获学士、硕士和博士学位。

纯碱（碳酸钠）主要应用于玻璃制造业、化学工业、冶金工业，以及造纸、肥皂、纺织、印染、食品等轻工业，用量极大，是工业中不可缺少的重要原料，因此成为 20 世纪初衡量国家工业化水平的重要指标。当时全世界普遍使用的制碱法是 1861 年比利时工业化学家索尔维发明的索尔维制碱法。英法德美等国为了谋取利益，买断索尔维制碱法专利后组建了工会，约定制作工艺只向会员国公开，对外严密封锁。1921 年 10 月，应爱国实业家范旭东的邀约，侯德榜怀着科学救国、工业救国的坚定信念，毅然回国任塘沽永利碱厂的总工程师，从擅长的制革专业，转而投入制碱领域，成为中国制碱业的拓荒者。

经过 5 年的摸索、实验和改进，侯德榜终于带领永利碱厂生产出我国第一批优质纯碱——"红三角"牌纯碱，并一举斩获当年美国费城万国博览会金奖，获得"中国工业进步的象征"的评语。5 年的研制过程中，经历了无数次的失败，侯德榜在给友人的信中写道："吾人今日只有前进，赴汤蹈火，亦所弗顾，只知责任所在，拼命为之而已。"摸索出制碱技术的侯德榜本可凭借这项专利谋取巨额财富，但他却放弃专利申请，还把制碱经验写成《纯碱制造》一书，在世界各地出版，造福各国人民。美国著名化学家威尔逊称这本

---

❶　戴安邦. 近代中国化学教育之进展［J］. 化学，1945（9）：2-7.
❷　王积涛. 第 7 次国际化学会议［J］. 化学教育，1985（1）：59-60.

书是"中国化学家对世界文明所作的重大贡献"。侯德榜先生经过上千次试验，在1943年成功创立了联合制碱法，中国化学工程师学会将其命名为"侯氏联合制碱法"。

作为一名化学（师范）专业的学生，你知道侯氏制碱法超越索尔维制碱法之处在哪里吗？我们需要向侯德榜先生学习什么？联想当今我国被他国"卡脖子"的技术，如芯片、燃料电池关键材料、锂电池隔膜等，你认为化学教育能为之作出什么贡献？

一、化学教育为国家和社会发展培育专门人才

教育价值的基本表现方式即教育对社会主体和个体主体发展需要的一定满足。有研究者指出，学校价值可以分为个体价值、社会价值和人类价值三个维度❶。个体价值在于学校促进学生个体的发展，社会价值在于学校是社会生活的基础，而人类价值则在于学校是唤醒人类意识的场所、培育人类命运共同体的力量。当前社会可持续发展中迫切需要解决的资源、能源、环境、信息、材料和医药卫生等关键问题都需要大量化学专业人才的加入。"十四五"时期我国进入了新的发展阶段，为破解新发展阶段面临的经济发展挑战和制约，《中华人民共和国国民经济和社会发展第十四个五年规划和2035年远景目标纲要》提出：制定科技强国行动纲要，健全社会主义市场经济条件下新型举国体制，打好关键核心技术攻坚战，提高创新链整体效能。

化学对科技强国有至关重要的作用。据估计，世界经济总量的大约20%直接来自化学化工的贡献。关键核心技术源于基础研究，需要学校提供大量具有创新能力的人才，科技之争归根结底是人才之争，今天的中学生是未来科技强国的新生力量，也是中坚力量。要把我们的国家建设成科技强国、建设成充满活力的创新大国，每一个人都负有不可推诿的责任，都应该为之作出自己的贡献，每一所学校都应该致力于把学生培养成国家需要的创新型人才。

世界著名学术期刊 *Nature* 的顾问编委菲利普·鲍尔（P. Ball）根据对多位世界著名化学家的访谈，归纳出化学应当面对的六个方面的大问题，它们分别是：①如何设计出具有特定功能和动态特性的分子？②什么是细胞的化学基础？③怎样制造未来在能源、空间或医药领域所需要的材料？④什么是思维和记忆的化学基础？⑤地球上的生命起源问题，以及在其他星球上出现生命的化学前提条件。⑥怎样才能够查明化学元素间所有可能的组合？可见，化学对物质世界本质的探索，不仅是化学本身发展的需要，也是其他相关领域得以持续发展的基础。它们和物理学、生物学中的问题一样，需要在理论、概念、研究方法和实验技术等方面获得全面的进展和有效的突破。这些问题的研究突破所提供的发展机会很多，难度也很大，但是创新空间广阔、理论意义和实用价值都很高。为了迎接化学学科发展所面临的挑战，不仅需要社会公众对化学认同度的提升，同时需要大量优秀人才的加盟。因此，化学教育要为广大青少年打好初等化学的基础，鼓励有志于从事科学工作的学生选择化学作为自己的兴趣和职业方向，将来为建设社会主义强国贡献力量。

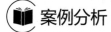 案例分析

【案例1-3】 青蒿素的发现

---

❶ 石中英. 论学校的价值 [J]. 中小学管理，2009（1）：7-11.

疟疾，中国民间俗称"打摆子"，是由疟原虫侵入人体后引发的一种恶性疾病，患者得病后高烧不退、浑身发抖，严重者几天内就会死亡。至今，全球97个国家与地区的33亿人口仍在遭受疟疾的威胁。2015年，中国中医科学院研究员屠呦呦及其团队因先驱性地发现了青蒿素，开创了疟疾治疗的新方法，获得诺贝尔生理学或医学奖。2017年，屠呦呦获得了2016年度国家最高科学技术奖。

1967年5月23日，集中全国科技力量联合研发抗疟新药的"523"项目正式启动。1969年1月，屠呦呦被任命为课题研究组组长，全身心投入抗疟中草药的研发中。屠呦呦领导课题组从系统收集整理历代医籍、本草、民间方药入手，调查了2000多种中草药制剂，选择了其中640种可能治疗疟疾的药方。截至1971年9月初，她和同事对包括青蒿素在内的100多种中药水煎煮提取物和200余个乙醇提取物样品进行了各种实验，但结果都令人沮丧：对疟原虫抑制率最高的只有40%左右。"我面临研究困境时，又重新温习中医古籍，进一步思考东晋葛洪《肘后备急方》有关'青蒿一握，以水二升渍，绞取汁，尽服之'的截疟记载，这使我联想到提取过程可能需要避免高温，由此改用低沸点溶剂的提取方法。"中国古老医学给了屠呦呦及其科研团队"关键启发"，他们把提取的溶剂，从乙醇改成低沸点的乙醚，结果发现青蒿乙醚中性提取物对老鼠和猴子的疟疾抑制率达到了100%（图1-3）。

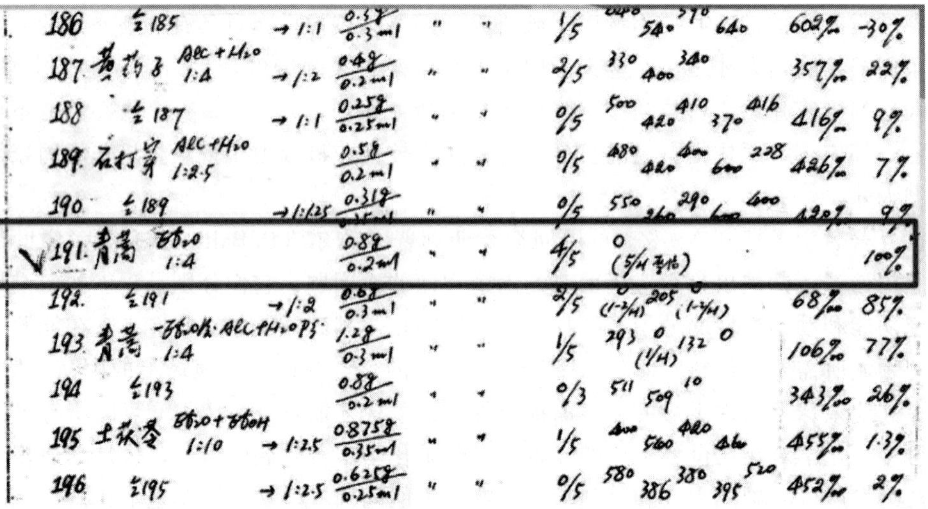

图1-3　191号样品对疟疾的抑制率达到100%（摘自屠呦呦的诺贝尔奖演讲）

获得有效样品只是第一步，要应用还必须先进行临床试验，为不错过当年的临床观察季节，1972年1月，屠呦呦等3名科研人员成为首批人体试验的志愿者。1973年上半年完成了系列安全性试验，当年秋天用青蒿素胶囊在海南进行了首次临床试用。1975年底与中国科学院生物物理研究所、中国科学院上海有机化学研究所等单位合作，测定了青蒿素的化学结构（图1-4），上海有机所的化学家历经5年实现了青蒿素的全合成。在评估青蒿素的各类衍生化合物时，发现二氢青蒿素（图1-5）更加稳定，并且比青蒿素的疗效好10倍。更重要的是，用二氢青蒿素治疗后，病人的疟疾复发率更低。通过酯化过程向青蒿素分子加入一个羟基基团增加了开发更多的青蒿素衍生物的可能性。过去的十年中，已经开展了用青蒿素和二氢青蒿素治疗其他疾病的研究。青蒿素被世界卫生组织誉为消灭疟疾的"首要疗法"。几十年里，已经在 100 多个国家拯救了无数人的生命。

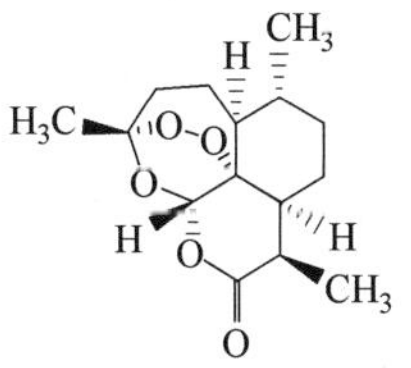

图 1-4 青蒿素结构

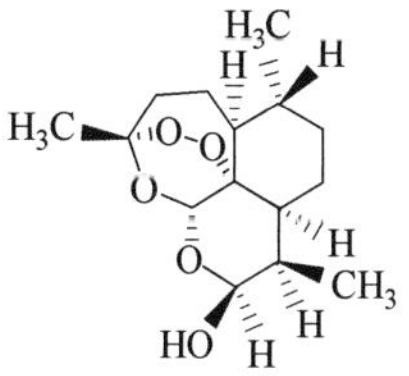

图 1-5 二氢青蒿素结构

阅读以上案例，你对以屠呦呦为代表的科学家的精神有哪些领悟？同时，你能否找到在青蒿素的提取过程中，屠呦呦用到了哪些化学知识和方法？你是否更进一步地认识到化学学科与其他学科的相互关系？作为未来化学教师的你，是否更深刻地认识到化学教育的重要价值？

二、化学教育为其他领域人才奠定化学知识基础

我国著名化学家徐光宪认为，"科学可按照它的研究对象由简单到复杂的程度分为上、中、下游。数学、物理学是上游，化学是中游，生物学、医学、社会科学等是下游。上游科学研究的对象比较简单，但研究的深度很深。下游科学的研究对象比较复杂，除了用本门科学的方法以外，如果借用上游科学的理论和方法往往可收到事半功倍之效。"化学是一门承上启下的中心学科，在科学的长河中是不可缺少的一个环节❶。屠呦呦能想到低温用乙醚提取青蒿素，正是由于她具有物质溶解性随温度变化等相关化学知识，会利用条件控制的科学研究方法来做实验研究。发现青蒿的乙醚中性提取物能治疗疟疾是研究药物的第一步，这个提取物是一种成分复杂的膏状物，并不能直接开发成质量可控的药物，必须分离出其中的有效成分，鉴定其化学结构，研究其药理、毒理等一系列特性，再通过临床验证才能将其开发成一种安全有效的新药。期间，仍然需要化学知识、研究方法以及各专业方向化学家的协同。

化学与能源、信息、材料、国防、环境保护、医药卫生、资源利用等都有密切的关系，它是一门社会迫切需要的实用科学。而化学教育能为这些相关领域的专业人才奠定必需的化学知识基础、科学方法和科学精神。我国《普通高中化学课程标准（2017 年版 2020 年修订）》设置了由必修、选择性必修和选修三类课程构成的课程结构，其中必修课程是全体学生必须修习的课程，选择性必修课程培养学生深入学习与探索化学的志向，选修课程则面向对化学学科有不同兴趣和不同需要的学生。选择性必修课程和选修课程模块及内容主题如表 1-1 所示❷。

---

❶ 徐光宪. 21 世纪化学的前瞻［J］. 大学化学，2001，16（1）：1-6.

❷ 中华人民共和国教育部. 普通高中化学课程标准（2017 年版 2020 年修订）［S］. 北京：人民教育出版社，2020.

表 1-1   我国高中化学选择性必修课程和选修课程

课程	模块（系列）	内容主题
选择性必修课程	模块1 化学反应原理	主题1：化学反应与能量 主题2：化学反应的方向、限度和速率 主题3：水溶液中的离子反应与平衡
	模块2 物质结构与性质	主题1：原子结构与元素的性质 主题2：微粒间的相互作用与物质的性质 主题3：研究物质结构的方法与价值
	模块3 有机化学基础	主题1：有机化合物的组成与结构 主题2：烃及其衍生物的性质与应用 主题3：生物大分子及合成高分子
选修课程	系列1 实验化学	主题1：基础实验 主题2：化学原理探究 主题3：化工生产过程模拟实验 主题4：STSE(科学·技术·社会·环境)综合实验
	系列2 化学与社会	主题1：化学与生活 主题2：化学与技术 主题3：STSE综合实践
	系列3 发展中的化学科学	主题1：化学科学研究进展 主题2：作为交叉学科的化学 主题3：化学工程研究进展

由表 1-1 可见，高中化学选择性必修课程的设置以化学学科的概念、原理、反应为主要线索，形成知识系统，并应用于解决学科问题和实际问题。例如，在"化学反应与能量"主题中，要求学生"能举例说明化学在解决能源危机中的重要作用，能分析能源的利用对自然环境和社会发展的影响。能综合考虑化学变化中的物质变化和能量变化来分析、解决实际问题，如煤炭的综合利用、新型电池的开发等"。在"生物大分子及合成高分子"主题中，要求教师教学"尽可能联系生命科学、材料科学的学科发展过程和其中的重大事件，作为教学的情境线索或活动素材，使学生在学习生物大分子和合成高分子的过程中，体验有机化学作为基础学科对相关学科发展的重要价值"。选修课程则力求反映"通过实验学化学和研究化学"的学科特质，并以常见的生活现象、技术应用、社会发展为线索组织内容，突显化学学科的重要价值。例如，在"STSE综合实验"主题中，要求"围绕资源、能源与环境等与可持续发展密切相关的问题；围绕材料性质与性能探究、材料开发与生产以及新型材料设计等；围绕生命健康问题，以食物成分的检测、食品加工过程探究、天然药物提取、药物成分检验、药物设计与合成以及化妆品等日用化学品的制备等为载体开展综合实验项目"。通过这些课程的设置，为国家高素质人才的培养奠定基础。

三、化学教育为提升每个公民的科学素养服务

具有科学素养的普通公民是影响社会文明进步的最重要因素。化学学科素养是公民科学素养的重要组成部分。有人把接受基础化学教育的学生分流分为五组：①未来的化学家；②有志于以化学为基础的其他职业（如生物学家、地质学家、工程师、物理学家和营养学家）；③技术人员（如工业、保健科学或农业技术人员）；④潜在的各级管理人员；

⑤普通公民。化学教育要为上述每一组学生打好基础，即培养基本的化学学科素养。

📖 案例分析

【案例 1-4】 两则与化学有关的新闻

新闻1：【务必正确使用酒精！杭州一市民酒精消毒后烤电暖器全身着火】2020 年 2 月 8 日中午，杭州市民小张对头、面、颈、四肢以及衣物表面进行酒精消毒，因为天冷站在大功率电暖器边上擦拭，结果擦拭的酒精挥发遇热燃爆，引燃衣物，小张的头、面颈、四肢以及呼吸道等被火焰烧伤，判断为 15％的Ⅱ～Ⅲ度烧伤。医生表示这是酒精挥发遇高温导致的。

新闻2：【湖北某县 22 人误服消毒片？官方回应：确有发生，正在调查】2020 年 2 月 29 日晚，黄冈市某县一组村民 4 户 22 人，误食二氧化氯环境消毒片（俗称"泡腾片"）。

对以上两则新闻，你有何想法？新闻中的普通公民为什么不会用"酒精易挥发、易燃"这样的化学常识来处理生活中的酒精使用问题？为什么没有养成先了解诸如"二氧化氯"这样的物质的性质、用途和使用方法后再去使用的思维习惯？

尽管"十三五"期间我国公民科学素养水平有较大提升（图 1-6）❶，但仍有较大发展空间，而且发展不平衡的问题依然存在，2020 年我国东部、西部地区的公民科学素质水平分别为 13.27％和 8.44％，相差 4.83％。提高公民科学素质的重要途径之一就是科学教育，这也是提高国民科学素质和人力资源建设的前提和基础。

对中学生来说，科学素养是学生在学习一定的科学知识过程中所形成的适应社会发展和完善自身发展所需要的基本品质和能力。根据国际上对公民科学素养调查建议的内容，公众的科学素养至少应包括3 个方面的内容：一是对科学术语和基本概念的基本了解；二是对科学研究过程和方法的基本了解；三是对科学技术与社会

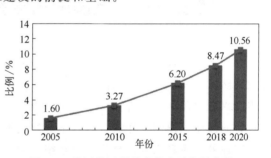

图 1-6 我国公民科学素养水平发展状况

相互关系的基本了解。第一个方面与科学知识有关，而第二和第三两个方面则都与学科的思想和方法相关。今天的高中生将来可能不会从事与化学相关的事业，但他们必须具备基本的化学学科素养。加拿大著名化学家罗纳德·吉列斯比（R. J. Gillespie）曾说："我们必须记住普通化学课绝不仅是（或不应该仅是）作为培养未来职业化学家、生物学家、物理学家、地质学家、工程师、药剂师、环境保护工作者的基础课，而实际上对每一个有教养的公民来说，都必须懂得化学。"《美国国家科学教育标准》将科学素养表述为"理解和深谙进行个人决策、参与公民事务和文化事务、从事经济生产所需的科学概念和科学过程"，并且认为"科学素养有不同的程度和形式，它扩展和深化到人的整个一生，而不仅仅是在学校的一段时间"❷。

❶ 何薇，张超，任磊，等. 中国公民的科学素质及对科学技术的态度——2020 年中国公民科学素质抽样调查报告 [J]. 科普研究，2021, 16（2）：5-17.

❷ 国家研究理事会. 美国国家科学教育标准 [M]. 戢守志，译. 北京：科学技术文献出版社，1999.

我国第 8 次基础教育化学课程改革从"知识与技能""过程与方法""情感态度与价值"三个方面规定了对学生科学素养的培养。这意味着化学教学不仅给学生提供基本的化学知识、技能和方法，更重要的是要让他们能从化学的视角去认识科学、技术、社会和生活方面的有关问题，了解化学制品对人类的影响，懂得运用化学知识和方法去治理环境污染，合理地开发和利用化学资源，在面临与化学有关的社会问题的挑战时，能作出更理智、更科学的决策。《普通高中化学课程标准（2017 年版 2020 年修订）》《义务教育化学课程标准（2022 年版）》立足于学生适应现代生活和未来发展的需要，充分发挥化学课程的整体育人功能，构建了全面发展学生化学学科（课程）核心素养的中学化学课程目标体系，反映了社会主义核心价值观下化学学科（课程）育人的基本要求，全面展现了化学课程学习对学生未来发展的重要价值。

21 世纪的中国致力于培养科学素养和人文素养全面和谐发展的人才。正如《教育——财富蕴藏其中》一书中强调的，"教育在社会发展和个人发展中起基础性作用"，"基础教育既是为生活做准备的阶段，又是学会学习的最好时间，同时也是指导学生定向的第一阶段"，要给学生提供四种"知识支柱"，即学会认知、学会做事、学会共同生活、学会发展。如何充分发挥化学教育的启智、育人功能，是对每位化学教师的挑战。

第三节　高素质的化学教师：化学教育的关键

百年大计，教育为本。教育大计，教师为本。努力培养造就一大批一流教师，不断提高教师队伍整体素质，是当前和今后一段时间我国教育事业发展的紧迫任务。教师是立教之本、兴教之源，承担着让每个孩子健康成长、办好人民满意教育的重任。教师作为一门职业，同医生、律师一样需要具有不可替代的专业素质。教师专业素质是教师从事教育、教学工作的素质和修养，是指经过系统的师范教育，并在长期的教育实践中逐渐发展而成的、决定其教育和教学效果、对学生身心发展有直接而显著影响的心理品质的总和❶。化学教师是学校化学教育教学工作的主力军，当代化学基础教育的质量及基础教育课程改革成功的关键在于高素质的化学教师。

👥 交流讨论

> 在你初中、高中以及大学学习化学的过程中，你的化学老师是否给你留下了深刻的印象？你是否喜欢他（她）和他（她）教的化学课？为什么？你理想中的化学课是什么样的？你认为具备什么样的素质才能上好一节化学课呢？

根据新时期德、智、体、美、劳全面发展的教育思想和"立德树人"的教育根本任务，能够承担起培养社会主义事业建设者和接班人的化学教师应该具有如图 1-7 所示的素

---

❶　李金奇. 对教师职业属性和教师素质结构的再认识——基于教师专业化的视角［J］. 高等教育研究，2012，33（3）：6-11.

质结构❶。其中，健全的身心素质是其他素质的保障，教师只有拥有健康的体魄，才能胜任教师的工作，才能谈及其他素质的培养；先进的教育理念是形成合理的知识结构和健全的身心素质的基础，它是教师素质的核心，在教师的素质结构中处于最重要的地位；而崇高的师德风尚是整个教师素质的先导，它影响着其他素质的养成，并指引着整个教师素质结构朝着正确的、健康的方向发展。

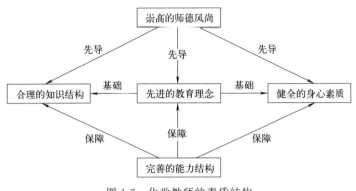

图 1-7 化学教师的素质结构

一、崇高的师德风尚

教师道德是一种职业道德。教师的职业道德，简称"师德"，它是教师和一切教育工作者在从事教育活动中必须遵守的道德规范和行为准则，以及与之相适应的道德观念、情操和品质。《中小学教师职业道德规范（2008 年修订）》对"师德"的要求是❷：

（一）爱国守法。热爱祖国，热爱人民，拥护中国共产党领导，拥护社会主义。全面贯彻国家教育方针，自觉遵守教育法律法规，依法履行教师职责权利。不得有违背党和国家方针政策的言行。

（二）爱岗敬业。忠诚于人民教育事业，志存高远，勤恳敬业，甘为人梯，乐于奉献。对工作高度负责，认真备课上课，认真批改作业，认真辅导学生。不得敷衍塞责。

（三）关爱学生。关心爱护全体学生，尊重学生人格，平等公正对待学生。对学生严慈相济，做学生良师益友。保护学生安全，关心学生健康，维护学生权益。不讽刺、挖苦歧视学生，不体罚或变相体罚学生。

（四）教书育人。遵循教育规律，实施素质教育。循循善诱，诲人不倦，因材施教。培养学生良好品行，激发学生创新精神，促进学生全面发展。不以分数作为评价学生的唯一标准。

（五）为人师表。坚守高尚情操，知荣明耻，严于律己，以身作则。衣着得体，语言规范，举止文明。关心集体，团结协作，尊重同事，尊重家长。作风正派，廉洁奉公。自觉抵制有偿家教，不利用职务之便谋取私利。

❶ 韩庆奎，阎立泽. 现代化学教育研究［M］. 北京：中国科学文化出版社，2006.

❷ 教育部 中国教科文卫体工会全国委员会 关于重新修订和印发《中小学教师职业道德规范》的通知. (2008.9.1) ［2008.9.9］. http://www.moe.gov.cn/srcsite/A10/s7002/200809/t20080901_145824. html.

（六）终身学习。崇尚科学精神，树立终身学习理念，拓宽知识视野，更新知识结构。潜心钻研业务，勇于探索创新，不断提高专业素养和教育教学水平。

教师是人类灵魂的工程师，是青少年学生成长的引路人。教师的思想政治素质和职业道德水平直接关系到中小学德育工作状况和亿万青少年的健康成长，关系到国家的前途命运和民族的未来。每一位中学化学教师都应自觉规范思想行为和职业行为，做让人民满意的教师。

二、先进的教育理念

教育理念是指化学教师在对化学教育工作本质理解基础上形成的关于化学教育的观念和理性信念。有没有对自己所从事职业的先进理念，是专业人员与非专业人员的重要差别，也是现代化学教师专业素质不同于以往化学教师的重要方面。教育理念是人的高层次心理需要的反映，它可以产生强大的驱动力，激励化学教师全身心地投入去实现自己的教育教学追求。

（一）先进的教师观

1. 现代教师是学生学习过程的领航员

人工智能时代，网真技术、全息投影技术、增强与虚拟现实技术等数字技术在教育领域的应用日益广泛，人类的学习方式与教育形态正在发生变革，学习将不再是记忆前人的经验、知识，而是习得可迁移应用的能力，甚至探索前所未有的领域，教师将承担起学习领航员与指导者的角色。为满足学习者的个性化需求，为他们量身定制长期和基于需求的学习计划，并根据个人需求随时自动更新学习计划，教师与学生构成学习共同体，共同围绕学生的学习目标、任务与内容、方法，全程参与和指导学生的知识掌握、问题解决与知识创新过程。依据学生个性化的学习活动及其进度，对其进行适配性的个别化指导，并且依据学生学习过程的动态变化及时调整。教师更为关注学生的认知、情感与行为等综合素养的养成，引导学生形成正确的世界观、人生观、价值观，并将在学生的学习进程中同时扮演激励者的角色，鼓励学生敢于面对学习中的不确定性与风险，引导学生进行基于问题的探索与知识创新，激发学生潜能，培养学生的创新意识与能力。

教师在教学过程中促进学生德、智、体、美、劳全面健康和谐的发展，是教师最明显、最直接、最富有时代性的特征。

2. 现代教师是教育教学的研究者

现代教师要由"教书匠"转向研究型、专家型和学者型教师。教育教学研究并不只是专家的事，实际上，它是教师的天职。教师具有教育研究的资格，也最具教育研究的便利条件，他们每天都面对着不同的教育教学情境，思考着、创造着教育教学方法。教师即研究者，意味着教师以研究者的眼光发现和解决日常教育教学情境中的各种问题，对自身的教育教学行为进行反思和改进，逐渐成长为专家型教师。

为应对未来学习和教学与教育变革的挑战，教师首先要通过研究与学习洞悉未来教育教学的变革方向，熟悉数字化资源与环境同学生、学习内容相互融合和联通的内在机制，使自身成为未来学习和教学与教育变革的参与者、体验者与促进者；其次，为学生的个性化、定制化和自主化学习提供支持是今后教育服务的基本方向，因此教师开展教学工作最重要的前提，就是了解学生的认知、情感与心理发展的状况和水平。当然，对学生认识的难点在于如何深入了解学生的思想认识、个人经历、生活背景、价值观念、情绪情感等复杂问题。这就需要教师能够借助心理学知识和信息技术、人工智能技术等工具，系统掌握每个学生的背景，从而基于每个学生的个体差异，为学生研究制订匹配的学习计划、进度安排与评价方式等❶。

3. 现代教师是课程资源的建设者和开发者

课程资源是指有利于实现课程目标的各种因素。随着我国基础教育课程改革力度的不断加大，课程资源的重要性日益显现出来。没有课程资源的广泛支持，再美好的课程改革设想也很难变成中小学的实际教育成果，因为课程资源的丰富性和适切性决定着课程目标的实现范围和实现水平。现代教师作为课程资源的"选用者""驾驭者"和"开发者"，决定着与课程有关内容素材的识别、积累、选择和利用，并且将接触到的各种思想、观念等信息整合到自己的课程内容中，使之成为课程资源的一部分，即教师是课程资源的建设者和开发者。同时，教师也是学生学习资源系统的管理者，通过多种途径将素材性课程资源与条件性课程资源、校内资源与校外资源，以及人力与物资等各种资源整合起来，形成一个资源系统，从而全方位地支持学习者自主化、个性化、定制化的学习。

（二）先进的学生观

1. 学生是学习活动的主体

传统的学生观只是将学生视作教育的对象，只看到其被动的一面而看不到其能动的一面，忽略了学生学习的主体地位。在这一观念影响下，一些教师上课是："一言堂""满堂灌"，造成学生在教育过程中处于消极被动的状态。以这种教育观念和教育方式培养出来的人，缺乏独立性和主动性，缺少探索精神，依附感强，思想僵化、刻板，分析问题和解决问题的能力差，不能适应未来社会发展的要求。现代学生观强调，学生是教学活动中认识的主体、实践的主体和发展的主体。教师的作用则作为一种外部影响，不能简单地授予、移植到学生身上，它必须以学生自身的活动为中介，才能纳入学生的主观世界中去。教师在教育过程中主导作用的真正发挥，建立在调动学生学习的积极性、主动性和自觉性上，建立在学生学习主体作用的充分发挥上。

教育的根本目的在于促进学生主体性的发展。教师如果树立了以学生是学习的主体为核心的新学生观，就不会把教育活动变成自己单方面的活动，就会注重充分调动学生的主观能动性，使学生积极主动地参与到教育过程中来；就会"放手""放权"，给学生以主动发展的空间，从知识的灌输者转变为学生学习的指导者和促进者。这样培养出来的学生，无疑具有主动探索精神，且眼界开阔，思想活跃，独立获取知识与运用知识解决问题的能力强，走出校门后能够很快适应社会，开拓进取，有所贡献。

2. 学生是发展中的人

学生是处在不断发展变化之中的。从教育学角度讲，学生是在受教育过程中在教师的指导下成长起来的，这就要求教师首先要把握学生的身心发展规律和特点，据此开展教育教学活动。首先，对学生不求全责备，发展作为一个进步的过程，总是与克服原有的不足

---

❶ 荀渊. 未来教师的角色与素养［J］. 人民教育，2019（12）：36-40.

和解决原有的矛盾联系在一起的；其次，相信学生具有巨大的发展潜能，坚信每个学生都可以获得成功。

3. 学生是完整的人

教育活动中，学生不仅仅是受教育者或学习者。作为完整的人而存在的学生，不仅具备全部的智慧力量和人格力量，而且体验着全部的教育生活。也就是说，学习过程并不是单纯的知识接受或技能训练，而是伴随着交往、创造、追求、选择、意志努力、喜怒哀乐等的综合过程，是学生整个身心世界的全面参与。教学所要实现的是人的德、智、体、美、劳全面和谐的发展，正如著名教育家约翰·杜威（J. Dewey）所说，"我们所需要的是儿童以整个的身体和整个的心灵来到学校，并以圆满发展的心灵和甚至更健全的身体离开学校。"

（三）先进的教学观

有什么样的教学观，就会有什么样的教学方式和教学效果。教学观在这里是指教师对教学的意义、实质、任务等的理解和认识，并随着认识、经验的增长而发生的变化。它主要回答教师"为什么教""教什么"和"如何教"等方面的问题。我国基础教育已经迈入核心素养的新时代。以核心素养为导向的教学改革首先必须确立以核心素养为导向的教学观念，这些观念包括基于立德树人的教学、基于课程意识和学科本质的教学、基于学生学习的教学三大基本观念。其中，基于立德树人的教学，是就教学的方向而言的，它旨在解决"为什么教"的问题；基于课程意识和学科本质的教学，是就教学的内容而言的，它旨在解决"教什么"的问题；基于学生学习的教学，是就教学的主体而言的，它旨在解决"如何教"的问题❶。这些问题都将在本课程的学习中得到回答。

三、合理的知识结构

有人形象地把知识之于能力的重要性比喻为"空口袋是立不起来的"。教师知识是教师从事教育实践活动所应具备的专业知识的总称，它可被界定为教师在师范教育中所习得、在日常教育教学实践活动中所生成，以及为顺利完成教学任务所应努力具备的知识总和。教师知识结构是由多种教师知识要素整合而成的专业知识体系。教师知识是教师专业素质的重要组成部分，也是教师专业有别于其他专业的最基本的标志。教师对教师知识及其结构的掌握与运用程度直接决定着他们专业水准的高低。一般认为，化学教师知识结构必须涵盖以下方面。

（一）化学学科及其内容知识

没有人能教自己不懂的知识。所以，化学学科的教师都必须具备自己所教的学科知识、学科内容知识以及这些内容在课程中是如何组织的知识。学科知识是教师从阅读材料、课堂、老师及其他的经历中获得的有关某一学科的知识，主要是指学科的事实、概念、原理，学科中产生和确立命题知识的方式和方法，学科知识的信念以及形成学科知识理念等知识；学科内容知识主要指作为教学活动中的学科的主要概念、方法与学科性质的

---

❶　余文森. 论核心素养导向的三大教学观［J］. 当代教育与文化，2019，11（2）：62-66.

知识与信念；内容组织的知识主要指教师对教材的知识结构、逻辑体系等的横向、纵向的认知与把握。如果教材的学科内容知识是一张蛛网或者一个谱系，那么内容组织的知识就是这张蛛网或这个谱系的结构。教师需要利用内容组织的知识来判断特定的课题在蛛网或谱系中对应的节点的位置，确认与这个课题节点相连的其他课题节点，并找到它们之间的联系。横向联系主要指该课题与相关学科的联系。

（二）社会文化知识

为了实现化学教育的文化功能，化学教师不仅要具备化学学科知识，还要有广博的社会文化知识，如历史、人文、地理、艺术、法律等，有助于教师教育教学中融会贯通、得心应手，同时也有利于学生的发展，如有效地激发学生求知欲，提高学生探究兴趣，帮助学生了解丰富的外部世界和获取多方面知识等。学生的全面发展，在一定程度上取决于教师社会文化知识的广泛性和深刻性。

（三）教育、心理学知识

"儿童、青少年的心理发展规律是教育实践和教育改革的出发点。"[1] 为使教育教学取得成功，教师必须具备教学规律、教学方法、教育科学、心理学等知识，这些知识是教学成功的一种工具或方式，使教育教学内容更容易为学生所接受和掌握。

（四）化学学科教学知识

不同于适用于所有学科的通用的教育、心理学知识，化学学科教学知识是教师将自己的学科知识在融入对学生、教学情境和课程等的理解后重组而形成的，是多种知识所形成的一种特殊的混合知识。这种重组已经加入教师本身的价值观和他们对学科的看法，就像合金的性质实际上已经与原先混合物质的性质不相同。化学学科教学知识并非独立的知识体系，"是教师对一般教学法、学科内容、学生特征和学习情境等知识的综合理解"[2]，在教师应用于教学实践的过程中不断地丰富和发展，为学科中特定内容创造教学策略，帮助学生在既定的情境中构建最有效的理解。

（五）化学教学实践知识

化学教学实践知识指教师在面临实现有目的的教学行为时所具有的课堂情境知识以及与之相关的知识。这是源于个人教育教学实践中逐渐生成的一种知识，它最能体现出教师的专业性。无论是结构还是内在成分，实践性知识在教师职业生涯的不同发展阶段都会有所变化，它一旦形成，便会迅速对教师教学发挥出引导作用，并会在教学实践和教学反思中不断完善。

上述知识是化学教师"教书育人"必备的知识要素，其中，化学学科内容及其知识是根本前提，教育、心理学知识是保障，社会文化知识是催化剂，化学学科教学及实践知识是核心知识，也是化学师范生的"看家本领"。这些知识并不是一次性获得的，而是教师自身实践和教师教育共同作用的结果，需要长期的反思与积累方能逐步生成，且在不同阶

---

[1] 辛涛，申继亮，林崇德. 从教师的知识结构看师范教育的改革 [J]. 高等师范教育研究，1999（6）：12-17.
[2] 朱淑华，唐泽静，吴晓威. 教师知识结构的学理分析——基于对西方教师知识研究的回溯 [J]. 外国教育研究，2012，39（11）：118-126.

段各有侧重。但在步入中学化学教师行列前，需要掌握以上 5 类基础性知识，这从国家化学教师资格证考试的要求中可见一斑。

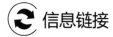 **信息链接**

教师资格证

2015 年起，我国全面推行教师资格全国统考，提高教师入职门槛，并打破教师资格终身制，实行定期注册制度。在校专科大二、大三，本科大三、大四学生才能报考。想要做教师都必须参加全国统考，合格后方可申请教师资格证（图1-8）。初中化学教师考试科目包括：普通话（二级乙等）、中学综合素质、中学教育知识与能力、初中化学学科知识与教学能力、试讲；高中化学教师考试科目包括：普通话（二级乙等）、中学综合素质、中学教育知识与能力、高中化学学科知识与教学能力、试讲。

图 1-8　教师资格证

四、完善的能力结构

教师资格证的考试科目不仅涉及教育教学知识，还涉及教育教学能力。化学教师的能力结构是指其完成化学教育教学活动所必需的个性心理特征的总和，它是在化学教育教学活动形成、发展、表现出来的，是教师专业性的集中体现，也是教师完成角色职责，实现自身价值的必备条件。教师教育教学能力水平的高低和专业程度，不仅体现于课堂教学质量这一核心指标上，也会对学生的学习能力和效果产生重要的影响。教学理论逻辑下的教学能力包括教学设计能力、教学实施能力和教学评价能力❶。

（一）教学设计能力

化学教学设计能力是指化学教师根据自己的学科教学知识，在课前对化学教学中各要素进行最优化组合设计以期达到最佳教学效果的能力。具体包括：把握课程标准要求、理解教材编写意图、制定教学目标、选择和组织教学内容的能力，选择教学模式、教学方法和教学媒体的能力，设计教学过程的能力，设计学习评价的能力以及编写教学设计方案的能力等。

（二）教学实施能力

教学实施能力是指将预设的教学方案成功实施的能力。具体包括：语言组织和表达能力、化学实验教学能力、多种教学媒体灵活利用能力、学习活动组织指导能力以及教学活动调控能力等。

（三）教学评价能力

教学评价能力是以教学目标为依据，制定科学的标准，运用一切有效的技术手段，对

---

❶　朱旭东. 教师教育标准体系的建立：未来教师教育的方向［J］. 教育研究，2010，31（6）：30-36.

教学活动的过程及其结果进行测定、衡量，并给以价值判断的能力。具体包括：对学生学习的评价（如活动表现评价能力、纸笔测验评价能力、档案袋评价能力等）和对教师教学的评价（如教学反思能力、评课议课能力等）。

五、健全的身心素质

健全的身心素质是其他素质形成的保障，现代化学教师的身心素质由身体素质和心理素质构成。

（一）身体素质

身体素质即体质，往往具有与生俱来的遗传特点，但又受后天营养、训练因素的制约。身体素质高的教师具有健全的体魄，吃苦耐劳，对自然环境有较强的适应性。化学教师的工作对象是一群有情感、有思想且个性不同的青少年，面对复杂的教育对象，化学教师需要进行大量艰苦细致的工作；此外，还要为上好课进行精心的教学设计，进行语言表达、板书、实验操作等教学基本功的训练。所有这些都需要化学教师付出艰辛的脑力劳动和体力劳动，这就要求化学教师首先要有健康的体质。

（二）心理素质

心理素质是在先天素质基础上，经过后天环境、教育的影响而形成的，对其他素质起着制约和调节作用，包括智力因素和非智力因素等。现代化学教师的智力因素包括注意力、观察力、记忆力、想象力和思维力等。创造性的教学工作和教研工作需要智力因素的支撑，教师成长的过程也是其智力发展和跃升的过程。非智力因素即智力以外的其他心理因素，诸如动机、兴趣、情感、意志、性格等。现代化学教师优秀的非智力因素有：高尚的情感、坚韧的意志、强烈的求知欲、较强的心理适应能力和积极的创新精神等❶。

第四节 化学教学论：课程性质、内容与目标

当前我国的基础教育化学课程改革以及教师的专业化对化学教师的素质提出了更高要求。教师专业化是指教师在整个专业生活中，通过学习专业理论、习得教育专业知识技能、实施专业自主、表现专业道德，并逐步提高自身从教素质，成为一个良好的学科专业工作者的成长过程❷。化学教学论是研究化学教学规律及其应用的学科，是化学学科建设与教学发展，及其理论研究和实践检验、完善的结果。作为一门依随启智、益智、育人和笃行的教育规律，在人类社会教育实践活动中形成、发展起来的交叉学科，化学教学论课程在为化学师范生奠定专业从教素质基础中具有不可替代的作用❸。

---

❶ 阎立泽，韩庆奎，于清江，等. 化学教学论［M］. 北京：科学出版社，2004：287-309.

❷ 教育部师范教育司. 教师专业的理论与实践［M］. 北京：人民教育出版社，2001.

❸ 刘知新. 化学教学论［M］. 3版. 北京：高等教育出版社，2004：10.

一、化学教学论课程性质

化学教学论课程是以教育学、心理学和化学专业基础课为先修课程，以结合教育见习和由本科生完成规定的化学教学实践作业为基础，而逐步展开教学的课程。它具有很强的思想性、师范性和实践性（简称"三性"）❶。思想性主要指该课程突出辩证唯物主义认识论和方法论的指导作用，遵循教育必须坚持立德树人的根本任务、坚持培养德智体美劳全面发展的人才的目标，从教育理念、教学内容、教学方法，从科学态度、科学方法、社会责任及教师道德等方面，对师范生加以熏陶。师范性在于该课程为师范生做"人师"和"经师"进行职业定向的培养和教育，"人师就是教行为，就是教怎么做人的问题。经师是教学问的，我们的教学就是要采取人师和经师二者合一的，每个教科学知识的人，他就是一个模范人物，同时也是一个有学问的人"❷，"能够以人格魅力引导学生心灵，以学术造诣开启学生的智慧之门"❸，"成为塑造学生品格、品行、品味的大先生"❹。实践性指课程紧密联系中学化学教学实践，让师范生不仅理解学科教学理论，同时积累与化学教学实践相关的"临床"经验，学会如何应对和解决复杂的现实教学问题。"三性"中，以实践性为根基，思想性为先导，师范性为核心。通过教与学，培养师范生从事化学教学的关键能力、必备品格和正确的价值观。

二、化学教学论课程内容

化学教学论是研究化学教学规律及其应用的一门学科，它的研究对象是化学教学系统，即化学教学中教与学的相互联系、相互作用及其统一。也就是说，化学教学论研究化学教学的诸因素——教师、学生、教学内容和教学媒体等是如何有机地联系成一个和谐整体的；研究教与学、掌握知识与培养能力、智能培养与全面发展如何在化学教学系统中相互依存、相互作用，又达到最优契合而统一的❺。

化学教学论课程的具体内容包括：化学课程的目标、内容和要求，化学教材编写和教学内容选择，化学教学的基本原理和方法，化学学习的一般特征和方法，化学教学目标的研制，化学教学过程的设计，化学教学媒体的优化，化学教学的评价等。这些内容皆着眼于用教学规律来解决化学教学工作中的理论和实际问题，以实现化学教学的优化。

三、化学教学论课程目标

学完本课程以后，师范生应能够：

① 理解化学教育对学生核心素养发展、教师自身专业发展和社会进步的重要意义，认识化学教育具有创造性，理解化学教师的使命和担当，热爱中学化学教育事业。

② 在化学教学设计中，能有机进行爱国主义、绿色化学、科学态度和科学方法论等教育。

---

❶　刘知新. 化学教学论［M］. 2版. 北京：高等教育出版社，1997：1.
❷　中央教育科学研究所. 徐特立教育文集［J］. 北京：人民教育出版社，1979：204-205.
❸　习近平. 青年要自觉践行社会主义核心价值观——在北京大学师生座谈会上的讲话（2014年5月4日）.
❹　习近平. 全国高校思想政治工作会议（2016年12月7日）.
❺　刘知新. 化学教学论［M］. 2版. 北京：高等教育出版社，1997：1.

③ 认识中学化学课程目标，熟悉《义务教育化学课程标准》和《高中化学课程标准》，会依据课程标准、教材内容等制定教学目标。

④ 熟悉中学化学教材体系，理解化学教材与课程标准内容的对应关系，理解化学教材与化学教学内容的关系，知道化学教学资源具有多样性，学会整合利用多种资源，创设教学情境，设计教学内容和媒体。

⑤ 会根据具体的教学目标、教学内容和学生的实际情况，灵活运用启发讲解、实验探究、自主合作等教学方式提升中学生的化学学科素养。

⑥ 了解化学课堂教学的基本结构，会规范设计和撰写教学方案，具备教学实施的能力。能与同学合作设计和交流分享设计方案，并能通过自我评价、小组互评等方式，反思和改进教学过程，体会教学反思与教师专业发展的关系。

总之，化学教学论课程致力于为即将步入中学化学教师行列的师范生，在教师专业的"应知、应会"基本功上打好扎实的基础，利于他们"在职后"的可持续发展。习近平总书记指出，"一个人遇到好老师是人生的幸运，一个学校拥有好老师是学校的光荣，一个民族源源不断涌现出一批又一批好老师则是民族的希望"❶。让我们一起为成为"好老师"共同努力！

对标整理

学完本章，你应该能够：

1. 准确地描述"化学是什么""化学能做什么"。
2. 知道自己未来工作的重要价值，具有教书育人的使命感。
3. 知道为了适应未来的教师工作自己应该具备怎样的素质。
4. 描述化学教学论课程的"三性"，了解本课程的学习内容和目标。

练习与实践

1. 学完本章后，你对自己的专业和未来的职业有了哪些新的理解？
2. 对照化学教师的素质结构，你觉得自己还缺些什么？准备怎么完善自己？
3. 结合化学教学论课程的"三性"，说说你认为怎样才能学好本课程？
4. "化学是材料科学、生命科学、环境科学、能源科学和信息科学等现代技术的重要基础。"你能从中学化学教材中各找出一例来具体说明吗？

---

❶ 习近平. 做党和人民满意的好老师——同北京师范大学师生代表座谈时的讲话（2014 年 9 月 10 日）［M］. 北京：人民出版社，2014.

第二章

化学课程、课程标准与教科书的解读

 学习准备

查阅文献资料,说说你所理解的"课程"是什么?进入 21 世纪以来,我国基础教育化学课程进行了哪些改革?改革的主旨分别是什么?

📖 案例分析

【案例 2-1】 不同时期"氯及其化合物"的教学要求

21 世纪以来,我国化学课程指导性文件中对"氯及其化合物"的内容要求如表 2-1 所列。

表 2-1　不同时期化学课程指导性文件中"氯及其化合物"内容要求

课程文件	印发时间	对"氯及其化合物"的内容要求	活动建议
全日制普通高级中学化学教学大纲(试验修订版)	2000 年 2 月	氯气的物理性质(知道);氯气的化学性质(应用);氯气的用途(知道);氯离子的检验(应用);氯气的实验室制法(以二氧化锰与浓盐酸的反应为例)(应用)	演示实验:氯气的化学性质;氯气的实验室制法;氯离子的检验
普通高中化学课程标准(实验)	2003 年 4 月	通过实验了解氯及其重要化合物的主要性质,认识这些物质在生产中的应用	实验:氯气的漂白性、溶液中氯离子的检验。查阅资料:日常生活中的含氯化合物
普通高中化学课程标准(2017 年版)	2018 年 1 月	结合真实情境中的应用实例或通过实验探究,了解氯及其重要化合物的主要性质,认识这些物质在生产中的应用;结合实例认识非金属及其化合物的多样性,认识物质及其转化在自然资源综合利用中的重要价值	实验及探究活动:氯气的制备及性质;氯水的性质及成分探究;溶液中氯离子的检验。调查与交流讨论:日常生活中含氯化合物的保存与使用

分析表 2-1，你有哪些发现？我国化学课程指导性文件从"教学大纲"演进为"课程标准"，其背后的理念是什么？不同时期化学课程指导性文件对于"氯及其化合物"这一主题无论是内容要求还是活动建议都有所变化，这些变化的背后又蕴藏着哪些理念？要回答这些问题，我们首先要从认识化学课程开始。

第一节　化学课程

教师教学、学生学习的内容一般是以课程的形式组织的。学校中的教育实践，就是以课程为轴心展开的，教育改革基本上也是从课程改革开始的。因此，课程是学校教育这个系统中最重要的"软件"，是学校教育的核心和基础。课程实施的重要途径是教学，而要进行有效教学，首先需要对课程有充分的认识。

交流讨论

> 对于"课程"，大家肯定并不陌生。从小学到大学，都是按照课程表中所安排的课程来上课和学习的。在课前你已查阅了关于"课程"的定义，这些定义与你原来所认为的课程有何不同呢？

一、什么是课程

要给"课程"下一个精确的定义是一件十分困难的事情，因为课程（curriculum）一词常常以许多不同的方式使用着。不同的人可以根据自己的学术背景以及对社会、知识、教育、学校，乃至对学生的不同观点，给课程以不同的解释。

（一）教育者角度下的"课程"含义

在我国，"课程"一词始见于唐、宋年间，宋朝朱熹在《朱子全书·论学》中有"宽着期限，紧着课程""小立课程，大作功夫"等论述，这里的"课程"意为"功课及其进程"，与今天日常语言中的"课程"意义已极为相近。在日常教学活动中，我们常把课程表上安排的教学科目叫作某某课程，如化学课程、物理课程等，即把课程等同于教学科目，这是狭义上的课程含义。广义上的课程是指各级各类学校为了实现培养目标而开设的学科及其目的、内容、范围、活动、进程等的总和，主要体现在课程方案、课程标准和教科书中。

信息链接

《普通高中课程方案（2017 年版 2020 年修订）》中的课程设置❶

（1）学制与课时

普通高中学制为三年。每学年 52 周，其中教学时间 40 周，社会实践 1 周，假期（包括

---

❶　中华人民共和国教育部. 普通高中课程方案（2017 年版 2020 年修订）[S]. 北京：人民教育出版社，2020.

寒暑假、节假日和农忙假）11 周。每周 35 课时，每课时按 45 分钟计。18 课时为 1 学分。

（2）课程类别

普通高中课程由必修、选择性必修、选修三类课程构成。其中，必修、选择性必修为国家课程，选修课为校本课程。

必修课程，由国家根据学生全面发展需要设置，所有学生必须全部修习。

选择性必修课程，由国家根据学生个性发展和升学考试需要设置。参加普通高等学校招生全国统一考试的学生，必须在本类课程规定范围内选择相关科目修习；其他学生结合兴趣爱好，也必须选择部分科目内容修习，以满足毕业学分的要求。

选修课程，由学校根据学生的多样化需求，当地社会、经济、文化发展的需要，学校课程标准的建议以及学校办学特色等开发设置，学生自主选择修习。

（3）开设科目与学分

普通高中开设语文、数学、外语、思想政治、历史、地理、物理、化学、生物学、技术（含信息技术和通用技术）、艺术（或音乐、美术）、体育与健康科目和综合实践活动等国家课程，以及校本课程。

……

（4）科目安排

科目内容根据学科自身特点和学生学习需要设计。必修内容原则上按学期或学年设计，选择性必修和选修内容原则上按模块设计。模块之间既相对独立，又体现学科内在逻辑。模块教学时间根据实际需要设定，一般为 18 课时的倍数。

……

（5）毕业学分要求

学生完成相应课程规定课时的学习并考试（考核）合格，即可获得相应学分。

学生毕业学分最低要求为 144 学分。其中，必修课程 88 学分，选择性必修课程 42 学分，选修课程 14 学分。

（二）学习者角度下的"课程"含义

在西方，课程（curriculum）是从拉丁语 currere 一词派生出来的，意为跑的过程与经历，根据这个词源，西方最常见的课程含义是学习的进程（course of study）。著名教育家杜威（J. Dewey）把课程视为学生在教师指导下所获得的经验。受杜威影响，许多人持同样的观点，并且将学生在学校中自发获得的经验或体验也纳入课程中，即课程是"学习者在学校的指导下所获得的全部经验"[1]，"全部经验"包括德、智、体、美、劳诸方面；"在学校指导下"则既包括课内活动，又包括课外活动，而家庭教育和社会教育不在其内。

（三）不同层次下的"课程"含义

学校课程从决策、设计到实施、评价，经历了多个阶段和层次的转换。而不同的人由于所处地位和工作性质的差异，往往会从不同的阶段分析课程活动，关注不同层次的课程意义，因而可能会出现在不同层次上起作用的课程定义。

---

❶ 张华. 课程与教学论［M］. 上海：上海教育出版社，2011：68.

📖 案例分析

【案例 2-2】 "氯气与水反应"两种不同的教学过程

《普通高中化学课程标准（2017年版2020年修订）》是由化学学科专家、课程专家以及教育专家等组成的专家团队研制而成并由中华人民共和国教育部颁布。如表2-1中规定了"氯及其化合物"的相关内容要求及活动建议。以下是两位教师关于"氯气与水反应"这一内容的教学过程。

教师A教学过程：

【提出问题】氯气可否溶解于水？溶解后能否与水反应？

【引导观察】今天老师带来了一小瓶氯水，请同学们观察，观察后你们可以得出什么结论。

【学生回答】氯气可溶于水。

【演示实验】请同学们继续观察老师的演示实验。

【演示实验1】用pH试纸检验氯水，发现pH试纸先变红后褪色。

【教师解释】变红说明氯水呈酸性，褪色说明氯气与水反应生成了具有漂白性的物质。

【演示实验2】向氯水中滴加稀硝酸酸化的硝酸银溶液。

【学生汇报】有白色沉淀，说明氯水中有氯离子。

【教师小结】氯水中含有的能使pH试纸褪色的物质是次氯酸（HClO）。这说明氯气溶解于水发生了以下反应：$Cl_2 + H_2O \rightleftharpoons HCl + HClO$。

教师B教学过程：

【学生】列举生产生活中常见的含氯消毒剂：84消毒液、氯水等。

【提出问题】（1）氯水为何能用于消毒？（2）84消毒液的主要成分是什么？如何生产？消毒的原理是什么？

【探究问题1】氯水为何能用于消毒？

【学生推测】（1）氯气能溶解于水且氯气具有消毒作用；（2）氯气溶于水后，与水反应的产物具有消毒作用。

【搜集证据】引导学生设计并完成实验：（1）在收集满氯气的塑料瓶中倒入少量水，振荡，分别取少量氯水于两支试管中，分别滴加紫色石蕊试液和酸化的硝酸银溶液；（2）把一小片干燥的红色布条，分成四段，分别置于氯气、氯水、盐酸和水中，观察红色布条的变化。

【交流讨论】实验（1）说明氯气部分溶解于水，溶于水后有盐酸生成；实验（2）说明氯水中起消毒作用的不是氯气、水或盐酸，氯气与水反应应该还有其他物质生成……

【教师揭示】氯气部分溶于水除生成盐酸外，还生成一种叫次氯酸（HClO）的物质，请根据以上信息写出反应的化学方程式。

请分析以上两种教学过程有什么区别？哪一种更接近于课程标准的要求？在这两种教学过程下，学生的收获是否相同？

上述两种不同的教学过程说明了教师领悟及实施的课程与国家规定的课程之间存在一定的差异。美国教育学家古德莱德（J. I. Goodlad）曾提出五种处于不同层次、具有不同意义的课程：①理想课程（ideological curriculum），指由专业研究机构、学术团体和课程专家提出的应开设的课程，常常以设想、建议、规划或计划的形式表现出来，其影响取决于是否被官方采纳。②正式课程（formal curriculum），指由教育行政部门规定的课程方案、课程标准和教材等，也就是列入学校课程表中的课程。③领悟课程（preceived curriculum），指各学科教师所理解的课程。由于教师对课程"实际上是什么"或"应该是什么"的领悟不同，与正式的课程之间会有一定的距离，所以对正式课程作用的发挥将产生削弱或增强的影响。④运作课程（operational curriculum），指在课堂中实际实施的课程。由于课堂上学生对课程的反应情况较为复杂，需不断作出调整，故教师领悟的课程与实际实施的课程之间可能会有一定的差距。⑤经验课程（experiential curriculum），指学生实际体验到的课程。每个学生从同一课程中，即使是同一个教师教的，所获得的课程体验都会不同。而学生体验到的课程才是该课程最终对学生的实际影响，决定了课程对学生的作用以及效果。教师需要认真领悟课程标准要求，尽可能缩小实施的课程与正式的课程之间的差距，让学生获得丰富的、对其未来发展有积极影响的课程体验。

二、化学课程的类型

不同的课程定义下衍生了不同的课程类型。当把课程作为学生在学校所获得的全部经验时，则课程就不仅包括课程表中的课程，还包括学校中对学生具有影响的其他校园文化；不仅包括课内的学习，还包括课外的活动；不仅包括课程标准中所规定的课程，还包括学校自主开发的课程。

（一）显性课程与隐性课程

显性课程是指课程方案中规定的课程，如在课程表中安排的化学课程、物理课程等，此类课程有相应的课程标准和教科书，也叫学科课程，以学习间接经验为主；另外，一些以"活动"为主的课程也属显性课程，如社团活动、研学活动、家庭小实验、社会调查、项目化学习等，虽无课程标准和教科书，但有一定的计划和教师指导，此类课程重视学生的直接经验，也叫活动课程。当然，要正确理解"学科"与"活动"的关系，两者并不是对立的。化学学科课程实施过程中包含学生的观察、调查、实验、讨论等大量的活动，这些活动是学生学习化学知识的重要途径；另外，以实践为主的活动课程围绕"活动"而展开，有其内在的结构和教学程序，在实施过程中也离不开学科知识、思想和原理等的应用。目前，我国初高中化学课程结构具有以学科课程为主、学科课程与活动课程相结合的特点。

隐性课程则是指课程方案上未明确规定的、无形的课程，但对学生的发展却起着潜移默化的作用。如学校的文化、教师的人格魅力、同学榜样、同伴关系等。

（二）国家课程、地方课程和校本课程

教育部 2001 年颁发的《基础教育课程改革纲要（试行）》在具体目标中提出"改变课程管理过于集中的状况，实现国家、地方、学校三级课程管理，增强课程对地方、学校及学生的适应性。"

国家课程是指由国家教育行政部门规定的统一课程，是专门为未来公民接受基础教育

后所要达到的必备素养而开发的课程，体现了国家意志。比如《普通高中课程方案（2017年版 2020年修订）》中所设置的语文、数学、外语、思想政治、历史、地理、物理、化学、生物学、技术（含信息技术和通用技术）、艺术（或音乐、美术）、体育与健康科目和综合实践活动等，均属于国家课程的范畴。

地方课程是在国家规定的各个教育阶段的课程计划内，由省一级教育行政部门或其授权的教育部门依据当地的政治、经济、文化、民族等发展需要而开发的课程。地方课程在充分利用地方教育资源、反映基础教育的地域特点、增强课程的地方适应性、涵养学生家国情怀等方面具有重要价值。如江苏省盐城市在全市中小学推进的"盐城湿地科普研学"即属于地方课程，要求"依托盐城黄（渤）海世界自然遗产地，设计开发富有盐城特色的湿地科普研学课程体系，各县（市、区）要开发适合本地实际的湿地科普研学课程。各中小学校要根据学段特点和地域特色，逐步构建不同层次和多种类型的湿地科普研学活动课程体系。建议小学以乡土乡情为主、初中以县情市情为主、高中阶段以省情国情为主。"❶

校本课程是指由学校自行规划、设计和实施的课程。从其本质上说，校本课程是学校教育共同体在学校一级对课程的规划、设计、实施与评价的所有活动。课程开发的主体是教师而不是专家，如江苏省盐城第一中学开设的"低碳课程"。

校本课程、地方课程和国家课程虽是三类课程，但并非完全独立、相互割裂，它们拥有共同的培养目标，共同构成了学校课程的有机整体。地方课程、校本课程是对国家课程的丰富和补充，其开发目的是满足学生和地区的发展需要，必须与国家课程配套实施。在当前的教育政策体制下，地方课程、校本课程的课时数在学校整个课程体系中所占的比例还很小。提升国家课程的质量，优化国家课程的实施是学校的首要任务。对于学校的课程开发而言，最首要的任务是对国家课程进行校本化的二次开发，保证能够开齐、开足、开好国家课程，从而在为学生的终身发展夯实基础的前提下倡导个性发展。《普通高中课程方案（2017年版 2020年修订）》中对于"选修课程"设置中就包括"结合当地社会、经济、文化发展的需要，学校课程标准的建议以及学校办学特色等开发设置"的课程。

（三）分科课程与综合课程

分科课程是指由一系列自成体系的科目组成的学科课程，如数学、物理、化学等。综合课程是指由若干不同学科领域组成的、具有独特育人价值的学科课程，如科学、综合实践活动、STEM（科学、技术、工程、数学）课程等。

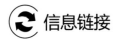 信息链接

《基础教育课程改革纲要（试行）》（2001）课程结构❷

（1）整体设置九年一贯义务教育课程。小学阶段以综合课程为主。小学低年级开设品德与生活、语文、数学、体育、艺术（或音乐、美术）；小学中高年级开设品德与社会、语文、数学、科学、外语、综合实践活动、体育、艺术（或音乐、美术）。

---

❶　盐城市人民政府部门文件. 关于推进全市中小学生湿地科普研学的实施意见（2021年4月20日）.
❷　钟启泉，崔允漷，张华.《基础教育课程改革纲要（试行）》解读. 上海：华东师范大学出版社，2001：5-6.

初中阶段设置分科与综合相结合的课程，主要包括思想品德、语文、数学、外语、科学（或物理、化学、生物）、历史与社会（或历史、地理）、体育与健康、艺术（或音乐、美术）以及综合实践活动。积极倡导各地选择综合课程。学校应努力创造条件开设选修课程。在义务阶段的语文、艺术、美术课中要加强写字教学。

（2）高中以分科课程为主。为使学生在普遍达到基本要求的前提下实现有个性的发展，课程标准应有不同水平的要求，在开设必修课的同时，设置丰富多样的选修课程，开设技术类课程。积极试行学分制管理。

（3）从小学至高中设置综合实践活动并作为必修课程，其内容主要包括：信息技术教育、研究性学习、社区服务与社会实践以及劳动与技术教育。

……

（四）必修课程与选修课程

必修课程是指由国家、地方或学校规定，学生必须学习的课程；选修课程是指学生根据自己的兴趣、爱好、需要及发展而选择学习的课程。学科课程和活动课程、分科课程和综合课程以及国家课程等都有必修与选修之分。选修课程还有两种形式：一种是必选课程，即在规定的范围内学生必须选修的课程；另一种是任选课程，即全体学生根据自己的兴趣爱好或就业需要而自由选修的课程。例如，《普通高中化学课程标准（2017 年版 2020 年修订）》就将高中化学课程（学科课程、国家课程）分为必修、选择性必修和选修三种类型（图 2-1）。

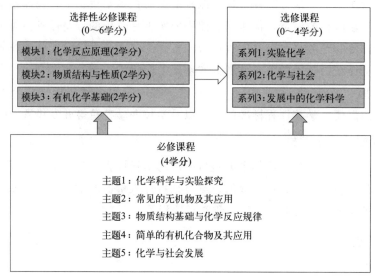

图 2-1　普通高中化学课程结构示意图

三、课程开发的基本模式

课程开发（curriculum development）是指决定课程的过程及其所依据的各种理论取向。通常认为，课程开发是国家或地方政府政治决策的过程、专家权威与教育教学实践相互作用的过程，它不单是教育学者和课程专家的工作，也是社会各有关方面共同合作的事业。20 世纪以来，课程开发的主要模式有两类，即目标模式和过程模式。

（一）目标模式

目标模式（the objectives model）是以目标为课程开发的基础和核心，围绕课程目标的确定及其实现、评价而进行课程开发的模式。目标模式是 20 世纪初开始的课程开发科学化运动的产物，因此，它被看作是课程开发的经典模式。其主要代表是"现代课程理论之父"拉尔夫·泰勒创立的"泰勒模式"。1949 年，泰勒出版《课程与教学的基本原理》一书，该书开宗明义地指出，开发任何课程和教学计划都必须回答四个基本问题：

第一，学校应该试图达到什么教育目标？（What educational purposes should the school seek to attain?）

第二，提供什么教育经验最有可能达到这些目标？（What educational experiences can be provided that are likely to attain these purposes?）

第三，怎样有效组织这些教育经验？（How can these educational experiences be effectively organized?）

第四，我们如何确定这些目标正在得以实现？（How can we determine whether these purposes are being attained?）

这四个基本问题——确定教育目标、选择教育经验（学习经验）、组织教育经验、评价教育计划——构成著名的"泰勒原理"。舒伯特（W. H. Suhubert）把从这四个问题中归纳出的"目标"（purpose）、"内容"（content）[或"学习经验"（learning experience）]、"组织"（organization）和"评价"（evaluation）称为课程开发的"永恒的分析范畴"❶。

"泰勒原理"系统综合了当时有影响的教育学流派和思想，囊括了课程开发的多种重要因素，形成了一个系统的模式，且该模式简洁明了，易于理解把握。但也有人认为，课程应该考虑知识的不确定性，鼓励个体化的、富于创造性的学习，而不是把知识及其学习作为满足预定目标的尝试，教育成功的程度是它所导致的学生不可预期的行为结果增加的程度。

（二）过程模式

在对目标模式批判性思考的基础上，英国著名课程论专家斯腾豪斯（L. Stenhouse）确立了过程模式（the process model）。该模式以英国著名教育哲学家彼得斯（R. S. Peters）的知识论为理论依据。彼得斯认为，知识以及教育本身具有内在的价值，无须通过教育的结果来加以证明。这类活动有其自身固有的完美标准，能够根据这些标准而不是根据其导致的后果来评价。人们可以对它们本身所具有的价值进行争论，而不是对其作为达到目的的手段的价值进行争论。因而，艺术和知识形式，如科学、历史、文学欣赏与诗等，是课程设置的基本部分，其合理性能被内在地加以证明，而不必作为达到目的的手段被证明。对它们的选择是基于内容，而不是基于其所引起的学生行为的具体结果。而诸如知识的过程、概念以及标准等形式，是无法适当地转化为操作水平上的目标的。据此，斯腾豪斯提出，课程开发的任务就是要选择活动内容，建立关于学科的过程、概念与

---

❶ 张华. 课程与教学论［M］. 上海：上海教育出版社，2011：95-96.

标准等知识形式的课程，并提供实施的"过程原则"（principle of procedure）。

"过程原则"的本质含义在于鼓励教师对课程实践的反思批判和发挥创造。以斯腾豪斯领导制定的"人文学科课程计划"为例，教师应遵循下列五项"过程原则"：①教师应该与学生一起在课堂上讨论、研究具有争议性的问题；②在处理具有争议性的问题时，教师应持中立原则，使课堂成为学生的论坛；③探究具有争议性的问题的主要方式是讨论，而不是灌输式的讲授；④讨论应尊重参与者的不同观点，无须达成一致意见；⑤教师作为讨论的主持人，对学习的质量和标准负有责任。斯腾豪斯明确提出，教师的身份是"和学生一起学习的学习者"，只有这样，才能通过发现法和探究法而不是通过传授法来进行教学。

过程模式把发展学生的主体性、创造性作为教育的广泛目标，并将之与课程活动、教学过程统一起来，给予教师充分的自主权。这对教师的素质提出了较高的要求，教师进行课程开发与实施必须以对课程问题的卓有成效的研究为前提。

四、化学课程的组织取向

不同类型的课程有其不同的组织方式，而课程组织方式总是受特定的课程观支配的。课程观是指人们对有关课程的本质、功能、价值、内容及其组织等一系列问题的基本看法。从课程的发展历史来看，主要有以下几种课程观❶。

（一）学科取向的课程观

学科取向的课程观强调根据学科逻辑和知识体系来组织课程。如美国教育学家巴格莱（W. C. Bagley）提出要素主义理论，主张应把人类文化遗产中的共同要素，即各门学科的精华，作为课程的核心，按照严格的逻辑系统编成教材；美国心理学家布鲁纳（J. S. Bruner）的结构主义课程理论认为，"不论我们选教什么学科，务必使学生理解该学科的基本结构。"此类课程观的最大优点是课程内容系统性强，但是容易导致课程脱离学生实际、生活实际和社会实际，学生被动接受学习。

（二）学生兴趣和发展取向的课程观

学生兴趣和发展取向的课程观强调根据学生的心理逻辑，围绕学生的兴趣和发展组织课程。在这种课程中，儿童是中心，儿童通过活动中所得到的直接经验来学习。代表人物是美国教育学家杜威（J. Dewey），他认为传统的学校课程以学科为中心，没有考虑儿童的兴趣和需要，学科分得过细，脱离生活实际。他主张教育不是为未来的生活做准备，"教育就是生活""教育就是生长"。因此学校科目相互联系的真正中心，不是科学、不是文学、不是历史、不是地理，而是儿童本身的社会活动。儿童在教育过程中始终处于中心地位，一切活动均要从儿童的生活中引出，儿童的经验应成为课程和教材的依据。此类课程最大的特点是重视学生学习的主动性和实践性，但也容易导致学生的学习不够系统。

（三）社会问题取向的课程观

强调以适应或改进社会生活为根据，围绕主要的社会问题来组织课程。如美国教育家

---

❶　张华. 课程与教学论 [M]. 上海：上海教育出版社，2011：234-237.

布拉梅尔德（T. Brameld）认为，教育的过程就是儿童、学生构想将要生活其中的未来社会的过程。因此，人类社会的基本活动是决定课程的内容范围和教材的选择顺序的主线。这些社会基本活动有：保卫人类生存、保卫物质资源，生产、分配和消费，运输和交通，社会组织和管理，科学创造和发明，家庭建立和子女教育，审美和娱乐活动，创造新工具和技术，等等。此类课程最大的特点是课程内容紧密联系社会生活实际，学生在认识和解决社会实际问题的过程中综合性地学习科学知识，但也容易导致学生的学习不够系统，难以建立学科知识的逻辑体系。

随着人们对课程理论了解得越多，课程实践越丰富，就越能深刻体会到决定课程的三个因素——学科发展、学生发展、社会发展，过分强调任何一个因素而忽视其他因素都是不符合课程发展规律的。学校课程本质上是学科知识、学生经验、社会生活三个方面的统一，必须全面考虑三个因素在课程设计中的地位和作用，寻求三者的合理结构以求得平衡。同时，人们也已经意识到，平衡并不等于各占三分之一。不同年龄段、不同社会发展时期，三者的权重会有所不同。

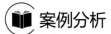 案例分析

【案例 2-3】《Chemistry in the Community》——美国化学会（ACS）出版

《Chemistry in the Community》是为将来不准备从事科学和工程职业的 10 年级或 11 年级的学生而编制的。以下是其第 6 版的单元构成：单元 0 "认识社会中的化学"；单元 1 "材料：制备物质"；单元 2 "空气：设计科学探究"；单元 3 "石油：键的断裂与生成"；单元 4 "水：探索溶液"；单元 5 "工业：应用化学反应"；单元 6 "核的相互关系"；单元 7 "食物：生命的物质与能量"。

分析以上单元名称，你认为该教材的编写体现了怎样的一种课程观？是否适合将来从事科学和工程职业的学生学习？为什么？

第二节　化学课程标准

 学习准备

请查阅《义务教育化学课程标准（2022 年版）》和《普通高中化学课程标准（2017 年版 2020 年修订）》，了解课程标准的基本结构和内容。

进入 21 世纪以来，我国基础教育进行了一场史无前例的课程改革，这也是新中国成立以来的第八次课程改革。这场改革源于当今时代科学技术迅猛发展、知识经济加速到来、国际竞争日趋激烈，我国现代化建设面临更为伟大、更为艰巨的任务，迫切需要基础教育加快推进素质教育的步伐，努力培养具有创新精神和实践能力的有理想、有本领、有担当的德、智、体、美、劳全面发展的一代新人。自 2001 年《全日制义务教育化学课

标准（实验稿）》、2003 年《普通高中化学课程标准（实验）》(以下简称实验版高中化学课标）先后颁布后，以"三维目标"为标志的化学课程改革拉开了序幕，2011 年《义务教育化学课程标准（2011 年版）》(以下简称 2011 版初中化学课标）进行了修订。2018 年初《普通高中化学课程标准（2017 年版）》颁布，2020 年进行了修订（以下简称 2017 版 2020 修订高中化学课标），2022 年《义务教育化学课程标准（2022 年版）》(以下简称 2022 版初中化学课标）颁布，对落实"化学学科（课程）核心素养"进行了系统设计，为我国 21 世纪第 3 个十年的化学课程改革指明了方向。

👥 交流讨论

> 　　案例 2-1 中你应该已经注意到在 2000 年前的课程指导性文件称为"教学大纲"，第八次课程改革后的课程指导性文件称为"课程标准"。你有没有想过，这两个名词的区别是什么？为什么要从"教学大纲"变革为"课程标准"？实验版高中化学课标与 2017 版 2020 修订高中化学课标的明显不同又是什么？

一、什么是课程标准

　　教育作为社会上层建筑的重要组成部分，必须体现国家意志。教学大纲、课程标准都是体现国家教育意志要求的具体化文本。

　　教学大纲是根据教学计划，以纲要形式规定一门课程教学内容的文件，主要包括教学目的、教学内容和教学要求、教学设备和设施、教学中应该注意的问题以及考核和评估等。可见，教学大纲主要是从"教"的角度，对教师的教学作出规范化的规定，侧重于内容规定。如案例 2-1 中，教学大纲规定了"氯及其化合物"的具体教学内容，且内容主要是学科知识，活动建议也是教师的演示实验，"学科倾向"较为突出，较关注的是学生在化学知识与技能方面应达到的要求，忽视了学生的生活经验和社会生产实际。另外，教学大纲的"刚性要求"限制了教师教学的自主性和创造性。

　　课程标准是国家对基础教育课程的基本规范和质量要求，是教材编写、教学、评估和考试命题的依据，是国家管理和评价课程的基础。它体现国家对不同阶段的学生在学科（课程）核心素养（或知识与技能、过程与方法、情感态度与价值观）等方面的基本要求，规定了课程性质和基本理念、课程结构与内容、学业质量要求等，提出教学和评价、考试命题等建议。可见，课程标准更多的是从"学"的角度，对学生的学习内容、方法和结果作出要求。如案例 2-1 中，课程标准要求学生"结合真实情境中的应用实例或通过实验探究"来学习相应内容，内容不仅包括学科知识，还包括化学知识的应用和价值。从教学大纲到课程标准的演进，说明了我国基础教育课程从关注"教"到关注"学"，从关注"学科"到关注"育人"的转变。

　　关于课程标准的性质，可以通过以下几点进一步认识：①课程标准主要是对学生在经过某一学段之后的学习结果的行为描述，而不是对教学内容的具体规定（如教学大纲或教科书）；②它是国家制定的某一学段的共同的、统一的基本要求，而不是最高要求；③学生学习结果行为的描述应该尽可能是可理解的、可达到的、可评估的，而不是模糊不清的、可望而不可及的；④它隐含着教师不是教科书的执行者，而是教学方案（课程）的开发者，即教师是"用教科书教，而不是教教科书"；⑤课程标准的范围应该涉及作为一个完整个体发展的全方面，而不仅仅是知识方面的要求❶。

二、化学课程标准的结构

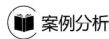 案例分析

【案例 2-4】　实验版高中化学课标与 2017 版 2020 修订高中化学课标框架结构对比

结合两版高中化学课标文本，对照表 2-2，分析两版高中化学课标有哪些共性和差异？

表 2-2　实验版高中课标与 2017 版 2020 修订高中化学课标框架结构

实验版高中化学课标	2017 版 2020 修订高中化学课标
(1)前言:含课程性质、课程基本理念、课程设计思路(课程结构、模块内容简介和模块选择建议)、关于目标要求的说明。 (2)课程目标:依据科学素养内涵,从知识与技能、过程与方法、情感态度与价值观三方面确定化学课程的目标。 (3)内容标准:按必修课程、选修课程介绍模块目标,分主题阐述内容标准、活动与探究建议。 (4)实施建议:含教学建议、评价建议、教科书编写建议、课程资源的开发与利用建议	(1)前言:高中课程标准修订背景概述。 (2)课程性质与基本理念:强调"以发展化学学科核心素养为主旨"。 (3)学科核心素养与课程目标:从 5 个方面阐述化学学科核心素养,提出 5 条化学课程目标。 (4)课程结构:包括设计依据、结构、学分与选课,突出"基于化学学科特点的核心素养"。 (5)课程内容:含必修、选择性必修、选修三类课程。在课程的每个主题下包括内容要求、教学提示和学业要求。 (6)学业质量:以化学学科核心素养及其表现水平为主要维度的学业质量水平划分。 (7)实施建议:含教学与评价建议、学业水平考试命题建议、教材编写建议、地方和学校实施本课程的建议。 (8)附录:化学学科核心素养的水平划分、教学与评价案例、学生必做实验索引

一般而言，课程标准文本包含课程性质、课程理念、课程目标、课程结构、课程内容与实施建议等要素，体现了泰勒课程编制的基本原理。对两版高中化学课标进行比较，不难发现 2017 版 2020 修订高中化学课标在课程构成要素的"量"和"质"两方面实现了课程整体的优化。"量"的优化包含增添新的要素和拓展原有的课程要素，例如，2017 版 2020 修订高中化学课标提出了化学学科核心素养，建立了以化学学科素养及其表现水平为主要维度的学业质量，属于新增添的要素。2017 版 2020 修订高中化学课标以"教学提示""学业要求"扩充了课程内容主题，对学生学习该主题后的素养表现做出了具体规定，并给出教学策略、情境素材和学习活动建议。"实施建议"扩充了学业水平考试命题建议，对如何评价学生化学学科核心素养的发展水平提供指导。"质"的优化，体现在 2017 版 2020 修订高中化学课标对课程要素进行了重新设计和融合，"课程性质与基本理念""课程结构"单独作为一级要素列出，强调"以发展化学学科核心素养为主旨"的基本理念和"基于学科特点和素养内涵"的内容建构方式，凸显化学学科核心素养在课程中的主旨作用。课程标准是化学教师教学的依据，因此，化学教师必须理解现行版本化学课程标准的内容与要求。

---

❶　钟启泉，崔允漷，张华.《基础教育课程改革纲要（试行）》解读. 上海：华东师范大学出版社，2001：169-172.

三、化学学科核心素养与课程目标

2017 版 2020 修订高中化学课标、2022 版初中化学课标与之前版本课标最明显的差异在于构建了"化学学科（课程）核心素养"课程目标体系。"核心素养"是适应 21 世纪信息时代对人的自我实现、工作世界和社会生活的新挑战而产生的概念，指学生在接受相应学段的教育过程中，逐步形成的适应个人终身发展和社会发展所需要的正确价值观、必备品格和关键能力。为适应世界教育改革发展趋势、提升我国教育国际竞争力，我国学生发展核心素养，以科学性、时代性和民族性为基本原则，以培养"全面发展的人"为核心，分为文化基础、自主发展、社会参与三个方面，综合表现为人文底蕴、科学精神、学会学习、健康生活、责任担当、实践创新六大素养❶。"核心素养观"是我国当前深化基础教育课程改革的重要理念之一，它指向构建我国 21 世纪信息时代的课程体系❷。为建立核心素养与化学课程教学的内在联系，充分挖掘化学课程教学对全面贯彻党的教育方针、落实立德树人根本任务、发展素质教育的独特育人价值，基于化学学科本质凝练了化学学科（课程）核心素养。

 知识拓展

"化学课程核心素养"与"化学学科核心素养"的区别

义务教育段"化学课程核心素养"和高中"化学学科核心素养"两种说法的区别在于：①在义务教育段希望更关注人，淡化学科；②义务教育段有些课程不能称为学科，比如劳动，我们不能说劳动学科核心素养，可以说劳动课程核心素养；③义务教育段有一些课程不是一个学科，是一类学科群，比如科学、艺术，所以讲学科核心素养也不恰当；④所有课程标准的封面都叫某某课程标准，如化学课程标准，故称化学课程核心素养。

（一）化学学科（课程）核心素养

化学学科（课程）核心素养是我国学生发展核心素养在化学课程中的具体化。义务教育化学课程核心素养包括"化学观念""科学思维""科学探究与实践""科学态度与责任"4 个方面。高中化学学科核心素养包括"宏观辨识与微观探析""变化观念与平衡思想""证据推理与模型认知""科学探究与创新意识""科学态度与社会责任"5 个方面。这些不同方面构成的相互联系的有机整体，反映了基础教育化学课程的教育价值与育人功能，体现了社会主义核心价值观下化学学科（课程）育人的基本要求，全面展现了化学课程学习对学生未来发展的重要价值。化学学科（课程）核心素养及内涵如表 2-3 所示。

---

❶ 中国学生发展核心素养 [N]. 人民日报，2016-09-14.
❷ 王祖浩. 普通高中化学课程标准（2017 年版 2020 年修订）教师指导. 上海：上海教育出版社，2020：32-39.

表 2-3 化学学科（课程）核心素养

义务教育化学课程核心素养	高中化学学科核心素养
素养 1 化学观念 化学观念是人类探索物质的组成与结构、性质与应用、化学反应与规律所形成的基本观念，是化学概念、原理和规律的提炼与升华，是解释物质及其变化的现象和解决实际问题的基础。 化学观念主要包括：物质是由元素组成的，具有多样性，可以分为不同的类别；物质是由分子或原子构成的，其结构决定性质；化学变化有新物质生成，伴随能量变化，并遵循一定的规律；化学变化的本质是原子的重新组合；在一定条件下通过化学反应实现物质转化；等等	**素养 1 宏观辨识与微观探析** 能从不同层次认识物质的多样性，并对物质进行分类；能从元素和原子、分子水平认识物质的组成、结构、性质和变化，形成"结构决定性质"的观念。能从宏观和微观相结合的视角分析与解决实际问题 **素养 2 变化观念与平衡思想** 能认识物质是运动和变化的，知道化学变化需要一定的条件，并遵循一定规律；认识化学变化的本质是有新物质生成，并伴有能量的转化；认识化学变化有一定限度、速率，是可以调控的。能多角度、动态地分析化学变化，运用化学反应原理解决简单的实际问题
素养 2 科学思维 科学思维是在化学学习中基于事实与逻辑进行独立思考与判断，对不同信息、观点和结论作出质疑与批判，提出创造性见解的能力；是从化学视角研究物质及其变化规律的思路和方法；是从宏观、微观、符号相结合的视角探究物质及其变化规律的认识方式。 科学思维主要包括：在解决化学问题中所运用的比较、分类、分析、综合、归纳等科学方法；基于实验事实进行证据推理、建构模型并推测物质及其变化的思维能力；在解决与化学相关的真实问题中形成的质疑能力、批判能力和创新意识	**素养 3 证据推理与模型认知** 具有证据意识，能基于证据对物质组成、结构及其变化提出可能的假设，通过分析推理加以证实或证伪；建立观点、结论和证据之间的逻辑关系。知道可以通过分析、推理等方法认识研究对象的本质特征、构成要素及其相互关系，建立认知模型，并能运用模型解释化学现象，揭示现象的本质和规律
素养 3 科学探究与实践 科学探究与实践是指学生经历化学课程中的实验探究，基于学科和跨学科实践活动形成的学习能力；是综合运用化学等学科的知识和方法，通过一定的技术手段，在解决真实情境问题和完成综合实践活动中展现的能力与品格。 科学探究与实践主要包括：以实验为主的科学探究能力；通过网络查询等技术手段获取和加工信息的自主学习能力；运用简单的技术与工程方法设计、制作与使用相关模型和作品的能力；参与社会调查实践，提出解决实际问题初步方案的能力；与他人分工协作、沟通交流、合作解决问题的能力等	**素养 4 科学探究与创新意识** 认识科学探究是进行科学解释和发现、创造和应用的科学实践活动；能发现和提出有探究价值的问题；能从问题和假设出发，依据探究目的，设计探究方案，运用化学实验、调查等方法进行实验探究；勤于实践，善于合作，敢于质疑，勇于创新
素养 4 科学态度与责任 科学态度与责任是指通过化学课程的学习，在理解科学、技术、社会、环境相互关系的基础上，逐步形成的对化学促进社会可持续发展的正确认识，以及所表现的责任担当。 科学态度与责任主要包括：对物质世界的好奇心、想象力和探究欲，对化学学习和科学探究的浓厚兴趣；对化学学科促进人类文明和社会可持续发展的重要价值具有积极的认识；严谨求实的科学态度，敢于提出并坚持自己的见解，勇于修正或放弃错误观点，反对伪科学的科学精神；遵守科学伦理和法律法规，运用化学知识对生活和社会实际问题作出判断和决策的意识；形成节约资源、保护环境的习惯，树立生态文明理念，增强为实现中华民族伟大复兴而推动社会进步而勤奋学习化学的责任感	**素养 5 科学态度与社会责任** 具有安全意识和严谨求实的科学态度，具有探索未知、崇尚真理的意识；深刻认识化学对创造更多物质财富和精神财富、满足人民日益增长的美好生活需要的重大贡献；具有节约资源、保护环境的可持续发展意识，从自身做起，形成简约适度、绿色低碳的生活方式；能对与化学有关的社会热点问题作出正确的价值判断，能参与有关化学问题的社会实践活动

　　由表 2-3 可见，义务教育化学课程核心素养与高中化学学科核心素养在各要素的表达上有所差异，这是因为不同阶段学生的认知水平和化学学习要求不同，但各要素在内涵上有共通之处。义务教育化学课程核心素养是高中化学学科核心素养的基础，两者具有衔接关系。值得注意的是，学科（课程）核心素养虽然分不同的方面表述，但这些方面是互相联系不可分割的整体。为了认识整体，人们往往会用分析方法将其分解为一些要素。在培养初期，需要对某些成分进行侧重训练，由简单到复杂，循序渐进逐渐整合成学科核心素养。但这并不意味着组成学科（课程）核心素养的这些要素可以截然分开、逐个培养。各种学科素养要素都会在一定程度上同时作用于学生学科核心素养发展的不同方面，且学科核心素养的发展不仅有赖于各种具体学科素养成分的发展，还取决于各种学科素养成分的整合程度。在化学学科认知活动或问题解决活动中也不可能只有其中的某个要素起作用，往往是多个要素协同作用❶。

📖 案例分析

【案例 2-5】 "水溶液中的离子平衡及反应"单元复习课❷

研读以下教学过程，分析该教学体现了对学生哪些化学学科核心素养的培养？

　　在该教学中，教师选取"人体代谢性酸中毒治疗方案的设计"问题，通过"病因诊断：人体酸中毒的原因""对症下药：治疗方案的设计"等环节，在真实情境中进行问题探究和解决，建构起溶液体系中微粒相互作用与变化、性质和应用之间的整体分析思路（图 2-2）。

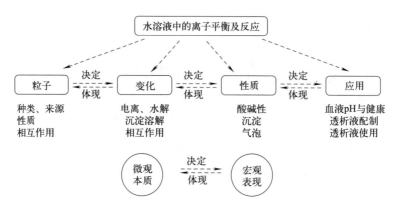

图 2-2　水溶液中的离子平衡及反应的分析思路

　　教师引导学生分析"人体酸中毒原因"时，构建如图 2-3 所示思路。在"确定诊疗方案"阶段，学生在按照自己预设实验方案配制透析液的过程中发现"异常现象"——生成白色沉淀和气体，与原有认知中 Ca^{2+} 和 HCO_3^- 能够在水中共存产生了冲突，引起进一步探究的欲望，再分析白色沉淀可能是哪些物质，找寻 $NaHCO_3$ 的替代物质、探寻新的实验方案等。

❶ 杨玉琴，王彦卿. 化学学科核心素养的发展机制及教学逻辑［J］. 化学教学，2021（6）：3-9，15.
❷ 牛彩霞，邹映波. 基于项目式学习的"水溶液中的离子平衡"专题复习——以"人体代谢性酸中毒治疗方案的设计"为例［J］. 化学教学，2020（6）：53-58.

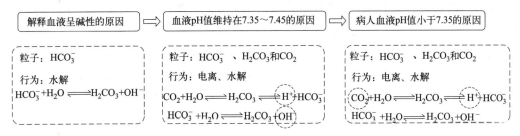

图 2-3　人体酸中毒原因的分析思路

（二）化学课程目标

根据化学学科（课程）核心素养对不同阶段学生发展的具体要求，提出相应的化学课程目标。

1. 义务教育化学课程目标

① 形成化学观念，解决实际问题。初步认识物质的多样性，学会对物质及其变化进行分类的方法；能从元素、原子、分子角度初步分析物质组成及变化，认识"在一定条件下通过化学反应实现物质转化"的重要性；初步学会从定性和定量的角度研究物质的组成及变化；认识质量守恒定律对资源利用和物质转化的重要意义；能通过实例认识物质的性质与应用的关系，形成合理利用物质的意识；能从元素、分子和变化的视角初步分析和解释一些与化学相关的简单的实际问题。

② 发展科学思维，强化创新意识。初步学会运用观察、实验、调查等手段获取化学事实，能初步运用比较、分类、分析、综合、归纳等方法认识物质及其变化，形成一定的证据推理能力；能从变化和联系的视角分析常见的化学现象，能以宏观、微观、符号相结合的方式认识和表征化学变化；初步建立物质及其变化的相关模型，能根据物质的类型和信息提示预测其性质，并能解释一些简单的化学问题；能从跨学科角度初步分析和解决简单的开放性问题，体会辩证思维和系统思维的意义；能对不同的观点和方案提出自己的见解，发展创新思维能力。

③ 经历科学探究，增强实践能力。认识化学实验是科学探究的重要形式和学习化学的重要途径，能进行安全、规范的实验基本操作，独立或与同学合作完成简单的化学实验项目；能主动提出有探究价值的问题，从问题和假设出发确定探究目标，设计和实施探究方案，获取证据并分析得到结论，能用科学语言和信息技术手段合理表述探究的过程和结果并与同学交流；能从化学视角针对常见的生活现象、简单的跨学科议题进行探讨，能运用简单的技术与工程的方法初步解决与化学有关的实际问题，完成社会实践活动；在科学探究与实践活动中，能根据自己的实际情况制订学习计划，开展自主学习活动，能与同学合作、分享，善于听取他人的合理建议，评价、反思、改进学习过程与结果，初步形成自主、合作、探究的能力。

④ 养成科学态度，具有责任担当。具有对物质世界及其变化的好奇心、探究欲和审美情趣；热爱科学，逐步形成崇尚科学、严谨求实、大胆质疑、追求创新、反对伪科学的科学精神，以及勇于克服困难的坚毅品质；赞赏化学对满足人民日益增长的美好生活需要和社会可持续发展作出的重大贡献，具有安全意识和合理选用化学品的观念，初步形成节

能低碳、节约资源、保护环境的态度和健康的生活方式，能运用化学知识和方法维护人体健康及应对意外伤害事故；初步认识科学、技术、社会、环境之间的相互关系，遵守与化学、技术相关的伦理道德及法律法规，能积极参加与化学有关的社会热点问题的讨论并作出合理的价值判断，初步形成主动参与社会决策的意识；增强人与自然和谐共生和绿色化学的观念，具有为建设社会主义现代化强国、实现中华民族伟大复兴而学习化学的志向和责任担当。

2. 高中化学课程目标

① 通过观察能辨识一定条件下物质的形态及变化的宏观现象，初步掌握物质及其变化的分类方法，能运用符号表征物质及其变化；能从物质的微观层面理解其组成、结构和性质的联系，形成结构决定性质，性质决定应用的观念；能根据物质的微观结构预测物质在特定条件下可能具有的性质和发生的变化，并能解释其原因。

② 认识物质是在不断运动的，物质的变化是有条件的；能从内因与外因、量变与质变等方面较全面地分析物质的化学变化，关注化学变化中的能量转化；能从不同视角对纷繁复杂的化学变化进行分类研究，逐步揭示各类变化的特征和规律；能用对立统一、联系发展和动态平衡的观点考察化学反应，预测在一定条件下某种物质可能发生的化学变化。

③ 初步学会收集各种证据，对物质的性质及其变化提出可能的假设；基于证据进行分析推理，证实或证伪假设；能解释证据与结论之间的关系，确定形成科学结论所需要的证据和寻找证据的途径；能认识化学现象与模型之间的联系，能运用多种认知模型来描述和解释物质的结构、性质和变化，预测物质及其变化的可能结果；能依据物质及其变化的信息建构模型，建立解决复杂化学问题的思维框架。

④ 能发现和提出有探究价值的化学问题，依据探究目的设计并优化实验方案，完成实验操作，对观察记录的实验信息进行加工并获得结论；能和同学交流实验探究的成果，提出进一步探究或改进的设想；能尊重事实和证据，破除迷信，反对伪科学；养成独立思考、敢于质疑和勇于创新的精神。

⑤ 具有安全意识和严谨求实的科学态度；形成真理面前人人平等的意识；增强探究物质性质和变化的兴趣，关注与化学有关的社会热点问题，认识环境保护和资源合理开发的重要性，具有"绿色化学"观念和可持续发展意识；能较深刻地理解化学、技术、社会和环境之间的相互关系，认识化学对社会发展作出的重大贡献，能运用已有知识和方法综合分析化学过程对自然可能带来的各种影响，权衡利弊，强化社会责任意识，积极参与有关化学问题的社会决策。

在 2017 版 2020 修订高中化学课标中，化学学科核心素养不仅通过内涵、目标来描述，而且对 5 个方面的素养进一步划分出 4 级水平（详见 2017 版 2020 修订高中化学课标文本），便于在教学和评价中具体实施。

四、化学课程结构与性质

（一）基础教育化学课程整体结构

化学课程有各种各样的具体表现形式，各种形式的化学课程按照一定的化学课程设计思想有机地联系在一起，就形成了化学课程的特定组合，这种特定组合就是化学课程的结构。依据最新版初高中化学课程标准，整体规划学生核心素养的协调发展，基础教育化学课程整体结构如表 2-4 所示。

表 2-4　基础教育化学课程整体结构

课程目标	义务教育段化学课程	高中化学课程		
		必修课程	选择性必修课程	选修课程
发展化学学科核心素养	主题 1：科学探究与化学实验	主题 1：化学科学与实验探究		系列 1：实验化学
	主题 2：物质的性质与应用	主题 2：常见的无机物及其应用 主题 4：简单的有机化合物及其应用	模块 3 有机化学基础	
	主题 3：物质的组成与结构 主题 4：物质的化学变化	主题 3：物质结构基础与化学反应规律	模块 1 化学反应原理 模块 2 物质结构与性质	
	主题 5：化学与社会·跨学科实践	主题 5：化学与社会发展		系列 2：化学与社会 系列 3：发展中的化学科学

不同阶段的化学课程具有一致性和连续性。一致性是指各个阶段的化学课程内容都为促进学生的化学学科（课程）核心素养的主动、全面发展服务；连续性是指不同阶段的主题（或模块、系列）具有螺旋上升关系，呈现由低到高的学习进阶，符合学生的认知发展规律，不断深化学生的学科理解，提升学生的学科核心素养。

普通高中化学课程由必修、选择性必修和选修三类课程构成。三类课程不仅适应学生不同层次和不同取向的多元发展需求，同时赋予学生和学校更大的选择权和自主权，体现了化学课程内容的基础性、多样性和选择性。

必修课程是全体学生必须修习的课程，是普通高中学生发展的共同基础。必修课程努力体现化学基本观念与发展趋势，促进全体学生化学学科核心素养的发展，以适应未来社会发展需求。必修课程内容包括 5 个主题，共 4 学分。

选择性必修课程是学生根据个人需求与升学考试要求选择修习的课程，培养学生深入学习与探索化学的志向，引导学生更深入地认识化学科学，了解化学研究的内容与方法，提升学生化学学科核心素养的水平。依据化学学科的基础性研究领域，设置 3 个模块，每个模块 2 学分。选择化学作为计入高校招生录取总成绩的学业水平考试科目的学生，需要修习选择性必修课程全部 3 个模块的内容，获得 6 个学分。其他学生也可选择修习选择性必修课程的部分模块，获得相应的学分。

选修课程是学生自主选择修习的课程，面向对化学学科有不同兴趣和不同需要的学生，拓展化学视野，深化对化学科学及其价值的认识。选修课程设置 3 个系列，综合体现化学学科的特点、社会发展价值和时代性，以及学科核心素养的多样性内涵，既利于激发学生的学习兴趣和求知欲，又利于校本化的课程开设和管理。每修习完成 9 学时可获得 0.5 学分，最高可获得 4 学分。

📖 案例分析

【案例 2-6】 中学不同阶段课程标准关于"原子结构与元素性质"的内容要求

义务教育段： 认识原子是由原子核和核外电子构成的；知道原子可以结合成分子，也可以转变为离子。初步认识元素周期表。

高中必修段： 认识原子结构、元素性质以及元素在元素周期表中位置的关系。知道元素、核素的含义，了解原子核外电子的排布。结合有关数据和实验事实认识原子结构、元素性质呈周期性变化的规律，建构元素周期律。知道元素周期表的结构，以第三周期的钠、镁、铝、硅、硫、氯，以及碱金属和卤族元素为例，了解同周期和主族元素性质的递变规律。体会元素周期律（表）在学习元素及其化合物知识及科学研究中的重要作用。

高中选择性必修段： ①原子核外电子的运动状态。了解有关核外电子运动模型的历史发展过程，认识核外电子的运动特点；知道电子运动的能量状态具有量子化的特征（能量不连续），电子可以处于不同的能级，在一定条件下会发生激发与跃迁；知道电子的运动状态（空间分布及能量）可通过原子轨道和电子云模型来描述。②核外电子排布规律。知道原子核外电子的能级高低顺序，了解原子核外电子排布的构造原理，认识基态原子中核外电子的排布遵循能量最低原理、泡利不相容原理和洪特规则等；知道 1～36 号元素基态原子核外电子的排布。③核外电子排布与元素周期律（表）。认识元素的原子半径、第一电离能、电负性等元素性质的周期性变化，知道原子核外电子排布呈现周期性变化是导致元素性质周期性变化的原因；知道元素周期表中分区、周期和族的元素原子核外电子排布特征，了解元素周期律（表）的应用价值。

研读上述不同阶段课程标准关于"原子结构与元素性质"的内容要求，你认为三阶段的内容要求是何关系？了解同一知识在不同阶段的学习要求对于教师的教学有何意义？

基础教育化学课程的一致性和连续性，要求教师从中学化学课程的整体上来把握各个阶段化学课程内容的学习程度，关注学习进阶，做好恰当衔接。当前阶段的学习既要建立在前一阶段学习的基础之上，又不能随意拓展、加深学习内容，增加学生负担。

（二）不同阶段化学课程性质

1. 义务教育化学课程性质

义务教育化学课程是引导学生从化学视角认识物质世界的一门基础自然科学课程，具有启蒙性、实践性与发展性的特点，对落实立德树人根本任务、促进学生全面发展具有重要价值。义务教育化学课程以实验为基础，激发学生对物质世界的好奇心；使学生初步形成物质及其变化等基本化学观念，发展科学思维、创新精神与实践能力；引导学生初步认识化学的社会价值，理解科学、技术、社会、环境之间的相互关系，养成科学态度，树立社会责任意识。

2. 高中化学课程性质

普通高中化学课程是与义务教育化学或科学课程相衔接的基础教育课程，是落实立德树人根本任务、发展素质教育、弘扬科学精神、提升学生核心素养的重要载体；化学学科核心素养是学生必备的科学素养，是学生终身学习和发展的重要基础；化学课程对于科学文化的传承和高素质人才的培养具有不可替代的作用。

（三）不同阶段化学课程理念

课程理念是课程标准的灵魂，指明了课程建构与发展的方向，对课程目标、课程内容、课程实施及其评价具有统领作用。

1. 义务教育化学课程基本理念

（1）充分发挥化学课程的育人功能

义务教育化学课程全面贯彻党的教育方针，落实立德树人根本任务，培养有理想、有本领、有担当的时代新人。

化学课程立足学生的生活经验，反映人类探索物质世界的化学基本观念和规律，融入社会主义核心价值观的基本内容和要求，传承中华优秀传统文化；注重学生的自主发展、合作参与、创新实践，培养学生适应个人终身发展和社会发展所需要的必备品格、关键能力；注重发挥课程的全面育人功能，培养学生形成正确的世界观、人生观和价值观，树立为推动社会进步和实现中华民族伟大复兴而奋斗的崇高追求。

（2）整体规划素养立意的课程目标

义务教育化学课程对核心素养的要求，既重视与小学科学课程和高中阶段化学课程的衔接，又关注与义务教育阶段其他有关课程的关联。

化学课程既强调化学学科及科学领域的核心素养，又反映未来社会公民必备的共通核心素养。倡导学会学习、合作沟通、创新实践，从化学观念、科学思维、科学探究与实践、科学态度与责任等方面，全方位构建课程目标和学业质量体系。

（3）构建大概念统领的化学课程内容体系

精心选择促进全体学生核心素养全面协调发展的化学课程内容，注重结合学生已有生活经验，反映化学科学发展的新成就，体现化学课程内容的基础性、时代性和实践性。注重学科内的融合及学科间的联系，明确学习主题，凝练大概念，反映核心素养在各学习主题下的特质化内容要求。

每个学习主题围绕大概念选取多维度的具体学习内容，既包括核心知识，又包括对思维方法、探究实践和情感态度价值观等方面的要求，充分发挥大概念对实现知识的结构化和素养化的功能价值。

（4）重视开展核心素养导向的化学教学

聚焦学科育人方式的转变，深化化学课堂教学改革。基于大概念的建构，整体设计和合理实施单元教学，注重启发式、互动式、探究式教学，引导学生自主学习，开展以化学实验为主的多样化探究活动；创设真实问题情境，倡导"做中学""用中学""创中学"，开展项目式学习，重视跨学科实践活动。

基于每个学习主题的特点与核心素养发展的具体目标，提供有针对性的教学策略建议、情境素材建议和学习活动建议。

（5）倡导实施发展性化学教学评价

树立科学评价观，重视发挥评价的育人功能。依据核心素养导向的课程目标，设计学业质量和各学习主题的学业要求，为评价的设计和实施提供依据和指导。

改进终结性评价，探索核心素养立意的命题，科学设计评价工具，重视考查学生的化学观念、科学思维、科学探究与实践、科学态度与责任等核心素养；加强过程性评价，关注学生在化学学习活动中的表现，基于证据评价学生核心素养的发展水平，实现"教、学、评"一体化；深化综合评价，探索增值，注重提高学生自我评价、自我反思的能力，引导教师合理运用评价结果改进教学，实现以评促学、以评促教，发挥评价的育人功能。

2. 高中化学课程基本理念

（1）以发展化学学科核心素养为主旨

立足于学生适应现代生活和未来发展的需要，充分发挥化学课程的整体育人功能，构建全面发展学生化学学科核心素养的高中化学课程目标体系。

（2）设置满足学生多元发展需求的高中化学课程

通过有层次、多样化、可选择的化学课程，拓展学生的学习空间，在保证学生共同基础的前提下，引导不同的学生学习不同的化学，以适应学生未来发展的多样化需求。

（3）选择体现基础性和时代性的化学课程内容

结合人类探索物质及其变化的历史与化学科学发展的趋势，引导学生进一步学习化学的基本原理和方法，形成化学学科的核心观念；结合学生已有的经验和将要经历的社会生活实际，引导学生关注人类面临的与化学有关的社会问题，培养学生的社会责任感、参与意识和决策能力。

（4）重视开展"素养为本"的教学

倡导真实问题情境的创设，开展以化学实验为主的多种探究活动，重视教学内容的结构化设计，激发学生学习化学的兴趣，促进学生学习方式的转变，培养他们的创新精神和实践能力。

（5）倡导基于化学学科核心素养的评价

依据化学学业质量标准，评价学生在不同学习阶段化学学科核心素养的达成情况，积极倡导"教、学、评"一体化，促使每个学生化学学科核心素养得到不同程度的发展。

👥 交流讨论

> 义务教育化学课程与普通高中化学课程在课程理念、课程目标、课程内容、教学方式以及教学评价方面有哪些一致性要求？又有何不同之处？

五、化学课程标准的功能

课程标准以学生的发展为核心，强调对课程系统性、整体性地设计。其对于教师的教学发挥着如下作用和功能。

（一）为教师教学实践提供指南

课程标准是国家对基础教育课程的基本规范和要求，是教材编写、教学、评估和考试命题的依据。教师在具体制订课程的教学目标、选择教学内容以及进行教学、作业布置和考试评价时，都必须以课程标准为出发点和落脚点，遵从课程标准的有关规定，否则就难以达到国家规定的教育目标和质量要求。化学课程理念突出了化学课程的价值，赋予化学课程新的使命，有助于教师更好地理解课程的本质，并将课程理念转化为教学实践。化学课程标准在第一部分对课程性质和基本理念做了明确的阐述，其后的"课程目标""课程结构""课程内容""学业质量"和"实施建议"部分也都围绕课程理念而展开，充分反映和彰显了化学课程理念，为教师的教学实践提供了行动"指南"。化学教师准确理解课程标准所倡导的理念、内容和要求，是高质量实施化学课程的关键。

（二）为制订教学目标提供依据

在化学课程标准中，涉及"目标"要求的有"课程目标"、各个主题规定的"内容要求""学业要求"和"学业质量"，它们从不同角度规定了学生要学习的具体内容、所要达到的水平和具体的行为表现等。教学目标的制订以课程标准相关要求为依据。因此，教师教学时，需要深刻理解课程标准对学生学习的要求和期望，有计划有步骤地做好教学的整体安排，将课程标准相关要求具体化为每一单元、每一课时的教学目标。

（三）为确定教学内容提供参考

为了改变课程内容"难、繁、偏、旧"和过于注重书本知识的现状，化学课程标准加强了课程内容与学生生活以及现代社会和科技发展的联系。2022版初中化学课标从"科学探究与化学实验""物质的性质与应用""物质的组成与结构""物质的化学变化""化学与社会·跨学科实践"5个主题方面规定了化学课程内容；2017版2022修订高中化学课标从必修、选择性必修以及选修3个层次建构了化学课程内容。除此之外，在"内容要求"中对内容主题以及每一主题下所列内容应达到的基本学习要求进行了描述。因此，对课程标准中的课程内容进行分析，既能帮助教师整体上把握课程结构及特点，又能为教师选择具体的教学内容提供参考。

（四）为选择教学方法提供思路

除内容要求外，课程标准在每个主题中还给出了"教学提示"，包括教学策略、学习活动建议和情境素材建议。教学策略是课程标准研制者基于大量的教学实践研究提炼而成的；学习活动本身既是化学课程内容的有机组成部分，也是全面实现化学课程目标的基本保证；情境素材是为化学教学和教材编写提供的一些素材，包括与学习主题相关的各种背景资料，如化学史料、生产生活中的化学事实、自然界中的化学现象、化学科学与技术的发展及应用上的重大成就、化学对社会发展影响的事件等。课程标准所列出的学习活动或情境素材不是硬性规定，只是"建议"，为教师选择教学方法提供思路，教师可以以此为线索，根据学生的实际情况、学校的资源情况等选择性和创造性地利用。

⟳ 信息链接

高中化学必修课程"主题2：常见的无机物及其应用"教学提示❶

（1）教学策略

① 发挥核心概念对元素化合物学习的指导作用。

② 重视开展高水平的实验探究活动。

③ 紧密联系生产和生活实际，创设丰富多样的真实问题情境。

④ 鼓励使用多样化的教学方式和学习途径。

（2）学习活动建议

① 实验及探究活动：胶体的丁达尔实验；电解质的电离；探究溶液中离子反应的实质及发生条件（测定电流或溶液电导率的变化）；氧化还原反应本质的探究；过氧化氢的氧化性、还原性的探究；金属钠的性质；碳酸钠与碳酸氢钠性质的比较；铁及其化合物的性质实验；氢氧化亚铁的制备；氯气的制备及性质；氯水的性质及成分探究；氨气的制备及性质；铵盐的性质；浓、稀硝酸的性质；氮氧化物的性质与转化；不同价态含硫物质的转化；某些含硫物质（如硫、二氧化硫、硫酸等）的性质；浓硫酸的性质；溶液中 Fe^{3+}、NH_4^+、CO_3^{2-}、Cl^-、SO_4^{2-} 等离子的检验；用化学沉淀法去除粗盐中的杂质离子。

② 调查与交流讨论：从含硫、氮物质的性质及转化的视角分析酸雨和雾霾的成因、危害与防治；调查水体重金属污染及富营养化的危害与防治；讨论日常生活中含氯化合物的保存与使用。

（3）情境素材建议

① 金属及其化合物的性质与应用：补铁剂；实验室中硫酸亚铁的保存与使用；印刷电路板的制作；打印机（或复印机）使用的墨粉中铁的氧化物（利用磁性性质）；菠菜中铁元素的检测；钠着火的扑救；钠用作强除水剂。

② 非金属及其化合物的性质与应用：火山喷发中含硫物质的转化；"雷雨发庄稼"；氮的循环与氮的固定；工业合成氨、工业制硫酸（或硝酸）；氮肥的生产与合理使用；食品中适量添加二氧化硫的作用（去色、杀菌、抗氧化）；含氯消毒剂及其合理使用；氯气、氨气等泄漏的处理；酸雨的成因与防治；汽车尾气的处理。

③ 氧化还原反应和离子反应：电离理论建立的化学史料；氧化还原理论建立的史料；日常生活中的氧化还原反应。

（五）为教与学的评价提供建议

以发展学生化学学科核心素养为主旨的化学课程，必然要求有相应的评价体系以指导课程的实施。传统的评价方式往往发生在教学之后，由测验或考试分数评判教师的教学质量和学生的学业成就，侧重对学生知识掌握的结果进行评价。2017 版 2022 修订高中化学课标和 2022 版初中化学课标都积极倡导"教、学、评"一体化，要求树立"素养为本"

---

❶ 中华人民共和国教育部. 普通高中化学课程标准（2017 年版 2020 年修订）［S］. 北京：人民教育出版社，2020.

的化学学习评价观，紧紧围绕化学学科核心素养的发展水平和化学学业质量标准来确定化学学习评价目标，注重过程性评价和结果性评价的有机结合，灵活运用活动表现、纸笔测验和学习档案袋评价等多样化的评价方式，倡导学生自评、同伴互评和教师评价相结合，充分发挥评价促进学生化学学科核心素养全面发展的功能。这有利于教师形成新的评价观，指导教师积极探索化学教学评价的有效途径、方式和策略。

第三节　化学教材与教科书

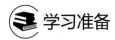 学习准备

请搜索当前所使用的高中化学教材有哪几种版本？每种版本的高中化学教材共有几本？教材名称分别是什么？从教材名称方面，你是否能够初步看出教材与课程标准之间有什么关系？

国家对基础教育课程的基本规范和质量要求主要体现在课程标准中。教材是使学生达到课程标准所规定的质量要求的主要内容载体，是教师教学与学生学习的主要资源。化学教师在日常教学中要依据课程标准、教科书及其他课程资源来进行备课、上课、布置作业和考查学生的学业成绩等。因此，化学教师深刻领会课程标准内容、理解教材编排意图，是顺利完成教学任务的基本条件。

一、认识化学教材与教科书

教材是教师在教学活动中所利用的一切素材和手段，它既包括标准的教科书、教师参考书、学生练习册、阅读材料等形形色色的书面印刷材料，也包括录像带、光盘、教学软件等视听教材、电子教材和多媒体教材等。教科书是教材系列中最规范、最具代表性的印刷材料。化学教科书是根据化学课程标准编制的，按照一定的逻辑体系和一定的呈现方式系统反映课程结构、理念、目标和内容等的学生用书，是教师组织教学的主要依据，也是学生学习化学学科知识、发展化学学科核心素养的重要载体。可见，教材实质上是比教科书更宽泛的概念，但在实际使用中，人们往往把教科书等同于教材。

在课程标准中，课程内容具有承上启下的功能。承上，即课程内容具体反映了课程的理念和课程目标；启下，即课程内容又是教材编写的重要依据。课程内容具有清晰、可操作的特点，对学科知识、观念、方法、态度、价值观等内容要求（学什么）和学业要求（学到什么程度）两方面作出了限定，为确定教材的核心内容、编写思路和评价模式提供了具体指导。由于不同的教材编写者对课程标准所规定的课程内容的编排和呈现方式并不相同，便有了不同版本的教材，俗称"一标多本"，其中"一标"指"同一个化学课程标准"，"多本"指多种版本的教材。例如，根据 2017 版 2020 修订高中化学课标所编写的、经国家教材委员会审查通过公开发行的高中化学教材有三个版本，分别由人民教育出版社（简称人教版）、江苏凤凰教育出版社（简称苏教版）、山东科学技术出版社（简称鲁科版）

出版发行。各个出版社出版的教材册数及名称皆对应于 2017 版 2020 修订高中化学课标所规定的课程结构，如：《化学（必修）　第一册》《化学（必修）　第二册》《化学（选择性必修 1）　化学反应原理》《化学（选择性必修 2）　物质结构与性质》《化学（选择性必修 3）　有机化学基础》。现行初中化学教科书有以下版本：人教版（由人民教育出版社出版）、沪教版（由上海教育出版社出版）、北京版（由北京出版社出版）、科学粤教版（由科学出版社、广东教育出版社共同出版）、鲁教版（由山东教育出版社出版）、仁爱版（由北京市仁爱教育研究所编著、科学普及出版社出版）。

📖 案例分析

【案例 2-7】　不同版本高中化学教材对"氧化还原反应"内容的编排（表 2-5）

　　比较分析表 2-5，你有何发现？如果你要进行"氧化还原反应"内容的教学，你会采取哪一个版本教材的处理方式？为什么？

表 2-5　不同版本高中化学教材（2019 版）中的"氧化还原反应"内容编排

课程标准相关要求	人教版❶	鲁科版❷	苏教版❸
2.1　元素与物质　认识元素在物质中可以具有不同价态，可通过氧化还原反应实现含有不同价态同种元素的物质的相互转化。 **2.2　氧化还原反应**　认识有化合价变化的反应是氧化还原反应，了解氧化还原反应的本质是电子的转移，知道常见的氧化剂和还原剂。 **2.6　物质性质及物质转化的价值**　结合实例认识金属、非金属及其化合物的多样性，了解通过化学反应可以探索物质性质、实现物质转化，认识物质及其转化在促进社会文明进步、自然资源综合利用和环境保护中的重要价值	第一章　物质及其变化 第三节　氧化还原反应 一、氧化还原反应 二、氧化剂和还原剂	第 2 章　元素与物质世界 第 3 节　氧化还原反应 一、认识氧化还原反应 二、氧化剂和还原剂 三、氧化还原反应的应用	专题 1　物质的分类及计量 第一单元　物质及其反应的分类（化学反应的分类中涉及从化合价变化角度进行分类） 专题 3　从海水中获得的化学物质 第一单元　氯气及氯的化合物（氧化还原反应中电子的转移及守恒，安排在氯气的性质及应用后） 专题 4　硫与环境保护 第二单元　硫及其化合物的相互转化（氧化还原方程式的配平、氧化剂和还原剂，安排在含硫物质的转化后）

　　由表 2-5 可见，不同版本高中化学教材对同一内容的编排方式并不相同。三个版本教材的明显区别是苏教版将氧化还原反应内容分散，与元素化合物知识穿插编排；而人教版和鲁科版则集中编排且置于元素化合物内容之前，皆以节题形式呈现，鲁科版还将"氧化还原反应的应用"作为一个部分呈现，凸显氧化还原反应的应用价值。集中编排的优势在于让学生建立起从元素化合价升降角度认识化学反应的视角，为探究氯气、金属钠等物质的化学性质奠定理论基础，但需要注意把握概念学习的进阶性，不宜过分抽象复杂，也不

❶ 王晶，毕华林. 普通高中教科书·化学（必修）第一册［M］. 北京：人民教育出版社，2019.

❷ 王磊. 普通高中教科书·化学（必修）第一册［M］. 山东：山东科学技术出版社，2019.

❸ 王祖浩. 普通高中教科书·化学（必修）第一册［M］. 江苏：江苏凤凰教育出版社，2019.

宜把教学重点放在方程式书写或配平上。分散编排的优势是以螺旋上升的编排方式分散难点，但也容易造成学生对氧化还原反应概念不能形成较为完整的认识，弱化了氧化还原反应理论对后续元素化合物知识学习的指导作用❶。

二、化学教材编写的原则

化学教材是化学课程的物化形态与文本素材，是实现化学课程目标、培养学生化学学科核心素养的重要载体，其编写需遵循一定的规律和原则。2017 版 2020 修订高中化学课标对教材编写提出如下建议❷。

（一）化学教材编写指导原则

1. 立足于立德树人的根本任务

化学教材的编写要全面贯彻党的教育方针，以社会主义核心价值观为导向，落实立德树人的根本任务，充分发挥化学课程的育人功能，促进学生形成正确的世界观、人生观和价值观。

2. 依据化学课程标准，以发展化学学科核心素养为主旨

化学教材编写应依据化学课程标准，以发展化学学科核心素养为主旨，设计化学教材的整体结构和内容体系，选择教材内容和设计学习活动。

3. 体现基础性、时代性和人文性

化学教材在内容选择、编排思路和呈现方式上，应处理好知识基础、能力发展和品格修养三者的辩证关系；帮助学生了解化学科学发展前沿，体会化学对科技发展和社会进步的重要作用；增强文化自信，提升人文素养。

4. 密切结合学生实际

化学教材的编写应以学生的生活经验为基础，充分关注学生的心理特点和认知发展水平，设计梯度合理、丰富多样的活动，引导学生在解决实际问题的活动中提升化学学科核心素养水平。

5. 体现先进的教学理念

化学教材编写应以先进的教学理念为指导，促进教师教学方式与学生学习方式的转变，设计探究性实验和思考性问题，体现学生的自主性，培养学生的创新精神和实践能力。

（二）化学教材内容的选择

1. 凸显化学学科核心观念，精选化学核心知识

化学教材应精选化学学科基本概念、原理和事实性知识，为学生化学学科核心观念的形成奠定基础；依据课程内容、学业要求和学业质量水平的要求，确定化学知识的深广度。

---

❶ 杨玉琴. 核心素养视域下的单元教学设计：内涵解析及基本框架 [J]. 化学教学，2020（5）：3-8，15.

❷ 中华人民共和国教育部. 普通高中化学课程标准（2017 年版 2020 年修订）[S]. 北京：人民教育出版社，2020.

2. 重视实验探究与实践活动

化学教材应精心设计学生必做实验，适当增加微型实验、家庭小实验、数字化实验、定量实验和创新实践活动等，让学生在实验探究活动中学习科学方法，认识科学探究过程，体会、认识技术手段的创新对化学科学的重要价值，形成严谨求实、勇于实践的科学态度，发展实践能力。

3. 关注社会生活，体现科技发展趋势

化学教材内容的选择应关注学生现实的生活经验，反映化学发展的特点和发展趋势，凸显现代科学技术发展的新成就，尤其是我国科技工作者取得的重大成果；应具有真实情境性，体现时代性，有利于学生知识视野的拓宽，感悟科学、技术、社会和环境的相互影响；应适当融合跨学科知识，发展学生解决综合问题的能力。

4. 体现科学与人文的融合

利用科学技术发展进程中的优秀案例，引导学生认识科学本质，体会科学事业的特征，自觉传承科学文化，弘扬科学精神。化学教材内容的选择应注重挖掘中华民族优秀传统文化蕴含的思想观念、人文精神，传承和弘扬工匠精神和技术创新思想。应培养学生的国际视野，关注人类命运共同体的建设，具有共同创造人类美好未来的情怀。

5. 重视化学习题设计的创新

应充分发挥习题在促进学生化学学科核心素养发展方面的作用。习题设计应具有针对性与层次性，发挥习题在学生概念建构、知识迁移、问题解决等多方面的作用。习题设计应具有情境性，应以学生已有经验为基础，创设合理生动的问题情境，提高学生运用化学知识解决实际问题的能力；习题应具有开放性，鼓励学生从不同角度分析和解决问题，培养学生的发散思维和创新精神。

（三）化学教材内容的编排与呈现

1. 注重化学知识的结构化

化学知识的结构化是学生化学学科核心素养形成和发展的重要途径，化学教材内容编排应注重化学知识的结构化，反映化学学科知识之间的内在逻辑。

2. 关注学生的认知发展规律

应根据学生认知的发展性和阶段性特点，组织和呈现化学知识。以学生的已有知识和生活经验为基础呈现化学知识，使教学内容体系符合学生的认知发展规律，促进学生在不同水平上的进阶发展。

3. 注重情境、活动和问题解决的整体设计，促进学习方式的转变

化学教材应围绕化学核心概念确定教材内容主题，将核心概念与情境、活动和问题解决融为一体，凸显教材内容主题的素养发展功能。应注重学生自主建构、实验探究和问题解决等学习活动的设计，应注重学习方法的引导，促进学生化学学习方式的转变。

4. 注重凸显教材的教学属性

化学教材应为教师提供丰富的教学素材和可借鉴的教学策略和教学方法，为教师有效开展教学活动提供帮助，为教师选择、整合教学内容预留空间，方便教师创造性地使用教材，使教材成为一种动态的课程资源。

5. 重视教材助读系统的设计

化学教材应结合学生的身心发展规律，对前言、提示、注解、附录等助读学习辅助材料进行科学、系统、合理地设计，促进学生自主学习。

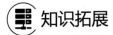 知识拓展

教材编写的"三序"

教材编写时，将学科知识的逻辑顺序、学生的认知顺序和心理发展顺序巧妙地结合起来，称为"三序"结合。

（1）学科知识的逻辑顺序

学科知识的逻辑顺序是客观存在的。任何一门科学，都有自己的系统，这是客观世界某一领域内各种现象的本质联系的反映。教科书的内容是根据课程目标从科学系统中精选出来的符合教学要求的材料，这些材料就是学科知识。化学学科知识反映该门科学基本的概念、原理、事实、方法，具有自身的逻辑顺序。

中学化学学科知识的逻辑顺序可简要概括为：①由化学用语入门方可进一步学习化学；②以物质结构理论为主线结合元素周期律可串联、整合元素化合物知识；③以物质的量为核心的化学计算；④化学反应速率、化学平衡和能量变化是深入研究反应动力学和反应热力学的逻辑起点。

（2）学生的认知顺序

学生的认知顺序是从认识论角度对学生认知规律的概括，是指学生学习知识与技能的认知规律，具有普遍性。简要地说，学生的认知顺序主要有以下几种：①从感知到理解；②从已知到未知；③从特殊到一般和从一般到特殊的结合；④在理解的基础上巩固和应用；⑤从模仿到创造；⑥从易到难和从孤立到综合。

（3）学生的心理发展顺序

学生的学习活动受自身身心发展水平的制约，特别是受自身的认识能力发展水平的制约。学生的心理发展是个动态的过程，不同年龄阶段、不同知识基础，其心智与情感的发展水平也不同。目前我国从初三到高三均开设化学课，学习者的年龄在十五六岁到十八九岁之间，从心理发展角度说，这也是变化十分剧烈的年龄段。其基本特征是：①由经验型、直观型逻辑思维向理论型、辩证型逻辑思维转化；②由好奇、好玩等直接和近景动机向探索未知、追求成功等间接和远景动机转化；③由半机械和形象记忆向理解和抽象记忆转化。

教科书是否易教便学，主要取决于"三序"结合的合理化程度。对于初中生而言，由于年龄较小，知识储备少，应当较多考虑学生的认知顺序和心理发展顺序；对于高中生而言，则可较多考虑学科知识的逻辑顺序。对于较为复杂的知识，基于学生的认知顺序和心理发展顺序可以采取螺旋上升方式编排。如当前中学化学教材体系中对于"氧化还原反应"概念的编排就是采取这样的方式：在初中将氧化反应视为"物质与氧（气）发生的反应"，还原反应视为"含氧化合物里的氧被夺去的反应"；而在高中再将氧化还原反应进阶为"有化合价变化的反应"，本质是"电子的转移"。

中学化学教科书"三序"结合的主要方式有：①从感性材料到理性认识。如初中教材从空气、氧气、水等一些学生熟知的物质引出化学基本概念、基础理论等。②理论概念与元素化合物知识穿插编排，使理论概念的学习建立在一定元素化合物知识基础上，并使元素化合物知识的学习在理论概念的指导下进行，做到相得益彰。如高中教材中氧化还原反应编排在氯、钠等元素化合物知识之前，可以发挥氧化还原理论对这些元素化合物知识学习的指导作用，而通过这些元素化合物知识的学习，也可以进一步强化对氧化还原反应原理的认识。③分散难点，合理设计知识的梯度。科学的系统是严谨的，但比较复杂抽象，集中编排既不符合由易到难、由孤立到综合的认知顺序，而且也可能超越学生的心理发展水平。编写教科书时应设法分散难点，设计合理的知识梯度。如使某些理论知识逐步深化而不是一步到位，使对心智要求较高的计算分散出现等。④教学内容与实验有机结合。化学是一门以实验为基础的学科，将实验与教学内容结合编排，不仅可以激发学生的好奇心和兴趣，符合由感知到理解的原则，还能够有效培养学生的科学探究与创新意识。

三、中学化学教科书特点

目前，依据 2017 版 2022 修订高中化学课标编写并公开发行的高中化学教科书有 3 个版本，以人民教育出版社的高中化学（必修）教科书（以下简称人教版高中化学必修教科书）为例予以说明。人教版高中化学必修教科书以"继承、发展、创新"为基本指导思想，构建体现学科本质的体系结构，更新内容和呈现方式，优化栏目功能，以体现和落实化学学科核心素养[1]。

（一）基于学科本质，合理构建教科书体系

教科书的体系结构，由教学内容的知识结构、技能结构、能力结构和科学过程结构经过科学地排列、整合之后构成。教科书体系结构是教科书的关键和命脉，体现着多层次的综合因素，如课程理念、知识的逻辑关系、教学规律、学生认知规律等；它是一个立体的、相互交织的、井然有序的网络，通过对这个网络的学习，学生的科学理解力逐步加深，各方面能力也同步增强。化学教科书体系的构建，一是要提炼学科主题框架，反映学科的本质；二是要理清主题框架之间的逻辑关系和层次，从而综合体现知识的逻辑思路、思维的形成过程和价值观的建立途径。

1. 围绕"大概念"主题构建体系框架

理解化学学科的本质及特征，是落实化学学科核心素养的关键，也是构建教科书体系的基础。化学课程标准明确了化学是在原子、分子水平上研究物质的组成、结构、性质、转化及其应用的一门学科，其特征是从微观层次认识物质，以符号形式描述物质，在不同层面创造物质，揭示了化学的本质及特征。基于化学学科本质，建立起化学学科中的许多大概念，如元素及其化合物（无机物、有机物）、化学原理和规律（化学反应和能量、物质结构等）及化学应用等，是构建教科书体系框架的基础。教科书的编写围绕这些大概念，进一步提炼能够统摄一类化学知识的化学学科核心概念或化学学科思想、方法与观念

❶　王晶. 融合学科核心素养的高中化学教科书编制——简析人教版《普通高中教科书化学·必修》的变化特点[J]. 中学化学教学参考，2019（15）：1-4.

的主题，构建出化学教科书的体系基本框架（图 2-4）。

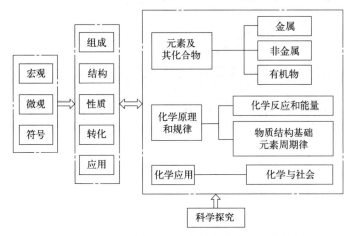

图 2-4 人教版高中化学必修教科书体系基本框架

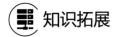 **知识拓展**

大　概　念

大概念（big ideas），也被译为大观念、核心观念、核心概念等，依据所适用的范围不同，大概念有跨学科大概念和学科大概念之分。所谓学科大概念，是指能反映学科的本质，居于学科的中心地位，具有较为广泛的适用性和解释力的原理、思想和方法。其主要特征为：①能反映学科的主要观点和思维方式，是学科结构的骨架和主干部分；②能统摄或包含大量的学科知识，具有普遍性和广泛的解释力；③能提供用于理解知识、研究和解决问题的思想方法或关键工具，可运用于新的情境，具有持久的可迁移应用价值。

义务教育化学课程核心素养中的化学观念主要包括：物质是由元素组成的；物质具有多样性，可以分为不同的类别；物质是由分子、原子构成的，物质结构决定性质，物质性质决定用途；化学变化有新物质生成，其本质是原子的重新组合，且伴随着能量变化，并遵循一定的规律；在一定条件下通过化学反应可以实现物质转化；等等。

新版教科书体系的构建，遵循系统性、逻辑性、层次性等原则，将化学的学科逻辑、教师的教学逻辑和学生的认知逻辑有机地融合。必修教科书经过整体设计，从基本概念和原理出发，通过对"元素及其化合物"知识的介绍，体现化学学习的一些主要特点；通过对"化学原理及规律"的介绍，呈现出化学学科的微观本质特征；进一步，合理建构理论知识与事实性知识的关系，将理论与元素化合物知识穿插安排，螺旋上升；最终落实到化学与可持续发展，显现化学的价值。在这样的体系结构中，融入科学探究内容以及科学方法和思维过程，综合体现化学学科核心素养（图 2-5）。

2. 体系结构的特点

（1）发挥物质结构、元素周期律的理论指导作用

"物质结构　元素周期律"是中学化学的重要理论知识，原教科书受课程模块限制，将这一内容安排在元素化合物知识之后，在化学必修二中介绍。新的课程设置，打通了原

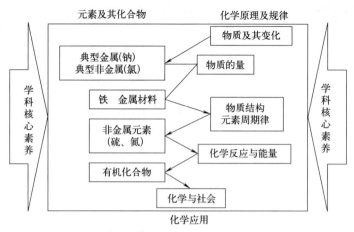

图 2-5　人教版高中化学必修教科书体系建构的思路

化学必修一和化学必修二模块的界限，将"物质结构　元素周期律"的内容提前到"非金属元素（硫、氮）"知识之前。这样的安排，在元素周期律前从原子结构入手，介绍典型金属元素钠和典型非金属元素氯，以此为元素知识基础，再通过呈现碱金属、卤族及第三周期元素性质变化规律，建构元素周期律理论模型，为后续非金属元素（硫和氮）、有机化合物及分子结构相关知识的学习提供理论基础，充分发挥了理论的指导作用。

（2）体现多层次理论与元素化合物的知识体系

教科书中的元素化合物知识依然按照无机物和有机物的分类系统，突出典型元素的性质。与上一版教科书不同，无机物的知识不再集中安排，而是分散为几章，以主族元素典型金属和非金属、金属族和非金属族为主要线索，穿插元素价态变化"特征"明显的铁及其化合物，最后落实到化学的应用。这样的安排使非金属硫和氮的学习建立在物质结构和元素周期律的基础之上，有"理"可循。概念原理和规律性知识穿插于元素化合物知识中，不但加强了理论指导，也使难点分散。例如，将原第一章有关"物质的量"的内容安排到第二章和第三章，分散处理，位置适当后置；在"物质结构、元素周期律"和"化学反应与能量"之间安排"非金属元素（硫、氮）"的内容，也可以分散理论知识，降低学习难度。

（3）贯穿体系结构的主线索

体系的构建体现了两条主要线索。一是"物质结构-元素周期律"线索，教科书在"律"前介绍元素化合物知识时，都是从原子结构引入，在"律"后的内容，则以物质结构和元素周期律为基础，充分体现出结构决定性质的观念。二是"化学反应-转化"线索，如新版教科书从"第一章物质及其变化"开始，就以含 Ca、C 元素的物质为例，引导学生认识不同类别物质之间的转化关系和反应规律；并通过对氧化还原反应本质的介绍，初步建立从类别和价态认识物质转化的视角，为之后进一步认识含有同种元素不同价态物质间的转化关系奠定基础。后续的钠、氯、铁、硫、氮及其化合物的呈现始终贯穿着这条线索，且逐步突出从价态变化认识物质间转化关系的视角。例如，关于硫和氮的知识，原教科书将硫和氮集中，按照氧化物、含氧酸的类别，分别安排在两节，突出分类；新版教科书则是将硫及其化合物、氮及其化合物单独安排为两节，在体系构建上，不但体现了分类思想，更突出了从价态变化认识化学反应中物质转化的视角和思路。教科书从不同视角切入，突出"化学反应-转化"的线索（图2-6），体现物质转化的价值，使学生建立通过化学反应可以探索物质性质、实现物质转化的观念。

图2-6　"化学反应-转化"线索

（4）与义务教育阶段化学教学的合理衔接

新版教科书第一章安排"物质及其变化"，内容包括物质的分类及转化、离子反应、氧化还原反应等，实现了与初中知识和观念的合理衔接，源于初中且高于初中。例如，在知识的衔接上，初中化学已经初步介绍了纯净物的分类及几种基本化学反应类型，新版教科书第一章则在此基础上从分类研究方法的角度，对纯净物的分类和化学反应的分类进行归纳和系统化；并且明确了酸性氧化物、碱性氧化物、酸和碱等概念的含义。又如，在观念的衔接上，初中化学从宏观层面表述了氧化反应和还原反应，中学化学教科书则进一步从微观层面揭示氧化还原反应的本质；等等。

（二）优化栏目功能，外显核心素养

在教科书的正文叙述性内容中穿插活动性、资源性等栏目，呈现一定的教学思路，提供活动形式、方法等，可起到适当引导教师教学和学生学习的作用。根据课程理念和内容、体系的变化，新版教科书对栏目设置进行了调整，如将原"思考与交流""学与问"合并为"思考与讨论"，增加了"方法导引""化学与职业""实践活动"等栏目，更新了栏目的名称，如"科学技术社会""练习与应用""复习与提高""整理与提升"等。调整后，不但使栏目名称更加直观清晰、贴近内容，更优化了栏目的功能，以达到外显学科核心素养的目的。

1. 突出科学方法的导引作用

化学学科方法，也是化学学科核心素养的重要组成。教科书通过"引言""方法导引""整理与提升"等栏目的设计，突出认识视角和思路，构建出教科书的科学方法体系。

教科书针对每章学习内容精心设计"引言"，多以问题形式引出本章学习内容，提炼核心知识和观念，明确学习目标和内容价值等，特别是为全章学习提供了认识视角和思路。例如，第五章"化工生产中的重要非金属元素"的引言，首先提出"硫和氮元素具有怎样的性质？应如何研究和利用？"的问题，表明主要学习内容，引导学生带着问题进入学习；接着提出从物质类别和元素价态研究硫和氮的认识视角，提炼出核心知识（性质和用途）——硫和氮等元素及其化合物的性质和用途，以及核心观念（转化关系）；最后明确化学知识和观念在工业生产、环境保护和资源利用等方面的应用价值。

教科书中设置了8个"方法导引"栏目，呈现了科学研究的一般方法（如分类、模型、预测和变量控制）以及化学学科研究的认识方法和学习方法（如认识元素及其化合物性质的视角，认识有机化合物的一般思路，化学实验设计，实验室中制取气体装置的设

计）。"方法导引"特别强调认识视角，体现了从学科本原对物质及其变化的认识过程，从而提升学生的认识和思维水平。

化学课程标准指出："化学教学内容的组织，应有利于促进学生从化学学科知识向学科核心素养的转化，而结构化则是实现这种转化的关键。"基于此，教科书章末的"整理与提升"，通过从知识关联、认识视角和思路、核心观念等方面，对全章内容进行整理，呈现出结构化的认识模型和应用实例，体现"化学学科知识向学科核心素养的转化"途径，发展学生对化学知识的结构化认识水平。

2. 加强实践活动设计，提升问题解决能力

科学探究是化学学科核心素养的构成要素，也是中学阶段重要的实践活动。教科书设置的"探究"活动，增强了思考性、开放性和指导性，并突出体现了探究的思路和过程，如钠与水反应的探究，呈现了"预测-实验-观察-描述-分析-结论-反思"的过程，开放设计观察和描述现象的环节，使学生在亲历活动的过程中，体验探究的乐趣，体会科学探究的思路和方法。

教科书新设计了"研究与实践"栏目，以提出课题、开展项目研究等形式提出任务，提供拓展学习内容的真实情境素材，使学生能在研究和实践中，通过调查、实验、设计方案、动手制作等形式，运用元素化合物、化学原理和规律等知识以及科学研究方法解决实际问题。例如，"认识元素周期表"中，学生通过完成"调查与整理""设计与制作"等任务，了解元素周期表的重要发展阶段、特点、设计依据，并自己设计、制作周期表，由此加深对元素间的关系和其中所蕴含的科学方法的认识。又如，"检验食品中的铁元素"则是利用实验检验方法，使学生体验实验研究的一般过程和化学知识在实际中的应用。通过这些活动，促使学生积极实践、勇于创新，提升综合解决实际问题的能力。

（三）精编内容素材，彰显学科育人价值

内容的选择和呈现，体现着学科的价值。教科书精选内容素材，在呈现和处理时，考虑学科特点、社会需求、学生的认知规律，以及教学中的学科教育功能，力求彰显化学学科育人价值。

1. 突显学科内容的德育功能

教科书内容的选择，突出"德育为先，能力为重，全面发展"的要求，努力挖掘学科内容中的德育素材；结合化学学科特点，有机融入社会主义核心价值观和中华优秀传统文化等内容；通过正文、图画、栏目、习题等形式，突出我国科技发展、科学家的贡献。例如，教科书中呈现我国成功研制的超级钢、我国研制的歼击机使用的高性能隐形涂料以及我国科学家侯德榜、徐光宪、屠呦呦的贡献等。教科书特别重视宣扬中华优秀传统文化，挖掘如我国古代中医中药、传统饮食、传统工艺中与化学相关的内容，使学生能用历史和发展的眼光看问题。教科书着力体现化学在自然资源和能源综合利用方面的重要价值及在环境保护中的重要作用，使学生建立节约资源、保护环境的可持续发展意识，树立建设绿色家园、为全球生态文明作出贡献的信念，培养学生树立远大理想和崇高追求，形成正确的价值观。

教科书专门设置了"化学与职业"栏目，结合内容介绍与化学有关的职业，如"水质检验员""科技考古研究人员""化工工程师"等，引导学生职业发展。同时，教科书加强

了实验安全和健康安全教育，使学生形成安全意识。例如，在实验中增加了安全操作标识，附录中编入了"实验室突发事件的应对措施和常见废弃物的处理方法""一些化学品安全使用标识"等，增加了关于化肥、农药、药品、食品添加剂合理使用的内容，加强对健康安全的正确认识。

2. 突显化学学科的价值

教科书内容的选择着力丰富化学与社会发展的内容，呈现化学研究的最新进展和成果，体现新的化学观念和思想，突显化学在解决实际问题中的作用，彰显化学学科的社会价值。例如，结合知识内容，简单介绍了新型化学电源、燃料电池、储氢合金、特种橡胶等；教科书关注化学原理与化工生产、技术的关系，如编入了硫酸工业、海水提溴、污水处理等内容，体现化学的应用价值。

教科书还通过内容的呈现，引导学生正确认识与化学相关的社会热点问题，努力揭示化学在面对和解决问题中的作用和价值。例如，关于化肥、农药的使用，通过"农业生产中是否应该继续施用化肥和农药"的辩论活动和"科学·技术·社会——滴滴涕的功与过"，使学生能从正反两方面辩证地看待问题，形成"合理"使用化学品的观念。

3. 注重情境的创设

情境素材为教师教学和学生学习提供了丰富的资源。教科书通过引言、正文、栏目、实验、习题等形式，提供了大量生活、生产、科技、化学史等方面真实、科学、有价值以及内容积极、正面的情境素材。特别重视化学史情境素材的呈现，专门设置了"科学史话"栏目。例如"元素周期表的发展"通过介绍元素周期表从发现到不断完善的过程，体现分类和归纳等方法，反映科学家不懈努力、勇于挑战、追求完美的精神；通过介绍从相对原子质量到原子序数认识周期表的科学认识过程等，使学生认识到科学规律的发现和建立，需要理解科学本质、运用科学方法、具有科学精神。又如，在介绍氯气时，从氯气的发现史引入，通过讨论，学生了解氯气从发现到被确认经历了漫长的时间和数位科学家不懈努力的过程，使学生体会科学研究的艰辛；在后面介绍氯气的实验室制法时，仍然利用了氯气发现的化学反应，使学生认识到科学研究必须以科学原理为依据。科学史情境的创设，有利于从科学观念、科学方法、科学态度与创新精神等方面发展学生的学科核心素养。

教学情境是知识获得、理解及应用的文化背景的片段缩影，其中往往含有社会生活的人际交往和协调，也包括相应的活动背景。将知识内容、活动过程融入情境之中，能更好地体现认知活动和思维的过程。教科书设置真实的问题，通过对内容呈现方式和编排顺序的设计，创设教学情境。例如，铁与水蒸气的反应，联系生产创设真实情境，利用图画呈现生产中钢水注入模具的真实场景，并提出问题"炽热的铁水或钢水注入模具之前，模具必须进行充分的干燥处理，不得留有水，这是为什么呢？"以真实问题情境激发疑问，再结合"思考与讨论"给出的还原铁粉与水蒸气反应的实验事实，引导学生进行深入思考和讨论，最后得出结论，并从化学原理上解释最初提出的"情境问题"。又如，电解质概念的建立，从"给电器设备通电时，湿手操作容易发生触电事故"的生活问题引入，通过物质的导电性实验事实，引出电解质的概念，并解释"生活问题"。这样的处理将认知过程和教学过程融入情境中，易于学生理解知识，认识学习知识的实际意义。

教科书的编写涉及多方面的因素，以上仅是对教科书在体系结构、栏目设置、内容选择和呈现方面的特点进行的分析。实际上，化学教科书的编写，还要从概念的表达、内容的要求，以及实验、习题、文字、插图、版式等多方面综合考虑，进行整体的设计。理解化学教科书编写理念、思路和特点，是用好教科书的前提。

四、化学教科书的功能

教科书作为课程的重要组成部分，是课程目标得以体现并最终实现的一种重要载体。基础教育课程改革以学生发展为出发点，强调课程的功能要从过分传授知识转变为重视引导学生学会学习、学会生存、学会做人。课程功能的转变必然导致教科书功能的转变。具体分析，教科书主要具有以下功能❶。

（一）提供学生学习的范例

在课堂中，学生获得的知识主要来自三个方面（如图 2-7 所示）：A 型，教科书及其他教材提供的知识；B 型，教师个人的知识；C 型，师生互动产生的知识。其中箭头表示 B 型、C 型知识是以 A 型知识为基础发展、转化而来的。

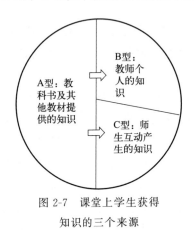

图 2-7　课堂上学生获得
知识的三个来源

传统教学将教科书看作教学的唯一对象和依据，过分强调学生对教科书内容的记忆和理解，在这种情况下，A 型知识规范和控制着整个课堂，很少有 B 型、C 型。即使有教师个人的知识，其作用也仅仅是用来理解教科书，传递教科书知识，也就是说，教师个人的知识服从于教科书知识。基础教育课程改革要"改变课程过于注重知识传授的倾向，强调形成积极主动的学习态度，使获得基础知识与基本技能的过程同时成为学会学习和形成正确价值观的过程"。这就意味着实施新课程的教学过程应该是师生之间利用各种媒介积极互动、相互交流、共同发展的过程。在这种情况下，教师个人的知识（B型知识）和师生互动产生的知识（C 型知识）会占有较大比例。这样，教科书将不再是教学的全部内容，而只是为开展教学活动以使师生互动产生知识提供的一种范例和素材。师生以这些范例为基础，有效地展开教学活动，产生新知识，获得发展。而且，教师也可以在理解教科书编排意图的基础上，对教科书进行"二次开发"，寻找更为适切的素材。

📖 案例分析

【案例 2-8】　课题"依据化学方程式的计算"教材例题与教师教学
沪教版九年级化学上册中的例题：
例：碳酸钙与盐酸反应生成二氧化碳

$$CaCO_3 + 2HCl = CaCl_2 + H_2O + CO_2 \uparrow$$

若需制备二氧化碳 8.8g，至少需要碳酸钙多少克？

---

❶　毕华林. 化学新教材开发与使用 [M]. 北京：高等教育出版社，2003：5-11.

教师课堂教学：

【创设情境】新闻视频：氢能源汽车。

【提出问题1】氢气怎么获得？写出相应的化学方程式。

【学生回答】电解水，书写方程式。

【介绍】电解需要耗电，工业上可通过光解反应器（内含某种催化剂）生产。

【展示问题】已知1kg氢气能供一辆功率为50kW的氢能源汽车行驶约100km，若你驾驶这辆氢能源汽车从徐州往返南京（单程约400km）理论上需要多少氢气？制取这些氢气至少需要消耗水的质量是多少？

……

上述案例中，教师课堂教学并未采用教材中的例题。你认为教师选用的教学素材与教材相比有何特色？其教学效果与用教材例题教有何异同？

（二）促进学习方式的形成

学习方式是指学生在完成学习任务过程中的基本行为和认知取向。主要有两种：一种是以接受、记忆现成的知识结论为特征的接受式学习方式；另一种是以学生主动参与、探究发现、合作交流为特征的探究式学习方式。在传统教学中，过于注重知识传授，教材作为课程目标的具体化产物，其内容往往是以定论的形式直接呈现，教师教学主要以讲授教材知识为主，学生参与学习活动的主要方式就是听讲、记忆、做习题等，长此以往，学生就形成了被动接受、死记硬背、机械训练的学习方式。

基础教育课程改革提倡自主、合作与探究的学习方式，培养学生搜集和处理信息的能力、获取新知识的能力、分析和解决问题的能力以及交流与合作的能力。这就要求教科书能为学生提供主动参与、乐于探究、积极实践的机会，为学生学习方式的转变提供有利的条件。所以在内容的呈现上，以真实情境中的问题引发学生的认知冲突，给学生创造主动参与的空间，学生通过各种各样的探究性活动，如假设推理、实验、调查、讨论等，使获得知识和技能的过程同时成为学会学习和形成正确价值观的过程。

📖 案例分析

【案例2-9】 **教材中的实验探究——氯水的成分探究**（苏教版高中化学必修第一册）

提出问题：氯气溶解于水，是否会与水发生反应？氯气溶于水后溶质微粒以什么形式存在？

建立假设：氯气溶于水后会与水发生反应，反应后溶液中可能存在的微粒有＿＿＿＿＿＿。

实验探究：

【实验1】将干燥的有色布条和湿润的有色布条分别放入两瓶干燥的氯气中，观察并比较实验现象。

【实验2】分别用玻璃棒蘸取新制氯水和稀盐酸，滴在pH试纸上，观察并比较实验现象。

【实验3】在洁净的试管中加入1mL新制氯水，再向试管中加入几滴硝酸银溶液和稀硝酸，观察实验现象。

现象分析：

实验序号	实验现象	分析解释
实验 1		
实验 2		
实验 3		

得出结论：＿＿＿＿＿＿＿＿＿＿＿＿＿＿＿＿＿＿＿＿＿＿＿＿＿＿＿＿＿＿＿＿＿＿＿＿＿＿＿。

你会填空上述案例中的"现象分析"表吗？以上教科书内容的呈现具有什么特点？你会如何利用这段教材内容进行教学？

（三）形成正确的价值观

所谓价值观是指一个人对自身及其与自然、国家、社会和他人之间关系的整体认识。正确的价值观主要表现为对自然的爱护，对国家的热爱，对社会的责任感，对他人的宽容、理解以及善于合作、积极进取的态度等。任何教育都不是价值中立的，它总要反映特定的价值观念和要求。而教科书作为教学的主要依据，也必然要体现出一个国家和民族的核心价值观，为培养适应未来社会发展的合格公民服务。体现在教科书编写中，则是以一定的知识为载体，在知识的获得过程中渗透特定的价值观，让学生在实践中体验人与自然、社会和谐发展的重要性，从而学会关爱自然、关心国家和社会的进步，形成积极的人生态度。

高中化学教材中，特别重视体现中国科学家对化学科学技术发展的贡献，以及中国传统文化与化学科学技术的关系。例如，鲁科版《化学（必修） 第一册》第1章第1节"走进化学科学"中，设置"交流·研讨"活动，引导学生欣赏诺贝尔奖获得者屠呦呦及中国化学家们对青蒿素的分离提取、结构测定和性质研究过程；设置"资料在线"展示我国国家科学技术最高奖中与化学有关的研究成果。鲁科版《化学（必修） 第二册》第3章设置微项目"自制米酒——领略我国传统酿造工艺的魅力"，引导学生从化学视角解释生产和生活中的实际问题。此外，必修教材中还展示了我国"复兴号"动车、"神舟号"飞船，介绍了化学科学技术在建设"美丽中国"过程中的作用和贡献。在选择性必修教材中，介绍徐光宪和唐敖庆对于物质结构研究领域的贡献；引导学生通过项目学习深入体会侯德榜对纯碱制造技术的创造性贡献，感受强烈的社会责任感和真切的科学精神。此外，教材特别重视体现化学科学技术的新近发展。例如，低碳行动——利用二氧化碳合成甲醇，航天科技——载人航天器用化学电池、制药科技——医用胶设计优化、信息技术——手机电池有机化合物离子导体的设计与合成、先进科研手段——利用多种波谱仪及晶体 X 射线衍射测定分子结构以及神奇的分子器件和分子机器等。这些内容素材既体现时代性又具有中国特色。一方面引导学生真切地感受和赞赏化学科学对于社会发展和科学技术进步的重大贡献；另一方面切实增强学生对国家和民族的科技自信，培养学生的"科学态度与社会责任"，使化学教育富有生命力、感染力与时代感❶。

---

❶　王磊，陈光巨. 外显学科核心素养促进知识向能力和素养的转化——北京师范大学"新世纪"鲁科版高中化学新教材的特点［J］. 化学教育（中英文），2019（17）：9-19.

（四）引导学生进行自我反思评价

提到评价，人们总是习惯把它与考试、测验联系在一起，认为评价是在教学之后进行的，是教师通过考试对学生学习结果作出判断，以鉴别学生学习成绩的好坏。这种评价理念过分强调评价的甄别和选拔功能，忽视了评价对促进学生发展和改进教学实践的功能。基础教育课程改革要求建立促进学生全面发展的评价体系，重视过程评价和学生的自我评价，将评价与教学过程有机结合，充分发挥评价对学生的诊断、激励和发展功能。

作为课程改革的物化产物，教科书必须充分体现新的评价理念，将评价作为课程与教学的一个有机环节，在教材编制中结合具体内容为学生提供多样化的评价机会，引导学生进行自我总结、反思和评价，让学生知道自己正在做什么，做得怎么样，以便及时得到反馈，从而激励学生不断进取，促进他们更好地发展。

例如，教科书在很多探究活动后都设有讨论栏目，让学生将自己观察到的现象、得到的结论与同伴进行交流讨论。这种讨论一方面为学生提供了一个自我表现的机会，让学生展示自己的观点和为此作出的努力，激励学生不断进取；另一方面，促使学生对自己的探究活动作出反思和评价，如观察是否全面？结论是否以观察得到的证据为基础？成功之处在哪里？不足又是什么？等等。在反思评价的基础上，学生对自己的行为作出调整、改进和完善，并思考以后该如何做。

另外，教科书在每部分内容结束后设计了一些总结性质的栏目，如"概括·整合""回顾与总结""整理与提升"等，引导学生对学习的内容进行系统整理。在这一过程中，学生对自己的学习所得进行整理，对知识和方法进行再认知，通过反思及时调整自己的学习策略。这些设计都充分体现了教科书引导学生进行自我反思评价的功能。

五、化学教师的教材观

所谓教材观就是教师对教材本质及其功能的基本认识，它反映了教师对待教材的态度和方式。教材观不仅涉及"教什么"，也涉及"如何教"，它从根本上影响着教师的教学方式。新教材不再是教师教和学生学的唯一依据，而是成为一种课程资源，为学生的学习提供范例和素材，促进学生学习方式的转变和科学素养的主动全面发展。新教材功能的转变，要求教师转变传统的教材观，树立起新的教材观。即从"教本教材"向"学本教材"转变，从"唯一课程资源"向"重要课程资源"转变，从"教教材"向"用教材教"转变❶。

（一）从"教本教材"向"学本教材"转变

"教本教材"是指向教师教学活动的教材，教材的内容多以纯文本的方式呈现出来，它注重知识体系的完整性、系统性以及表述的准确性，从而支持教师展开传递性教学活动。而"学本教材"是指向学生学习活动的教材，其内容的组织以促进学生的有效学习为核心，重视学生的学习经验和认知规律，引导学生进行自主探究与知识建构。

❶ 毕华林. 教材功能的转变与教师的教科书素养 [J]. 山东师范大学学报（人文社科版），2006（1）：87-90.

传统教材观认为教材的价值在于"规范"教学，规范的实质是控制，既控制教师教的内容，也控制教师教的方式和方法。传统教材多属于"教本教材"，教材的关键部分是知识点和练习，而非学习过程和学习活动方式的设计。因而，当教材有什么变化时，教师们首先关心的是教材内容的增减和练习的变化，而不是教材编写理念的改变或学生学习活动方式设计上的变化。

而新教材观认为，教材的价值就在于促进学生的学习和发展，因此教材必须高度关注学生的学习活动，为学生的发展服务。"学本教材"不仅具有传递信息资源、使学生建构知识的作用，而且还通过创设情景、提出问题引导学生自主探究知识结论，使学生亲身经历和体验科学探究的过程和方法，从而将"结论"与"过程"有机地结合起来。教师在使用新教材时要摒弃以传授教材知识为主的教学方式，转向以学生为主体，从学生的已有知识经验出发，充分利用教材中设计的各种探究活动，引导学生积极主动地学习，使获得知识技能的过程同时成为学生学会学习、联系社会生活实际和形成科学价值观的过程。

（二）从"唯一课程资源"向"重要课程资源"转变

长期以来，教材一直是我国学校教育主要的课程资源，致使许多教师误认为教材就是学校唯一的课程资源。表现在教学实践中，许多教师只研究教材，而不关心教学大纲、课程标准，教材中的每一句话都成为教师教和学生学的依据，不敢"越雷池半步"。这种教材观实质上是将教材作为规范教学的"圣经"，它束缚了教师和学生的创造性，也容易导致学生对教材乃至所有书本的盲目崇拜，不利于其学科核心素养的发展。

新的教材观认为教材是实现课程目标的一种重要的课程资源，但并不是唯一的资源。教材以一定的内容和形式具体体现了课程标准的内容和要求，但它不是对课程内容的具体规定，只是教材编写者为实现课程目标而选择的一个范例。既然是范例，就可能不止一个，还有其他的范例。另外，不同的教材编写者对课程标准的理解不同，往往导致了教材内容与课程目标产生偏差。因此，为了全面地实现课程目标，教师要在深入理解课程标准的前提下，根据学生的实际情况和教材内容，充分利用身边的多种课程资源，并开发一些新的课程资源，以增加教学内容对学生学习和发展的适应性。充分开发和利用教材视野以外的多种课程资源，是新教材使用的重要观点。

👥 交流讨论

分析案例 2-8，你认为还可用怎样的教学素材实现教学目标？案例 2-9 中的实验探究活动还可怎样设计？

（三）从"教教材"向"用教材教"转变

传统教材观把教材看作是教学的出发点和全部，处处以教材为中心，教师的任务就是"教教材"。在这种情况下，教材本身是学习的目的，教师的作用在于指导学生习得教材所提供的系统化的知识。为了达到这种目的，课堂教学不可避免地以传授书本知识为中心，学生成了被动接受知识的"容器"。这种教学限制了教师的创造性及其教学的个性化，师生无法在教学中体验到生命的价值和学习的乐趣。

"用教材教"则是把教材作为教师开展教学活动、学生获得价值体验和进行意义建构的一种课程资源，使学生通过对教材内容的学习，在获得知识和技能的同时，在过程与方法、情感态度与价值观方面也得到全面和谐的发展。这种教学重视的是知识获得的过程，重视引导学生通过自主探究去获得知识。课程改革的新理念和新教材功能的转变，要求教师要树立"资源意识"，以课程标准为依据，深入分析并准确把握教材内容及其呈现方式所体现的课程目标，创造性地开发和使用新教材，使教材真正成为一种动态的、生成性的课程资源。

教师要有能力深入研究并创造性地使用教材。教科书作为教材系列中最具代表性的印刷材料，不再是预先规定好的、等待学生去学习的教学内容，而是实现课程目标的重要资源，而且这种资源的价值只有在生动具体的教学活动中才能动态地生成，离开了学生富有个性的参与和体验，教科书内容就成为毫无意义的符号。因此，教师要深入研究并准确把握教科书所体现的课程目标和教育理念，以此为出发点来创造性地开发和使用教科书，使教学过程成为教材内容的持续生成与意义建构的过程，成为学生学会学习和形成正确价值观的过程。

第四节　化学课程资源

没有课程资源的广泛支持，再美好的课程改革设想也很难变成中小学的实际教学成果❶。所谓课程资源是指富有教育价值的、能够转化为学校课程或服务于学校课程的各种条件的总称，它包括教材以及学校、家庭、社会中所有可资利用的、有助于提高学生学科核心素养的人力、物力与自然资源等各种资源。教科书是一种具有高"含金量"的资源，但不是唯一资源。

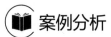 案例分析

【案例 2-10】"铁的冶炼"(人教版九年级化学下册) 教学主题内容与课程资源利用❷

"金属和金属材料"位于人教版九年级化学下册教科书第八单元，教师教学时选择"高铁建设中的金属材料"作为承载该教学单元的大情境，重组教学单元将教学单元划分为"高铁建设中金属材料的选择""高铁建设中金属材料的获取"及"高铁建设中金属材料的保护"3 个课题。课题 1 主要探究了选择金属铁作为高铁轨道材料、铝作为车体材料、铜作为电传输材料等❸。课题 2 则以"这些高铁建设中所需要的金属材料从哪儿来"为大问题设计系列驱动性学习任务，依托学生所在的河北承德地区地方课程资源的开发，为学生提供感性认识材料和理性分析材料的支持。学生以"企业工程师"

---

❶ 朱慕菊. 走进新课程——与课程实施者对话 [M]. 北京：北京师范大学出版社，2002：210.
❷ 李学玲，杨玉琴. 基于地方课程资源的任务驱动式学习设计 [J]. 化学教学，2021 (11)：54-59.
❸ 李学玲，杨玉琴，周志源，王文阁. 基于真实情境的任务驱动式学习设计——高铁建设中金属材料的选择 [J]. 化学教学，2021 (11)：54-59.

角色分析和解决真实的工业生产问题，从而改变以往该课题教学中教师过分依赖讲授，学生死记硬背生产原料和反应方程式的学习方式。地方课程资源与教学内容及教学时段的关系如表2-6所示。

表2-6　地方课程资源与教学内容及教学时段的关系

教学时段	地方课程资源	与教学内容的联系
课前	(1)学生调查承德地区金属矿产资源：大庙铁矿、黑山铁矿出产赤铁矿石和磁铁矿石 (2)学生调研工厂工程师，制作视频	赤铁矿石和磁铁矿石是工业炼铁的主要原料 工业炼铁
课中	(1)学生采访工程师录像1：工程师介绍炼铁原料焦炭 (2)自拍视频资源——工业炼铁原料焦炭和球团的加工：承德钢铁焦化厂生产焦炭、选矿厂生产铁精粉、烧结厂将铁精粉制成球团 (3)学生采访工程师录像2：工程师讲解承德钢铁高炉炼铁视频 (4)承德钢铁转炉炼钢图文资料 (5)学生采访工程师录像3：工程师解说转炉炼钢主要化学反应 (6)承德钢铁8座炼铁高炉年生产能力数据	工业炼铁原料的选择与加工 工业炼铁原理 工业炼铁中原料的定量计算
课后	学生调查承德地区寿王坟铜矿	黄铜矿石是工业炼铜的原料

对比教材内容与教师开发的课程资源，请分析这些课程资源具有什么特点？在教学中起到什么作用？

一、化学课程资源的特点

（一）多样性

教材无疑是重要的课程资源，但课程资源绝不仅仅是教材，也绝不仅仅限于学校内部。课程资源涉及学生学习与生活环境中一切有利于达成课程目标的资源，它弥散于学校内外的方方面面，因而课程资源具有广泛多样性的特点。

（二）差异性

课程资源虽然呈现多样性，但是任何可能的课程资源则因地域、文化传统、学校以及师生各自的差异而不同。不同的地域，可供开发与利用的课程资源不同，其构成形式和表现形态各异；不同的文化背景下，人们的价值观念、道德意识、风俗习惯、宗教信仰等具有独特性，开发和利用的课程资源也有一定的特性；学校性质、规模、位置、传统以及教师素质和办学水平的不同，学校和教师可以开发与利用的课程资源自然有差异；学生个体的家庭背景、智力水平、生活经历的不同，可供开发与利用的课程资源必然会有所区别。

（三）价值潜在性

具体来说，课程资源的潜在价值体现在课程设计、实施和评价的全过程。由于课程设计受设计者对材料依据的选择或设计者选择作为重点材料的影响，课程资源便成为课程设计的基础和依据。同时，选择哪些资源作为课程设计的基础和依据本身，也反映了课程设计者的价值倾向，二者直接影响着课程的实施和评价。课程实施需要课程资源提供人力、物力等方面的条件支持和保证，因此课程资源的开发与利用对课程实施必然起着促进或限制的作用。既然课程资源影响着课程设计和课程实施，那么课程资源的评价当然就成为课程评价的重要内容。

（四）多质性

由于同一课程资源对于不同课程有不同的用途和价值，因而课程资源具有多质性的特点。例如，生产生活中的各种化学化工资源，可以成为学生学习不同化学知识的资源，也可成为进行化学实践活动的资源。课程资源的这一特点，要求教师独具慧眼，善于挖掘课程资源的多种利用价值。

二、化学课程资源的类型

课程资源丰富广泛，有不同的分类方法。最常见的分类方法是根据课程资源的功能特点，划分为素材性课程资源和条件性课程资源两大类。其中，素材性课程资源的特点是作用于课程并且能够成为课程的素材或来源，它是学生学习和收获的对象。比如，承载课程知识、技能和其他信息的课程标准、教材、参考书、练习册、考试卷等文本及相应的音像资料等物化载体，以及师生在教学活动中形成的经验、感受、理解、创意、问题、困惑、方式、方法、情感、态度、价值观等，都属于素材性课程资源。条件性课程资源的特点是作用于课程却并不是形成课程本身的直接来源，也不是学生学习和收获的直接对象，但它在很大程度上决定着课程的实施范围和水平。比如，直接决定课程实施范围和水平的人力、物力和财力，及时间、场地、媒介、设备、设施和环境等因素，就属于条件性课程资源。当然，把课程资源划分为素材性课程资源和条件性课程资源更多的是为了说明问题的方便，两者并没有截然的界线。现实中的许多课程资源往往既包含着课程的素材，也包含着课程的条件，如图书馆、博物馆、实验室、互联网络、人力和环境等。

另外，课程资源还可按照课程资源空间分布的不同，分为校内课程资源和校外课程资源；按照课程资源的呈现方式，分为文字课程资源、实物课程资源、活动课程资源、信息化课程资源；按照课程资源的存在方式，分为显性课程资源和隐性课程资源❶。

化学课程资源类型见表 2-7。

表 2-7　化学课程资源类型

分类标准	课程资源类型	特点	示例
功能特点	素材性课程资源	化学课程直接来源	课程标准、教材、参考书、练习册、实验手册、视频等
	条件性课程资源	不是化学课程直接来源,但制约课程的实施范围和水平	人力、财力、物力,及场地、设备、时间、设施和环境等因素
空间分布不同	校内课程资源	实现课程目标,促进学生发展最基本、最便利的资源	图书馆、实验室、专用教室、信息中心、教师群体、班级组织、学生团体、校风校纪、校容校貌
	校外课程资源	具有补充性、拓展性	家庭、社区、研究所、化工厂等
呈现方式	文字课程资源	容易获得	教材、参考书、期刊等
	实物课程资源	直观、具体	实验室、标本、仪器、模型、挂图等
	活动课程资源	潜在性	教师言语、教师体态、班级活动、社会调查、实践活动、师生关系等
	信息化课程资源	信息容量大、智能化、虚拟化、网络化	网络、各种软件(如化学教育工具软件、FLASH)等

❶　田兆清. 高中化学课程资源的开发与利用研究［D］. 济南：山东师范大学，2005.

续表

分类标准	课程资源类型	特点	示例
存在方式	显性课程资源	可以直接运用于教学活动	化学教材、计算机网络、自然和社会资源中的实物
	隐形课程资源	以潜在的方式对教育教学活动施加影响	学校和社会风气、学校育人环境、师生关系、家庭气氛等

以上分类不是绝对的，各类课程资源并无明显的界限，它们往往是相互交叉、相互渗透的。如校内课程资源、校外课程资源都可以包括素材性课程资源，也可以包括条件性课程资源。化学教师在课程资源开发与利用的过程中，要充分关注化学学科的特点，因地制宜，充分挖掘地方和学校的特色，与化学学科的特点紧密联系起来，综合利用各种各类课程资源，使其更具化学学科的特色，更加有利于教学活动的开展。

三、化学课程资源的开发与利用

在课程资源中，课程标准和教材是课程资源最基本的组成部分，是中小学课程的基本素材和课程实施的基本条件之一。教师对于其他课程资源的开发和利用，要建立在课程标准和教材的充分利用基础之上，并且要积极主动地从"教教材"向"用教材教"扩展，使标准和教材成为支持教学的课程资源，而不是束缚教学的绳索。一方面，要充分认识教材是最基本的课程资源，重视教材研究，充分发挥教材在教学中的重要作用；但另一方面，又必须认识到教材不是唯一的课程资源，在用好教材资源的同时还要合理开发和利用其他各种课程资源。

（一）努力开发学生中的课程资源

著名教育家苏霍姆林斯基曾反复强调，学生是教育最重要的力量，如果失去了这个力量，教育也就失去了根本。因此学生不仅是教育的对象，更是教育的重要资源。首先，学生的经验是一种资源。学生的经验实际上就是学生已有的知识水平、认知结构和社会阅历等，这是我们教学的起点，因为新知识的获取必须以学生已有的经验为基础；其次，学生的兴趣也是一种资源。兴趣是学习的动力，要想取得理想的教学效果，就必须把教学活动与学生的兴趣结合起来，以达到事半功倍的效果。再次，学生的差异也是一种资源。差异普遍存在于学生中间，它会导致两种不同的情况：冲突和共享。学生之间会因为差异而形成冲突，但是如果引导得好，学生则可以共享差异，在差异中丰富和拓展自己。通过以上对学生资源内涵的分析，我们在具体开发化学课程资源过程中应该注意以下三个方面。

1. 注重学生的亲身体验

实践证明，在化学实验中，学生自己动脑设计的实验、动手制作的仪器，其体验要比用教材设计的实验、教师提供的成套仪器来得更深刻。因此，在教学过程中，如果是学生可以亲身体验的探究活动，要充分发挥学生的主观能动性。比如一些实验的设计、药品的选择、仪器的安装等，可鼓励学生自制仪器代用品（如用废弃的饮料瓶或小药瓶作为反应容器）、自选低成本药品（如用贝壳或鸡蛋壳代替碳酸钙、用食用碱代替碳酸钠），这样不仅可以消除实验的神秘感，激发学生的实验兴趣，训练学生的实践技能，还可以降低课程资源成本，培养学生的节约与环保意识。

2. 善于利用学生的社会生活信息

学生获取信息的渠道是多种多样的。教师要善于把学生已经掌握的和能够发现的信息作为课程资源，以使教学内容更丰富、更贴近生活、更贴近学生。如调查家庭中金属废弃物的种类和数量，分析回收利用金属废弃物的价值和可能性，提出具体的可行性方案等。

3. 善于利用学生个性化的思维方法和多样化的探索成果

学生的思维方法可能千差万别，教师应尊重和珍惜每个学生充满个性的思维方法，并善于把这些思维方法作为一种课程资源加以利用。比如化学计算、物质鉴别、物质合成等大多存在着一题多解的情况，学生在解决这类问题时，不乏有很多的奇思妙想和捷径，教师要有意识地把这些个性化的思维方法和多样化的探索成果转化为一种课程资源，帮助学生分析每种方法的优缺点和应用环境，使敢想、敢说的学生得到充分的肯定和鼓励，同时也拓宽了其他学生的思路，这样不仅使学生在知识技能方面得到充分提高，而且在思维方法上也会得到有效的训练。

（二）努力开发教师中的课程资源

教师是课程实施的组织者和促进者，也是课程的开发和研究者之一。因此，教师本身就是一种重要的课程资源，教师应注意自身资源的开发与利用。

1. 更新传统教学观念，树立现代教育理念

在教学思想上，要将以知识的传授为重点转变为以学生的发展为中心；在教学方法上，要改变对讲授的过多依赖，通过化学问题的提出来引起学生的认知冲突，并在参与学生开放式的探究活动过程中，引导学生掌握解决问题的方法和步骤；在知识的积累和运用上，教师除了要准备教材上的和教师个人储备的知识外，更多的是要准备课堂上师生互动所产生的新知识；在对课堂的控制方式上，教师应从强调学生对教材内容记忆的"封闭式""权力型"转变为注重学生创新品质的"开放式""非权力型"等。

2. 发挥自身特长，凝聚教师集体的教育合力

在课程资源的开发与利用中，教师首先要最大程度地发挥自己的积极性和创造性，根据自己的特点，发挥自己的专长，挖掘自己的潜能，形成自己的教学风格；其次，教师要注意学习其他教师好的教学经验，吸纳他人的教学成果，做到取长补短和精益求精；最后，教师还要注意发挥群体合力，因为只有全体教师团结合作、共同参与才能合理、有效地开发学校课程资源，才能形成鲜明的学校特色。

3. 重视对学生的调查研究

通过对学生兴趣类型、学习方式和方法的调查分析，教师可以用多姿多彩的赏识教育方式帮助学生树立刻苦学习化学知识并取得良好成绩的信心；可以归纳出能够激发学生强烈求知欲的多样化的教学方式、手段、工具、设施和问题解决方案等；可以科学地布置作业，综合运用课堂内、外的多种要素，使学生优质高效地达到课程目标。

通过对学生情况的调查，还可以清楚了解学生之间的差异，以便能够在材料准备、方案设计、教学活动组织等方面具有针对性。比如，对于研究性学习，教师可以提供不同的活动方案供能力与水平相当的学生选择适当的课题去完成；对于化学知识与实验技能的练习，根据循序渐进的原则进行不同梯度的编排，指导学生选择使用，既可避免某些学生因

练习过于简单而降低了学习的挑战，也可避免另外部分学生因问题梯度过大而阻碍了对问题的探究兴趣。

4. 为学生提供反馈资料

为学生提供反馈资料，特别是学习中的差错及原因分析的反馈资料，可以帮助学生找出学习中的难点所在、问题的症结所在，以利于学生突破难点。教师还可以把学生的常见错误收集、整理、设计成各种特定知识点和技能方面的考查表，进行适时的反馈性考查，以利于学生下一步的学习。

5. 重视学生的课外实践活动

化学知识普遍存在于日常生活和社会生产中的各个方面，通过课外实践活动，学生可以将自己从学校、课本上学到的知识和技能运用于社会实践。这不仅可以锻炼学生运用所学知识解决实际问题的能力，还会大大激发学生学习化学的积极性。课外实践活动主题可引导学生自主的寻找和发现，引导学生将书本知识转化为实践能力。避免学生因"学而无用"而失去了学习的动力，或因学习内容远离生活实际而导致教学活动变得越来越抽象，使学生学习越来越困难。

6. 重视对教学经验的总结和反思

虽然中学化学基础知识相对来说有其固定性，但化学教学是一门艺术，教学经验以及教学新技能、新方法、新策略和新理念等都需要教师在教学过程中不断地总结和学习，教学中的不当或有待改进之处要通过反思加以完善。总结和反思教学实践经验的方式有多种，如教学日记、录音带、录像带以及个人教学心得等。教师不仅可以通过这些方式给自己的教学实况留下记录，也可以对自己的教学发展路径做长期的跟踪，对自己的进步做长期的分析，进而找出有待进一步学习、提高的环节。另外，同事观摩与教学评议、教学经验交流会、化学教学专业网络活动等也是教师及时了解教学研究动态，形成自己教学风格的有效途径。

（三）充分利用校内课程资源

校内课程资源包括：校内的各种场所和设施，如图书馆、实验室、科普资料室、专用教室、信息中心等；校内人文资源，如教师群体特别是专家型教师、师生关系、班级组织、学生团体、校纪校风、校容校貌等；与教育教学密切相关的各种活动，如座谈讨论、文艺演出、化学晚会、社团活动、体育比赛、典礼仪式等。校内课程资源是实现课程目标，促进学生全面发展的最基本、最便利的资源，其利用效果如何，关键在于我们能否以现代教育理念，根据学校自身特点，结合教学实际进行充分的挖掘和利用。

（四）重视利用校外课程资源

校外课程资源是校内课程资源的必要补充。化学课程资源的开发过程中要重视利用校外各种资源，通过参观、访问、讲座、讨论、实习等途径，使学生多接触社会，了解化学与社会和科学技术的关系，以激发学生的学习动机，并在化学知识的学习中有效地培养其实践能力和社会适应能力。

校外资源丰富多彩，有社会提供的科普教育资源，如科技馆、博物馆、化学科研院所、各种社区的科普教育基地以及所在地区高校可利用的科学教育资源等；有可以作为科学教育的间接社会资源，如化工厂、污水处理厂、农场、农业科技示范田等；有日常生活和生产中的素材，如在教师指导下，测定工业废水的污染情况，设计防治对策；等等。另外，学生家长也是重要的校外课程资源。家长最了解自己的孩子，教师可以通过学生家长及时了解每个学生学习和心理上的变化，以便在因人施教时作为参考。此外，学生家长的接触面广，社会知识丰富并各具特点，因而也就有其各自的教育优势，是一种很好的具有多向性的教育资源。

为了能更好地利用校外资源，教师应当做好调查，建立资源档案，与之建立稳定的联系，并积极开展利用这些资源的各种探究活动，如课内或课外作业、探究性的课题等。

（五）营造和谐融洽的教学氛围

在教学过程中，人际关系也是一种课程资源，这种人际关系主要是指教师与教育管理者、教师之间、师生之间以及学生之间的相互合作与情感交流，这种相互合作与情感交流可以营造一种和谐融洽的教学氛围。只有在这种和谐融洽的氛围中，"上情"才能够更好地"下达"，使教师及时了解和准确把握教育教学动态，同时"下情"也才能顺利"上传"，使领导者及时了解教学的实际，为制定科学、合理的教育政策提供参考和依据；只有在和谐融洽的教研氛围中，教学研究工作才能够顺利开展，每位教师所拥有的各种资源才能够广泛地交流，优秀教师的课程资源才可以实现共享，才能够带动新教师尽快地成长；只有在和谐融洽的教学氛围中，教师才能与学生一起在预设的问题情境中对化学问题进行探究和学习，做到教学相长；只有在和谐融洽的学习氛围中，学生之间才能够团结合作、相互帮助、共同提高。因此，和谐融洽的教学氛围也是影响新课程实施的一种因素，也是需要开发的一种课程资源。

（六）借助现代教育技术手段

现代教育技术手段有其独特的技术优势。在化学理论课的学习中，对于微观的或抽象的知识，如物质的微观结构、原子和分子等微观粒子的运动、电子云的意义、原电池的工作原理等，这些内容单靠语言和文字描述很难使学生充分理解，但如果借助现代教育技术手段，设计、编制成质量较高的化学多媒体课件，将有助于学生把抽象的问题形象化，使化学教学过程更具直观性和生动性。

在化学实验教学中，对于特殊或特定的实验，如化学现象转瞬即逝的实验、普通方法不易操作或难以实现的实验、需要让学生反复观察的实验、难以实现或重现的实验、错误操作结果的展示等，也可以借助现代技术手段，把实验过程的全部或部分制成课件进行实验教学。

（七）关注现代信息资源的开发

信息意识和能力是现代社会公民科学素养的重要部分，信息技术的发展也为化学教学提供了前所未有的崭新平台。随着网络和多媒体技术的飞速发展，教材概念的内涵和外延大大扩展，形成了以教科书为中心的系列课程信息资源，给学生提供了大量的丰富多彩的感性材料，极大地激发了学生的学习兴趣。由于网络资源具有高度的共享性、强大的交互性以及丰富的内容，容易吸引学生。充分利用网络信息资源，对于培养学生的信息意识和信息的检索、收集、筛选、分析、处理等能力都有着不可替代的作用❶。

总之，化学学科有着丰富的课程资源，以现代教育理念恰当地进行开发和利用，将有利于培养出适应现代社会需求的合格的化学人才。

对标整理

学完本单元，你应该能够：

1. 认识课程及其类型，能描述"泰勒原理"和课程组织的三种取向。

2. 知道化学课程标准的结构和功能。

3. 准确描述中学化学课程的整体结构，并分析其一致性和连续性。

4. 理解化学课程的性质及理念。

5. 说明课程、教材、教科书三者的关系以及课程标准与教材的关系。

6. 知道教科书编写的基本原则。

7. 熟悉初高中化学教科书体系与特点。

8. 举例说明教科书的基本功能。

9. 通过实例说明教师应具有的教材观。

10. 具有课程资源意识，能够描述化学课程资源的类型，知道如何开发与利用化学课程资源。

练习与实践

一、真题再现

[注：本教材中的真题是指每年国家教师资格证考试中的"化学学科知识与教学能力（高中化学）"中的"化学学科教学能力"试题。每道题括号中的数字代表"年份-题号"，如（2016 下-12）指 2016 年下半年试卷第 12 题。]

（一）选择题

1.（2016 下-12）下列关于高中化学课程性质的叙述中，不正确的是（　　）。

A. 普通高中化学课程是与义务教育阶段化学课程相衔接的基础教育课程

B. 普通高中化学课程的主要任务是培养化学专业人才

C. 普通高中化学课程提供多样的、可供选择的课程模块

D. 普通高中化学课程要为学生的未来发展打下良好基础

2.（2015 上-1）为增强课程的适应性，我国当前基础教育课程实行的是（　　）。

A. 国家统一课程

B. 国家、地方、学校三级课程

C. 学校自主课程

D. 学科和活动课程

3.（2017 上-16）下面四位教师用各自的方法开始了高中化学第一课，其中最符合新课程理念的是（　　）。

---

❶　陈新峰. 新课程理念下化学课程资源的开发和利用［J］. 课程·教材·教法，2004，24（5）：62-65.

A. 强调必须学好化学才能考上大学，否则没有前途

B. 强调许多化学物质有腐蚀性或毒性，化学工业也有很多污染

C. 强调化学很重要，但化学是门很难学的学科

D. 强调化学很有趣，且人类社会的进步与发展离不开化学

4.（2016 上-12）下列有关中学化学教科书内容编排的表述正确的是（　　）。

A. 原子、分子等重要概念在教科书中必须要有明确定义

B. 教科书中的学习内容必须是达成一致的定论

C. 教科书中知识编排顺序要同课程标准中的"内容标准"保持一致

D. 教科书应适当加入符合学生认知发展水平的科普内容

（二）简答题

（2015 上-24）下面是某老师在"硫和含硫化合物的相互转化"一节课堂教学中设计的四个主要环节：

环节一：从常见的含硫矿物入手，引导学生走进硫的世界，并从不同角度对含硫物质进行分类。

环节二：从课本上的"交流与探讨"中含硫物质发生转化的化学方程式入手，让学生在老师事先设计好的"价-类"二维坐标图中填入相关物质，认识物质分类与硫元素化合物之间的联系。再通过实验探究，进一步完善"价-类"二维坐标图。

环节三：列举生活及生产中硫的转化实例，拓展自然界中硫的循环，通过学生的发言，让学生进一步体会到化学源于生活，服务于生活的理念。

环节四：展示精彩网络图，布置研究性作业。通过来源于学生生活的含硫元素及化合物的关系图，让学生构建一套有特色的生活中元素化合物相互转化的网络图。

结合上述材料谈谈你对"用教材教"和"教教材"的理解与看法。

（三）案例分析题

（2017 上-24）案例：

下面是三位化学教师关于"氧化铝和氢氧化铝的性质"课堂教学引入的情境设计。

教师 1：从铝元素在自然界中的存在——铝土矿的成分引入，展示工业上用铝土矿制备铝的工艺流程，从对工艺流程的步骤分析，引出氧化铝的两性。

教师 2：从日常饮食中油条制作曾用明矾和小苏打作发泡剂，引出氢氧化铝的性质。

教师 3：从提出问题"铝制炊具加热或与酸、碱、盐接触时铝元素是否会溶进食物"开始，让学生进行实验探究，引出氧化铝的生成和性质。

问题：

（1）"两性"是氧化铝和氢氧化铝的主要化学性质，请分别写出氧化铝和盐酸反应、氢氧化铝和氢氧化钠反应的离子方程式。

（2）请说明这三位教师课堂教学引入的情境设计所体现的课程理念和各自的特色。

二、思考与实践

1. 列表比较三种典型课程观的主要观点和优缺点；从教材中举出实例来说明教材编写是如何整合课程的三个决定因素的？

2. 利用思维导图形式描述 2017 版 2020 修订高中化学课标的结构，图中应包括课程

标准由哪些部分组成以及各部分的功能。

3. 列表比较 2017 版 2020 修订高中化学课标所规定的必修课程一级主题与人教版、苏教版及鲁科版三个版本目录标题的对应关系；通过教材中的实例说明教材是如何落实课程标准对"化学教材内容的选择"建议的？

4. 回看案例 2-8，分析说明该教学过程体现了教师怎样的"教材观"？

5. 以苏教版高中化学（必修）第一册为例，说明教材是如何"立足于立德树人的根本任务"的？

6. 研读苏教版高中化学（必修）第一册专题 3 第一单元氯气及氯的化合物，说明其是以哪些方式体现了"三序结合"？

7. 通过查阅文献具体说明化学学科中主要有哪些学科大概（观）念？

8. 查阅文献"基于真实情境的深度学习——以人教版九年级化学'溶液的形成'为例［J］. 化学教学，2020，12：35-40."。试以表格的形式列举该教师在教学过程中具体利用了哪些课程资源？教师的教学中体现了哪些课程理念？

第三章

化学教学目标及其科学研制

 学习准备

2017 版 2020 修订高中化学课标中涉及目标的有"课程目标""内容要求""学业要求""学业质量水平",请仔细研读课程标准中这些与"目标"相关的内容,思考这四种目标之间有何关系?

教学是课程实施的主要路径。如果把教学看作是教师带领学生一起探索未知知识的旅程,就需要解决以下四个基本问题:第一,学生走向哪里,即教学目标问题;第二,学生从哪里出发,即学生的学习起点问题;第三,学生如何到达那里,即教与学的载体及过程等问题;第四,怎样知道学生到达了那里,即教学评价问题。由此可见,教学目标是一切教学活动的出发点和归宿,它规定着教学活动的方向,是确定教学重难点、选择教学内容与教学方法、安排教学活动以及评价教学效果的主要依据。

第一节 认识化学教学目标

一、什么是化学教学目标

"教学"包括了教师的"教"与学生的"学",是教师与学生以课堂为主渠道的交往过程,是教师的"教"与学生的"学"相统一的活动。通过这个交往过程和活动,学生掌握一定的知识技能,形成一定的能力、态度和价值观,自身的素养获得一定的发展。化学教学目标即学生通过参与一定的化学教学活动后所要达到的预期的学习结果。在教学中,教学目标尤为重要,因为教学是一种有目的的理性活动,教师总是为了某一目标而教,从根本上来说，是为了帮助学生获得一定的发展。教师为学生确定"什么"目标，关系到选择什么样的内容、方法和路径等帮助学生达到目标。

📖 案例分析

【案例 3-1】　3 位教师对课题"氯及其化合物"的教学处理

以下是 3 位教师对课题"氯及其化合物"（人教版高中化学必修第一册）的教学处理。

【教师甲】 不设计教学目标，上课按照教材顺序，讲到哪里就到哪里。

【教师乙】 设计了以下教学目标：了解氯气的物理性质；掌握氯气的化学性质，会书写氯气与金属、非金属、水和碱等反应的化学方程式；了解氯气的主要用途。按此教学目标，教师主要采取讲授的方法进行课堂教学。

【教师丙】 设计了以下教学目标：能够描述氯气的物理性质；会根据氯原子的结构示意图推理氯气可能的化学性质，能利用实验进行验证、描述现象并书写相应的化学反应方程式；能够与同学合作设计实验探究氯水的可能成分；会书写利用氯气制备消毒液、漂白粉的化学方程式，会分析市售消毒液标签使用注意事项背后的化学原理，科学使用消毒剂。按此教学目标，教师主要采取探究的方法进行课堂教学。

试分析以上教学目标及相应的教学方法将会带来怎样不同的教学效果？你更倾向于哪一种教学处理方式？为什么？

二、化学教学目标的功能

教学目标在教学中具有举足轻重的作用，教师对教学目标的认识和处理方式不同，学生的学习结果必然不同，最终将影响学生化学学科核心素养的发展。化学教学目标具有如下功能。

（一）导向功能

没有教学目标，教学就是一种漫无目的的活动，课程标准所规定的学习要求、学生的学习效果得不到保障。明确的教学目标，使得教学活动有的放矢，指引着教师带领学生朝着既定的方向前进。

（二）指导功能

化学教学过程从某种意义上来说是创造性地实现教学目标的过程，因此，化学教学目标必然是组织和实施化学教学的重要依据，指导教学内容和教学方法的选择。教学目标不同，教师选择的教学内容和教学方法也会不同。如在案例 3-1 中，目标"会写氯气与水反应的化学方程式"与"能够与同学合作设计实验探究氯水的可能成分"，前者只需教师告诉学生结论，让学生通过反复练习即可达成；而后者需要将学生置于一定的真实问题情境下，通过小组合作探究才能达成，在此过程中，学生不仅能够学会书写氯气与水反应的化学方程式，而且还能学会一定的科学探究方法，以及与同学合作交流的能力。

（三）评价功能

教学目标是检测、评价教学效果的基本依据。一节课的教学效果如何，主要看教学目标是否达成以及达成的程度。

（四）反馈功能

当目标确定后，目标指引着教学、学习和评价；教学与学习皆为达成目标，评价则贯穿于教学和学习过程中，采用各种正式或非正式的评价方法收集关于学生理解与表现的证据，这些证据被用来确定学习者达到目标的程度如何、需要作出什么调整、还需要哪些努力等，从而及时地反馈到教学中，改进教学。

 信息链接

教学：引起、维持与促进学生学习（学）的所有行为。

学习：学习者因经验而引起的行为、能力或心理倾向的比较持久的变化。

评价：以教学目标为依据，运用可操作的科学手段，通过系统地收集有关教学的信息，对教学活动的过程和结果作出价值上的判断，并为被评价者的自我完善和有关部门的科学决策提供依据的过程。

"教、学、评"一体化：教学、学习与评价不仅具有教学目标上的一致性关系，而且是三位一体的关系，即评价持续地镶嵌在教学与学习的过程之中，为教学目标的达成和教学策略的改进提供证据❶。

三、化学教学目标与课程目标的关系

与教学目标相关的概念有教育目的、培养目标、课程目标和教学目标等，如表 3-1 所示，这些目的（目标）由上至下，是教育关于人的素质发展要求不断具体化的过程。

表 3-1 教学目标及其相关概念的内涵

概念	内涵	制定者	举例
教育目的	培养人的总目标	政府/国家	立德树人,培养德智体美劳全面发展的社会主义建设者和接班人
培养目标	不同性质或不同阶段的教育所提出的培养要求	教育部	高中教育培养目标:进一步提升学生综合素质,着力发展核心素养,使学生具有理想信念和社会责任感,具有科学文化素养和终身学习能力,具有自主发展能力和沟通合作能力
课程目标	某一学科在某一具体学段课程设置所要达到的结果	课程/学科专家	高中化学课程目标:具有宏微辨识与微观探析、变化观念与平衡思想、证据推理与模型认知、科学探究与创新意识、科学态度与社会责任等化学学科核心素养
教学目标	学生经历一定时段的具体教学活动后达到的预期结果	教师	课题"原子结构模型的演变"教学目标:(1)能够说出原子模型的发展历程,说明模型所具有的描述、解释和预测等作用;(2)能够根据化学史实验事实证据,推理旧原子模型的不足,构建、评价新的模型,从而具有证据意识、发展模型认知能力

现阶段，在"立德树人"总目的下，普通高中化学教育以发展学生的化学学科核心素养为课程目标。课程目标是教学目标的上位概念，教学目标是课程目标的进一步具体化，

---

❶ 杨玉琴."教、学、评一体化"下的目标设计与达成——基于 2017 版课标附录案例的批判性思考［J］. 化学教学，2020（9）：3-9.

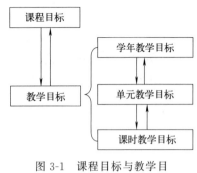

图 3-1 课程目标与教学目标的层级关系

是指导、实施和评价教学的基本依据。根据涵盖范围的不同，教学目标可以分为学年（学期）教学目标、单元（专题）教学目标以及课时（题）教学目标（图3-1）。课程目标的实现并非一朝一夕，需要经历持续建构和螺旋上升，通过若干课时以至单元教学目标的累积实现才能达成。在教学目标设计时，需要把握课时或单元教学目标与学科核心素养课程目标之间的逻辑关系。这并不意味着每节课或每个单元的教学目标中都要有学科核心素养目标，而是每节课或每个单元教学目标的制订都应"胸中有丘壑"，保持与发展学科核心素养方向上的一致性，使得每节课或每个单元的教学都成为学生达成学科核心素养课程目标的阶梯❶。

在目标体系中，课时（题）教学目标最为下位和具体，与教师的日常教学工作关系最为密切，也是本章重点讨论的对象。

课程标准中的"内容要求"是学科核心素养形成的载体。"学业质量水平"是学生在完成本学科课程学习后的学业成就表现，以本学科核心素养及其水平为主要维度，结合课程内容，刻画学生学业成就表现。化学学业质量水平划分为4级，在每一级水平的描述中均包含化学学科核心素养的5个方面。学业质量水平是考试与评价的重要依据，水平2是化学学业水平合格性考试的命题依据，水平4是化学学业水平等级性考试的命题依据。"学业要求"是依据学业质量标准的水平和内容要求编写的，是学科核心素养和学业质量标准在课程内容主题层面的具体化，集中体现了该主题的素养能力表现要求，可以帮助教师更好地把握主题教学目标，落实"教、学、评"一体化。课程目标与内容要求、学业要求以及学业质量水平的关系如图3-2所示。

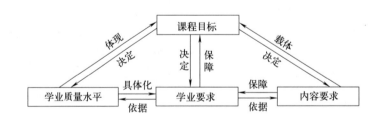

图 3-2 课程标准中各类目标要求之间的关系

课堂实践

查阅2017版2020修订高中化学课标中课题"氯及其化合物"的相关内容要求和学业要求，再回看案例3-1，哪位老师的教学目标设计更符合课程标准要求？

---

❶ 杨玉琴，倪娟. 学科核心素养视域下的教学目标：科学研制与准确表达［J］. 化学教学，2019（3）：1-7.

第二节　化学教学目标的科学研制

交流讨论

> 当你拿到一个课题，如"氧化还原反应"（高中化学必修）时，你会怎样确定该课题的教学目标呢？

课程标准是教学和评价的依据，所以教学目标的研制必须依据课程标准相关要求，还需参考教科书内容，依据学生的实际情况以及学校教学资源条件而定。

一、研读课程标准相关要求

课程标准是对学生在经过某一学段之后的学习结果的行为描述，是国家制定的某一学段的共同的、统一的基本要求。所以，教学目标制订的直接依据就是课程标准的相关要求。在对某一课题进行教学时，首先要研读课程标准，找到该课题相应的"内容要求"和"学业要求"。表3-2为"氧化还原反应"课题的课标要求。

表3-2　2017版2020修订高中化学课标必修课程主题2中"氧化还原反应"学习要求

课题	内容要求	学业要求
氧化还原反应	**2.1　元素与物质**　认识元素在物质中可以具有不同价态，可通过氧化还原反应实现含有不同价态同种元素的物质的相互转化。 **2.2　氧化还原反应**　认识有化合价变化的反应是氧化还原反应，了解氧化还原反应的本质是电子的转移，知道常见的氧化剂和还原剂。 **2.6　物质性质及物质转化的价值**　了解通过化学反应可以探索物质性质、实现物质转化	1. 能依据元素价态列举某种元素的典型代表物，能利用氧化还原反应概念对常见的反应进行分类和分析说明； 2. 能从元素价态的角度，依据氧化还原反应原理，预测物质的化学性质和变化，设计实验进行初步验证，并能分析、解释有关实验现象

由表3-2可见，课程标准对某一个课题的学习目标从"内容要求"和"学业要求"两个角度进行描述。"内容要求"侧重于描述"学什么"以及"学到什么程度"，每个主题内容要求的第一条是该主题的大概念，突出具有统摄性的核心观念，中间若干条是该主题的重要概念及核心知识，最后一条通常是该主题的STSE应用内容。"学业要求"侧重于描述"学生学习后能做什么"，即该主题的素养能力表现要求。首先是用动词表达学生应该能做什么，即完成哪些学科能力任务，如回忆、辨识、比较、概括、说明、分析、预测、设计、探究等。其次是说明素养的水平要求，如"能利用典型代表物的性质和反应，设计常见物质制备、分离、提纯、检验等简单任务的方案""能从物质类别和元素价态变化的视角说明物质的转化路径""能根据物质的性质分析实验室、生产、生活及环境中的某些常见问题，说明妥善保存、合理使用化学品的常见方法"等。这些要求是核心素养和学业质量水平在该主题层面的具体化。

课程标准对某一具体学习课题的描述，会从多个角度在多个条目中予以说明。如对"氯及其化合物"的学习要求分别在"主题2：常见的无机物及其应用"的内容要求条目

2.1、2.5 和 2.6 中以及学业要求条目 1～6 中都有相关体现。这就需要我们仔细阅读课程标准，找出与所教课题的相关要求，为科学制订教学目标奠定基础。

 **信息链接**

STSE 概念

STSE 是英文科学（science）、技术（technology）、社会（society）和环境（environ-ment）的缩写。课程中加入 STSE 内容旨在使学生理解科学、技术、社会以及将影响他们个人的生活、职业和未来的环境之间的相互作用。STSE 教育主张"综合地看待科学、技术、社会与环境相互影响的问题，正确认识科学与技术的区别和联系，认识科学技术的社会化问题，合理协调科学、技术、社会、环境之间的关系，使科学、技术、社会、环境四者协调发展。

二、研究教科书内容

教科书是将课程标准内容要求具体化、系统化、逻辑化的材料，是使学生达到课程标准所规定的学业质量要求的主要内容载体。化学教师研制教学目标需要在了解课程标准相关要求的基础上，分析教材的编排内容及逻辑关系，认识其在整个教材体系中的地位和作用，整体构建教学单元，并思考如下问题：为什么要教这些内容？通过这些内容的学习，学生应该获得什么发展？特别是要挖掘具体内容背后的学科观念、方法、情感态度、价值观等对学生学科核心素养发展更具潜在价值的内容，来设计单元目标，再把单元目标有机分解到每个课时中。通过每个课时、每个单元教学目标的逐步落实、持续建构、螺旋上升，最终实现学科核心素养课程目标。

通过第二章案例 2-7 我们已发现，不同版本教材对"氧化还原反应"这一内容的编排方式并不相同，而"氧化还原反应"内容的教学价值不仅是要让学生认识氧化还原反应、会书写化学方程式等，更重要的是让学生能从元素价态变化角度认识物质性质及其转化的路径并理解这种转化的价值，为更好地学习元素化合物知识提供理论指导，并且通过预测性质、设计实验、收集证据、获得结论的过程培养学生科学探究、证据推理等素养。因此，可以用学科大概念"研究物质及其变化的氧化还原视角"统整该单元，并将该单元划分为具有内在逻辑关系的 3 个课时（图 3-3）：第 1 课时是化学反应角度，第 2 课时从对化学反应的认识转到对反应中物质及其性质的认识，第 3 课时则是如何利用物质的氧化性、还原性及反应。3 个课时围绕学科核心素养课程目标层层递进，逐步深入。

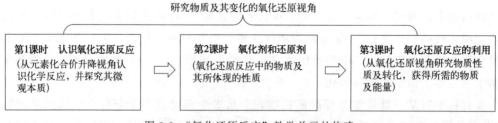

图 3-3　"氧化还原反应"教学单元的构建

三、分析学生的学习起点

维果茨基（Lev Vygotsky）的"最近发展区"理论指出，教学必须考虑两种发展水平：一是学生现有发展水平，即在教学之前他们能够做什么？这就是学生的学习起点；二是学生在教师指导帮助下经过努力可以达到的发展水平，即在教学之后他们应该能做什么？应该有什么变化？这两者之间的距离就是"最近发展区"。教师根据课程目标及与特定课程内容相关的具体要求来确定学生在现实水平基础上经过教学可能达到的水平，即教学目标。因此，教学目标的确定，需要分析学生从现有水平起跳能"跳多高"。目标定得太高，学生达不到；定得太低，可能既不符合课程标准要求，也限制了学生的发展。

学生学习的起点包括其已有知识经验、能力态度等。如学生在高中必修阶段开始学习"氧化还原反应"时，已具备的相关知识有"初中所有的氧化反应（如燃烧等）、还原反应（如一氧化碳还原氧化铁等）；氧气具有氧化性，碳、一氧化碳等物质具有还原性"，生活经验有"维生素 C 具有抗氧化作用"等，而且学生通过初中化学的学习也具有了初步的科学探究能力。在此基础上，可以确定本单元及课时的目标如表 3-3 所示。

表 3-3　氧化还原反应单元目标及课时目标

单元目标	课时目标
建立研究物质氧化性和还原性的思路和方法：能够从元素化合价变化和电子转移视角分析、判断氧化还原反应；会根据元素化合价预测并设计实验验证物质的性质和转化；能够举出实例说明氧化还原反应的应用价值	**课时 1**：1.1 能够分析初中常见的氧化还原反应中元素化合价的变化，会根据元素化合价的变化判断是否是氧化还原反应；1.2 会从电子转移角度分析化合价升降的实质；1.3 会用符号表示简单氧化还原反应中元素化合价的升降及电子的转移
	课时 2：2.1 会分析氧化还原反应中的氧化剂、还原剂及其对应的还原性和氧化性，举例说明常见的氧化剂和还原剂；2.2 能够根据某物质中核心元素的化合价预测其可能的化学性质及转化，并能设计实验进行验证，分析和解释有关实验现象
	课时 3：3.1 能够用图示的方法表达研究物质还原性或氧化性的一般思路或方法；3.2 会举例说明利用氧化还原反应可以实现物质的转化以及能量的转化，为人类造福

交流讨论

表 3-3 所示课时 1 教学目标 1.1 中，为什么是"能够分析'**初中常见**的氧化还原反应'中元素化合价的变化"？教学目标 1.3 中，为什么是"会用符号表示'**简单氧化还原反应**'中元素化合价的升降及电子的转移"？

课时 3 教学目标 3.1 的达成对学生后续学习具有什么作用？教学目标 3.2 设计的依据是什么？

另外，教学目标的设计还需要依据学校教学资源的情况，如表 3-3 课时 2 教学目标 2.2 的目标设计就要考虑到学校是否有足够的实验试剂、仪器等支持学生分组进行探究实验，否则目标也会悬置。

四、关注学科大概念目标

2017 版 2020 修订高中化学课标修订的内容和变化之一是"进一步精选了学科内容，重视以学科大概念为核心，使课程内容结构化，以主题为引领，使课程内容情境化，促进学科核心素养的落实"。基于大概念统领的化学课程内容体系，要求教师深刻认识每一课程内容学习主题的素养功能和价值，系统设计单元化学教学目标，全面体现化学课程核心素养。

　　所谓大概念是指反映学科本质，具有高度的概括性、统摄性、广泛解释力和迁移应用价值的思想和观念。

（一）义务教育化学课程大概念

　　2020 年初中化学课标将"化学观念"作为课程核心素养之一，将化学观念界定为"是人类探索物质组成与结构、性质与应用、化学反应及其规律所形成的基本观念，是化学概念、原理和规律的提炼和升华，是认识物质及其变化，以及解决实际问题的基础。"主要包括：物质是由元素组成的；物质具有多样性，可以分为不同的类别；物质是由分子、原子构成的，物质结构决定性质，物质性质决定用途；化学变化有新物质生成，其本质是原子的重新组合，且伴随着能量变化，并遵循一定的规律；在一定条件下通过化学反应可以实现物质转化。

　　义务教育化学课程内容设计了五个一级学习主题，分别是"科学探究与化学实验""物质的性质与应用""物质的组成与结构""物质的化学变化"和"化学与社会·跨学科实践"。这五个学习主题对大概念进行了显性化呈现。组成与结构、性质和变化，是反映化学学科本体论意义上的大概念；科学探究与实践是体现化学学科认识论与方法论意义上的大概念；化学与技术、社会、环境的相互作用，是凝练了化学学科价值论意义上的大概念❶。

（二）高中化学学科大概念

　　2017 版 2020 年修订高中化学课标中必修课程每个主题的学习内容都对大概念提出了明确要求。

　　"主题 1：化学科学与实验探究"明确提出学生应建立科学探究的大概念（核心观念），包括以下三方面的核心认识：①认识科学探究是进行科学解释和发现、创造和应用的科学实践活动；②了解科学探究过程包括提出问题和假设、设计方案、实施实验、获取证据、分析解释或建构模型、形成结论及交流评价等核心要素；③理解从问题和假设出发确定研究目的、依据研究目的设计方案、基于证据进行分析和推理等对于科学探究的重要性。

　　"主题 2：常见的无机物及其应用"，对于无机化合物主题，其主题大概念为"元素观"，其内涵包括：认识元素可以组成不同种类的物质，根据物质的组成和性质可以对物质进行分类；同类物质具有相似的性质，一定条件下各类物质可以相互转化；认识元素在物质中可以具有不同价态，可通过氧化还原反应实现含有不同价态同种元素的物质的相互转化。这些内涵可以简洁概括为基于价类二维的元素观。这是必修阶段学生需要形成和发展的核心认识方式，是宏观辨识与微观探析、变化观念与平衡思想、证据推理与模型认知、科学探究与创新意识、科学精神与社会责任等学科核心素养得到发展的重要标志。

　　"主题 3：物质结构基础与化学反应规律"本身就是化学学科重要的大概念。该主题基于元素周期律（表）发展学生证据推理与模型认知的核心素养，基于化学键概念发展学生宏观辨识与微观探析的核心素养，基于化学反应规律发展学生的变化观念与平衡思想。

　　"主题 4：简单的有机化合物及其应用"通过"官能团"概念进一步强化"结构决定

性质"的学科大概念。

"主题5：化学与社会发展"要求学生形成和发展 STSE 大概念（核心观念），包括：认识化学科学与技术的不断创新和发展是解决人类社会发展中遇到的问题、实现可持续发展的有效途径。树立"绿色化学"的观念；建立依据物质性质分析健康问题的意识；了解依据物质性质及其变化综合利用资源和能源的方法。认识化学对于构建清洁低碳、安全高效的能源体系所能发挥的作用；依据物质的性质及其变化认识环境污染的成因、主要危害及其防治措施，以酸雨的防治和废水处理为例，体会化学对环境保护的作用；树立化学应用的安全与规则意识等。

（三）作为目标"中介"的学科观念

学科观念是一个横向延展、纵向深入的多层次多维度的复合概念。学科核心素养的形成与发展基于学科知识到学科结构、本质、方法及科学精神、态度和价值等，即学科观念的持续建构和转化。在达成学科核心素养目标中起"中介"作用的学科观念需以具有内在逻辑关联的单元为教学基本单位，深入挖掘隐在显性学科知识背后的对发展学生的学科核心素养更富"营养"价值的学科本质、方法、价值等来设计单元目标，再把单元目标有机分解到每个课时中。通过每个课时、每个单元教学目标的逐步落实、持续建构、螺旋上升最终实现学科核心素养目标的达成。学科核心素养目标达成逻辑如图 3-4 所示。

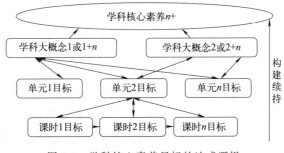

图 3-4 学科核心素养目标的达成逻辑

例如，在必修阶段，促进"宏观辨识与微观探析"素养发展的大概念包括价类二维元素观、基于电离和离子的微粒观、基于化学键的微粒作用观等。价类二维元素观的发展内涵又包括：认识元素可以组成不同种类的物质，根据物质的组成和性质可对物质进行分类；同类物质具有相似的性质，一定条件下各类物质可以相互转化；认识元素在物质中可以具有不同价态，可通过氧化还原反应实现含有不同价态同种元素的物质的相互转化等，这些观念需要经由"氧化还原反应"单元教学及"氯、硫、氮、钠、铁等元素及其化合物"等单元教学的持续建构而形成。当然，在"元素及其化合物"教学单元中，建构的不仅是元素观，还包括变化观及与"科学探究与创新意识""证据推理与模型认知"相关的方法类观念及与"科学态度与社会责任"相关的价值类观念等，所以在图 3-4 中用"＋n"或"n＋"表示。再如，"变化观念与平衡思想"素养所含的大概念包括氧化还原反应、离子反应、化学反应与能量转化、化学反应限度和快慢等。必修阶段"化学反应的限度"单元重点初步构建化学反应的"平衡观"，选择性必修阶段则"从条件对化学反应速率和平衡的影响角度，认识二者的综合调控在生产、生活和科学研究中的重要作用"，从而深化"平衡观"、彰显学科价值❶。

第三节 化学教学目标的准确表述

📖 案例分析

【案例 3-2】"氯气的性质"教学目标❷

① 创设真实问题情境，通过实验探究研究氯气的物理性质和化学性质，培育学生的实验探究和证据推理素养，培育创新意识和实践应用能力；

② 能运用氧化还原反应、离子反应的观点解释氯气的某些化学性质，能运用化学语言进行正确表述，培育学生的微观探析、模型认知和变化观念的素养；

③ 通过了解氯气的广泛应用，体会化学与生产、生活、环境等之间的关系，培育学生的科学态度和社会责任感；

④ 通过氯气性质和用途的学习，体会和初步了解研究物质性质的基本思路和主要方法，强化实验探究对化学学习的重要意义。

以上是一位中学老师设计的"氯气的性质"的教学目标，请分析：

① 该教学目标设计的可取之处在哪里？

② 与案例 3-1 教师丙设计的教学目标相比，两者相同之处和不同之处在哪里？

③ 分析案例 3-1 教师丙以及表 3-3 中教学目标的表述，你能否归纳出表述教学目标的一般方法？

查阅课程标准相关要求可知，案例 3-2 教学目标符合课程标准"结合真实情境中的应用实例或实验探究，了解氯及其重要化合物的主要性质，认识这些物质在生产中的应用""结合实例认识非金属及其化合物多样性""认识元素在物质中可以具有不同价态，可通过氧化还原反应实现含有不同价态同种元素的物质的相互转化"等内容要求，并且，重视"研究物质的基本思路和方法"以及学科核心素养的培养。但也可看出案例 3-2 所涉及的学科素养目标偏多、偏大，如"培育学生的实验探究和证据推理素养，培育创新意识和实践应用能力""培育学生的微观探析、模型认知和变化观念的素养""培育学生的科学态度和社会责任感"等，这在一节课中难以实现。据前所述，在目标体系中学科核心素养属于课程目标，课程目标的实现并非一朝一夕，需要经历持续建构和螺旋上升，通过若干课时、单元教学目标的累积实现才能达成。因此，在设计教学目标时，不宜将课程目标直接下移到课时教学目标、将教学目标与学科核心素养的 5 个维度进行简单对应，更无需囊括所有的学科核心素养。相比较而言，案例 3-1 教师丙所表达的教学目标则比较具体并聚焦于课题本身，虽然没有宏大的"学科素养"，但可以看出像"会根据氯原子的结构示意图

❶ 杨玉琴，王彦卿. 化学学科核心素养的发展机制及教学逻辑［J］. 化学教学，2021（6）；3～9，15.

❷ 胡先锦. 基于"问题解决"的高中化学教学设计与实践——以"氯气的性质"一课为例［J］. 化学教学，2018（4）；31-35.

推理氯气可能的化学性质，能利用实验进行验证、描述现象并书写相应的化学反应方程式"是指向"科学探究""宏观辨识与微观探析"素养的；"会分析市售消毒液标签使用注意事项背后的化学原理，科学使用消毒剂"等是能够体现学科价值和科学态度与社会责任的。另外，教学目标是学生通过一定的化学教学活动后所要达到的预期的学习结果，因此，表达时的主语是一般是"学生"，在不影响理解时可省略。案例 3-2 中，如"能运用氧化还原反应、离子反应的观点解释氯气的某些化学性质"主语显然是学生，但"培育学生的微观探析、模型认知和变化观念的素养"主语又是教师，存在着主语混乱的情况。

教学目标设计时，在对课题的课程标准及相关要求、教科书内容以及学生的学习起点进行科学分析后，还需要根据教学目标的内涵要求进行精细化加工，凝练出全面、准确、可实现的教学目标，并将之规范表达出来。

一、精选目标，整合表述

无论是实验版高中化学课标的"三维目标"还是 2017 版 2020 修订高中化学课标的"学科核心素养"，课程标准在对课程目标表述时，为了便于理解和把握，采取的是分析的方式（即把整体分解成部分进行阐述），如分为"知识与技能、过程与方法以及情感态度价值观"三个维度或"五大学科核心素养"。但无论是在教学过程中，还是落到学生身上，它们都是不可分割的互相作用的有机整体，共同促成学生全面和谐的发展。

因此，在教学目标设计时，一方面需要防止割裂"五大学科核心素养"内在联系的机械设计，需要进行整合且具体化的表述，应该是核心知识、关键能力、必备品格和正确价值观的综合体。如表 3-3 中，既有"会根据元素化合价的变化判断是否是氧化还原反应""会用符号表示简单氧化还原反应中元素化合价的升降及电子的转移"等知识技能内容，又有"能够根据某物质中核心元素的化合价预测其可能的化学性质及转化，并能设计实验进行验证，分析和解释有关实验现象"等探究方法内容，还有"会举例说明利用氧化还原反应可以实现物质的转化以及能量的转化，为人类造福"等科学态度和社会责任内容。

另一方面还要警惕企图素养目标面面俱到，导致教学目标虚设。有限的课堂教学所承载的学习是有限的，当一节课目标太多时，可能已经失去了方向。所以需要精选目标，重点突出，使得教学过程有的放矢，如案例 3-1 教师丙侧重于学生科学探究、社会责任等的培育。需要注意的是，教学目标表述时并不宜直接采用核心素养术语，因为学科核心素养是课程目标，具有概括性和抽象性，并不能够在某一节课或某个单元中落实。宜采用更下位的、具体化的表达，如"能够用图示的方法表达研究物质还原性或氧化性的一般思路或方法""会举例说明利用氧化还原反应可以实现物质的转化以及能量的转化，为人类造福"等，准确表述了通过本节课学生的"应知""应会"，也体现了"科学探究""社会责任"等学科核心素养在具体课堂中的渗透。

二、把握内涵，规范表达

对于如何规范表达教学目标并没有统一的标准，但普遍认同作为"学生学习之结果的"教学目标的表述，应具有"行为""达成""可检测"的性质。即课堂教学目标是可观察到的、通过教学过程能够实现的、教学结束以后可以检测的，因此，它的表述只能借助于"可观察、可测评"的行为动词，即使是情意领域的教学目标，也要尽可能地用行为描述的方式呈现出来。如此，才能保证"教、学、评"的一致性。

教学目标对结果的预期内容是"学生行为的变化"，即学生通过学习后"会什么、能做什么"。这意味着：首先，教学目标的描述主体应该是学生（实际表述时可以约定俗成地省略）。其次，区分教学活动（方法）与目标。在教学目标的描述中，常常出现的问题是"有些教育人士有将结果和手段相混淆的倾向"，教学手段或方法是对如何达到目标的描述，并非目标本身。再次，目标描述所用的行为动词应该可观察和测量，便于后续的评价行为。若单靠行为动词无法将目标清晰地表达出来，可附加诸如情景、工具、时间或空间等限制条件。布卢姆教育目标分类学建议采用"学生能够或学会＋行为动词＋名词"的表述方式，行为动词指认知过程，名词是行为的对象或结果❶。

📖 案例分析

【案例 3-3】"二氧化硫的性质"教学目标❷

（1）知识与技能

通过观察和实验探究，了解二氧化硫的物理性质，掌握其化学性质；通过二氧化硫与水的反应，认识可逆反应，理解可逆反应的实质。

（2）过程与方法

通过探究二氧化硫的氧化性、还原性及漂白性等化学性质，提高观察能力、科学探究能力和合作交流能力，体验科学探究的过程和乐趣。

（3）情感态度与价值观

通过小组交流、讨论，认识二氧化硫在生产中的应用和对生态环境、食品安全的影响，体会化学与人类生活的密切关系，增强环保意识。

试分析上述教学目标表达存在哪些优缺点。

上述教学目标陈述的优点是能够把学生作为主语（省略），较为全面，重视知识、能力和态度等目标。但存在如下问题：①教学目标割裂了作为整体的三维目标；②采取的陈述句式是"通过什么活动，得到什么结果"，将教学活动作为目标的一部分；③所用的动词"了解""理解""掌握""认识""体验""提高""增强"等并非具体可测的"行为"动词。例如"掌握化学性质"并不是具体行为，若改为"能够描述二氧化硫的化学性质并能书写相应的化学方程式"，则可观察可测量；"提高观察能力""体验科学探究的过程和乐趣""增强环保意识"皆较为笼统抽象，但若分别改为"能够描述二氧化硫与其他物质反应时的实验现象并分析原因""能够设计绿色化实验探究二氧化硫的化学性质""能够与别人交流 SO_2 在生产生活中的应用以及可能带来的环境问题，并能提出防治的方法"，则清晰、具体、可观察且可测量❸。

---

❶　Anderson L W. 学习、教学和评估的分类学——布卢姆教育目标分类学修订版（简缩本）［M］．皮连生，译．上海：华东师范大学出版社，2008；1，14．

❷　朱楠，靳建华．探究"二氧化硫的性质"教学设计［J］．化学教育，2016，37（17）；35-38．

❸　杨玉琴，倪娟．学科核心素养视域下的教学目标：科学研制与准确表达［J］．化学教学，2019（3）；1-7．

知识拓展

教育目标的分类

国内外有许多教育目标分类的尝试，其中影响较大、应用广泛的是布卢姆等的教育目标分类学，将目标领域分为"认知性学习目标""技能性学习目标"以及"情感性（体验性）学习目标"，并将各领域划分为不同的水平层次，对应不同的行为动词（表3-4）。

表 3-4 描述各领域各层次教学目标的行为动词

领域	层次	行为动词举例
认知性学习目标	记忆	认出、识别、说出、写出、画出、复述、描述
	理解	解释、举例、比较、归纳、预测、分类、说明
	应用	计算、制作、解答、证明、推导、解决、检验、实施
	分析	分析、区别、组织、联系、归因
	评价	评价、优选、说明优劣
	创造	设计、创作、计划
技能性学习目标	模仿	模仿、重复、尝试
	独立操作	完成、运用、熟练操作、规范操作、熟练使用
	迁移运用	设计、制作产品、拓展、扩展
情感性（体验性）学习目标	体验感受	感受、经历、尝试、体验、参与、交流、讨论、合作、参观
	反应认同	认同、体会、认识、关注、遵守、赞赏、重视、珍惜
	领悟内化	形成、养成、具有、树立、建立、保持、发展、增强

三、权衡目标，把握重难点

一个课题（时）的教学目标往往有多条，这些条目的重要程度以及学习难度是不同的，为在教学中恰当地"突出重点、突破难点"，就需要对教学目标进行分析和权衡，以确定教学重点和难点。

所谓教学重点，是教学内容中最重要的基础知识、基本原理、基本技能或基本方法，也是教学内容的核心，在教学中往往需要用较多的时间来学习；教学难点则是指教学内容中比较抽象或理论性较强或比较复杂，学生不易理解的内容或对学生的学习能力要求较高，但这些内容恰恰又是学习以后知识的基础，在教学中往往需要采取恰当的方法去化解。

教学重点可能是教学难点，也可能不是教学难点。如在"氯气的性质"学习中，"氯气的化学性质"是本节的核心内容即教学重点，其中"氯水成分的探究"对学生的能力要求较高，则确定为教学难点，两者有重合但不是重复关系；再如，在"化学能转化电能"的教学中，"原电池的工作原理"既是教学重点，也是教学难点。

最后要说明的是，教学目标是教师课前的预设，也可以说是教学效益的底线，并非教学结果的全部。真正的教学结果一定大于教学目标，是预设的目标加上生成的目标、显性的目标加上隐性的结果。尽管在教学过程中，教师必须充分发挥教学机智，利用生成性课程资源，实现非预期的教学目标。但教学设计所关注的重点应该是预期的学习结果，也是教学效益中可评价的部分，而非生成性目标。否则，教学有可能走向"无目标"的误区。

对标整理

学完本单元，你应该能够：

1. 描述化学教学目标的定义、作用。

2. 理解各层级目标之间的关系，尤其是教学目标与课程目标的关系。

3. 知道课程标准中各类目标的涵义和关系。

4. 列举初、高中化学课程中学科大概念。

5. 了解学习目标的三个领域及描述各领域各层次教学目标的行为动词。

6. 会科学研制并规范表达教学目标。

练习与实践

一、真题再现

（一）选择题

1. （2014 下-10）各层次教育目标制订的先后顺序应为（　　）。

A. 课程目标→培养目标→教学目标　　　B. 教学目标→培养目标→课程目标

C. 培养目标→课程目标→教学目标　　　D. 教学目标→课程目标→培养目标

2. （2016 下-13）常见的学习目标可分为认知性学习目标、技能性学习目标和体验性学习目标。下列表述中，属于"体验性学习目标"的是（　　）。

A. 初步学会溶液配制实验技能　　　B. 能利用物质的量进行简单化学计算

C. 知道元素、核素的含义　　　　　D. 赞赏化学对社会发展的重要作用

3. （2018 下-12）下列属于描述体验性学习目标的行为动词是（　　）。

A. 知道　　　　　　　　　　　B. 认同

C. 测量　　　　　　　　　　　D. 理解

（二）简答题

（2016 上-21）阅读下面材料，回答有关问题：

新课程改革以来，针对原有化学课程与教学存在的问题，许多专家学者都提出中学化学的教学要由"知识为本"的教学转向"观念为本"的教学。

化学基本观念是个体在系统学习化学课程的基础上所形成的对化学的总体看法和概括性认识，具有超越知识的持久价值和广泛的迁移作用。在学校教学中，化学基本观念主要来自三个方面：一是来自学生对化学学科知识的反思概括，例如元素观；二是来自学生对化学探究过程、学习方法的反思，例如分类观；三是来自学生对化学科学在社会生活中的价值的认识与反思。

综合上述材料，回答下列问题：

（1）在中学学段学生应该形成哪些化学基本观念？（至少写出三种，已给的两种除外）

（2）简述"分类观"的含义，并举例说明在教学中应如何帮助学生形成分类观。

二、思考与实践

（一）请画出科学研制化学教学目标的思路图。

（二）重新设计案例 3-3 的教学目标。

（三）案例分析题

以下是某位老师设计的课题"水的组成"（人教版九年级化学上册）的教学目标：

（1）通过氢气燃烧，知道水的组成，突出符号的宏观与微观意义；

（2）结合资料，从人类认识水的组成的过程中体会科学探究和思维的方法，认识实验探究和创新思维的重要性；

（3）通过探究、合作学习等活动，使学生学会自主学习、自主解决实际问题；

（4）了解人类认识物质世界的过程和方法，培养学生科学探究的精神。

请分析该教学目标设计中的存在问题，并帮助这位老师修改教学目标。

（四）请从以下 4 个课题中至少选择 2 个课题进行教学目标的设计。

1. 溶液的形成（人教版九年级化学下册）

2. 金属的化学性质（人教版九年级化学下册）

3. 化学键（苏教版高中化学必修第一册）

4. 氨气（苏教版高中化学必修第二册）

第四章

化学学习特征与方式

 学习准备

请查阅 2017 版 2020 修订高中化学课标、 2022 版初中化学课标中每个主题 "教学提示" 部分的 "学习活动建议"，并思考：课程标准建议这些 "学习活动" 的目的是什么？这些学习活动大概可以分为哪些类型？

在上一章的学习中，我们重点解决了化学教学的首要问题即 "教学目标" 问题。在制订目标时，需要同时考虑学习起点，以将目标定在学生的 "最近发展区" 内。当目标确定后，我们就要解决如何到达那里的问题，也就是教师 "如何教" 以及学生 "如何学" 的问题。"教学" 是教师与学生以课堂为主渠道的交往过程，是教师的 "教" 与学生的 "学" 的统一活动，让学生学会学习、获得发展是教学的根本目的。我国教育家陶行知先生认为，"教的法子必须依据学的法子。先生的责任不在教，而在教学生学。" 只有按照学的规律去教，才能搞好 "教"；只有学生学好了，"教" 才能完成自己的任务，实现既定的目标。因此，懂得化学学习的特征、规律与方法等对于化学教师尤为重要。

第一节　化学学习的特征

 交流讨论

回顾自己从初中开始学习化学至今，你所学的化学学习内容包括哪些？与其他学科相比，有哪些特别之处？你用了哪些化学学习方法？哪些方法是特别有效的？

　　化学学习是在特定环境下引起特定行为变化的一种学习，既符合教育心理学的一般规律，又有其自身的特点和规律。化学学习内容非常丰富，不同类型的内容学习特征和规律也有所不同。

一、化学学习内容分类

　　20 世纪 70 年代，美国教育心理学家加涅（R. M. Gagne）根据学习所获得的结果类型不同，将学习分为言语信息学习、智力技能学习、认知策略学习、态度学习和运动技能学习五类。美国教育心理学家布卢姆（B. S. Bloom）将学习分为认知学习、技能学习和态度情感学习三个领域。信息加工心理学根据知识在头脑中的表征方式，将知识分为陈述性知识（回答"是什么"）和程序性知识（回答"怎么做"）。综合以上分类学说，根据化学学科的特点，可将化学学习内容进行如图 4-1 所示的分类。

化学学习内容

认知领域
- 元素化合物：金属与非金属及其化合物
- 化学概念原理：物质结构、化学平衡等
- 化学符号：元素符号、化学方程式等
- 认知策略：认知思路、解题策略等

技能领域
- 动作技能
  - 实验基本操作技能
  - 仪器、试剂的使用技能
  - 模型组装和使用技能等
- 心智技能
  - 化学计算技能
  - 化学用语技能
  - 观察能力
  - 实验能力
  - 化学问题解决能力等

态度观念领域
- 物质观：元素、微粒、变化、守恒等
- 方法观：分类、计量、实验、探究等
- 价值观：自然、环境、社会、发展等

图 4-1　化学学习内容分类

　　在实际的化学学习过程中，上述三个领域的学习是密切联系着的，很难把它们截然地区分。例如，在认知领域元素化合物知识的学习过程中，也必然伴随着技能领域的学习，如通过化学实验、观察、化学符号等获取物质性质知识的同时，还能形成元素观、化学与社会可持续发展观等；在技能领域、态度观念领域的化学学习中也必然包括化学认知领域的学习。

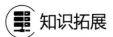 **知识拓展**

信息加工心理学的知识分类

　　信息加工心理学家把人类习得的知识分为两类：一类为陈述性知识（declarative knowledge），另一类为程序性知识（procedural knowledge）。陈述性知识回答"是什么"的问题，如"物质是怎么组成的？"化学学习中的陈述性知识主要有元素化合物、化学概念原理和化学符号等知识；程序性知识回答"怎么做"的问题，如"实验室如何制取一瓶氧气"。化学学习中，实验设计的一般思路、实验操作程序以及化学方程式书写等都属于程序性知识。此外，认知策略是一种特殊的程序性知识。

二、化学学习重要特征

　　中学生的化学学习，是在化学教师的指导下，认识物质的组成、结构、性质、转化及其应用，形成物质及其变化的基本观念，理解科学、技术、社会、环境（即 STSE）之间的相互关系，形成一定的化学学科核心素养，从而为其未来的社会发展和终生发展奠定基础。化学学习是一个复杂而又有规律的特殊认识过程，有其自身的特征。

（一）化学学习是以实验和观察为基础的特殊认识过程

1. 化学"以实验为基础"

"以实验为基础"的学科特征已成为化学界的共识。从化学科学研究的角度看，"以实验为基础"就是通过化学实验这一科学实践活动，获取化学实验事实、验证化学假说、检验化学理论。从化学教与学的角度来看，"以实验为基础"则表现为以下 4 个方面：

① 引导学生通过实验探究活动学习化学。例如，可通过"催化剂对过氧化氢分解反应速率的影响"的实验探究活动，帮助学生了解催化剂是影响化学反应速率的一个重要因素。

② 重视通过典型的化学实验事实引导学生认识物质及其变化的本质和规律。例如，可通过具体实验数据引导学生讨论第三周期元素及其化合物的性质，以及性质变化规律。

③ 利用化学实验史实引导学生了解化学概念、化学原理的形成和发展，认识实验在化学科学发展中的重要作用。

④ 引导学生综合运用所学的化学知识和技能，进行实验设计和实验操作，分析和解决与化学有关的实际问题。

因此，以"实验为基础"中的"实验"包括了实验探究、实验事实、实验史实以及实验设计和实验操作等。

📖 案例分析

【案例 4-1】 教材中"氯气的性质"实验（苏教版化学必修第一册）

实验探究

完成下列实验，将观察到的现象和有关结论填入表3-1。

【实验1】切取一块绿豆粒大小的金属钠（切去钠的表层），用滤纸吸干其表面的煤油，置于石棉网上，用酒精灯微热。待金属钠熔成球状，将盛有氯气的集气瓶倒扣在钠球上方，观察现象。

【实验2】将擦亮的细铁丝绕成螺旋状，一端系在一根粗铁丝上，另一端系上一段火柴梗。点燃火柴，待火柴即将燃尽时，迅速把细铁丝伸入盛有氯气的集气瓶中，观察实验现象。

【实验3】用坩埚钳夹住一束铜丝，加热至红热，立即放入盛有氯气的集气瓶中，观察实验现象。

表3-1　氯气的性质实验

实验序号	实验现象	推测生成物	用化学方程式表示
实验1			
实验2			
实验3			

研读以上教材案例，分析思考：①教材编排以上实验的目的是什么？②在该实验活动中学生可以收获什么？

很显然，教材编写旨在让学生亲自做实验，并在做实验的过程中，在观察实验现象获得实验事实的基础上，通过进一步的推理、方程式书写等活动，获得"氯气在点燃条件下能与金属钠、铁、铜"等反应的结论，进一步归纳出"氯气是一种化学性质很活泼的非金属单质，在一定条件下能与多种金属和非金属单质反应，生成氯化物。"学生通过做实验，经历从感性到理性的认识过程，不仅获得氯气的性质知识，同时学习和利用观察、归纳等科学方法。

化学实验不仅是化学科学赖以形成和发展的基础，也是学生在化学学习中获得直接的感性经验和事实材料的根本途径和重要手段，是解决化学问题的实践基础。因此，2017版 2020 修订高中化学课标以及 2022 版初中化学课标不仅规定了学生必做实验，还在每个主题中都给出了相应的"实验及探究活动"建议。

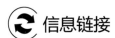 **信息链接**

2017 版 2020 修订高中化学课标"主题 4：简单的有机化合物及其应用"实验内容

（1）学生必做实验
搭建球棍模型认识有机化合物分子结构的特点；乙醇、乙酸的主要性质。

（2）实验及探究活动
乙烯的化学性质；乙醇中碳、氢元素的检测；固体酒精的制备；乙酸乙酯的制备；淀粉水解产物中葡萄糖的检验；蛋白质的变性、显色实验；吸水性高分子材料与常规材料吸水能力的比较；不同塑料遇热软化的难易程度的比较。

2. 化学学习离不开观察

观察是把外界的自然信息通过感官输入人的大脑，经过大脑的处理，进而形成对外界事物的感知。观察包括自然观察和实验观察。自然观察是指对自然状况下的事物、现象不做任何人为的干预和控制的情况下所进行的观察，如学生在课外观察粗食盐的潮解、铁的锈蚀等；实验观察是指在人为的干预、变革或控制实验对象的情况下所进行的观察，如案例 4-1 中的观察。在化学教学中采用的观察多数属于实验观察，化学观察与实验交织在一起，这是化学观察不同于其他观察的一个重要特点。在化学观察活动中，需要进行分析、综合、假设、比较、验证、判断、推理等思维活动，因而化学观察不是一种纯粹的感性活动，它还包含着理性思维的因素，是"思维着的化学知觉"。

化学学习中的实验观察主要包括以下三方面内容：①观察化学实验仪器和装置。对化学实验仪器，要观察其形状、大小、比例、尺寸和构造等；对化学实验装置，要先从下到上、从左到右进行整体观察，在此基础上，迅速找出装置的中心部位，进行重点观察，必要时还要对构成装置的仪器的形状、大小及其各部分的比例、构造等进行观察。②观察化学实验操作。观察实验仪器的持拿方法和使用方法，观察实验装置的安装方法，观察教师演示实验的操作步骤和方法。③观察化学物质及其变化。对物质（包括反应物和生成物）要观察其颜色、状态、气味、挥发性、溶解性、密度、硬度、熔点、沸点和酸碱性等特征；对物质的变化要观察其熔化、溶解、升华、结晶、沉淀、冒出气泡、颜色变化、放热、吸热、燃烧、发光、发声和爆鸣等现象。

在化学教学中，通常从以下方面对学生的观察能力进行培养：①能根据观察目的，对观察对象进行重点观察。实验是一项有目的、有计划的活动，为此，必须首先使学生明确实验观察的目的应体现和服从教学目的。如在"质量守恒定律"教学的实验观察中，应引导学生将实验观察的重点放在物质是否发生了化学反应、反应后天平两边是否平衡上。②能进行全面、细致的观察。即要求学生在化学实验中尽可能多地用多种感官（如视觉、听觉、嗅觉和触觉等），从多方面（如物质及其变化、化学实验仪器、装置和操作等）进行观察。③观察和思维相结合。在实验观察中，应该让学生带着问题来观察，如看到了什么？现象背后的原理是什么？为什么要这样操作？等等。让学生通过对现象的观察和问题的思考，自主获得结论。

当然，化学学习中的观察不仅限于实验观察，还包括对模型、结构、图表、数据等的观察。

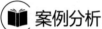 ## 案例分析

【案例 4-2】"钠与水的反应"（人教版高中化学必修第一册）

【预测】 从物质组成及氧化还原反应的角度，预测钠与水反应的生成物：＿＿＿＿＿。

【实验】 在烧杯中加入一些水，滴入几滴酚酞，然后把一块绿豆大的钠放入水中。

从钠在水中的位置、钠的形状的变化、溶液颜色的变化等方面观察、描述和分析实验，你能得出哪些结论？

在教学中，你会怎样利用该实验培养学生的观察能力？

【案例 4-3】观察三种氨基酸的结构（苏教版高中化学第二册）

请观察以下三种氨基酸的结构，说明氨基酸在结构上的共同点。

甘氨酸（氨基乙酸）　　　丙氨酸（α-氨基丙酸）

谷氨酸（α-氨基戊二酸）

试分析教材安排该观察活动的目的。

（二）化学学习需要用符号表达与交流

化学符号是国际化学界统一规定和使用的，表示化学物质的组成、结构和化学过程的科学符号。它以直观简单的形式表达了丰富的化学含义，成为化学科学研究和化学学习特有的语言。

现代化学符号的奠基人是瑞典化学家贝采利乌斯（J. J. Berzelius），他于 1848 年正式

发表了《论化学符号以及使用这些符号表示化学比例的方法》。19世纪中期，基本上形成了我们现在所采用的符号体系。化学符号初创时，还只是一种个人的符号创作。一旦它被化学家所理解，其语义得到化学共同体的认同，就获得了主体际性（inter-subjectivity），成为化学界的公共语言。化学既研究物质宏观上的性质，也研究物质微观上的组成和结构，而作为研究和交流的工具则诞生了表述物质组成、结构和变化的化学符号。化学符号是化学学习、表达和交流特有的一种"行话"，进行化学科学研究以及学习化学都离不开对化学符号体系的掌握和应用。

化学符号之于化学学科的意义，不仅在于可以运用化学符号来表征化学概念或化学事物，是化学学科活动中交流和表达的工具，更重要的是，化学学习中所进行的各种思维活动，概念间的推演、转换，化学事实的归纳，从组成到结构再到性质的演绎等，实质上都是对赋有意义信息的化学符号和文字所进行的信息加工活动。把化学符号作为思维运算的工具和媒介而进行的信息加工活动就是化学符号思维。用元素符号、化学式、化学方程式以及其他化学符号来表示严格定义的科学概念，表示化学事物之间特定关系和运动变化规律的过程，是典型的化学符号思维的过程❶。所以，化学符号不仅是思维活动的工具，而且是思维活动的对象、载体以及思维活动的结果。

（三）化学学习需要"三重表征"思维方式

化学学科的特殊性在于它既从宏观上研究物质的性质和变化，又从微观上研究物质的组成和结构，以揭示物质性质和变化的本质和规律。约翰斯顿（A. H. Johnstone）认为，可以在三种水平上看待化学这门学科：第一种水平为"描述的和功能的（descriptive and functional)"，在该水平上可以观察和触摸到物质，用浓度、颜色、可燃性、酸碱性等来描述物质的性质，关注一种物质转化为另一种物质以及由此引起的性质变化；第二种水平为"表征的（representational)"，在该水平上可以用化学式表征化学物质，用化学方程式表征物质发生的变化等；第三种水平是"解释说明的（explanatory)"，在该水平上可以运用分子、原子、离子、结构、异构体和聚合体等概念对前面提到的描述水平进行推理，试图解释化学物质以一定的形式存在以及变化的原因❷。后来他又将三种水平修正为宏观现象、微观领域和符号表征三种水平。在宏观与微观领域的分界面，符号表征起到了重要的中介和桥梁作用（见图4-2），既能表示宏观领域中的物质性质，又能表示出微观领域中的微粒组成和变化。化学教育的最重要目的之一是帮助学生建立宏观现象、微观粒子和

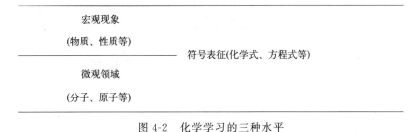

图4-2　化学学习的三种水平

---

❶　王后雄. 论中学生学习化学的难度及其成因 [J]. 化学教育，2003，24（11）：7-11.

❷　Johnstone A H. Macro and Microchemistry [J]. The School Science Review，1982，64（227）：377-379.

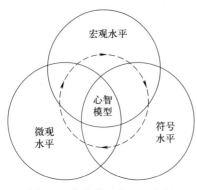

图 4-3　化学学习的三重表征

符号表征之间的联系。

　　化学学科的特点决定了学生要从宏观、微观和符号三种表征水平上认识和理解化学知识，形成化学学习的思维方式。宏观、微观、符号是学生理解化学知识的三种水平，是学生在头脑中对所学化学知识的加工和呈现方式。学生在学习化学时，通过思维活动可以建立任何一种表征来理解化学知识，但每种表征都是部分或片面的理解，只有将三种表征联系起来才能形成完整的理解。学生在不同的表征水平之间建立不同程度的联系，形成特定的三重表征心智模型（图 4-3），从而实现对化学知识的深刻理解。图 4-4 为"离子反应"（苏教版化学必修第一册）学习中体现三重表征思维模型的知识结构图❶。

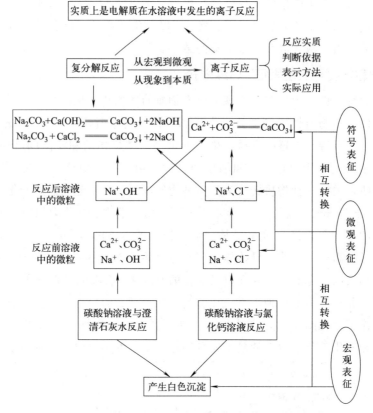

图 4-4　"离子反应"三重表征思维模型知识结构图

👥 **交流讨论**

案例 4-2 中，如何引导学生建立起三重表征思维方式？

❶　郑艳秋．基于三重表征的离子反应教学设计研究 [D]．济南：山东师范大学，2018：21．

第二节 化学学习方式与活动

化学课程改革倡导学生通过自主、合作、探究等多种化学学习活动来改变学习方式，促进学生化学学科核心素养的发展。在义务教育化学课程内容标准中每个二级主题和高中化学课程标准中每个主题都给出了"学习活动建议"，这表明学生在化学学习过程中，不仅要学习"标准"里规定的"所要达到的最基础的学习要求"，还要经历和体验"学习活动建议"中所列出的各种活动。在化学课堂中，学生的学习活动需要教师的精心安排和引发，不同的教学方式所引发的学生的学习活动亦不同，只有教师的教学方式转变后，才能实现学生学习方式的改变。教师对学生学习活动的安排应服务于明确的学习任务，使其承载的化学教学内容形成一个有机的整体，才能保证或提升学习活动的有效性，为实现化学教学目标、促进学生科学素养的形成搭建平台。

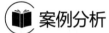 案例分析

【案例 4-4】 课例"溶液的形成"❶（人教版九年级化学上册）

研读课例"溶液的形成"，以下是该课例的主要教学环节。

环节 1 情境引入：炼钢工人高温工作时饮用盐汽水。

环节 2 学习任务 1：自制盐汽水。

环节 3 学习任务 2：利用盐汽水配制鸡尾酒。

环节 4 学习任务 3：提取鸡尾酒中的色素。

环节 5 学习任务 4：探究溶液的利用价值。

环节 6 归纳整合：知识结构化（如图 4-5 所示）。

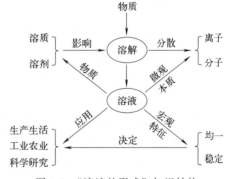

图 4-5 "溶液的形式"知识结构

① 从主要教学环节看，在这些学习任务的驱动下，学生的化学学习具有哪些特征？

② 找出该课例中各个教学环节学生主要的学习活动。

一、化学学习方式

学习方式就是学习者在特定学习情境中，为达到一定目标、完成学习任务时经常出现的或偏爱的基本行为和认知取向，是学生连续一贯表现出来的学习策略和学习倾向的总和。

（一）学习方式分类

按照不同的标准，可以对学习方式进行不同的划分。比较有代表性的有以下几种❷。

❶ 商建波，杨玉琴. 基于真实情境的深度学习——以人教版九年级化学"溶液的形成"为例 [J]. 化学教学，2020，12：35-40.

❷ 庞维国. 论学习方式 [J]. 课程·教材·教法，2010，30 (5)：13-19.

1. 发现学习与接受学习

这两类学习方式的划分依据是学习内容是否以定论方式呈现。发现学习这一概念由布鲁纳（J. S. Bruner）于 20 世纪 50 年代末提出，它意指要学习的内容不是以定论的形式存在，而是只存在有关线索或例证，学习者必须经历一个发现过程，自己得出结论或找到答案。接受学习这一概念由奥苏贝尔（D. P. Ausubel）加以明确化，它所指的是要学习的内容是以定论的方式呈现，学习者可以直接获取，不需要经历发现过程。

例如，课题"溶液的形成"教学中，对于"溶液"的定义，如果教师在演示"蔗糖、食盐分别溶于水的实验"后，告诉学生"像这样一种或几种物质分散到另一种物质里，形成均一的稳定的混合物，叫作溶液"，则是一种接受学习；而案例 4-4 的教学中，教师利用"自制盐汽水"这一任务，让学生在"做"的过程中，通过自主观察、分析，在丰富的实验事实中发现溶液的宏观特征、溶质的状态特征等，自主建构起溶液、溶剂和溶质的概念，这就是一种发现学习。

2. 机械学习与有意义学习

奥苏贝尔于 20 世纪 60 年代提出，根据学习内容是否以有意义方式获得将学习方式分为机械学习和有意义学习。所谓有意义学习，是指符号表达的新观念与学习者认知结构中的有关观念建立起实质性的、非人为的联系；反之，如果学习者无法把新学习的内容与认知结构中的已有知识建立实质性的联系，其学习就是机械学习。

例如，案例 4-4 的教学中，教师并非让学生孤立地理解"溶液"这一概念，而是将之与学生头脑中已有的"物质""混合物"等概念发生关联，并通过微观模型让学生分析糖、食盐这些物质分散到水中后的微粒形式，从而理解溶液具有"均一性、稳定性"的本质原因。这就是一种有意义学习。在化学学习中，并非所有的知识都可以用"有意义学习"的方式进行，比如"元素符号"等的学习，有些符号无法与学生头脑中某些观念发生实质性联系，则只能通过"机械学习"的方式进行。

奥苏贝尔认为有意义学习需要满足 3 个条件：①学习材料本身必须具备逻辑意义。材料的逻辑意义是指学习材料本身与人类学习能力范围内的有关观念可以建立非人为性和实质性的联系。②学习者必须具有有意义学习的心向。所谓有意义学习的心向，是指学习者有能积极主动地在新知识与已有适当观念之间建立联系的倾向性。③学习者的认知结构中必须有能同化新知识的原有的适当观念。

3. 情境学习与抽象学习

这两类学习方式的划分依据是学习的情境化。情境学习由莱夫（J. Lave）和温格（E. Wenger）于 20 世纪 80 年代提出，意指学习是情境性的，发生于自然或社会环境中。在莱夫等看来，情境学习要求把知识呈现在真实情境中，如运用这些知识的场景，它需要社会互动和协作。抽象学习是一种去情境化的学习，即纯粹地学习学科知识。

例如，案例 4-4 的教学，将"溶液"的学习置于"自制盐汽水"这一真实情境中，通过 4 个连续的学习任务，让学生围绕特定目标，从已有经验出发，以解决真实问题为主线，在问题解决过程中，付出持续的心理努力，通过分析判断、创造性思维以及反省认知等复杂思维活动，形成了对知识的结构化理解和深度理解。

情境学习源于对传统学校教育弊端的反思——学生虽然在去情境化的课堂中习得了许

多的规则、定义……但在真正的社会生活或工作中遇到相关问题时却不会运用，学校所提供的课程及考试并不能帮助学生有效地进入知识的真实应用领域。情境学习与认知研究试图通过设置基于工作的、模仿从业者真实活动的学习环境，来提高学习的有效性，并保证知识向真实情境的迁移❶。正由于此，2017 版 2020 修订高中化学课标和 2022 版初中化学课标在每个学习主题中都给出了"情境素材建议"，并在教学与评价建议中明确要求"创设真实且富有价值的问题情境"。

 **信息链接**

"主题 2：常见的无机物及其应用"情境素材建议

金属及其化合物的性质与应用：补铁剂；实验室中硫酸亚铁的保存与使用；印刷电路板的制作；打印机（或复印机）使用的墨粉中铁的氧化物（利用磁性性质）；菠菜中铁元素的检测；钠着火的扑救；钠用作强除水剂。

非金属及其化合物的性质与应用：火山喷发中含硫物质的转化；"雷雨发庄稼"；氮的循环与氮的固定；工业合成氨、工业制硫酸（或硝酸）；氮肥的生产与合理使用；食品中适量添加二氧化硫的作用（去色、杀菌、抗氧化）；含氯消毒剂及其合理使用；氯气、氨气等泄漏的处理；酸雨的成因与防治；汽车尾气的处理。

氧化还原反应和离子反应：电离理论建立的化学史料；氧化还原理论建立的史料；日常生活中的氧化还原反应。

4. 合作学习与独立学习

这种学习方式划分的依据是学习的社会性，即学习过程中是否存在学习者的协作。合作学习是指在教学中以小组合作的形式共同开展学习活动，以最大限度地促进他们自己以及他人的学习的一种学习方式；而独立学习则是指个体独自进行的学习，即个别化的学习。如案例 4-4 中，学生小组合作完成"自制盐汽水"的学习任务即属于"合作学习"；每个学生用"模型示意图"来表达"溶液具有均一性、稳定性的原因"即属于"独立学习"。

在对学生分组时一般遵循"组内异质、组间同质"的原则。"组内异质"是指分配在同一小组的成员在成绩、能力、性别、兴趣、特性等方面应有差异，这样既保证了小组内成员的多样性，又有利于小组成员之间优势互补，共同提高；"组间同质"是指各合作小组之间在综合实力上应基本相同，这样才能保证各小组处于同一起点，做到公平竞争，提高学生活动的积极性。

5. 自主学习和被动学习

自主学习与被动学习是按照学习者的自主水平来划分的。自主学习一般表现为有明确的学习动机、有意识地使用一定的学习策略、自己计划和管理学习时间、对学习效果有清醒的认识、能进行自我判断和调整等；被动学习则是指在外界的各种压力和要求下被动地

---

❶ 杨玉琴，倪娟. 从情境素材到教学情境：如何创设富有价值的问题情境［J］. 化学教学，2020（7）：10-15，22.

从事学习活动，或需要外界来管理的学习活动。如案例 4-4 中，在老师所设计的"自制盐汽水"这一有趣的学习任务驱动下，学生主动投入学习过程中，在课堂学习结束后，还主动完成家庭小实验"自制雪碧"，这就属于一种"自主学习"。

📖 知识拓展

元 认 知

元认知是"关于认知的认知"。认知包含对世界的知识以及运用这种知识去解决问题的策略，而元认知则是个人关于自己的认知过程及结果或其他相关事情的知识，以及为完成某一具体目标或任务，依据认知对象对认知过程进行的主动监测以及连续的调节和协调。

6. 研究性学习、探究性学习和基于问题的学习

这三种学习方式基本等义，它们都是以问题为依托。研究性学习的提法源于我国第八次课程改革。一般认为，研究性学习是一种以问题为载体、以主动探究为特征的学习活动，是学生在教师的指导下在学习和社会生活中自主地发现问题、探究问题、获得结论的过程；基于问题的学习是指通过理解或解决问题所进行的学习。在这种学习过程中，个体首先面临的是问题，然后以问题为中心或诱因来选用问题解决策略、推理技能，最终获取解决这一问题所需要的知识和技能；探究性学习起源于科学探究实践，它特别强调提出问题、收集和分析证据、形成基于证据的结论，如案例 4-2 所示。通常这三种学习形式视为与"接受学习""被动学习"相对。

7. 深度学习和浅层学习

深度学习（deep learning），也被译为深层学习，作为一种特定学习概念的表达由来已久。早在 20 世纪 70 年代，马顿（F. Marton）和萨尔乔（R. Saljo）根据学习者获取和加工信息的方式，提出深度学习的概念。与孤立记忆和非批判性接受知识的浅层学习（surface learning）相对，深度学习是一种主动的、批判性的学习方式，强调理解性的学习、批判性的高阶思维、主动的知识建构、有效的知识迁移及真实问题的解决❶。

例如，教材中"溶液的形成"部分的编写虽然以与学生的生活经验相关的蔗糖和食盐的溶解作为溶液概念形成的事实依据，但定义中的"几种物质""均一、稳定"等却未能建立在实验及模型认知基础上，教师一般以强调的方式讲解，学生被动接受。而案例 4-4 通过在学生自主设计并完成实验：①将蔗糖、食用盐、柠檬酸、小苏打分别溶解于水中，然后再混合到一起；②把四种粉末一起放入纯净水中混合后，提出问题：a. 实验中获得了 5 种混合物，在外观上有什么共同的特征？为什么原来的固体都不见了？b. 如何证明微粒确实是存在于水中呢？能否以糖水、盐水为例说说方法？再通过实验证明、模型构建等方法让学生深度构建和理解溶液的定义。显然，这是一种深度学习，也是一种探究学习。

---

❶ 杨玉琴，倪娟. 深度学习：指向核心素养的教学变革［J］. 当代教育科学，2017（8）：43-47.

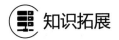 **知识拓展**

STEM 教育与项目式学习

STEM 教育，即科学（science）、技术（technology）、工程（engineering）和数学（mathematics）教育的简写，是使用多学科的思维和知识解决实际问题的跨学科教育。STEM 教育并不是将科学、技术、工程和数学四类学科简单的叠加，而是使它们彼此之间进行有效融合，组成一个有机的整体，并以真实问题解决为任务驱动，在实践中应用知识、获得知识，培养学生的问题解决能力、复合思维和创新思维。STEM 教育关于"如何教"的问题集中在四种典型的教学方法，即问题式学习（problem-based learning）、探究式学习（inquiry-based learning）、设计式学习（design-based learning）和项目式学习（project-based learning，简称 PBL）。其中，项目式学习在 STEM 教育中获得了更广泛的关注[1]。

项目式学习指在现实社会复杂真实问题、产品或者任务的驱动下，学生充分选择和利用最优化的学习资源，进行设计、问题解决、决策或者调查活动，在完成项目的过程中进行知识的建构和深化，并最终形成问题解决的产品、方案或报告等。

2022 版初中化学课标在学习主题 5 "化学与社会·跨学科实践"中，围绕学生核心素养的目标要求，设计了 10 个跨学科实践活动供选择使用：①微型空气质量"检测站"的组装与使用；②基于特定需求设计和制作简易供氧器；③水质检测及自制净水器；④基于碳中和理念设计低碳行动方案；⑤垃圾的分类与回收利用；⑥探究土壤酸碱性对植物生长的影响；⑦海洋资源的综合利用与制盐；⑧制作模型并展示科学家探索物质组成与结构的历程；⑨调查家用燃料的变迁与合理使用；⑩调查我国航天科技领域中新型材料、新型能源的应用。要求所用课时不少于本学科总课时的 10%。这些活动大多属于项目式学习。

（二）各种学习方式之间的关系

首先，上述学习方式是基于不同的分类视角，某些学习方式在含义上有一定的交叉关系。例如，发现学习、研究性学习、探究性学习和基于问题的学习，自主学习与研究性学习、探究性学习，情境学习与合作学习、基于问题的学习，深度学习与探究性学习等的内涵都有部分重叠。

其次，尽管某些学习方式成对出现，但是它们之间不是二元对立、非此即彼的关系。每种学习方式都有自身的价值，都有其适用的条件。例如，并不是所有的知识都需要通过"发现"去学习；即使饱受诟病的"机械学习"，也有其适用的条件——奥苏贝尔认为它适合无意义材料的学习，例如，在英语单词、年号、符号等的学习中，经常用到这种学习形式。从一定程度上可以说，学习方式本身并无"好坏"之分，它们之间是互为补充的关系。如我们提倡深度学习但并不彻底否定浅层学习，两者之间并非完全对立，在时间维度上存在着延续性，即浅层学习是深度学习的基础和前提，深度学习是浅层学习的深化与升华（图 4-6），我们必须有一定的浅层学习得来的知识（如事实、程序和定义）才能进行

❶ 王巍.国际项目式 STEM 教育的研究现状与启示［J］.现代远距离教育，2019（4）：90-96.

深度的更有意义的学习。

学习方式的划分维度存在交叉，从而使得各种学习方式可能出现某种组合。例如，若把学习按照"接受学习—发现（探究）学习""机械学习—有意义学习"两个维度划分也可划分为多种形态，如图 4-7 所示。可见，接受学习也可以是有意义的，而发现学习也可能是机械的。各种不同的组合形式，都有其适用情境。例如，机械接受式学习，适合元素顺序、元素符号等的学习；自主的有意义发现式学习，适合于科学研究和开发产品等创新活动。就当前课改强调的自主、合作、探究三种学习方式来说，它们也不是同一维度上的三种学习方式，它们之间交叉也可衍生出自主探究性学习、合作探究性学习等方式。

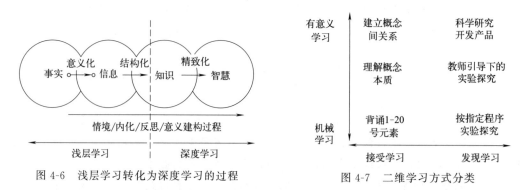

图 4-6　浅层学习转化为深度学习的过程　　　　图 4-7　二维学习方式分类

概言之，从学习方式的分类、界定及其关系看，各类学习方式本身并无绝对的"好坏"之分，只有与学习内容、学生特征、学习任务"是否匹配"之分。因而，单纯从学习形式角度看，学习方式的转变就是把"不匹配"转变为"相匹配"，并非排除某些学习形式。

📖 课堂实践

> 对于课题"物质的量"（人教版高中化学必修一），你认为学生采取怎样的学习方式为宜？试设计出简要的学习过程。

二、化学学习任务

化学学习任务是在化学教学中为实现一定的化学教学目标、落实一定的化学教学内容，由教师和学生共同完成的学习课题。学生积极主动地参与学习是促使其发展的根本途径，而教师对学习任务和学习活动的科学设计在很大程度上影响着学生的学习过程。只有当教师为学生创设了主动活动的机会时，学生才能主动地体验知识的获得过程，在知识的形成、联系、应用过程中养成科学的态度，获得科学的方法，在"做科学"的探究实践中逐步形成终身学习的意识和能力。

例如案例 4-4 中，教师实施的是一种"任务驱动"式的教学，将"溶液的定义、特征、组成以及溶液的应用"等教学内容隐含在一个或几个具有代表性的任务中，学生在完成任务的动机驱动下，在教师的指导下，通过对学习资源的主动应用，在自主探索和互动合作的学习过程中，不断提出问题、解决问题，从而完成任务并实现知识与意义的建构。

📖 案例分析

【案例 4-5】 同一学习任务下的不同学习活动

【化学学习任务】比较二氧化碳密度与空气密度。

【化学学习活动 1】听并记录老师所说的二氧化碳和空气密度的数据。

【化学学习活动 2】听并记录老师所说的二氧化碳密度的数值，与所查阅的空气密度数值相比较，利用比较的结果解释日常生活中的一些现象。

【化学学习活动 3】在老师的指导下进行实验探究，向装有两支燃着的不同高度的蜡烛的烧杯中倾倒二氧化碳，观察哪一支先熄灭，并解释原因。

【化学学习活动 4】① 依据日常经验，猜想二氧化碳比空气密度大。②设计实验验证：在天平的两端各放相同体积的烧杯，向其中一个烧杯倾倒二氧化碳，观察现象。③得出结论：倾倒二氧化碳的天平一端向下倾斜，说明了二氧化碳密度比空气大❶。

分析以上案例，你认为哪种学习方式对学生的发展最有益？对于化学学习任务、学习活动与学习方式的关系，你有怎样的认识？

可见，同一项化学学习任务可以通过不同的学习活动来完成。案例 4-5 对于化学学习任务"比较二氧化碳密度与空气密度"，有四种路径可供选择，每种路径下学生的学习活动不同，所体现出来的学习方式亦不同，如表 4-1 所示。

表 4-1　化学学习方式与学习活动的选择

序号	化学学习方式	具体化学学习活动
1	被动接受式	听讲—记笔记
2	主动接受式	听讲—查阅—比较—解释
3	引导探究式	实验探究—解释
4	自主探究式	猜想—实验设计—实验验证—获得结论

化学学习活动 1：由教师讲授二氧化碳和空气的密度，学生只是通过听和记笔记来完成学习任务（"听并记录"）。教师讲，学生听，学生只是记住教师所讲的结论，属于被动接受式学习。

化学学习活动 2：由教师讲授二氧化碳的密度，但学生自己收集空气的密度（"查阅"），并与二氧化碳的密度"比较"，利用比较的结果"解释"现象。学生能根据教师讲的结论主动进行一些学习活动，属于主动接受式学习。

化学学习活动 3：由教师给出实验方案，学生在教师的指导下进行"实验探究"，并对实验的结果进行"解释"，属于引导探究式学习。

化学学习活动 4：学生首先对结果进行"猜想"和"假设"，并自己进行"实验设计""实验验证"，最后"获得结论"，属于自主探究式学习。

可见，从化学学习活动 1～4，学生自主学习的成分越来越大，自己动手探究的成分越来越多，学生对知识的理解度、对学习方法的掌握度也越来越高，对落实课程核心素养目标的作用和价值也就越来越大。

---

❶ 郑长龙．化学课程与教学论［M］．长春：东北师范大学出版社，2011：128.

英语中有一句谚语"Tell me, I forget; Show me, I remember; Involve me, I understand."（吾听吾忘，吾见吾记，吾做吾悟。）化学用语、化学概念、化学原理、元素化合物等知识固然可以"系统地"教给学生，但学生通过假设、观察、实验、交流、推理、归纳等过程所获得的知识更富有"含金量"。学生经历了"发现知识"的过程，完成了知识的建构，将"是什么"的知识和"如何获取这种知识"融为一体，有效地培养了学生自主学习和终身学习的能力。"灌输式"教学方式下学生只能被动接受、死记硬背、机械训练，"启发式""探究式"教学才能让学生走向"自主、合作、探究"，教师对新课程理念的身体力行是实现学生学习方式转变的重要前提。

三、化学学习活动

化学学习任务是通过一定的学习活动完成的。如前述案例 4-5 中的听讲、做笔记、解释、查阅资料、实验探究等。课程标准中的"学习活动建议"中有"实验及探究活动"和"调查与交流讨论"两种形式。

（一）化学学习活动的分类

根据不同的分类标准，可以对化学学习活动进行分类。

1. 按照学习过程

学生的化学学习需要运用一般学习过程中所涉及的一些学习活动，主要有预习、听课、记笔记、回答问题、练习、复习、做作业、考试等。

2. 按照认识过程

学生的化学学习也是一种特殊的科学认识过程，如图 4-8 所示。当然需要遵循科学认识规律，采用一些科学认识活动。主要有：

① 收集资料和事实阶段的活动——观察、实验、测定、调查、查阅、记录等。

② 整理资料和事实阶段的活动——表格化、线图化、符号化（化学用语化）等。

③ 得出规律和结论阶段的活动——科学抽象（比较、分类、归纳和概括）、建立模型、提出假说和验证假说等。

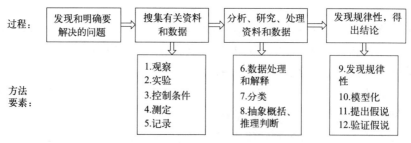

图 4-8　科学认识的一般过程

3. 按照完成活动的方式

根据完成活动的方式来划分，可以将化学教学中的学习活动分为实验类活动、调查类活动和交流类活动。课程标准中的活动就是按此标准分类的。

① 实验类活动——实验探究、小组实验、实验设计、实验、验证、实验观察、实验比较、实验推断、检验、测定、制取、分离、提纯、鉴别、配制等。

② 调查类活动——调查、走访、收集、查阅（查找）、参观（观看）等。

③ 交流类活动——交流、合作、提问、讨论、回答、汇报、辩论、比较、解释、写论文（报告）等。

可见，化学学习活动丰富多彩，并不只限于听课、记笔记、练习、做作业等。教师在化学教学中设计恰当的、多样的学习活动，组织和引导学生进行化学学习并学会化学学习。

（二）化学学习活动的基本环节

📖 案例分析

【案例 4-6】 "溶液的形成"（案例 4-4）**教学片段**

【提问】同学们配制的盐汽水溶质可以是气体、固体，溶剂都是水，且溶液都是无色的，那溶液都是无色的吗？溶质除了可以是气体和固体，还可以是液体吗？

【实验】在盐汽水中加入蓝色调味糖浆，混匀，再用注射器沿杯壁慢慢注入适量酒精，调制成鸡尾酒（图 4-9）。提醒学生观察并思考现象。

【学生分析归纳】①溶液不一定都是无色的；②酒精与水可以互溶。

【评价】同学们观察得很仔细，回答得很好。

【提问】那么如果溶质与溶剂都是液体时，如 75% 消毒酒精、车用乙醇汽油，如何判断溶质、溶剂？……

试分析上述教学片段中学生学习活动的基本环节。

图 4-9 酒精与水互溶实验

一个完整的化学学习活动基本上是由定向环节、执行环节和反馈环节构成的。化学学习活动的定向环节，主题是明确所要解决的主要问题，学生在问题驱动下进行主动学习活动；执行环节，则是实施解决问题的方案，并得出相应的结论，如案例 4-6 中，学生主要通过实验观察、分析现象、归纳结论等获取新知；反馈环节，主要是对所要解决的问题及解决问题的过程进行反思与评价。化学学习活动的一般环节，如图 4-10 所示。

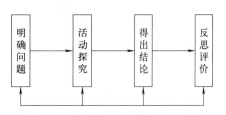

图 4-10 化学学习活动的一般环节

第三节 化学学习动机

人们从事任何活动都有一定的原因，当人的某种需要得不到满足时，内部就会产生一种力量，这种内驱力就会唤起个体产生行动的动机。学习动机是学生对学习需要的具体表现，同时由于它受社会、学校、家庭、个人等多方面的影响，所以，它又是一种比较广泛的社会性动机。正因为这样，学生的学习动机是多种多样的。

一、学习动机的分类

根据我国中学生的学习实际，学习动机可主要做如下分类。

（一）内部动机与外部动机

根据学习的动力来源划分，可将学习动机分为内部动机和外部动机。内部动机是指学习者对学习活动本身感兴趣，学习的目的在于获得化学知识，求知欲是内部动机的集中体现；外部动机是指由外部诱因所引起的动机，即学习的目的不是认识活动过程和获取知识本身，而是与学习成就有关的奖赏或惩罚，教师或家长的赞许、奖励以及训斥、嘲讽等。教育实践表明，两种动机都是学生学习过程所需要的，但内部动机所起的作用更为强烈而持久。因此，化学教师应竭力使学生的外部动机转化为内部动机，在遇到学习难度较大、需要较长时间来学习的内容时，更应该发展和增强学生的内部动机。

（二）直接近景性动机与间接远景性动机

从学习动机来源的远近和起作用的久暂来划分，动机可分为直接近景性动机与间接远景性动机。直接近景性动机是由学习活动本身引起的，表现为对学习化学内容和学习活动的直接兴趣和爱好；间接远景性动机指向于化学学习活动的结果与价值，是学生本人的理想、信念等在学习上的体现。后一类动机具有较大的稳定性与持久性。实践表明，这两种动机往往可以同时存在于一个学生身上，相互联系，相互补充。但从总体上看，间接远景性动机对学习具有更大的推动作用，需要化学教师特别加以培养和激发。

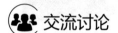 交流讨论

> 在案例 4-4 中，教师主要激发了学生的哪些学习动机？

二、主要的化学学习动机与激发

学生在校化学学习的主要动机集中反映在成就动机（追求成就、希望获得成就的动机即为成就动机）上。成就动机主要由认知内驱力、自我提高内驱力、附属内驱力三个部分组成❶。

（一）认知内驱力

认知内驱力是一种指向学习任务的内部动机，即是一种要求了解和理解的需要，要求掌握知识、技能以及系统地阐述问题并解决问题的需要。这种内驱力主要是从好奇的倾向如探究、操作、领会以及应对环境等有关的心理素质中派生出来的。学生的这些好奇心与探究的倾向，最初只是潜在的动机力量，只有通过实践活动，并在其中不断取得成功时才能逐渐形成和稳固下来。所以学生对化学学科的认知内驱力或兴趣，绝不是天生的，而是在化学学习过程中，由于多次获得成功，从而体验到满足需要的乐趣，最初的求知欲逐渐得到巩固，形成一种比较稳固的学习化学的动机。

---

❶ 马宏佳，汪学英. 化学教学论［M］. 南京：南京师范大学出版社，2014：170-172.

化学学科的认知内驱力与化学学习之间的关系是互动互惠的。认知内驱力对化学学习起推动作用，化学学习又反过来增强认知内驱力。这就是说，在学习化学的过程中，学生如果能不断地获得成功的学习经验，那么成功的学习经验又会使学生在随后的学习中产生获得进一步满足的期望。由于这种动机指向学习化学任务本身（为了获得化学知识），满足这种动机的奖励（即获得化学知识）是由学习化学本身提供的，因而这种动机被称为内部学习动机，这是一种最重要和最稳定的动机。因此，化学教师的主要职责之一是要让学生对所学的化学知识本身感兴趣，并使学生在学习过程中不断取得成功，使学生的求知欲形成一种比较稳固的学习动机。

在化学教学中，教师可通过以下策略来提升学生的认知内驱力，如创设生动活泼的学习情境来引发学习的兴趣、设计具有一定挑战性的学习任务让学生获得学习的成功感、让学生亲身经历探究的过程满足其探究的欲望、充分利用实验基础满足学生与生俱来的动手操作欲望、给予学生积极的评价反馈以明确学习的效果等。

（二）自我提高内驱力

自我提高内驱力是由学习者因自己的胜任或学习能力而赢得相应地位的需要，即尊重和自我提高的需要而产生的。它促使学生把自己的行为指向当时学业上可能达到的成就，并在这一成就的基础上把自己的行为指向今后在学术上和职业方面的目标。如某学生化学学习成绩名列前茅，便会得到同学的羡慕、钦佩，在班级或年级中具有较高的地位，因而使得"尊重的需要"得到满足，这些可进一步提高努力学习的积极性。中学生在校期间如果化学学习成绩突出，对化学兴趣浓厚，可能会促使他将该学科专业作为报考高等院校的志愿，成为自己终身职业的目标。

自我提高内驱力是把一定成就看作赢得一定地位和自尊心的根源。成就的大小决定着地位的高低和是否满足自尊需要，所以这是一种外部动机，它对激励学生学好化学同样是十分重要的。化学教师要及时利用学习反馈，让学生时刻体验"进步""成功"的喜悦，从而激起学生学习的热情。切记不可让学生在学业上屡遭失败，这样会使学生丧失信心。更不可采用惩罚的手段，严重地伤害学生的自尊心，因为它会导致学生志向水平的降低，引起回避和退缩反应，使学生失去学习化学的欲望。当然，也不可过分强调自我提高内驱力的动机作用，否则会助长功利主义的倾向，因满足而不会产生持续深入学习的愿望。

（三）附属内驱力

附属内驱力是学习者为了获得自己所附属的长者们如家长、教师等的赞许和认可而取得赏识的一种需要。如学生学习成绩好，他便会得到老师的赞扬、父母的宠爱、学校的奖励等。具有强附属内驱力的学生，因有高度的附属感，一般而言，在班上学习成绩较好。

因为附属内驱力只是为了满足教师、家长的要求，从而保持得到长者们的赞许和认可，所以它也是一种外部动机。该动机随着年龄增长在强度上会有所减弱，并且会从父母逐渐转向同龄伙伴，来自同学的赞许会成为一个强有力的动机。

学习动机对于学习发挥着明显的推动作用，要有效地进行长期的有意义学习，动机是不可或缺的。但是动机的强度和学习效果之间的关系不是一个直线型的关系，学习动机的过强和过弱都对学习不利。动机的强度与学习效果的关系，可以用一条"倒 U 形曲线"

来表示，这种对动机强度与学习效果的关系的描述称为耶克斯-多德森定律（Yerkes-Dodson law）。所以对学生的过分要求，如在较短的时间内重复抄写几十遍、题海战术、频繁的考试与竞赛活动等，都会适得其反。心理学家认为，动机的中等程度的激发或唤起对学习效果的影响才是较为理想的。

对标整理

学完本单元，你应该能够：

1. 举例说明化学学习的特点。

2. 通过案例说明如何在教学中培养观察方法。

3. 通过实例说明化学教学中"以实验为基础"的含义。

4. 举例说明三重表征的含义及其培养方法。

5. 识别主要的化学学习方式，知道课程改革所倡导的学习方式类型及其表现。

6. 说明化学学习任务的含义及其与学习活动的关系。理解学生主动参与学习活动的意义。

7. 举例说明主要的化学学习动机，知道激发学生学习认知内驱力的主要策略。

练习与实践

一、真题再现

（一）选择题

1.（2015上-10）化学是一门以实验为基础的学科。下列选项中不属于这里的"实验"的含义的是（　　　）。

A. 实验原理　　　　　　　　　　B. 实验史实

C. 实验事实　　　　　　　　　　D. 实验探究活动

2.（2015下-4）教师在化学教学中应注重相互结合的三重表征思维方式，三重表征中的"三重"是指（　　　）。

A. 现象 原理 概念　　　　　　　B. 宏观 微观 符号

C. 电子 原子 分子　　　　　　　D. 性质 组成 结构

3.（2017下-12）当前化学课程倡导的主要学习方式是（　　　）。

①自主学习　　　　　②接受学习

③探究学习　　　　　④合作学习

A. ①②③　　　　　　　　　　　B. ②③④

C. ①③④　　　　　　　　　　　C. ①②④

（二）案例分析题

（2015下-24）下面是针对同一化学学习任务设计的三种不同教学活动。

【学习任务】认识氯气与水的反应及次氯酸的漂白性。

【教学活动1】教师通过讲授告诉学生，氯气与水发生反应生成盐酸和次氯酸，次氯酸是一种具有强氧化性的酸，能使部分有色物质褪色。

【教学活动2】教师进行演示实验，把氯气通入装有湿润的有色布条的试管中，让学生观察布条是否褪色；教师告诉学生，氯气与水反应生成的次氯酸使布条褪色。

【教学活动3】

① 教师演示氯气使湿润的有色布条褪色的实验。

② 教师引导学生推测氯气与水反应可能生成的物质。

③ 学生猜测有色布条褪色的原因，并设计实验验证猜想。

根据上述案例，回答问题：

（1）对三个教学活动，评价各自的优缺点。

（2）根据案例，概括出化学学习任务与化学教学活动的关系，并说明对教学活动设计的启示。

（3）在教学活动3中，你认为学生猜测使有色布条褪色的物质是什么？如何验证这些猜想的真伪？

二、思考与实践

（一）利用表格归纳整理本章案例 4-4 中各个主要教学环节中的学生学习活动，并分析说明该课例的"深度学习"体现在哪里？

（二）案例分析题

1. 图 4-11 是某老师设计的"甲烷"（高中化学必修）的教学流程❶。

创设问题情境——甲烷与生命有着怎样的联系？			
宏观辨识，开展实验探究	微观揭秘，探析分子结构	符号表征，深化理解本质	拓展认识，培养社会责任
[教师行为] (1) 展示相关资料，引出甲烷与生命的关系； (2) 提供甲烷与氯气反应的视频及相关信息； (3) 提供反应生成一氯甲烷的方程式。	[教师行为] (1) 呈现甲烷分子的电子式和结构式； (2) 提供模型拼插的道具及键长、键角等信息； (3) 引导学生形成甲烷分子结构的认识模型。	[教师行为] (1) 提供甲烷与氯气反应的微观动画； (2) 提供以一溴甲烷为原料，人工合成甘氨酸的路径。	[教师行为] (1) 提供甲烷对温室效应影响的资料； (2) 提供甲烷主要来源与用途的资料； (3) 解读生命活动对甲烷的影响。
[学生活动] (1) 观察、讨论并解释甲烷与氯气反应的现象； (2) 思考反应发生的过程。	[学生活动] (1) 分析讨论甲烷分子中碳氢键的形成； (2) 拼插甲烷分子的立体模型。	[学生活动] (1) 利用球棍模型模拟一氯甲烷生成过程，分析甲烷分子结构的变与不变； (2) 书写后续三步反应的化学方程式，讨论甲烷与氯气反应的特点。	[学生活动] (1) 交流讨论减少甲烷温室效应危害的措施； (2) 交流讨论甲烷的来源和用途。
[设计意图] 帮助学生形成甲烷与氯气反应的宏观认识；引导学生从宏观进入微观，为探究甲烷的分子结构做铺垫。	[设计意图] 通过交流讨论、模型拼插等活动认识甲烷分子中碳原子的成键特点、甲烷分子的空间结构；以甲烷为范例形成有机物分子结构的认识模型。	[设计意图] 通过模型模拟、动画演示、方程式书写建立宏观、微观、符号的联系，建立取代反应的概念，归纳形成从结构角度认识有机反应的思路，揭秘甲烷到生命的转化关系。	[设计意图] 认识甲烷性质与用途间的联系，揭秘生命活动对甲烷的影响，引导学生体会科学、社会、技术、环境的相互影响，培养科学态度和社会责任感。

总结提升，形成认识思路

图 4-11 甲烷教学流程

---

❶ 王雨，毕华林．基于三重表征实施素养为本的化学教学——以"甲烷"教学为例 ［J］．化学教学，2021（4）：49-53，86．

研读图 4-11 流程并进一步查阅该教学流程来源文献，回答以下问题：

（1）请分析说明该教学体现了哪些化学学习特点？

（2）你认为该教学的主要学习方式是什么？为什么？

（3）请你依据该教学流程，提炼出该教学 4 个主要环节对应的学习任务，以及每个学习任务所对应的主要学习活动。

（4）该教师的教学用了哪些方法来激发学生学习的认知内驱力？

2. 表 4-2 是某老师设计的"氧化还原反应"教学单元第 1 课时的情境、问题及由问题引发的任务与活动。

表 4-2 "氧化还原反应"教学单元第 1 课时教学情境、问题、任务与活动

情境	问题	任务与活动
铁矿石、焦炭、石灰石 高炉气体↑↓高炉气体 开始生成生铁形成炉渣 $CO_2+C=2CO$ 进风口 $O_2+C=CO_2$ 进风口 热空气 N_2 炉渣 出铁口 O_2 生铁 出渣口	**问题 1.1** 高炉炼铁三个化学反应根据 4 大基本反应类型如何分类？还能怎么分类？ **问题 1.2** 这些氧化还原反应中元素的存在态发生了怎样的变化？若从元素的化合价分析变化的规律是什么？ **问题 1.3** 钠与氯气、氢气与氯气、铁与硫酸铜等反应是否是氧化还原反应？为什么？ **问题 1.4** 元素的化合价为什么会发生变化？能否证明你的理论推理？	**任务与活动 1.1** （1）对高炉炼铁中的化学反应进行分类，从两个角度：①四大基本反应类型，②氧化反应、还原反应；（2）分析氧化反应与还原反应是否同时发生。 **任务与活动 1.2** 分析反应前后元素存在态的变化及化合价的变化，发现总结规律。 **任务与活动 1.3** 根据化合价变化判断常见的反应是否是氧化还原反应。 **任务与活动 1.4** 从原子结构角度分析化合价变化的本质原因；观察 Fe-$CuSO_4$-C 组成的电池实验，分析、解释实验现象。

请分析表格 4-2，回答以下问题：

（1）该教学将学生初中学过的"高炉炼铁"作为教学情境，可起到哪些作用？

（2）该教学中的学习方式是否属于"有意义学习"？为什么？

（3）该教学是如何体现"三重表征"化学学习特点的？试以铁与硫酸铜的反应，画出"三重表征"示意图。

（三）分析以下教材栏目编写的目的，并设计相应的学习任务与活动。

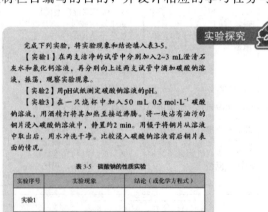

第五章

化学教学的原理与方法

 学习准备

请查阅 2017 版 2020 修订高中化学课标中的"教学与评价建议"。这些建议分别是从哪些角度提出的？联系第四章案例 4-4，说说这些建议是如何体现在老师的课堂教学中的？

化学教学过程是一种特殊的认识过程，是化学教师教和学生学的统一活动过程。在这一过程中，师生共同对课程与教学目标作出积极的回应。结合教学内容，运用相应的教学形式和方法，进行多向传递和相互作用，以达到预期的目标和要求。同时，还要采取适当的、有效的评价手段，以便获得调整和控制教学进程的信息。换言之，化学教学过程是一种具有特殊目的、内容、方法和活动形式的师生间的动态活动过程，在这一过程中，师生一起有计划地解决"为什么教、为什么学""教什么、学什么""怎样教、怎样学"以及"教得怎样、学得如何"等一系列问题。其中，教师始终注意从学生的实际出发，使师生的统一活动向有利于学生主动学习的状态发展，使学生的学科核心素养水平向更高的层次转化、发展。

在化学教学中，每位教师都会自觉或不自觉地遵循一定的理论和理性原则设计各项教学活动、解决各种问题。为了提高自觉性、减少盲目性，需要树立正确的教学观，正确认识并运用化学教学的一般理论和方法，切实把握教学诸因素间的相互联系和整体功能，以达到优化教学过程的目的❶。

---

❶ 刘知新. 化学教学论［M］. 2 版. 北京：高等教育出版社，1997：42.

第一节　化学教学的理论基础

化学教学本质上是一种有目的的实践活动，遵循一定的理论、规律。"没有理论指导的实践是盲目的实践。"作为"一种特殊认识过程"的化学教学实践，既有其特殊的规律，也受一般认识规律的制约，同时遵循一般的教育学原理。

📖 案例分析

【案例 5-1】　"原电池"（高中化学必修）教学片段❶

【情境引入】

【化学史实 1】伽伐尼解剖青蛙实验：①用 1 个铜钩插入死青蛙的脊髓中，再挂在铁栏杆上，当青蛙腿碰到铁栏杆时，就发生颤抖；②将青蛙放到铜制的解剖盘里，当解剖刀接触蛙腿时，蛙腿发生抽搐。伽伐尼得出结论：青蛙自身肌肉和神经里的"生物电"是抽搐的原因。

【化学史实 2】意大利物理学家伏打提出了疑问：为什么只有青蛙腿和铜器、铁器接触时才发生抽搐？他做了以下实验①将青蛙腿放在铜盘里，用解剖刀去接触，蛙腿抽搐；②将青蛙腿放在木盘里，用解剖刀去接触，蛙腿不动。据此，他推翻了伽伐尼"生物电"的结论。

【化学史实 3】伏打又进一步实验：①用 1 块金币和 1 块银币顶住舌头，用导线将二者连起来，舌头就感到了苦味；②1793 年，伏打用浸过食盐水的 1 片湿布夹在银、锌两个金属片之间，产生电流。

【提出问题】伏打为什么能推翻伽伐尼的结论？根据以上史实，可以推测出什么结论？如何验证你的推论是否正确？

【推理假设】伏打用一系列的实验推翻了伽伐尼的结论。根据伏打的实验可以推测活泼性不同的金属间通过电解质溶液相连可以产生电流。

【实验探究】①将铜片和锌片互不接触插入稀硫酸中，观察现象；②将铜片和锌片插入稀硫酸中，用导线连接，再在导线间接入电流表，观察现象。

【获得结论】该装置将化学能转化为了电能，该装置叫作原电池。

【分析讨论】工作原理是什么？……

【获得结论】原电池的本质是两个电极上分别发生了氧化还原反应。

……

分析以上教学案例，思考：

① 教师提供化学史实的目的是什么？

② 教师让学生进行实验探究的目的是什么？

③ 学生获得知识的过程与科学家的认识过程有何相通之处？

---

❶　张玉彬. 让科学探究成为化学课堂教学的核心——以"化学能与电能"教学为例［J］. 化学教育，2015，36（13）：25-28.

一、辩证唯物主义认识论

认识论是关于人类认识的起源、内容和发展规律的哲学。马克思主义哲学总结了人类在这方面已经获得的优秀成果，形成了科学的认识论。化学教学活动中存在着大量的认识活动，如何使这种认识活动更加有效和科学，需要以辩证唯物主义认识论为依据。主要观点如下。

（一）实践是人类获得认识的重要途径

认识是人脑对客观世界的反映，是通过人们改造世界的能动的实践活动获得的。人类对客观世界的认识要经历一个从不知到知、从认识不深刻到比较深刻的逐步发展的辩证过程。生产实践、处理社会关系的实践和科学实验是实践的三种基本形式，它们是相互联系、相互促进、共同发展的。科学研究和教育都是有目的的实践活动，人在实践中才成为认识主体，作为认识主体的人也随着实践发展而发展。如在化学教学活动中，教师的专业发展必然是在教学实践中通过对实践的认识不断深入而实现的。学生则以在实验、观察等实践中获得的感性认识为基础，通过比较、分析、归纳、综合等科学理性认识才能获得对化学世界的认识，同时获得关键品格和正确的价值观，从而获得发展。

（二）科学的认识是感性到理性到再实践的"飞跃"过程

科学的认识路线是由实践到认识，再由认识到实践，按照"实践、认识、再实践、再认识"这种形式循环往复，一步步深化和提高。在认识的辩证运动过程中，认识的能动性表现为认识的两个"飞跃"，即由感性认识到理性认识的"飞跃"，由理性认识到实践的"飞跃"。认识的来源和基础是实践，认识的一般规律，即由感性认识而能动地发展到理性认识，又由理性认识而能动地指导实践。辩证唯物主义认识论把教学当作"自有其客观规律的过程来研究。教学就其本质或主要内容而言，乃是教师把人类已知的科学真理，创造条件转化为学生的真知，同时引导学生把知识转化为能力的一种特殊形式的认识过程。"❶

例如，在案例 5-1 中，通过化学史实再现电池的发明过程，不仅提供给学生初步认识电池的感性材料，还将原电池装置构成的要素条件隐含其中，学生通过对这些材料进行比较分析从而推理出"活泼性不同的金属间通过电解质溶液相连可以产生电流"这样的科学假设，再通过实验收集证据进一步的验证假设从而获得结论。在师生共同分析获得"原电池的工作原理"及"装置要素"后，学生还可以利用某个"氧化还原反应"来设计反电池。这就是一个完整的由感性认识到理性认识，再由理性认识到实践的对"原电池"认识不断深化的过程。

二、自然科学方法论

（一）自然科学方法论与化学教学

自然科学方法论是关于科学认识的一般过程和方法的理论，是联结哲学和自然科学的一条纽带。辩证唯物主义认识论作为认识世界和改造世界的认识工具，总要通过一定的科学研究方法来具体实现它对自然科学的指导作用。作为一种特殊认识过程的化学教学，必

---

❶ 胡克英．教学论若干问题浅议［J］．教育研究，1979（3）：17-24.

然要用到自然科学方法论才能遵循认识规律，从学科特征和教学特征的要求出发，具体解决教学实践中的各种问题。

一般地说，化学教学总是从学生已经获得的知识和经验出发，引导学生从观察具体物质和现象开始，先经过感性认识再到理性认识，进而通过实践活动去运用化学知识、解决认知矛盾、发展认识能力等。在这个认识过程中，需要自然科学方法论的指导，如让学生观察、实验、记录和处理数据、进行科学抽象，运用比较和分类、分析和综合、推理和判断等逻辑思维方法获得结论等。在化学教学中，要创造条件让学生自己动脑、动口和动手，运用各种方法将化学科学知识转化为自己的认识活动成果，发展自己的能力。

因此，2017版2020修订高中化学课标在教学建议中不仅要求"充分认识化学实验的独特价值，精心设计实验探究活动"，还要求"创设真实且富有价值的问题情境"。真实的STSE问题和化学史实等有价值的情境素材，为学生的化学实践提供了感性认识材料，这些材料中所蕴含的具体问题解决任务，促使学生查阅文献、设计方案、进行实验探究等，在问题解决的实践活动中促进学生的学科认识、学科素养不断发展。

（二）化学教学中的科学方法

从古代实用化学一直到17世纪波义耳把化学确立为科学为止，观察和实验一直是化学研究的主要方法。虽然到了近代乃至当代，化学的飞速进步已经产生了各种新的方法，但时至今日，观察和实验的方法仍然是化学工作者不可缺少的方法手段。从一定意义上可以说，没有观察实验，就没有化学[1]。学生的化学学习也需以观察和实验为基础。所以，化学教学中需要按照科学方法提供的思维步骤或操作步骤组织教学过程，使学生受到科学方法的熏陶[2]。

1. 经验认识科学方法

（1）观察方法

观察是获得一切知识的首要步骤，也是化学学习中直接获得感知对象的信息的一种最基本的科学方法。化学实验中观察的内容包括物质的状态、颜色、气味、熔点、沸点、溶解度、挥发性、酸碱性，化学变化中的物质的能量变化、质量变化、颜色变化、沉淀或气体的生成等。另外，教学中的一些直观辅助材料如图表、数据、模型等也需要观察。

 案例分析

【案例5-2】　人教版九年级化学教材上册"课题1 物质的变化和性质"的方法导引

> **方法导引**
>
> 做化学实验时，应该重点观察试剂（如水、胆矾、石灰石）的颜色、状态、气味等在实验前后发生的变化，思考为什么发生变化。

---

[1]　[美]帕迪利亚. 科学探索者：化学 [M]. 盛定国，译. 杭州：浙江教育出版社，2004.
[2]　刘知新. 化学教学论 [M]. 2版. 北京：高等教育出版社，2001：90-95.

试分析：为什么刚进入初中化学学习，教材就通过醒目的栏目设置引导学生学会观察？你将如何设计教学过程以达到教材如此编排的目的？

（2）实验和实验条件控制方法

以实验为基础的学科特征决定了学生的化学知识必须依赖实验手段，通过科学观察和积极思维而获得。无论哪种实验，都是由实验者、实验对象和实验手段3个基本要素构成的。教师和学生是实验者，也是实验的主体，是变革实验对象的首要因素。实验者的理论水平和操作技能水平直接关系着实验的成败和效果。实验对象是被教师或学生变革的物质对象，是为学生提供感性认识材料或检验假说、验证知识的，是使学生获得所需信息的物质基础。实验手段是由实验仪器和设备等物质实体所组成的，它是认识主体的感觉器官和思维器官的延长。在实验过程中，实验主体把自己变革实验对象的主观意图，通过实验仪器和设备传递给实验对象，使实验对象得以发生物理的和化学的变化，使物质的属性和变化规律得以显现出来，从而为学生提供感性认识材料，或获得实验证据以验证假说。

实验条件是物质变化必不可少的外在因素，物质的性质往往只有在一定的实验条件下才能显现出来，实验条件不同发生变化可能不同，如单质碳在常温下稳定，在高温下才具有还原性。当然，实验条件不是独立起作用的因素，它是通过物质的本质属性、物质的内部组成和结构而起作用的。实验条件的控制是指为使实验对象发生某种变化，实验者对影响实验的实验对象发生变化的各种外部因素给予人为控制的科学方法。外部因素主要有：温度、催化剂、试剂状态、试剂形状、试剂用量、仪器、设备、实验操作步骤和方法等。化学教学中实验条件控制的主要目的在于使实验安全、简易、快捷、成功，为学生提供所需要的感性材料。有时为了达到某种研究目的，其他条件不变的情况下，分次改变其中一个因素进行实验，通过分析比较可得到该因素对化学反应和物质性质的影响。

案例分析

【案例5-3】 化学反应速率的影响因素（选自苏教版化学必修第二册）

化学反应速率的影响因素

1. 完成下列实验，分析影响H_2O_2分解反应速率的因素，填写表6-1。

【实验1】取两支试管，各加入5 mL 4%的H_2O_2溶液，用药匙取少量MnO_2粉末，加入其中的一支试管内，观察并比较两支试管中气泡生成的快慢。

【实验2】取两支试管，各加入5 mL 12%的H_2O_2溶液，将其中一支试管水浴加热，观察并比较两支试管中气泡生成的快慢。

【实验3】取两支试管，分别加入5 mL 4%、5 mL 12%的H_2O_2溶液，再各加入2滴0.2 mol·L^{-1} $FeCl_3$溶液，观察并比较两支试管中气泡生成的快慢。

表6-1 过氧化氢分解实验

实验序号	实验现象	实验结论
实验1		
实验2		
实验3		

2. 取两支试管，向其中一支加入约5 g块状大理石，另一支加入约5 g粉末状大理石，再各加入5 mL 4 mol·L^{-1}盐酸，观察并记录实验现象。

研读以上教材，完成以下任务：

（1）基础实验"1"中的实验 1、实验 2、实验 3 以及基础实验"2"分别控制的什么实验条件？从中可得到什么结论？

（2）试设计出你进行该部分教学的主要环节。

（3）数据处理的方法

在化学实验中所获得的现象或数据（包括质性数据或量化数据）较多时，为便于进行数据分析获得结论，往往采取表格法或线图法进行处理。表格法是把观察到的现象或数据整齐、有序地归纳在一个表格中，能够较容易看到各数据间的联系和变化规律性。如案例 5-3 中，通过表格数据，学生很容易归纳出催化剂、温度和浓度是影响化学反应速率的因素。线图法常用于处理两个相关物理量，以揭示这两个量之间的相互联系和变化规律。线图法一般是在表格的基础上对两个相关物理量的再处理。它的长处是直观、鲜明，能从图中找出未测数据。

📖 案例分析

【案例 5-4】 溶解度数据及其表示方法（选自人教版九年级化学下册）

用实验的方法可以测出不同温度时的溶解度，如表 9-1 所示。

表 9-1　几种物质在不同温度时的溶解度

温度/℃		0	10	20	30	40	50	60	70	80	90	100
溶解度/g	NaCl	35.7	35.8	36.0	36.3	36.6	37.0	37.3	37.8	38.4	39.0	39.8
	KCl	27.6	31.0	34.0	37.0	40.0	42.6	45.5	48.3	51.1	54.0	56.7
	NH₄Cl	29.4	33.3	37.2	41.4	45.8	50.4	55.2	60.2	65.6	71.3	77.3
	KNO₃	13.3	20.9	31.6	45.8	63.9	85.5	110	138	169	202	246

◉ 探究

溶解度曲线

1. 用纵坐标表示溶解度，横坐标表示温度，根据表 9-1 所提供的数据，在图 9-11 的坐标纸上绘制几种物质的溶解度随温度变化的曲线——溶解度曲线。

2. 从绘制的溶解度曲线上，查出上述几种物质在 25 ℃和 85 ℃时的溶解度。

图 9-11　绘制溶解度曲线

试分析：（1）以上教材编写的目的是什么？

（2）利用该素材你会如何教学？

（3）写出简要的教学过程。

2. 理论思维方法

科学研究的任务在于通过感觉而达于思维，以揭示事物的本质和规律。这需要经由实验和观察，搜集丰富的事实材料，并进行思维加工。在这个过程中，就需要运用比较和分类、归纳和演绎、分析和综合等基本逻辑方法，以及科学抽象、科学假说、模型认知等基本理性方法。

（1）基本的逻辑方法

① 比较、分类和类比。比较，是辨别异同、区分事物之间的相同点和不同点的逻辑方法。化学领域中各种化学物质普遍存在的个性与共性，是人们进行化学比较的客观基础。如通过比较，人们区分了元素、原子、分子等不同的物质形态和物质层次，发现了不同层次不同类型的化学反应等。分类是按属性异同将事物区分为不同种类的逻辑方法，比较是分类的基础。

物质世界丰富多彩、变化万千，无法一个个地研究。因此，科学家通常进行归类研究，以把握规律性，提高研究的效率。进行分类时，人们往往通过比较事物间的相似性，把某些具有共同点或相似特征的事物归为一类。同一类物质在组成和性质方面往往具有相似性，同一类反应往往具有共同的规律。2017 版 2020 修订高中化学课标"主题 2：常见的无机物及其应用"内容要求 2.1 中就体现了对"分类"的学习要求："认识元素可以组成不同种类的物质，根据物质的组成和性质可以对物质进行分类；同类物质具有相似的性质，一定条件下各类物质可以相互转化……"

与比较和分类方法联系紧密的另一种逻辑方法是类比推理。类比是根据两个（或两类）对象之间在某些方面的相同或相似点从而推断出它们在其他方面也可能相同或相似的一种逻辑推理方法。其逻辑形式如下：因为 A 对象具有属性 a、b、c、d，B 对象具有属性 a、b、c，所以 B 对象也可能具有属性 d。化学史上，从太阳行星模型类推到"原子行星模型"、从原子轨道类推到分子轨道、从原子轨道的对称性类推到分子轨道的对称性等，都是采用了一系列的相似和类推的类比方法。我们学习新知识时，若选取熟悉的知识或经验作为类比对象，这称为类比的源域，简称类比物，欲学习的新知识称为类比的目标域，简称目标物。类比物和目标物通过共同或相似的属性连接在一起。如在学习二氧化硫的性质时，与同属于酸性氧化物的二氧化碳进行类比，可以推理出二氧化硫可能具有的化学性质。当然，类比推理的结果具有猜测性、或然性，其结论需要进一步的证据证明。

📖 案例分析

【案例 5-5】　"SO_2 的化学性质"教学片段[❶]

研读以下教学片段，分析该教学过程体现了怎样的逻辑思维方法？

【情境与问题】观看"火山喷发"视频，提醒学生注意观察火焰颜色，回忆初中所学过的在空气中燃烧产生淡蓝色火焰的物质，引出 SO_2，提问：SO_2 具有怎样的化学性质呢？在初中时我们曾经学过一种物质，在组成上与 SO_2 相似，由此，你有什么启发？

【推理与假设】CO_2 与 SO_2 在组成上相似，都是非金属氧化物。回忆 CO_2 的化学性质，完成表 5-1，若 SO_2 具有类似的化学性质，则我们可以设计怎样的实验来获得证据？

【收集证据】①设计并完成实验：a. 往集满 SO_2 的塑料瓶中加入少量水，振荡，用 pH 试纸检验其酸性；b. 将二氧化硫通入澄清石灰水中，观察是否有白色沉淀；c. 将盛有 H_2S 的集气瓶与盛有 SO_2 的集气瓶瓶口对接后抽去玻璃片，观察现象。②实验现象：a. 塑料瓶迅速变瘪，pH<7；b. 生成白色沉淀；③瓶壁有黄色固体生成。

---

❶ 张旭东，杨玉琴. 浅析"证据推理"在元素化合物探究教学中的应用 [J]. 化学教学，2019（4）：45-49.

表 5-1　CO_2 的化学性质与实验证据

CO_2 的化学性质		实验证据
具有酸性氧化物的性质	$CO_2 + Ca(OH)_2 \rightleftharpoons CaCO_3\downarrow + H_2O$	将 CO_2 通入澄清石灰水中，澄清石灰水变浑浊
	$CO_2 + H_2O \rightleftharpoons H_2CO_3$	CO_2 不能使干的石蕊纸花变红，能使潮湿的石蕊纸花变红
具有氧化性	$CO_2 + C \xrightarrow{\Delta} 2CO$	高炉炼铁中生成 CO 的化学反应

【证据与推理】①推理：相关证据支持了 SO_2 与 CO_2 具有相似化学性质的假设；②结论：a. SO_2 是酸性氧化物，具有酸性氧化物的通性；b. SO_2 具有氧化性，因为 SO_2 中硫元素化合价可降低。

【进一步的探究】SO_2 作为酸性氧化物，能否与碱性氧化物反应？具有氧化性的原因是在化学反应中硫元素化合价从 +4 价降低到 0 价，那么有没有从 +4 价升高到 +6 价即表现为还原性的可能性？……

案例 5-4 以 SO_2 与 CO_2 在组成上具有相似性作为类比推理的前提提出假设，再设计相应实验进行证明。这种方法适用于结构相似、组成相似或类别相似的元素化合物的学习，如单质 Si 与 C 之间的类比、金属镁与钠的类比、SiO_2 与 CO_2 之间的类比等。当然，类比并不存在严格的必然的逻辑法则和逻辑通道，因此所得的结论不一定可靠。类比的双方虽然具有数个相同或相似的属性，但类推出的下一个属性可能正好是双方的差异点，从而使推理结果失真，这就是类比推理的或然性。如 HCl 气体的制备可以用固体 NaCl 和浓硫酸通过复分解反应制得，运用类比思维推出制 HBr、HI 气体也用固体 NaBr 和 NaI 分别与浓硫酸反应就是错误结论。正因如此，推理的结果只有获得相应证据的支持才能称为科学的结论。

② 分析和综合。分析就是把对象的整体区分为各个部分、方面、层次、因素并逐一进行考察。自然界中的任何事物都具有复杂的构成，它们总是由不同的部分、方面或因素组成的，为了全面认识，必须把事物或过程分解为各个部分加以详细考察，即运用分析的方法。例如，波义耳为了搞清楚气体的运动规律，他以一定质量的气体在温度不变的情况下，置于不同压力下，逐一考察体积的变化。由于他把这个运动变化的过程分解为各个部分给予定量描述，结果发现了气体的压强（p）和体积（V）成反比的定律，即 $pV =$ 常数，此常数的数值取决于气体的温度和分子数。他还将当时习用的化合物定性分析系统化，引入"化学分析"这一名称，开创分析化学的研究方向。

综合就是把人们对于研究对象的各个不同部分、方面、层次、因素的认识组合起来，以形成关于研究对象的统一整体的认识。例如，经过长期的分析研究，人们发现了许多化学元素以及它们的特性，在此基础上，门捷列夫运用综合方法，将化学元素的原子量与元素性质之间联系的规律性揭示出来，即发现了元素周期律，为现代物质结构理念的诞生奠定了基础。

③ 归纳和演绎。归纳的基本过程是"个别到一般，由事实到概括"。在化学教学中，

有许多化学概念、原理、法则、规律都是通过归纳法概括得来的，如质量守恒定律、金属活动性顺序等，都是通过全面地搜集各种经验事实，然后对这些事实进行分析、比较、综合，最后归纳出规律。

演绎推理是由"一般到个别，从理论到新的事实"。例如，元素周期律假说的提出，元素周期表中的周期、族、区的划分，都是归纳的结果。对元素周期律及周期表中的周期、族、区中的个别元素性质的论证方法则是演绎推理。

 **信息链接**

2022 版初中化学课标"科学思维"内涵

"科学思维"是在化学学习中基于事实与逻辑进行的独立思考与判断，对不同信息、观点和结论作出的质疑与批判，提出创造性见解的能力与品格；是从化学视角研究物质及其变化规律的思路和方法，是从宏观、微观、符号相结合的视角探究物质及其变化规律的认识方式。

"科学思维"主要包括：在解决化学问题中所运用的比较、分类、分析、综合、归纳等科学方法，基于实验事实进行证据推理、构建模型并推测物质及其变化的能力，在解决与化学相关的真实问题中形成的质疑、批判能力和创新意识。

（2）基本的理性方法

① 科学抽象方法。科学抽象就是从大量的感性材料中，概括总结出反映事物本质和规律性的一种思维方法。我们常说透过现象看本质，就是要靠科学抽象，对大量的感性材料和直观现象进行思维加工以揭示事物的本质。科学抽象不论在科学认识中还是在化学教学中都具有重要意义。在化学教学中，学生在观察和实验的基础上获得大量的感性认识材料，但认识不能停留在感性认识阶段。感觉只能反映事物的现象，思维才能把握物质的共同的、本质的属性，这是更深刻的认识。科学抽象是达到这一目的重要方法。化学教学中的科学抽象可分为表征性抽象和原理性抽象两大类。

表征性抽象是以可观察到的物质现象为直接起点的一种初始抽象。如通过实验观察到：盐酸能使石蕊试液变成红色、硫酸能使石蕊试液变成红色、醋酸能使石蕊试液变成红色等一系列实验事实。经抽象概括，得到的认识是：酸能使石蕊试液变成红色。由此可见，表征性抽象撇开了事物的个性，抽取的是事物的某种共同的表面属性。

原理性抽象是在表征性抽象基础上形成的一种深层抽象，它所把握的是事物的因果性、本质和规律性。如在对盐酸、硫酸、醋酸等具体酸的分子结构以及它们在水中电离的情况进行分析、比较之后，了解到它们在水中都能电离产生氢离子，这是酸的本质属性。H^+ 是使酸具有许多共性（使指示剂变色、与碱或酸性氧化物反应生成盐和水等）的根本原因。又如，元素周期律、平衡移动原理等理论知识，都要经过这种科学抽象过程。

大多化学概念、化学定律和原理，都是在取得充分、可靠的实验事实材料基础上，经过科学抽象才获得的。为了使学生掌握充分可靠的材料，最重要的是让学生有更多的机会去亲自进行观察和实验，以获得实际的、具体的感性材料，如此才有可能达到科学的抽象；还要让学生学会运用思维规律和方法进行科学抽象。科学抽象的过程是运用正确的理论思维对感性材料进行逻辑加工的过程。化学教学中，学生学到的化学概念、定律、原理和理念，都是在教师引导下运用正确的思维方法（如比较、分类、归纳、概括、分析和综合等）进行抽象的结果❶。

交流讨论

> 回溯案例4-4，研究读课例文献中"溶液"概念的教学过程，说一说老师采用了哪些教学方法？让学生经历了哪些科学抽象过程形成此概念？

② 科学假说方法。科学假说是科学研究的一种重要方法。它的特点是根据已知的科学事实，通过逻辑推理后得出假定性结论，这个结论有待于检验和证明。任何科学理论，都是先提出假说，再经过检验证明后，才上升为理论的。所以，恩格斯说："只要自然科学在思维着，它的发展形式就是假说。"❷

学生学习的是前人已经证明了的化学知识。在化学教学中运用假说方法，让学生像科学家那样经历科学事实和客观规律的发现过程，可以最大限度地调动学生的学习主观能动性和积极性；能够更有效地培养学生的科学思维能力和发挥学习中的独创精神；能够提高学生的学科素养，为毕业从事相关工作奠定科学方法的基础。

案例分析

【案例5-6】 乙醇分子结构的探究（高中化学必修）

研读以下教学片段，分析化学教学中的"科学假说"一般要经历哪些过程？

【教师提问】酒精可用来消毒，酒精是乙醇的俗称。已知乙醇的分子式为 C_2H_6O，那它的结构又是怎样的呢？

【教师提示】同学们看一看该分子是不是有点似曾相识？

【学生】比乙烷分子多了一个氧原子

【教师提问】请同学设想在乙烷分子中插入一个氧原子会是什么情况？有几种可能？

【学生活动】学生分别在纸上画出可能的结构。

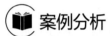

【教师提问】怎样证明乙醇的分子结构是Ⅰ式还是Ⅱ式？

【教师提示】仍然要从我们熟悉的部分切入，Ⅰ式中有一个部分与我们以前学的哪个物质相似？

【学生回答】H—O—H

---

❶ 刘知新．化学教学论［M］．2 版．北京：高等教育出版社，1997：129-134.
❷ 恩格斯．自然辩证法［M］．于光远，译．北京：人民教育出版社，1984：117.

【讨论实验方案】类比水的结构，利用金属钠与乙醇的反应来证明。

【分组实验】

实验步骤	实验现象	实验结论或解释
(1)观察钠的保存方法	钠沉于煤油(多种烷烃的混合物)中	钠不能置换烷烃分子中与碳原子直接相连的氢
(2)取小块金属钠,擦干表面的煤油,置于盛有 $1\sim2mL$ 的无水乙醇中,观察,收集气体,点燃	有气体产生,气体能够燃烧	乙醇中有不与碳直接相连的氢原子

【学生汇报结论】因为金属钠不能置换烷烃分子中与碳原子直接相连的氢，所以只能是 I 式。

化学方程式：$2CH_3CH_2OH+2Na \longrightarrow 2CH_3CH_2ONa+H_2\uparrow$

化学教学中运用假说方法，一般要经历以下主要过程：①提出问题；②根据已有的知识和事实，提出可能的假说；③利用实验或其他科学方法收集证据，验证假说；④获得结论。可见，科学假说实质上就是一个科学探究的过程。利用此方法时，教师需要精心设计：第一，结合具体内容，将假说的提出建立在学生的"最近发展区"内，即学生头脑中具有与"问题"相关的知识和经验，能对"问题"提出合理的假设；第二，给予学生必要的启发与提示，如案例 5-5 中，教师用"该分子是不是有点似曾相识？""请同学设想在乙烷分子中插入一个氧原子会是什么情况？有几种可能？"等提示性问题，引导学生积极思考，大胆设想，作出合理的推断；第三，引导学生进行实验设计，收集验证假说所需要的证据；第四，引导学生对所获得的证据进行分析推理，获得结论。科学假说方法是培养"科学探究""证据推理"等学科核心素养的重要方法。

③ 模型方法。在英文中，模型（model）一词来源于拉丁文的 modulus，意思是尺度、样本、标准。在自然科学研究中，当客观对象并不能直接研究时，在进行了一定的观察、实验和对所获得的科学事实进行初步的概括之后，常常要利用想象、抽象、类比等方法，建构一个简化的又能集中反映客体本质关系的模型，并通过对模型的研究揭示原型客体的形态、本质和特征，此即模型方法。科学家的工作目标之一就是理解自然世界是如何运作的，当研究对象太大或太小，现象出现太快或太复杂时，科学家则会借助于模型进行预测、解释及发现科学理论。化学的特殊性在于其研究层次是分子、原子等所构成的微观领域。分子、原子是具有抽象性和不可观测性的原型，因此，化学家需要建构模型来表示并反映现象的主要特征及相互联系，揭示变化的过程❶。

 **信息链接**

模 型 认 知

2017 版 2020 修订高中化学课标"课程目标"中的"模型认知"要求：能认识化学现象与模型之间的联系，能运用多种认知模型来描述和解释物质的结构、性质和变化，预测

---

❶ 杨玉琴，倪娟. 证据推理与模型认知：内涵解析及实践策略［J］. 化学教育（中英文），2019，40（23）：23-29.

物质及其变化的可能结果；能依据物质及其变化的信息建构模型，建立解决复杂化学问题的思维框架。

基于课程标准要求，结合当前中学化学教学实际，可以从化学模型（科学模型层面）和认识模型（认知心理学层面）两个视角来理解模型方法❶。

a. 化学模型：化学很多基本规律和基本理论的建立，往往都是以能揭示事物本质特征的某种简化模型为基础的，化学的发展过程从某种程度上可以说是一个不断建立模型、运用模型和修正模型的过程。例如，科学家为了揭示原子结构的奥秘，先后提出了"实心球""葡萄干蛋糕""行星式""电子云式"等原子模型，从而不断深化了对原子结构本质的认识；为了解释化学变化的本质及其能量变化，化学家提出了活化分子有效碰撞理论模型；为了研究气体的行为提出了理想气体模型；等等。创建能够解释真实世界之现象的模型，是从事科学活动的核心素养；学生积极参与建模活动，是化学学习的重要组成部分。

化学教学中的化学模型，根据其研究对象可分为：①微粒结构类，这类化学模型中表达的要素有微粒的构成、空间结构、相互作用等，如电子式、电子云、分子结构模型、晶体结构模型、氢键结构模型等；②变化过程类，这类化学模型中表达的要素有变化的条件、变化的原理、变化后的产物等，如化学平衡状态、钢铁吸氧腐蚀模型、钢铁析氢腐蚀模型等；③结构与变化的关系类，这类化学模型主要表达结构与变化关系的规律，如元素周期律、有机物分子中基团之间相互影响理论等。

b. 认识模型：化学认识模型是指导学生学习化学知识、研究化学问题的一种系统化思维模式，可在"研究什么、怎么研究、要完成哪几类任务、从哪些角度研究"等方面为学生提供策略性指导。化学教学中，面对知识繁多、问题关系复杂、研究过程曲折的实际，对各个领域进行"认识的系统化加工"显得特别重要。用模型化方法处理化学认识发生和发展的过程，提取其中认识要素和规律，用该领域中的核心知识、重要认识角度和思路、主要任务类型、认识发展进阶等建构化学认识模型，并基于此开展学习和研究活动是促进思维发展的重要途径。图 5-1 所示为中学阶段电化学认识模型。

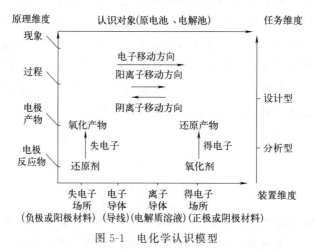

图 5-1　电化学认识模型

❶　陈进前. 理解"模型认知"素养的不同视角 [J]. 课程・教材・教法，2020，40（4）：108-113.

作为化学学科核心素养的"模型认知"，一是基于化学模型的认知，即通过化学模型，识别研究对象的组成要素及要素间的关系，通过化学模型理解事物及其变化的本质特征和规律，再使用化学模型描述、解释现象，预测性质与变化等；二是基于化学认识模型的认知，在认识研究对象的本质特征、构成要素及其相互关系的基础上，构建化学认识模型，为解决复杂问题提供思考框架，形成解决问题的思路与方法。

总之，上述自然科学方法论中所涉及的方法，既是科学研究的重要方法，也是化学学习的重要内容和方法，同时，还是教师进行化学教学的重要方法。教师在教学中要深入钻研教材内容，挖掘内容背后的方法要素，做到教学方法与科学方法有机结合，积极创设运用科学方法进行教学的条件，使学生有更多的机会受到科学方法的训练。

三、探究教学理论

一般教学理论（普通教学论）与化学教学理论有着密切的联系。20世纪后半叶，各种教学理念蓬勃发展，其中不少理论产生了较大影响，如布鲁纳的认知结构教学论、奥苏贝尔的认知同化教学论、布卢姆的掌握学习教学论、加涅的信息加工教学论、罗杰斯的非指导性教学论、苏霍姆林斯基的个性全面和谐发展教学论，以及巴班斯基的教学最优化理论、建构主义教学论、情境认知论等。它们对化学教学产生了较大的影响，成为化学教学的理论基础。每种教学理论都有其合理成分，"取其所长，为我所用"是化学教师在面对众多教学理论时的态度。我国第八次课程改革以来，"探究教学"成为教学改革的主旋律。所以本部分内容着重对探究教学相关理论做一些探讨。

探究教学是指学生在教师指导下，以类似科学研究的方式去获取知识的一种教学形式。考察中外教育史可以发现，含有探究成分的教学活动自古有之。然而，对探究教学的系统研究则始于20世纪初期，此后，探究便成为科学教学的中心议题，在课堂中落实探究教学也一直是许多教育工作者尤其是科学教育工作者所努力实现的一个目标。

（一）探究教学的主要观点

1. 杜威的"探究教学"思想

美国著名哲学家、教学家杜威（John Dewey）在《我们如何思维》一书中论述了探究的本质及阶段。他认为探究在本质上是一种反省思维，即对任何一种信念或假设的知识进行的积极、持续、审慎的思考，而支持这种信念或知识可能得出的进一步结构，便是这种思考的依据。这种思维具体而言可分为以下五个阶段：①出现一个问题情境；②将起初的疑难明确为一个有待解决的问题；③提出解决问题的种种猜想；④判断各种假设的含义和结果，从中选择最可能解决问题的假设；⑤投入解决问题，证明假设。杜威认为，科学发明和发现实际上都是按照这个过程进行的，因此，他把这五个阶段称为"科学方法"或"实验方法"，并指出科学研究并非是科学家的特权，因为所有思维都是研究，所有研究尽管其结果可能已为他人所知晓，但对于研究者本人而言都是创造性的。学生的研究也是如此。

杜威认为教学活动的要素与思维的要素是等同的，并依据思维的五阶段提出了相应的探究教学程序：第一，学生要有一个真实的经验的情境——要有一个对活动本身感兴趣的连续的活动；第二，在这个情境内部产生一个真实的问题，作为思维的刺激物；第三，他要占有知识资料，从事必要的观察，对付这个问题；第四，他必须负责一步一步地展开他所想出的解决问题的方法；第五，他要有机会通过运用来检验他的想法，使这些想法意义明确，并且让他自己去发现它们是否有效。"❶

杜威对探究本质的揭示是相当深刻的，他所提出的探究教学程序也对后来的探究教学研究和实践产生了巨大的影响。对此，有学者给予很高的评价："尽管自他（杜威）以后，各类作者用问题解决、归纳法、批判性或反省性思维、科学方法或概念学习来指称探究，但从很多研究及学校教育计划来看，探究这一过程的基本要素均不出杜威当年的论述。"❷

尽管如此，杜威的探究教学理论也存在两个弱点：第一，忽视了接受学习等其他重要学习形式，缩小了教学活动范围；第二，过分强调学生的直接经验，忽视书本理论知识和教师在教学中的指导作用，易使学生陷入盲目摸索或不知所措，导致放任自流，引起教学效率的低下。

2. 施瓦布的"探究教学"思想

美国著名生物学家、教育家施瓦布（J. J. Schwab）提出，"作为探究的科学教学"（teaching science as inquiry）实际上有两个相互联系的组成部分："作为探究的科学"（science as inquiry）和"通过探究教学"（teaching by inquiry）。施瓦布强调，一方面，科学的探究本质如果不为普通大众所理解，科学的发展和社会的进步都是不可能的；另一方面，科学教育的基本途径——教学，也应是一种探究过程。因为探究过程蕴含着教育的本质：学生唯有借此才能真正了解科学知识的本质，掌握科学方法，形成科学态度与精神。这是施瓦布提倡像科学家搞研究那样学习科学即开展探究学习的两个主要理由。

施瓦布认为，探究教学包括如下五方面探究技能的发展：确定和界定问题、建立假设、设计实验、收集和分析数据、解释数据并作出有意义的结论。需遵循以下基本程序：①给学生呈现调查研究的领域和方法；②明确问题，确定研究中的困难，困难可能在于数据的收集和解释、实验的控制或推理等；③思考问题，提出假设；④思考解决困难的途径、办法或是重新设计实验，或用不同方式组织数据；⑤导出结论。他认为，唯有以科学知识为基础，在探究过程中掌握科学知识，把科学知识与探究过程相结合，才是探究教学的正确做法❸。作为探究的科学只有通过探究活动过程才能真正理解。因此他着重从教学方法和内容两个维度建构探究教学理论，把探究扩大到课程领域，推动了探究教学研究的发展。而且伴随着当时世界性的课程改革运动的影响，探究教学不仅在美国也在世界其他国家得到广泛传播。

（二）我国化学课程中的科学探究

我国《基础教育课程改革纲要（试行）》（2001）提出："改变课程实施过于强调接受学习、死记硬背、机械训练的现状，倡导学生主动参与、乐于探究、勤于动手。"由此，

---

❶　赵祥麟，王承绪. 杜威教育论著选 [M]. 上海：华东师大出版社，1981：191.

❷　胡森. 国际教育百科全书·第三卷 [M]. 贵阳：贵州教育出版社，1990：135.

❸　Lorin W·Anderson：Irtterrtatiortal Encyclopedia of Teaching arid Teacher Education [M]. Oxford：Elevier Service Ltd，1995：152.

"科学探究"成为我国化学课程实施中倡导的教学方式，并在课程理念、课程目标和课程内容中都加以突出，如表 5-2 所示。

表 5-2 化学课程标准中的"科学探究"

课程标准	课程理念	课程目标	课程内容
《全日制义务教育化学课程标准(实验稿)》	让学生有更多的机会主动地体验科学探究的过程，在知识的形成、相互联系和应用过程中养成科学的态度，学习科学方法，在"做科学"的探究实践中培养学生的创新精神和实践能力	认识科学探究的意义和基本过程，能进行简单的探究活动，增进对科学探究的体验	主题 1 科学探究：①增进对科学探究的理解；②发展科学探究能力；③学习基本的实验技能；④完成基础的化学实验
《高中化学课程标准(实验)》	通过以化学实验为主的多种探究活动，使学生体验科学研究的过程，激发学习化学的兴趣，强化科学探究的意识，促进学习方式的转变，培养学生的创新精神和实践能力	经历对化学物质及其变化进行探究的过程，进一步理解科学探究的意义，学习科学探究的基本方法，提高科学探究能力；发展学习化学的兴趣，乐于探究物质变化的奥秘，体验科学探究的艰辛和喜悦，感受化学世界的奇妙与和谐	必修主题 2 化学实验基础：体验科学探究的过程，学习运用以实验为基础的实证研究方法
《义务教育化学课程标准(2022年版)》	积极开展以化学实验为主的多样化探究活动，注重开展启发式、探究式、建构式及线上线下混合式教学，促进学生自主学习和深度学习	认识化学实验是科学探究的重要形式和学习化学的重要途径，能进行安全、规范的实验基本操作，独立或与同学合作完成化学实验项目；能主动提出有探究价值的问题，能从问题和假设出发确定探究目标，能设计和实施探究方案，能获取证据并分析得到结论，能用科学语言和信息技术手段合理表述并与同学交流探究的过程和结果；能从化学视角针对生活现象、跨学科议题进行探讨，能运用简单的工程技术方法解决与化学有关的实际问题，完成社会实践活动；在探究实践中，能根据自己的实际情况制订学习规划，开展自主学习活动，能与同学合作分享，善于吸取他人建议，评价、反思学习过程与结果，初步形成自主学习能力	学习主题 1 科学探究和化学实验：①化学科学本质；②科学探究能力；③基本的化学实验技能；④化学实验探究的思路和方法；⑤科学探究的态度；⑥学生必做实验及实践活动。
《高中化学课程标准（2017年版 2020 年修订)》	倡导真实问题情境的创设，开展以化学实验为主的多种探究活动	能发现和提出有探究价值的化学问题，能依据探究目的设计并优化实验方案，完成实验操作，能对观察记录的实验信息进行加工并获得结论；能同同学交流实验探究的成果，提出进一步探究或改进的设想；能尊重事实和证据，破除迷信，反对伪科学；养成独立思考、敢于质疑和勇于创新的精神	必修主题 1 化学科学与实验探究：化学科学的主要特征；科学探究过程；化学实验；科学态度与安全意识；学生必做实验

由表 5-2 可见，各版课程标准都将"科学探究"既作为重要的课程目标、学习内容，也作为重要的学习方式加以提倡。基于学科特征，将"化学实验"作为主要的探究方法。科学探究的一般思路和程序与杜威、施瓦布等的理论基本一致，如在 2017 版 2020 修订高中化学课标中"科学探究"课程目标其实就是根据科学探究的一般过程而规定的，且在科学探究的目标和内容中都强化了科学态度、社会责任以及安全意识的培养。2022 版初中化学课标中将探究与实践联系在一起，提出了 STEM（科学、技术、工程和社会）课程

理念与目标，强化探究的实践性以及科学学习活动的实践性。

（三）探究教学的基本要求

探究教学理论的发展，为我们正确认识和把握未来的探究教学实践提供了重要思路。根据已有研究和课程标准要求，要顺利并富有成效地开展探究教学，需要重视以下几个方面的要求。

1. 重视内容、方法和手段三种要素的结构化关系

科学研究主要涉及理论、实验和技术这三个方面，它们在研究过程中相互制约、缺一不可。其中理论总是以假设的形式对实验和技术起指导作用，实验和技术对理论起着至关重要的检验作用，而新的技术及产品又有助于提出新理论、改进实验性能。因此，在模拟科学研究开展探究教学时，也必须相应处理好教学内容、教学方法和教学手段这三方面的关系，不能因为它不是真正的科学研究活动或由于认识观念上的偏差，过分强调某一方面却忽视另一方面。如只关注科学探究的形式或过程，而不重视起假设作用的概念和原理；认为研究性学习（实则是探究学习）重过程而非重结果等。看似强调教学过程，重视学习方法，实则是要将教学方法与教学内容相分离，孤立进行探究过程技能的训练。其结果必然演变为徒有形式的机械练习或无理论指导的盲目摸索，因而需要加以摒弃。

2. 基于真实情境问题的解决

传统的知识教学课堂中，学生虽然习得了许多的规则、定义等，但在真正的社会生活或工作中遇到相关问题时却不能灵活运用。也就是说，学校所提供的课程以及作为学校文化特殊组成部分的考试并不能帮助学生有效地进入知识的真实应用领域。探究教学的最终目标是使学生习得能够迁移到其未来学习生活、社会生活或工作生活中的学科核心素养，因此，用来开展探究教学的问题必须来源于真实的生产生活或科学研究实际。而且探究教学的重要目标之一是培养学生不迷信权威，具有批判和质疑等科学精神。然而敢于质疑不等于盲目怀疑一切，而要以事实为根据，学生只有在解决真实问题的过程中，即对真实现象或学习对象进行观察和实验等实践活动中才能养成这种精神。那种脱离学生实际进行抽象技能训练的做法只会压抑学生的探索精神。20世纪中期的探究教学研究和实践表明，脱离学生的自然和社会环境的探究教学，实则是枯燥无味的"智力游戏"，会使许多教师和学生望而生畏，丧失探究科学的兴趣和热情，根本谈不上科学精神的培养。

将学科内容跟真实世界的问题结合起来，能够促使学生在知识、知识的应用与他们作为家庭成员、未来社会公民和工作者的生活之间建立联系。但在实际教学中无法将真正的实习场或实践共同体复制到学校中，所以采取某些教学手段（包括信息技术手段）呈现真实的社会情境、生活情境或科学研究活动等，使学生有可能在真实的问题解决活动中，通过观察分析、概念工具的应用以及与他人的合作等，形成科学家、数学家或历史学家等看待世界的方式和解决问题的能力（即学科核心素养），从而使学习真正有利于学生未来的社会生活。

3. 加强教师的引导和指导作用

在探究教学过程中，教师要善于激发学生学习的主观能动性，引导学生积极分析和思考，以便他们能够积极主动地从探究的一个阶段过渡到另一个阶段。探究教学的典型特征是教师不直接告诉学生与教学目标有关的知识与认知策略，而是创造一个特定的学习环

境，让学生经过探索后去亲自发现和领悟它们。它要求教师改变传统的教学方式，把重点放在创造条件、引起和激励学生的探究和发现上。但这绝不意味着教师的作用因此而有所降低，甚至无足轻重，而完全放任学生去独自探究。事实上，学生探究能力的形成与发展有一个过程，是渐进的而不是突发的，他们不可能一开始就能独立从事探究学习，仍需要教师的大量指导。因此，探究教学十分重视教师的作用，把教师看作教育的核心，要求教师在教学的各阶段加强对学生探究活动的引导。因此，教师在开展探究教学时，要善于根据学生能力水平充分发挥主导作用，处理好"扶"与"放"的关系，逐步让学生学会独立探究学习。

4. 正确看待探究教学与其他教学的关系

课程改革倡导探究教学，是因为传统教学过于强调接受学习、死记硬背、机械训练。倡导探究教学方式，并不意味着要否定其他教学方式。探究教学应是一个开放的活动系统，需在与其他教学方式的协同作用中得到不断改进。探究教学的这种要求源于探究的本质——反省思维，它要求教师对探究教学本身不断反省，以使其更加符合目的性和规律性。如此才会建立与学生不同能力水平、不同学习内容等相适应的不同探究教学方式，而不至于把探究教学或其某一模式教条化、理想化。探究教学的开放性要求我们正确看待探究教学与其他教学的关系，诸如启发式教学、项目式教学等，这些先进的教学方法都是在反对传统教学过分注重灌输知识的背景下产生的，实质上也含有"探究"的某些因素。它们都有独特之处，我们不仅不应当加以排斥，反而要善于从中汲取长处，以促进探究教学自身的完善与发展。那种认为探究教学高于一切，是一种完备或完美的教学形式，从而将其与其他教学对立起来的做法，是片面的、极端的、有害的，也有悖于探究教学的精神实质❶。

四、化学教学的一般原则

教学原则是教学中必须遵循的基本要求和指导原理。无论是哪一种教学理论指导下的化学教学，都需要遵循以下一般原则❷。

（一）教为主导与学为主体的统一

教为主导是说教师在教学中要发挥引发、维持、调控等主导作用。学为主体是说学习的主体是学生，在教学中要发挥学生的积极性和主动性。教为主导和学为主体的统一就是要处理好教师主导和学生主体的关系，在教师的精心组织下，充分发挥学生学习的主动性。教师的主导作用体现在：激发学生的学习动机、启迪学生的思维；对学生的学习方式、习惯给予指导；对学生疑难问题给予及时点拨、讲解；等等。

（二）知识结构与认知规律的统一

知识结构是知识内在的逻辑关系和合理组合。认知规律是学生学习知识与技能时客观存在的规则和定律。知识结构与认知规律的统一原则要求在化学教学中兼顾学科知识的逻辑顺序和学生的认知规律，既考虑学科知识的完整性、科学性和系统性，又考虑学生学习

---

❶ 徐学福，宋乃庆. 20 世纪探究教学理论的发展及启示［J］. 西南师范大学学报：人文社会科学版，2001，27（4）：92-97.

❷ 刘知新. 化学教学论［M］. 2 版. 北京：高等教育出版社，2001：51-57.

时的可接受性。例如，对元素周期律内容的介绍，教材一般都不把相应内容归拢在同一章或一节中；而是在介绍元素周期律之前，就有目的地安排几个主族元素化合物的知识内容，有意识地让学生发现一些周期性规律；在学生的认识中有了一定铺垫的基础上，再顺势集中地归纳出"元素周期律"并介绍元素周期表；在系统介绍完元素周期律以后的教材内容里，仍然会有某些地方涉及对该规律的回顾和应用。另外，注意理论知识和元素化合物知识的穿插，分散难点、分散需要识记的内容，在复习教学中采用知识表或结构图法、对比法、联系法和归纳法等，也都体现了重视知识结构与认知规律统一的教学原则。

（三）实验引导和启迪思维的统一

这是体现化学学科特征的教学原则。实验引导包括让学生做实验、观察演示实验、观看实验挂图和听教师讲述实验史料等，即通过实验为学生提供具体、可信的事实和感性知识。启迪思维是指要让学生在开展化学实验的同时积极思考，活跃思维，发现实验现象、实验过程与理论知识的联系，理解实验原理，不仅知道"是什么""做什么"，还要知道"为什么"，实现"看-做-想"的统一，也培养了学生的三重表征特征思维方式。

（四）掌握双基与素养发展的统一

这是在让学生掌握化学基础知识和基本技能的同时，促进学生的学科核心素养发展，为其未来发展打下良好基础。学生的素养发展需要以基础知识和基本技能为支撑；同时，学生学科核心素养的发展也会促进双基的掌握，它们之间相互依存、相互促进。例如，让学生切实掌握化学事实、基本概念、原理和规律，掌握实验技能、计算技能和运用化学用语的技能，方有可能运用这些知识和技能去解决某些简单的化学问题。也只有在学生的学科核心素养不断发展的情况下，才能为他们进一步获取新的、更广泛的基础知识和基本技能创造更好的条件。

第二节　化学教学方法与选择

化学教学系统由教师、学生、教学内容和教学手段四个因素组成，其中教学手段包括教学方法和教学物质条件。这几个因素各有其作用，组成一个有机的整体决定着教学活动的进行。在一个具体班级的教学活动中，教师和学生是固定的，教学内容（主要由课程标准和教科书决定）和教学物质条件（主要由学校条件包括媒体条件决定）大体上也可看作是固定的，只有教学方法是灵活易变的因素。化学教学根据课程标准内容要求，学生的认知水平、兴趣、爱好及学校的物质条件，选择或创造合适的教学方法，以此来保证取得好的教学效果。因此，化学教学方法是化学教师发挥聪明才智、进行创造性劳动的重要领域，是化学教学改革的活跃因素。

古今中外，对于教学方法提法众多，还有些相近的概念如教学方式、教学模式、教学策略等。由于分类的根据不同，常常是将不同类型、不同层次的教学方法范畴混在一起，不便对比研究它们的特点和使用条件。因此，有必要探溯教学方法各种概念的含义，作出必要的区分，以便在教学中设计与利用。

一、化学教学方式

教师教的方式（通常称为教学方式）是相对于学生的学习方式而言的，指在特定教学情境中，为达到一定目标、完成教学任务时经常出现的或偏爱的基本行为和认知取向，是教师连续一贯表现出来的教学策略与倾向的总和。教学方式通常基于一定的教学理论或反映一定的教学思想。

如第四章所述，对应于把学习方式分为接受式和发现式（探究式）等，教学方式可划分为灌输式、启发式和探究式。也就是说，探究式既是一种学习方式，也是一种教学方式。学生的学习方式受制于教师的教学方式。如在案例5-6中，教师让学生观察乙醇的分子式，发现其比乙烷分子多了1个氧原子，这时便产生了问题"多出来的一个氧原子是怎么插到乙烷的分子结构中的，也就是乙醇可能的分子结构是什么？"学生通过猜想、设计验证最后获得结论，这就是一种探究式的教学。而教师如果直接在黑板上写出乙醇的结构式，学生通过记住的方式获得该知识则是一种灌输式教学。

（一）灌输式

灌输式，也称注入式教学。这种教学以传授教材知识为基本价值取向，把教材视为人类知识及其他精神产品的精华，是无需检验、只需理解和记忆的"圣经"，好像只要理解了、记住了课本知识，就可以用它去应付复杂多变的实际问题。教师的主要任务是使学生掌握知识，向学生灌输知识；学生的任务就是尽可能多地接受知识，最大限度地吸收知识，学生的学习便主要成为对知识的识记过程。在灌输式教学方式下，教学成为知识的搬运，学生的头脑充塞着一个个结论，而这些结论又是无需检验和怀疑的，学生自己的探索活动极为贫乏。即使在本来是为了发展学生的操作能力和探索精神的实验课堂上亦不例外，实验课要么变成知识的验证课，抛弃了实验课的探索意蕴；要么是让学生记住实验的过程和结果，以备将来考试时能派上用场。因此，在灌输式教学中学生的思维能力得不到锻炼，在需要学生提出问题、分析问题、解决问题时，他们常常束手无策。

（二）启发式

启发式教学源于中国古代儒家的教育思想，是孔子倡导的施教原则。"启发"一词出自孔子的名言——"不愤不启，不悱不发，举一隅不以三隅反，则不复也。"关于"愤"和"悱"，朱熹给以这样的解释："愤者，心求通而未得之意；悱者，口欲言而未能之貌。启，谓开其意；发，谓达其辞。"意思是说，只有在学生努力思考却想不明白，想说却说不出口的时候，教师才给以指导和点化，开导指点或阐明事例，引起对方联想并有所领悟，明白这件事的意义。后来，人们概括孔子的教学思想，称之为"启发式"，并将"举一隅不以三隅反"概括为"举一反三"。我国的教育理论专著《学记》则提出了"喻"的概念。"故君子之教，喻也。道而弗牵，强而弗抑，开而弗达。道而弗牵则和，强而弗抑则易，开而弗达则思。和易以思，可谓善喻矣。"这句话的意思是，教师要引导，但不能牵着学生的鼻子走；要督促勉励，但不能勉强压制；要打开思路，但不能提供现成答案。这样才能使教学关系亲密和谐，使学生心情愉快、乐于学习，使学生有思考的余地。可以说，这是对启发式教学所做的十分精辟的注释。从那以后我国的传统教学中就具有了倡导启发式教学的优良传统。我国各种版本的教育学教材中也都积极倡导启发式教学,并把它当作一种教育思想和原则。

一个完整的成功的启发式教学程序主要包括:①教师提供材料或提出问题;②学生发现或思考问题,产生"愤""悱"状态;③教师适时启发;④学生获得新知;⑤学生利用新知举一反三,解决问题。如果教师的问题没有挑战性,没有激发思考的作用,就不会有启发;如果学生不能积极思考,就不会有"愤""悱"状态出现,就不能进行启发;如果教师没有抓住学生的"愤""悱"时机,或者没等到,或者错过了,都难以达到"开其意、达其辞"的效果;如果学生没有达到应用知识、举一反三的程度,启发的目的也就没有实现。由此可见,完整的启发式教学是以恰当的内容、恰当的问题、学生的主动思考以及教师的恰当启发和学生灵活运用为条件的,是一个需要系统设计和组织的过程❶。

📖 案例分析

【案例 5-7】 高中化学必修"气体摩尔体积"教学片段

请分析在以下教学片段中,教师是如何对学生进行启发式教学的?

【复习提问】通过物质的量及摩尔质量两个概念的学习,对于 1mol 任何物质有哪些量是确定的?

【学生回答】1mol 任何物质所含粒子个数都是相等的,约为 6.02×10^{23} 个;1mol 任何物质的质量以克为单位时,在数值上等于构成该物质的粒子的相对原子(分子)质量。

【教师提问】那么,1mol 任何物质的体积又该如何确定呢?

【学生回答】用质量除以密度。

【教师提问】完成表 5-3、表 5-4(注:下划线部分为空格由学生填写)。并仔细观察数据,从中你能发现什么?

表 5-3 1mol 不同物质的质量和体积计算(室温)

条件	温度:20℃			
物质	物质的量/mol	质量/g	密度/(g/cm³)	体积/cm³
Fe	1	56	7.8	7.2
Al	1	27	2.7	10
H_2O	1	18	1.0	18
H_2SO_4	1	98	1.83	53.6

表 5-4 不同温度下 1mol 不同物质的质量和体积计算

条件	温度:0℃ 压强:101kPa				温度:20℃ 压强:101kPa	
物质	物质的量/mol	质量/g	密度/(g/L)	体积/L	密度/(g/L)	体积/L
H_2	1	2	0.0899	22.4	0.0833	24.0
O_2	1	32	1.429	22.4	1.333	24.0
CO_2	1	44	1.977	22.3	1.833	24.0

❶ 杨丽,温恒福.启发式教学与对话式教学辨析 [J].教育探索,2011 (2):51-53.

【学生发现问题】从计算数据中我们发现：①相同条件下，1mol 固态、液态物质的体积是不相同的；②同温同压下，1mol 气态物质的体积大致相同；③温度不同时，1mol 气态物质的体积的值是不相同的。这是为什么呢？

【教师启发】从构成物质微粒角度考虑影响物质体积大小的因素有哪些？

【学生思考回答】微粒数目、微粒大小、微粒间距。

【教师启发】对于表 5-3、表 5-4 中的各物质，这三个因素又是怎样影响它们的体积的呢？

【师生讨论】一边讨论，一边完成表 5-5。

表 5-5　影响物质体积大小的内在因素

影响因素	固体	液体	气体
微粒数目	1mol	1mol	1mol
微粒大小	不同	不同	不同（忽略）
微粒间距	小（忽略）	小（忽略）	大

【教师多媒体展示】固体、液体、气体微粒之间的间距示意图，气体微粒间距与微粒大小关系。

【获得结论】在相同条件下，单位物质的量的气体所占的体积相同，该体积叫作气体摩尔体积，用 V_m 表示。

【教师提示】请同学们按定义写出气体摩尔体积的数学表达式以及单位。

【教师提示】刚才还有什么问题我们没有解决？你们还有何疑问？

【学生提问】为什么温度不同，气体摩尔体积不同？还有什么因素会影响气体摩尔体积？……

（三）探究式

科学探究可以是指科学领域里的探究，即科学家提出关于自然界的问题并寻求答案、深化理解的过程；也可以是指学生在科学课堂所进行的探究，即学生用以获取知识、领悟科学的思想观念、领悟科学家研究自然界所用的方法而进行的各种活动，包括观察、测量、制作、提出假设、进行实验、提出模型和交流等。可见，探究式教学实质上是将科学领域的探究引入课堂，让学生通过类似科学家的探究过程理解科学概念和科学探究的本质，并培养科学探究能力的一种特殊的教学方法。

在探究式教学中，学生不再是被动地听讲与背诵，而是一个主动、积极地发现问题与解决问题的探究者，教师则是具有反思性能力的指导者。教师在科学探究教学中是担任指导学生进行科学探究活动角色的人，教师的目标不只是大量知识的解释和灌输，更多的是要对学生的探究活动进行鼓励和指导，教师有时通过有技巧的指导而不能是替代回答从而实现学生的自身发展。正如施瓦布所指出，"教师的责任是给予学生一项艺术、一个技能，从而使学生能够借助于此自己教自己。这种艺术包括：对一个探究内容要提什么问题，何时何处提问，哪里可以找到答案。"此外，作为一名科学探究教学中的教师，由于教师需要指导学生进行探究性学习，因此他们要不断反思自己的教学过程和教育实践，他们应该是"一个对自己的教学过程进行探究的探究者"。施瓦布认为，"只有教师把课堂当作一种情境和方法来反思整个教育的时候，只有当教师把课堂当作一个实验室来将反思转化为行动并检验反思、行动和结果是否符合标准的时候，他才是一个好老师。"❶

二、化学教学方法

教学方法一般是指为达到教学目的、完成教学任务而采用的办法，它包括教师教的方法和学生学的方法，是教师引导学生掌握知识技能、获得身心发展而共同活动的方法。根据化学教学方法发展的规律以及各种方法的内在特点、功能、构成要素和适用范围，将化学教学方法划分为三级体系，如图 5-2 所示。

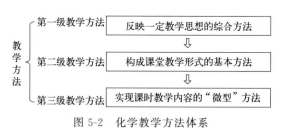

图 5-2　化学教学方法体系

（一）第一级教学方法

第一级教学方法即理论化的综合方法，它基于一定的教学思想，包含一定的教学原则、组织形式和教学思路，它是一种较高水平的教学方法体系。它是教师运用多种手法和手段的组合进行教学的行为方法，通常通过一定的教学模式体现。如启发讲授法、问题解决法、引导发现法、实验探究法、项目式教学法等等。

1. 启发讲授法

从认识论分析，启发讲授法是基于外因通过内因起作用及教与学关系的辩证处理。教学过程中根据教学内容特点和学习的客观规律，从学生的实际出发，以启发学生的思维为核心，采用多种方式调动学生的学习主动性和积极性，促使他们生动活泼地学习。正如叶圣陶所说，"教师之为教，不在全盘授予，而在相机诱导。"启发式讲授法通常运用于化学中比较抽象的概念、理论，学生难以通过自主探究发现的内容，如物质的量、物质结构理论、化学实验操作等。其教学程序通常如图 5-3 所示。如案例 5-7 中，教师在复习的基础上引入"1mol 任何物质的体积是多少"这样一个话题后，学生通过利用已有知识计算1mol 不同物质的体积发现问题，再通过一系列的师生对话启发学生思维，运用分析、综合、比较、抽象、概括等思维方法逐步揭示事物的本质。

图 5-3　启发讲授法教学程序

运用启发讲授法遵循的教学原则主要是：①善于创设引发学生思考的问题；②教师不包办学生的学习与思考，避免直接告诉学生结论；③只有在学生出现"愤悱"状态时，教师才适时点拨；④将教为主导和学为主体统一在教学过程中。

❶　Schwab J J. The 'Impossible' Role of the Teacher in Progressive Education. Science Curriculum and Liberal Education：Selected Essays ［M］. Chicago University of Chicago Press，1982.

2. 问题解决法

问题解决法是以问题解决为主线的教学方法，是在教师的引导下，"以学生为中心，以问题为基础"，学生围绕问题收集资料，通过小组讨论、合作等方法解决问题，以培养学生自主学习能力和创新能力的教学模式。通常运用于与生产、生活中常见的化学问题或与学生的经验联系较为密切的化学课题，且问题位于学生最近发展区内。其教学程序通常如图 5-4 所示。

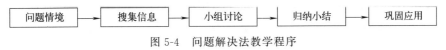

图 5-4　问题解决法教学程序

📖 案例分析

【案例 5-8】 "金属材料"（人教版九年级化学下册）教学片段❶

教师：中国高铁创造的中国速度令世界瞩目，高铁的未来建设一定有同学们的参与！结合今天的学习主题，关于高铁建设你认为需要解决什么主要问题？

学生：高铁建设要建轨道，还要造列车，金属材料必不可少，怎么选择金属材料？

【问题 1】 作为轨道建设的金属材料有哪些要求？如何选择金属材料？

【学生】 金属材料要求不易变形、能承受巨大压力、耐磨、韧性好、不易腐蚀。

【衍生问题 1.1】 金属的用途是由其性质所决定的。选择金属材料需要先了解金属的物理性质，那么金属具有哪些物理性质呢？

【分组讨论】 列举生活中常见的金属制品，说说它们主要利用了金属的哪些物理性质。

【讨论结果】 见表 5-6。

表 5-6　金属制品与所用金属的主要物理性质

金属制品	金属主要物理性质
金项链	常温下固态、金属光泽、延展性、硬度小
铜导线	常温下固态、密度大、导电性、延展性
铁锅	常温下固态、密度大、导热性、延展性
铁丝、铝箔	常温下固态、延展性
易拉罐	常温下固态、延展性、可塑性

【分组讨论】 有些金属因其特殊的物理性质而有特殊应用，请举例说明。

【讨论结果】 见表 5-7。

表 5-7　金属的特殊应用与其对应的物理特性

应用	金属的物理特性
制作温度计	汞常温为液态
制作轮船、飞机	铝的密度小
制作首饰	金有鲜艳的金属光泽
制作灯丝	钨熔点高
水龙头表面镀铬	铬硬度大

❶ 李学玲，杨玉琴，周志源，王文阁. 基于真实情境的任务驱动式学习设计——高铁建设中金属材料的选择[J]. 化学教学，2021（11）：54-59.

【引导归纳】金属的一般物理性质和一些特殊物理性质。

【衍生问题1.2】是不是了解金属物理性质，就可以根据特定用途选择材料了呢？

【分组讨论】如果你是一名高铁设计者，请根据"资料1"（见图5-5、图5-6、表5-8），选出作为轨道材料的金属。

资料1：

物理性质	物理性质比较						
导电性(以银的导电性为100作标准)	银	铜	金	铝	锌	铁	铅
	(优)100	99	74	61	27	17	7.9 (良) →
密度/(g/cm³)	金	铅	银	铜	铁	锌	铝
	(大)19.3	11.3	10.5	8.92	7.86	7.14	2.70(小) →
熔点/℃	钨	铁	铜	金	银	铝	锡
	(高)3410	1535	1083	1064	962	660	232 (低) →
硬度(以金刚石的硬度为10作标准)	铬	铁	银	铜	金	铝	铅
	(大)9	4～5	2.5～4	2.5～3	2.5～3	2～2.9	1.5 (小) →

图5-5　一些金属物理性质的比较

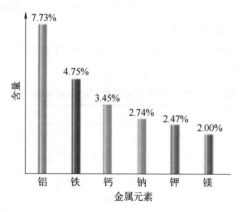

图5-6　地壳中金属元素的含量

表5-8　金属市场价格

生铁	2000 元/吨	铂金	310000 元/千克
铜	65000 元/吨	铝	21000 元/吨
锌	33000 元/吨	锡	9000 元/吨
铅	4500 元/吨	镍	300000 元/吨
银	3300 元/千克	铬	10000 元/吨

【提示】耐磨性和硬度有直接关系，硬度越大越耐磨。

【学生交流】

小组1：可用铁，因为铁价格最便宜，硬度较大，地壳中含量也很多。

小组2：可用铁，转弯处也可以用铬，因为铬硬度最大，最耐磨，虽然价格有点高，但质量第一，这样转弯处的轨道就不容易磨坏。

小组 3：可以用铁，也可以用铬，还可以用铜，铁硬度不是最大，但地壳中含量大，价格便宜，铬硬度最大，铜硬度也较大，还美观。

【评估分析】选择金属材料，不能仅依据单一因素。从硬度看，铬、铁硬度较大；从地壳资源看，铝、铁含量高；从价格看，铁价格低，铬价格高。综合多种因素，铁最合适用作轨道材料。

【引导归纳】物质的性质在很大程度上决定了物质的用途，但不是唯一的决定因素，还需要考虑资源、价格、是否美观、使用是否便利，以及废料是否易于回收和对环境的影响等多种因素。

【问题2】那用作轨道建设材料的金属铁是纯铁吗？

……

【问题3】高铁车体也需要用合金，那又如何选择呢？

……

【问题4】未来的高铁还会用到哪些材料？

……

仔细阅读上述案例，分析师生是如何解决"问题1：作为轨道建设的金属材料有哪些要求？如何选择金属材料？"的。如果你是老师，你又会如何带领学生解决上述案例中的问题2、问题3和问题4呢？将你的设想与该案例文献中老师的做法进行比较，你有何收获？

问题解决法的教学原则主要是：①教师创设最佳的问题情境是实施问题解决的关键；②注意问题之间的连续性、逻辑性，以及问题本身的思维性；③教师仍要发挥主导作用，为学生提供思维的方向，并适时提供或让学生搜索解决问题所需的信息材料；④对于学生提出的问题解决方法，教师首先要肯定学生探索未知的主动性，其次要和学生一起对不同的方法进行可行性和最优化的分析比较，在此过程中对学生的思维进行整理、深化。

📋 知识拓展

课堂教学中的问题结构

课堂教学中的问题结构实质上体现了学科知识的逻辑结构，表现出知识建构的历程与思路。教师根据教学目标设定的教学思路，把教学内容编设成一个个、一组组彼此关联的问题，每一个问题都成为学生思维前进的阶梯，许多问题形成一个具有一定脉络的知识链，如案例 5-8 中串联课堂的 4 个主要问题。通过这些环环相扣、步步推进的提问，引导学生的思维向知识的深度和广度发展；通过层层剖析、循序推进，让学生由表及里、由浅入深地自我建构知识体系。教师在设计问题时，除了关注问题之间的逻辑关系外，还必须兼顾各个层次的问题（如表 5-9 所示），并认识到较高水平的问题对学生高水平思维形式的意义，把学生推向"记忆"层面之上的更高认知水平，推动学生的思维发展。

表 5-9　课堂教学中不同问题水平层次

问题层次	具体内涵	思维操作	实例
记忆	对化学上的定义、公式、定理、具体事实和概念等的回忆	辨认、提取	(1)什么是氧化还原反应？ (2)氯气具有什么化学性质？
理解	用个性化的语言对所学过的知识和概念进行表述，作出合乎逻辑的解释和推断，比较和对照内容或事件的异同等	解释、示例、分类、概括、比较、说明、推断……	(1)SO_2 属什么类型的氧化物？ (2)为什么氯气具有强氧化性？
应用	将所学到的概念、原理、方法、规则等，运用到新的情境中去解决问题	联系、重新组织、预测……	(1)能否预测 SO_2 具有什么化学性质？ (2)实验室配制氯化铁溶液时通常加入少量盐酸，为什么？
分析	将材料分解为它的组成部分，确定部分与部分、部分与整体之间的关系，弄清事物间的联系或前因后果	区分、选择、分解、整合、归因……	为何碳酸氢钠、碳酸钠与相同浓度、相同体积的盐酸反应，前者的速率大于后者？
评价	依据某项标准，在诸多选择中作出最具合理性的判断。根据特定的目的对观点、方法、资料作出价值判断	判断、验证、决定、证明……	根据氯碱厂原料和产品的性质，你认为在生产过程中和贮运时应注意哪些问题？氯碱厂的厂址应如何选择？
创造	将所学知识以另一种新的或有创造性的方式组合起来，提出相异假设，完成设计任务等	假设、设计、建构、生成……	你能否设计实验探究补铁剂中铁元素的存在形式？

3. 引导发现法

引导发现法是教师提供适于学生进行再发现活动的素材，促使学生通过自己探索、尝试过程来发现知识，并培养提出问题和探索发现能力的方法。这种方法由美国心理学家布鲁纳倡导。布鲁纳认为，在教学过程中，学生是积极的探究者，教师的作用是要创设一种学生能主动探究发现的情境，而不是提供现成的知识。

引导发现法一般按照下面的程序进行教学：①创设特定的情境，即提出与解决问题有关的某些条件，以激发学生认知上的矛盾；②提出要解决的问题；③学生自己作出解决问题的假设；④学生运用阅读、实验、观察、讨论等手段进行探索，获取验证假设所需的证据；⑤教师引导学生得出正确的结论。

引导发现法一般要遵循的教学原则是：①应创设适宜的情境，提供学生可探究的问题或任务；②问题或任务具有一定的挑战性，且在学生最近发展区内；③根据学生实际情况，灵活地采用恰当的方法进行引导；④教学内容要从具体到抽象，便于学生自主发现。

严格来说，问题解决法在本质上也属于引导发现法。化学教学中常用的实验探究法也是一种引导发现法。

4. 实验探究法

实验探究法是通过实验，引发学生积极思维、探索发现、学习知识、发展能力的一种教学方法。实验探究法是中学化学教学经常使用的一种教学方法。在教学过程中，把学生当作认识的主体，让学生成为新知识的发现者、探索者，使学生在积极的探索过程中获得科学概念、掌握科学方法、形成科学态度。实验探究教学法符合化学学科的特点和唯物主义认识论，是古今中外的许多科学家和教育家一直提倡的一种教学方法，在化学教学中适用于大多元素化合物知识以及一些概念原理知识的学习。实验探究法一般程序与引导发现法类似。如案例 2-9 所示,苏教版高中化学必修第一册教材中"氯水的成分探究"就是一个典型的实验探究法。

5. 项目式教学法

项目式教学的思想萌芽可追溯至 18～19 世纪,卢梭(Jean-Jacques Rousseau)、裴斯泰洛齐(Johan Heinrich Pestalozz)和福禄贝尔(Friedrich Wilhelm August Fröbel)等自然主义教育家认为传统教学存在忽视学生的自我发展、教育与生活相脱离等弊病,强调学生自主学习和自我决策,这些思想可以被看作项目式教学的理论基础。项目式教学是在教师指导下,以学生为中心,通过完成一个完整的实践性项目而进行的教学活动。它要求学生运用已有知识和经验,通过亲手操作,在具体情境中解决实际问题,进而促进其综合素养能力的发展。项目可以是设计与制作一件产品、排除一个障碍、提供一项服务、解决一个或一系列问题等。

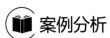案例分析

【案例 5-9】　高中化学必修一"氧化还原反应"(鲁科版)项目式教学❶

研读如下案例,你认为该教学的主要特点是什么?教师起到的作用是什么?通过该教学学生能够获得哪些知识、方法及学科理解?

该教学设计以"设计过氧化氢使用注意事项标签"为总项目,具体设计思路如表 5-10 所示。

表 5-10　项目任务及教学流程

项目任务	学生活动	教师支持	设计意图
总任务:设计过氧化氢使用注意事项标签	(1)信息处理:对比不同品牌过氧化氢使用说明书,发现其中的相似点及不同点,关注过氧化氢的使用及存储安全问题。 (2)提出问题:①过氧化氢能不能与氧化性物质混用?②过氧化氢为何不能与还原性物质混用	课前准备:不同品牌过氧化氢消毒液 任务提出:展示不同品牌的过氧化氢消毒液的使用说明书,找不同	任务驱动,通过对比不同品牌过氧化氢消毒液使用说明书的相同点及不同点,引导学生关注生活,正确阅读和使用说明书;同时发现注意事项不同,转为化学问题,要解决问题需要实验验证,激发学生主动探究的欲望
任务1:探究过氧化氢能否与氧化性物质混用	根据已有知识筛选反应物,自主设计实验方案,完成实验探究	方法导引:研究物质氧化或还原性的思路 资料支持:常见含锰物质的性质 实验支持:酸性高锰酸钾溶液、试管、胶头滴管等实验用品	通过方法导引及资料支持的方式,引导学生形成价-性观念;通过学生自主设计实验并完成实验,体会研究物质性质的一般思路
任务2:探究过氧化氢为何不能与还原性物质混用	(1)应用价-性模型(化合价-性质模型)选取合适试剂,进行反应现象及产物预测; (2)分组实验探究	资料支持:常见含碘物质的性质	培养学生价-性观念,构建转化观,提升宏观辨识与微观探析的化学学科核心素养

❶　宋立栋,刘翠. 高中化学"氧化还原反应的应用"项目式教学——设计过氧化氢使用注意事项标签[J]. 化学教育(中英文),2021,42(23):44-50.

续表

项目任务	学生活动	教师支持	设计意图
知识进阶：过氧化氢能否与84消毒液共用	（1）从价-性角度总结过氧化氢的性质； （2）从价-性角度分析84消毒液的有效成分 NaClO 的性质； （3）通过设计实验解决过氧化氢与84消毒液不能混用的实际问题	背景：消毒液除过氧化氢外，还有大量84消毒液，请思考这2种消毒液是否混合后效果更好	通过构建及应用价-性模型，解释过氧化氢与84消毒液不能混用的原因，进行知识应用
任务小结：设计过氧化氢使用注意事项标签	知识应用：设计注意事项标签	资料支持：过氧化氢的消毒原理	完成为双氧水设计使用注意事项标签的总任务，帮助学生赞赏化学的应用价值

项目式教学主要有以下五个特点：①理论与实践相结合。学生在完成一个真实项目的任务驱动下，利用理论知识，通过实践过程解决现实问题。②学科项目式教学通常以该门学科知识的运用为主，跨学科项目式教学则需要综合运用科学、技术、工程和数学（STEM）等才能解决实际问题。③学生主动参与学习。为完成项目，学生需自主收集资料和数据，并进行研究，展示成果。④实施过程通常以小组合作形式进行。一个项目的完成需要一个团队的相互配合，学习目标的制订、资料的收集和研究以及项目结果的呈现，都需要小组成员的共同努力。⑤教师是学生项目化学习活动的组织者、引导者和支持者。

项目式教学程序通常包括：①项目选择。项目选择是影响项目式教学效果的关键环节。需遵循以下四个原则：一是项目真实。项目来源于真实的生活、生产或研究情境，与学生的知识经验、生活经验或社会经验等联系密切。二是项目应紧扣理论知识，学生在完成项目过程中，既可以巩固基础理论的学习，又可以锻炼分析和解决问题的能力；三是项目难度要适中，项目应使学生在付出一定努力的基础上能够做出来，过难或过易，均不利于调动学生学习的积极性；四是项目应强调团队协作，项目式教学的目的之一是培养学生的团队精神和协作能力。②确定方案。分组头脑风暴，制订解决问题或完成任务的方案。指导教师可适当引导、鼓励学生创新，并给予必要的支持。③探究实践。采取实验、调查、资料查阅、数据搜集、产品制作、模型建构等多种探究与实践方法解决问题或完成相应任务。④交流分享。各组代表针对项目实施获得的结果、遇到的困难、解决问题的方法或思路等在全班进行汇报分享。这一环节促使学生对项目的实施进行进一步的思考，通过参考其他组的成果，也可以达到进一步学习的目的。⑤反馈评价。根据项目的完成情况评价学生的学习效果。这一环节将过程评价和综合评价相结合，强调包括学生自评、小组互评和教师评价在内的多元化评价。

体现一定教学思想的综合教学方法有多种，以上几种是当前化学教学中常见和常用的。每种综合教学方法本身涉及面广，且是多种教学思想的集合，所以它们的子集之间可能有相互重合，区别主要在于各自侧重点的不同。例如，化学教学中常用的实验探究法就与引导发现法有交叉，因为实验探究法的实验性质是以探究为主的，也可以说是以发现问题、解决问题为目的的，只不过这里的问题是特指化学的问题，是适合用实验的方法来发现规律从而得以解决的问题。这样的实验探究法毫无疑问体现了发现法的思想。之所以将实验探究法单独列出，是由于它在化学教学中的特殊性和不可替代性。另外，项目式教学中通常也需用到实验探究的方法。

（二）第二级教学方法

第二级教学方法，处于教学方法体系的"中位"层次，指课堂教学的基本方法，主要体现在课堂中的某一个教学步骤上。如图 5-7 所示，这些二级方法各自独立，都能有效地完成某一类教学任务，在更多的教学情境下需要各种方法互相配合，因而二级教学方法是整个教学方法体系的基础，它们的组合应用构成了综合方法。第一级教学方法只是从整节课或整个课题综合而言主要体现了哪一种方法，其中还包括其他方法或某些基本方法的配合利用。如在实验探究法中也有可能在某些难点之处需要教师的启发式讲授，在教师的启发式讲授中也可能用到问答法、演示法或实验法等。

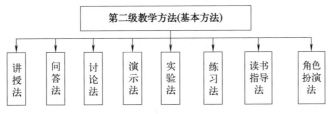

图 5-7 常见的教学基本方法

1. 讲授法

讲授法是教师主要通过口头语言对学生传授化学科学知识、思想观点和发展学生能力的一种方法。它包括讲述法、讲解法和讲演法。讲授法是历史上流传下来的一种最主要的教学方法，也是化学教学中最基本的方法之一。教师运用其他方法进行教学时，大多需要伴之以讲授法。使用这种方法，教师可以将化学知识系统地传授给学生，使学生能在较短的时间内获得较多的知识。讲授法往往利用启发的方式，对学生提出问题，引发学生的积极思考。

运用讲授法要求教师：①讲授的内容要符合科学性和思想性；②讲授要条理清楚、层次分明、重点突出、富于启发、符合学生的认识规律；③讲授的语言要精练准确、生动形象，要做到通俗易懂、快慢适宜；④注意运用体态语言和直观教具辅助表达，注意讲课的艺术性。

讲授法的缺点是教师直接教学，学生没有机会亲身经历知识的获得过程，不利于发挥学生的主体性，不利于学生技能的发展，容易导致学生的被动听讲，使学习成为机械学习。

2. 问答法

问答法又称谈话法，是教师根据教学目的、要求学生利用已有的知识经验，通过师生间的问答交谈而使学生获得知识、发展智力的教学方法。问答法的主要特点是：师生之间平等地进行信息双向交流。其中，教师通过提问，激发学生思考；学生回答问题，让教师获得反馈信息；教师对学生的回答作出总结评价，让学生也获得一定的反馈信息。通过这样的信息相互传递，师生共同调整教学活动。而且，学生也可以向教师提出自己不懂的问题。

根据问答的内容和形式，谈话法主要有引导性的谈话、传授新知识的谈话、复习巩固知识的谈话和总结性谈话。在课堂教学中，无论是哪种形式的谈话，都应设计不同类型的问题，开展不同形式的谈话活动，调动学生的学习积极性。

问答法的基本要求是：①根据教学内容和学生的具体情况做好准备工作；②问题要难易适度，有一定的思维容量；③讲究提问的方式和技巧，促使学生积极思考、层层深入；④问题要面向全班；⑤善于小结，让每个学生都得到反馈信息。

问答法对教师的教学预设能力和教学机智有较高要求，经验不够丰富的教师不容易控制谈话的走向和重心。

3. 讨论法

讨论法是在教师指导下，由全班或小组成员围绕某一中心问题相互交流个人看法，相互启发、相互学习从而辨明是非真伪以获得知识的一种方法。讨论既可以是整堂课的讨论，也可以是几分钟的讨论；既可以是全班性的讨论，也可以是小组性的讨论。讨论活动以学生自己的活动为中心，成员之间多方面信息交流，每个学生都可在一定范围之内自由地发表自己的见解，通过反馈信息的获得，逐步调整自己的观点，最终获得对问题的全面理解。

运用讨论法要求教师：①讨论前布置讨论的课题，指导学生复习有关知识或查阅相关资料，思考发言提纲等；②讨论要深浅适当，紧扣主题；③讨论中要注意适时激发和引导学生大胆发表观点；④讨论结束时要有小结，提出需要进一步思考的问题。

讨论法对讨论主题的选择和学生能力有较高要求，讨论主题不合适会导致学生无话可说或众口一词，学生不敢发言或不善于发言也会导致讨论冷场或跑题。

4. 演示法

演示法是教师展示各种实物标本、模型、挂图，放映幻灯、电影、电视、录像等或进行演示实验，使学生通过观察获得关于事物及其现象的感性认识，演示法是化学教学中最重要、最常用的教学方法之一。通过演示法进行教学可以激发学生的学习兴趣、集中学生注意力，使学生获得感性知识，加深对事物的印象，并努力把理论知识与实际知识联系起来，从而有利于形成深刻的、正确的概念。

运用演示法要求教师：①精心选择演示教具，设计并预做演示实验，确保课堂演示成功；②确保全班学生都能够看清演示活动；③指导学生进行正确的观察，并注意引导学生使用多种感觉器官；④演示与讲授相结合，做到教师边做边讲，学生边看边想；⑤演示结束后进行总结，让学生把知识与现象联系起来，以挖掘现象背后的本质，形成正确的化学概念。

5. 实验法

实验法是指学生在教师指导下，利用一定的化学仪器、设备进行独立作业，通过观察研究实验现象获取知识、培养技能技巧的一种教学方法。化学是一门以实验为基础的自然科学，化学理论和技术的进步都依赖实验，学生必须通过自己动手做实验或观看演示实验才能深刻地体会化学知识的本质和内涵，才能提高实验操作技能。

实验法是化学教学的一种基本方法。学生课内实验主要分为边讲边实验和学生分组实验两种形式。边讲边实验通常指教师讲课过程中学生做的一些实验，每个实验的时间较短、操作相对简单，与讲课内容有非常密切的关联；学生分组实验通常指由学生利用一堂课或两堂课时间独立完成的实验，这样的实验内容比较丰富、操作相对复杂，可以比较充分地培养学生的实验能力。

运用实验法要求教师：①编制实验计划，做好实验准备工作；②实验开始时，向学生说明实验目的、要求和注意事项；③实验进行时，注意及时给予指导和帮助；④实验结束后进行总结，拓展应用。

6. 练习法

练习法是学生根据教师的布置和指导，通过课堂及课后作业，将所学知识运用于实际，借以巩固知识，形成技能与技巧的方法。这是各科教学中普遍运用的一种教学方法，按照培养学生不同方面的能力，练习法分为口头（回答）练习、书面（笔答、板演）练习和操作练习三种形式。

在化学教学中，由于每节课中学生要接受的信息量很大，需要培养的技能较多，所以需要学生有计划地加强练习，通过师生的共同努力有效地完成教学任务。

运用练习法要求教师：①提出任务，明确目的，说明方法；②练习题要难易适度；③练习时注意培养学生自我检查、自我分析、自我更正的能力；④适当地进行个别指导；⑤学生完成练习后教师要认真仔细地进行分析、总结，及时发现并解决问题；⑥练习形式要尽量多样化。

7. 读书指导法

读书指导法又称阅读指导法，是教师通过指导学生阅读化学教材和参考书，使学生加深理解和牢固地掌握知识，以扩大学生的知识领域，发展学生智能的一种教学方法，是培养学生自学能力的一种较好的方法。读书指导法包括指导学生预习、复习、阅读参考书、自学教材几个方面。

化学科学知识的广泛性和化学课堂知识信息的有限性的矛盾以及新的社会形势和课程目标都要求在教学过程中适当运用读书指导法。

运用读书指导法要求教师：①让学生认识读书的必要性和重要性，培养他们的读书兴趣；②教给学生正确的读书方法；③帮助学生选择合适的书目；④运用多种方式如讨论会，通过交流心得等指导学生阅读，使其逐步养成良好的读书习惯。

8. 角色扮演法

教学中的角色扮演是根据教学需要，让学生将自己想象成实际情境中的角色，在已有经验的基础上，通过对角色的想象、创造、感受、体验、思考与讨论，真切地感受学习内容，从而达到学习的目的。角色扮演法融合了认知、技能、情感的各个领域，它是对选定的问题进行情景模拟的一种方式。如将自己想象成工程师去思考解决化工生产中的尾气处理问题，将自己想象成一个消防人员怎么处理氯气泄漏现场，等等。

运用角色扮演法要求教师：①创设真实的应用情境，设置需要探讨的问题；②让学生按照自己的兴趣选择扮演的角色；③在安全和信赖的气氛中，让学生从自身扮演的角色角度分析和解决问题、表达观点；④注意引导学生在多元价值中作出合理的、正确的选择，帮助他们树立科学态度和社会责任；⑤角色扮演结束后，教师应对学生角色扮演中的表现及问题解决方法进行及时反馈和评价。

（三）第三级教学方法

第三级教学方法是指师生在第二级教学方法运用过程中所具体利用的各种方式方法，在"链合"具体的教学内容这一相对"微观"的教学过程中发挥独特的作用。如讲授法是教师运用口头语言系统地向学生传授知识的一种方法，但讲授过程中仍会运用到许多具体的方法，如设置悬念的讲法、演绎推理的讲法、归纳概括的讲法、类比比喻的讲法等。如案例 5-7 在讨论影响物质体积的因素过程中，教师为便于学生理解，让学生分别联想"6 个乒乓球和 9 个乒乓球紧密堆积体积大小的比较""9 个乒乓球和 9 个篮球紧密堆积体积大小的比较""9 个乒乓球和 9 个篮球都相隔 10 米堆放体积大小的比较"，通过类比讲解，学生很容易理解影响物质体积大小的因素，并能类比推理出这些因素分别是如何影响固体、液体和气体体积大小的。

这一层级的方法包容很广，既有前面所述的科学方法论中的感性方法，如观察、实验、模型认知等；也有逻辑方法，如比较、分类、归纳、演绎、类比、概括、假设、证明、系统化、具体化等；另外，还包括一些教学技巧，如设问、比喻、联想、先行组织者等。每一种教学基本方法都可看成是若干"微型"方法按一定顺序组合而成的。

▤ 知识拓展

先行组织者

先行组织者是先于学习任务本身呈现的一种引导性资料，能够唤起已有认知结构中与新的学习任务相关联的原有观念；目的是为新知识提供观念上的固定点（认知结构中可同化新知识的有关观念），增加新旧知识之间的可辨别性，充当新旧知识联系的桥梁，促进学习迁移。如在学习"分散系"概念时，通过展示食盐水、雪碧、硫酸铜溶液、泥水、氢氧化铜沉淀等混合物，让学生分析这些混合物属于什么？怎么形成的？通过分析，揭示这些"一种或几种物质分散到另一种物质中所形成的混合物叫作分散系"，溶液和浊液都是分散系。在这一教学片段中，教师展示的溶液和浊液这些素材就起到了先行组织者的作用。

三、化学教学方法的选择

化学教学方法多种多样，各具特点。那么教师如何在教学实践中正确地选择和运用教学方法并达到教学方法最优化呢？一般认为，要根据以下几点要求选择教学方法。

（一）所选教学方法符合教学目标和任务

教学方法是为达到教学目标、完成教学任务服务的。不同的教学目标和任务要求运用不同的教学方法，在教学实践中教师必须选择符合教学目的和任务的教学方法。如在元素化合物的教学中，教学目标主要是了解元素化合物的重要性质与应用，培养学生的实验观察和证据推理能力等，教师宜选择以实验探究法或演示法为主的教学方法。

（二）所选教学方法符合教学内容的性质和特点

教学目标和任务由教学内容来体现，教学内容的性质和特点不同，选用的教学方法一般也应不同，只有选用的教学方法与教学内容相符合时，才能使教学方法发挥出更大的效益。如在元素化合物的教学中，一般选用实验探究法等，在基本概念、基本理论教学中一般选用讨论法、讲解法等；在化学用语教学中，一般选用讲演法（边讲解边演示）、练习法等。当然，这种选用方法并不是绝对的，通常需要多种方法的灵活组合才能很好地实施教学。

（三）所选教学方法符合教学对象的实际情况

学生是学习的主体，教学方法只有在符合学生的实际情况时，才有利于学生主体性的充分发挥，才能取得良好的教学效果。这就要求教师所选择的教学方法要符合学生的年龄特点、性格特点、认知水平等。如对于刚刚进入初三化学学习的学生，则应多用演示法，并逐步在某些教学片段中局部引入实验探究法。经过初三阶段化学学习方法的逐步积累具有了探究能力后，再在整节课中采用实验探究法。

（四）所选教学方法符合学校的设备条件

某些教学方法的使用，与学校及当地的设备条件有关，如参观法、实习法、实验法等，如果学校不具备运用这些教学方法的条件，则应选用其他的教学方法。但如果学校具备很好的设备条件，教师则应充分利用其优越条件组织教学。

（五）所选教学方法符合教师自身业务水平和教学风格

教师选择教学方法时要考虑自己的具体情况，根据自身的特点和水平选择教学方法，不要盲目照搬别人的教学方法，要注意扬长避短，形成自己独特的教学风格。如口头表达能力强的教师，可多选用讲授法、谈话法；组织能力强的教师可以多选用讨论法、参观法；精通实验的教师可多选用演示法、实验法。

（六）要考虑各教学方法的特点和功能

各种教学方法都具有不同的特点和功能，教师要了解各种教学方法的优缺点，便于在选择运用时发挥其最大功效。另外，由于课堂教学的时间有限，教师在选择教学方法时要考虑时间因素，以确保在规定时间内完成教学任务。

教学有法，但无定法，贵在得法。教师必须在教学实践中不断探索教学方法的最佳优选组合。但这种"最佳"永远是相对的，它将随着时代的发展、随着教育的发展、随着教师认识的发展而不断改变。

第三节 化学教学过程与活动

化学课程与教学目标确定以后需要通过教学过程来达成，因而教学过程是课程与教学的关键环节。化学教学方法的恰当选用能够使得教学过程更为有效、更能促进学生素养的发展。在教学过程中还涉及教学内容的组织、教师对学生的引导活动与行为等。

一、化学教学线索的构建

化学教学目标的落实，一方面要通过恰当的化学教学方法，另一方面还需要以一定的教学内容为载体。化学教学内容是为达到"以发展学生的化学学科核心素养为主旨"的教学目标，在课堂中传授给学生的知识、技能、思想、观点、行为和习惯的总和，包括化学基础知识、基本技能、科学态度和方法等。化学教学内容的组织就是按照一定的线索把所选择的教学内容"串"起来,使其成为一个有一定逻辑顺序的整体。这样的逻辑顺序又叫教学线索或教学思路。教学线索(或思路)实质上体现了学生的思维发展主线。

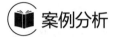 案例分析

【案例 5-10】 "天然气的利用 甲烷"(苏教版高中化学必修第二册) 教学线索

如图 5-8 是某老师构建的"天然气的利用　甲烷"的教学线索,以"甲烷的利用、风险和决策为线索"组织教学内容,关于甲烷的性质、结构等学科知识在解决问题的过程中自然而然地引出。整节课构建了两条线索:一条明线(即 STSE 问题线)和一条暗线(即知识线)。

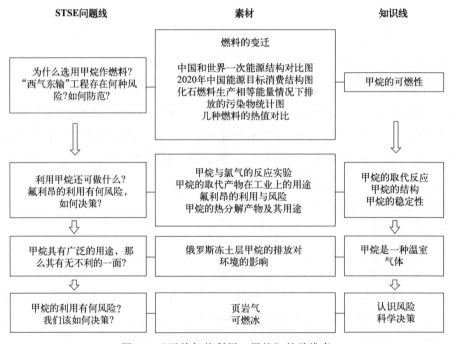

图 5-8 "天然气的利用　甲烷"教学线索

请阅读相应教材内容,并与以上教学线索和素材进行比较,你认为该教学内容的组织与教材有何异同?你认为哪种组织方式更好?为什么?

主线是指占主导地位或贯穿事物发展的线索、脉络。课堂教学的主线则为统筹教学活动的线索或轴心,它作用于学生知识、方法、情意的习得与体验,引领着课堂教学活动的开展[1]。化学课堂教学中教学主线的创设路径大致有以下几种。

(一)以 STSE 问题的解决为主线

STSE 是科学(science)、技术(technology)、社会(society)和环境(environment)英文单词的缩写。STSE 教育是把"E(环境)"加入到 STS 教育中所形成的教育主张,即"综合地看待科学、技术、社会与环境发展相互影响的问题,正确认识科学与技术的区别和联系,认识科学技术的社会化问题,合理协调科学、技术与社会、环境之间的

❶ 缪徐. 论初中化学课堂教学主线的创设路径 [J]. 化学教学,2014(10):27-30.

关系，使科学、技术与社会、环境四者协调发展。"❶ 其基本精神在于把科学教育和当前的社会发展、社会生产、社会生活、生存环境等紧密结合，使学生关心社会的发展，激发学生学习情感，在学习研究中具有强烈的未来意识和参与意识，了解科学技术及其作用，致力于学好本领并能参与科学技术决策，成为具有良好科学素养的人才。

STSE 教育是落实化学学科核心素养"科学态度与社会责任"的重要路径。2017 版 2020 修订高中化学课标在课程基本理念中提出，"结合学生已有的经验和将要经历的社会生活实际，引导学生关注人类面临的与化学有关的社会问题，培养学生的社会责任感、参与意识和决策能力。"在实施建议中指出，"在教学中，教师应重视 STSE 内容主题的选择和组织，紧密联系生产、生活实际，使学生认识到化学能够创造更多物质财富满足人们日益增长的美好生活需要；使学生能综合运用所学知识解释和解决生活、社会实际问题。"从解决化学与技术、社会和环境的关系的问题出发构建教学线索，通过提供丰富的学习情境素材，引导学生从身边的化学物质、现象以及与化学有关的社会问题入手，学习有关物质结构、性质的知识，再运用化学知识分析问题，作出科学的判断和决策，有效地培养学生的 STSE 观。

如案例 5-10 的教学组织突破了传统的有机物学习的"结构→性质→用途"线性教学模式，通过解决"为什么选用甲烷作燃料？""甲烷还可做什么？""甲烷的利用有何风险？"以及"我们该如何决策？"等问题，让学生学会从不同的角度分析和判断与化学相关的社会问题，理性地看待和处理科学、技术和社会之间的关系。从问题的提出到问题的解决，始终把与科学技术相关的问题，放在与学生相关的日常生活和社会背景下来处理，从学科中心回归学生的生活经验，重视从社会问题出发组织学习，尽可能为学生提供所研究问题的全貌，鼓励学生多方位、多角度地对问题进行探究和分析，学会综合、全面、整体地思考问题，为学生参与未来社会问题的解决提供真实的经历和体验。

 **信息链接**

2017 版 2020 修订高中化学课标必修课程"主题 5：化学与社会发展"内容要求

5.1　化学促进可持续发展

5.2　化学科学在材料科学、人类健康等方面的重要作用

5.3　化学在自然资源和能源综合利用方面的重要价值

5.4　化学在环境保护中的作用

5.5　化学应用的安全与规则意识

（二）以科学探究活动的展开为主线

科学探究既是进行科学解释和发现、创造和应用的科学实验活动，也是学生化学学习的重要内容和方式。科学探究过程一般包括提出问题和假设、设计方案、实施实验、获取证据、分析解释或建构模型、形成结论及交流评价等核心要素，以科学探究活动的展开为

---

❶ 郭桂周，肖白云，柳晓钰. STSE 教育：内涵、类型与维度 [J]. 化学教学，2021（11）：7-12.

线索组织教学内容与过程也是一种常用的方式。如案例 5-11 所示。

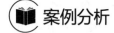 **案例分析**

【**案例 5-11**】 "**二氧化硫的性质**"（高中化学必修）**教学过程**

环节 1：情境与问题

【教师展示】葡萄酒及其标签，引导学生观察。

【学生观察提问】都含有二氧化硫，为什么呢？

【教师提示】从二氧化硫可能起到的作用推理。

环节 2：猜想与假设

【学生猜想】二氧化硫溶于其中可能起到杀菌抗氧化作用，那么，二氧化硫应该可以溶解于水，二氧化硫还有可能具有还原性……

【教师引导】有没有证据？比如，从理论上推理？

【学生讨论回答 1】从二氧化硫类别上看，它是酸性氧化物，应该具有酸性氧化物的通性，如可溶于水生成相应的酸。

【学生讨论回答 2】从二氧化硫中硫元素的化合价看，是 +4 价，而 S 元素的最高价是 +6 价，可以体现出还原性。

【教师引导】如何证明自己的推理和假设是正确的。

环节 3：设计与验证

【学生分组探究】设计实验、观察现象、收集证据。如表 5-11 所示。

表 5-11　SO_2 的性质实验

实验	实验步骤	实验现象	结论或解释
1	用充有 80mL 二氧化硫的针筒吸入 10mL 蒸馏水，振荡，观察针筒内气体体积变化。用 pH 试纸测定二氧化硫水溶液的 pH	气体全部溶解于蒸馏水中，二氧化硫水溶液呈酸性	二氧化硫溶解于水，且与水反应生成酸：$SO_2 + H_2O \rightleftharpoons H_2SO_3$
2	将二氧化硫通入酸性高锰酸钾溶液中	酸性高锰酸钾溶液紫色褪去	二氧化硫具有还原性
3	向试管中加入 5mL 二氧化硫水溶液，滴加几滴氯化钡溶液，观察；再向试管中滴加 5mL 3% 过氧化氢溶液，振荡，片刻后滴加几滴稀盐酸	先没有现象，滴加过氧化氢溶液后，生成不溶于稀盐酸的白色沉淀	二氧化硫、亚硫酸有还原性 $H_2SO_3 + H_2O_2 =\!=\!= H_2SO_4 + H_2O$ $H_2SO_4 + BaCl_2 =\!=\!= BaSO_4 \downarrow + 2HCl$

环节 4：结论与交流

【总结】通过刚才的探究，我们知道了 SO_2 加入葡萄酒中是因为它能溶于水，且与水反应生成亚硫酸，二氧化硫、亚硫酸具有还原性。弱酸性和还原性环境可防止葡萄酒中的一些成分被氧化，起到保质、杀菌作用，还有助于保持葡萄酒中的天然果香味。

【提出问题】那么，二氧化硫作为食品添加剂是否需要控制量？……

试分析上述教学中，"探究性"体现在哪些具体环节上？在每个环节的设计中，有哪些关键点？

（三）以化学史为主线

化学史是描述人类在长期社会实践中关于化学知识的发展历史。运用化学史进行教学能够激发学生的学习兴趣，帮助学生认识知识的来龙去脉，深入理解科学知识和技能，还有助于学生理解科学探究的过程、方法以及科学本质，培养学生科学的情感、态度、价值观。2017版2020修订高中化学课程标准"情境素材建议"里提供了大量化学史素材，例如，氯气的发现、电离理论的建立、元素周期律的发展、原电池的发现、人工合成氨、人工合成尿素、青蒿素的提取、氧化还原理论的建立史料、核外电子运动模型的历史发展、玻尔与爱因斯坦的争论等。巧妙加工和利用化学史建构线索、组织教学，有利于培养学生的化学学科核心素养。

📖 案例分析

【案例5-12】"氯气的性质"（高中化学必修）**教学流程**

如图5-9所示，教师采用"以化学史为线索，创设情境；以实验探究为手段，展开活动"的教学策略进行教学。教学过程以时间和知识为坐标展开，以时间为纵坐标，通过呈现5个化学史资料提供氯气曲折的发现史，追踪氯气发现之旅的足迹；以知识为横坐标，让学生置身于化学发展的过程中，开展氯气的物理性质和化学性质的学习和探究，初识科学的本质❶。

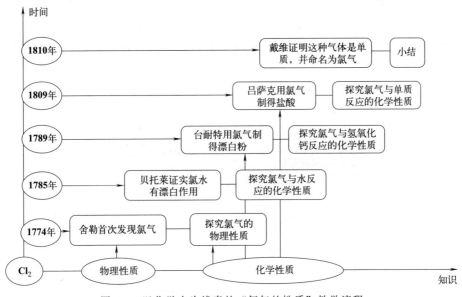

图5-9　以化学史为线索的"氯气的性质"教学流程

试分析通过该教学过程，可以实现哪些教学目标？请设计以"贝托莱证实氯水有漂白作用"以及"台耐特用氯气制得漂白粉"为历史情境展开的教学过程。

（四）以学科知识逻辑为主线

知识是由符号形式、逻辑形式两个要素构成的。符号形式表明的是人对世界的具体看法或认识结果；逻辑形式则体现的是人认识世界的方式和过程，是认知知识的形式。内隐

---

❶　葛秋实，王秀红. 基于化学史的教学设计：与科学家对话——重温氯的发现之旅［J］. 化学教育，2011，32（1）：35-37.

在知识中的"认知知识的形式"就是学科知识逻辑。没有逻辑形式的知识是不存在的，但不同的学科，其知识的产生过程各具特色，对知识的认知形式自然不同。如科学事实、科学概念、科学理论是科学学科三种不同的知识形态，在科学知识体系中的地位和价值不同，知识生成的具体方式、生成规律也不同。如元素化合物知识、化学原理知识的生成都有其自身的逻辑。

学科知识逻辑指的是反映真实的科学过程、体现科学认识规律的知识形成过程。它既包括某类科学知识从发生、发展到形成的基本过程，也包括知识形成过程的具体途径、方式，即科学方法的运用过程。学科知识逻辑关注学科知识自身生成的规律，关注学科规律的本质特征，符合学科知识逻辑的教学往往能反映真实的科学过程❶。

📖 案例分析

【案例 5-13】 "氧化还原反应"（高中化学必修）**教学**

从整个科学知识体系和教学行为的视角去看，对氧化还原反应的认识和教学过程是有不同进阶的。就高中化学必修起始阶段的"氧化还原反应"教学而言，既要建立在中学生初中已有的"氧化反应"和"还原反应"的基础上，还要让学生将在初中分开认识的这两种反应统一在一种反应即"氧化还原反应"中，并且要实现从"得氧失氧"角度到"化合价升降"角度再到"电子转移"角度的逐步递进。

如图 5-10 所示的以学科知识逻辑为主线教学过程设计，教师要首先利用常见的"金

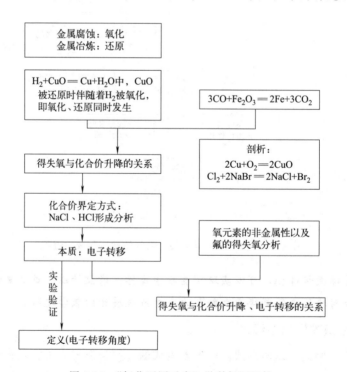

图 5-10 "氧化还原反应"学科知识逻辑

❶ 历晶，郑长龙. 课堂教学逻辑的构建 ［J］. 东北师大学报（哲学社会科学版），2013（6）：278-280.

属腐蚀"和"金属冶炼"让学生理解氧化还原反应发生的背景；在建立了对氧化还原反应的基本认识以后，带领学生分析得失氧与化合价升降之间的联系，再引向对化合价成因——电子转移的回溯。学生较为完整地体验了对"氧化""还原"概念由表及里、由经验到理性的概念演变过程，也感受到对问题由具体到一般、由概念到实证、由抽象到表达的认知历程和思维脉络。

试分析，上述教师以氧化还原反应学科知识发展逻辑为线索的组织是否符合学生的认知发展逻辑？

以上几种具有代表性的教学线索组织方式体现了教师教的逻辑，但教的逻辑一定要符合学生学的逻辑，即学生认识事物的合理顺序，才能取得好的教学效果。学生学习知识、技能的过程就是在原有认知结构的基础上，新的认知结构的组织和重组织的过程。这种组织或重组织的顺序是因人而异的，但也存在某些共通的基本原理。皮亚杰的认知发生论认为，学生认知结构形成和发展受同化、顺应和平衡三个基本过程影响。首先是同化，当个体不能用原有的认知结构同化新的刺激时，就要对原有图式进行修改或重建，即顺应。最终个体会从原来的平衡状态向更高层次的平衡状态过渡。奥苏贝尔指出，影响学习的最重要的因素是学生已经知道了什么，学生原有的知识经验或已经达到的认知水平，这是进一步认识事物的基础；学生学习新知识的过程，就是将新知识纳入已掌握的知识系统里，重新组织和发展认知结构的过程；使已有的知识和过去的学习对当前的学习产生影响，从而可以不断地获取新知识。在这些基本原理的指导下，学习过程也有一定的规律可循，即一定的认识顺序，如从感知到理解、从已知到未知、从易到难、从特殊到一般和从一般到特殊的结合，在理解的基础上巩固和应用，从基本练习到综合练习、从模仿到创造等。

课堂教学中存在着教的逻辑、学的逻辑和学科逻辑三种逻辑，它们的转化如图 5-11 所示。教学的逻辑起点是知识，教学的最终目标是"学生学会"。而学生应该学会的不仅仅包括那些符号形式的知识结果，更要学会作为逻辑形式的知识的认知过程，这样才能化识为智，促进学生认知结构的发展或转变。为此，学科逻辑是形成学生认知结构的必要前提，学科逻辑转化为学的逻辑是课堂教学的重要内容和根本目标之一，而教的逻辑则是促进学科逻辑向学生学的逻辑转化的中介和动力。对于教师来说，就是要通过对学的逻辑和学科逻辑的分析，设计优化教学过程，促进学生利用自己的认知逻辑同化学科逻辑，并最终转化为学生认知结构[1]。

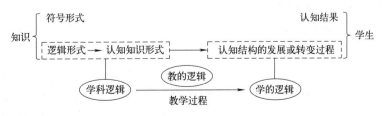

图 5-11 化学教学过程中"三种逻辑"的转化关系

---

[1] 历晶，郑长龙. 课堂教学逻辑的构建 [J]. 东北师范大学学报（哲学社会科学版），2013（6）：278-280.

二、化学教学活动的组织

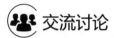 交流讨论

> 回看案例 5-11，分析教师引导学生完成了哪些化学学习任务，其中，教师采取了哪些化学教学活动？相应的，学生有哪些化学学习活动？

在化学教学过程中，存在着教师的教学活动和学生的学习活动之间的互动关系。学生的化学学习活动和教师的化学教学活动都是为了完成化学学习任务，进而实现促进学生化学学科核心素养发展的化学教学目标。在第四章的学习中，我们已经认识了化学学习活动的形式、类型和基本环节等。而化学教学的根本目的是促进学生化学学科核心素养主动、全面的发展。所以，教师化学教学活动的设计必须服务于学生学习活动的开展、服务于学生学科核心素养的发展。根据学生的化学学习活动的展开环节，相应的教师的化学教学活动如图 5-12 所示❶。

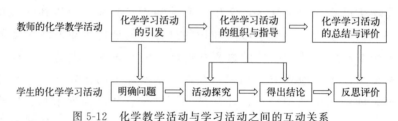

图 5-12　化学教学活动与学习活动之间的互动关系

（一）化学学习活动的引发

这一环节的主要功能在于使学生进入积极主动的化学学习活动状态，明确所要解决的问题以及要完成的学习任务。通常需要创设一定的问题情境，引起学生的认知兴趣。如案例 5-11 中，教师利用学生生活中常见的葡萄酒为载体，引导学生观察平时其没有注意到的细节"配料表中含二氧化硫"，对于学生的已有认知经验而言，"二氧化硫"是对环境有污染、对人体有害的物质，而在葡萄酒中居然添加了这种物质，内心的"认知冲突"被激发，问题"葡萄酒中为什么添加二氧化硫"就自然而然产生了，学生自然会主动地投入"探究二氧化硫的性质和用途"这一学习任务中去。

（二）化学学习活动的组织与指导

这一环节的最主要功能在于确定学生化学学习活动的形式和内容，并在学生学习活动的开展中，给予学生一定的引导和指导。如在案例 5-11 中，在学生提出猜想"二氧化硫溶于其中可能起到杀菌抗氧化作用，那么，二氧化硫应该可以溶解于水，二氧化硫还有可能具有还原性……"，教师适时引导"有没有证据，比如从理论上推理？"，引导学生分组讨论，从二氧化硫所属类别及其中硫元素的化合价角度去推理自己的猜想有无道理，再让学生分组进行实验探究活动。这些都体现了教师对学生学习活动的组织与指导。

❶ 郑长龙. 化学课程与教学论［M］. 长春：东北师大出版社，2018：97-100.

化学学习活动过程中的指导主要有两种：一种是个别指导，针对个别学生表现出的问题或存在的疑问所进行的指导；另一种是集体指导，是针对全班学生的共性问题所进行的指导。

（三）化学学习活动的总结与评价

这一环节的最主要功能在于对学生进行化学学习活动的表现给予恰当的评价，对所完成的化学学习任务进行必要的梳理和结构化。在案例 5-11 中，最后的"结论与交流"环节，在实际教学中，教师一般会要求学生分组汇报实验现象和结论，教师对学生的学习活动表现会进行评价，并引导学生对主要的知识与结论进行归纳、整理。

三、化学教学行为

任何化学教学活动的开展，都必须通过一系列的化学教学行为来实施。如果说化学教学活动提供了教师引导学生完成学习任务的途径的话，那么，化学教学行为则是教师引导学生完成化学学习任务的具体手段。

一般来说，教师在课堂上发生的行为功能划分主要有两个方面：管理行为与教学行为。课堂管理行为是为教学的顺利进行创造条件，确保单位时间的效益。课堂教学行为又可以分为两种：一种是直接指向目标和内容的，事先可以做好准备的行为，这种行为称为主要教学行为；另一种行为直接指向具体的学生和教学情景，很多时候都是难以预料的偶发事件，因而事先很难做好准备，这种行为称为辅助教学行为[1]。教学行为类别如表 5-12 所示。

表 5-12　教学行为类别

行为划分	行为指向	行为类别	决定因素
主要教学行为	直接指向教学目标或要处理的内容	呈示行为，如语言、文字、声音、动作呈示等	教师培养与培训的质量、教师专业知识与技能、事先准备程度
		对话行为，如问答（发问、候答）讨论等	
		指导行为，如阅读指导、练习指导、活动指导等	
辅助教学行为	课堂中的学生或情景中的问题	动机的培养与激发	主要是教师的课堂经验与教师的人格素养、教学机智
		有效的课堂交流	
		课堂强化技术	
		积极的教师期望	
课堂管理行为	课堂中学生所发生的破坏性行为或偶发事件，教学效率	课堂规则	主要是教师的课堂经验与专业技能、人格素养
		课堂问题行为管理	
		课堂管理模式	
		课堂时间管理	

通过前面的较多案例的学习，大家对化学教学行为并不陌生，如讲授、讨论、实验、提问、总结、演示、指导等。根据教师呈现化学教学内容的途径和手段，一般可以将化学教学行为分为以下三种类型。

---

[1] 钟启泉，崔允漷，张华主编.《基础教育课程改革纲要（试行）》解读. 上海：华东师范大学出版社，2001：228-229.

（一）语言行为

语言行为是指教师通过"说话"来呈现化学教学内容。它又可分为以下几种。

① 讲授：包括介绍、讲述、讲解、总结、评价等行为。

② 提问：包括发问、追问、反问、叫答等行为。

③ 讨论：主要指教师与学生之间围绕一个问题而展开的师生互动、生生互动的多边言语互动行为。

④ 副语言行为：指与语言行为配合的，用于传递情感、反馈信息的一些行为，主要有各种面部表情、眼神、声调、头和手的某些动作。如点头（表示同意）、摇头（表示否定）、向下挥手（表示强调）、竖直拇指（表示赞赏）、微笑（表示鼓励）等。

（二）直观行为

直观行为主要指教师通过动手操作直观地呈现化学教学内容。

① 展示：展示的内容包括实物、模型、标本、图表、图片等。

② 演示：如演示实验等。

③ 播放：如通过幻灯片、投影、影视、计算机、多媒体、网络等手段呈现化学教学内容。

④ 板演：包括板书、绘图等行为。

（三）指导行为

指教师通过指导学生的实践活动来呈现化学教学内容的一类行为。这类行为包括以下几种。

① 阅读指导：如预习指导、自学指导等。

② 讨论指导：主要指教师对学生与学生之间所进行的讨论的指导。

③ 练习指导：如作业批阅、习题指导、试卷评阅等。

④ 操作指导：如巡视、实验指导等。

此外，教师对学生的参观活动和实习活动也需要进行指导。

教学行为是教师在课堂上依据教学目标，根据具体的教学内容特点所采取的专业行为。每种教学行为都有其独特的功能与表现形式，一个教学活动的展开往往是多种教学行为的有机配合，优势互补。当然，在不同的教学方式、方法下，教学行为存在不平衡的情况，如在讲授式教学下，往往以教师的语言行为为主；而在探究式教学下，则以教师的指导和评价行为为主。

🔖 对标整理

学完本单元，你应该能够：

1. 说出辩证唯物主义认识论、自然科学方法论和探究教学理论的主要内容，并能举例说明它们在化学教学中的具体运用。

2. 理解化学教学的一般原则并能自觉利用到化学教学中。

3. 举例说明启发式教学、探究式教学的主要思想和操作程序。

4. 掌握常用的第一级教学方法的内涵和程序，通过教学案例认识这些第一级教学方法在教学中的具体运用。

5. 掌握常用的第二级教学方法及其运用要求，能组合利用不同的第二级和第三级教学方法设计教学片段。

6. 说明选择教学方法的一般要求。

7. 初步学会构建课堂教学线索的几种方法。

8. 组织具体的教学活动，辨识和运用常见的教学行为。

练习与实践

一、真题再现

（一）选择题

1. （2015 上-7）有关科学探究表述正确的是（　　）。

A. 科学探究既是学习内容又是学习方式

B. 探究教学要按照科学探究的 8 个要素依次开展教学活动

C. 科学探究必须由学生独立完成

D. 科学探究要在教室或实验室完成

2. （2017 上-15）关于讲授法，下列说法正确的是（　　）。

A. 讲授法是灌输知识　　　　　　B. 讲授法中可以用启发式

C. 讲授法以学生活动为主　　　　D. 讲授法就是照本宣科

3. （2016 下-15）某教师为了帮助学生理解化工厂对社会生活的影响，设计了"在某市郊建立化工厂的利弊"等问题，并让学生分别以化工厂法定代表人、当地居民、政府官员、经济学家、环保志愿者、教育工作者等身份，就问题发表各自的观点。这种教学活动属于（　　）。

A. 科学探究　　　　　　　　　　B. 社会调查

C. 角色扮演　　　　　　　　　　D. 小组讨论

4. （2014 上-12）下列表述能突出体现中学化学教学过程特殊性的是（　　）。

A. 教学过程是由教师的教和学生的学所组成的双边活动

B. 掌握化学基础知识和基本技能是中学化学教学的目标

C. 化学实验在中学化学教学过程中具有重要的地位

D. 教学要发展学生的抽象思维能力和逻辑思维能力

5. （2016 上-14）一位教师在讲授"油脂"之前，先让学生回忆高级脂肪酸的定义、甘油的结构、酯的通式及其性质，然后引导学生学习油脂的结构和性质。该教师这样处理的目的主要是（　　）。

A. 提供先行组织者　　　　　　　B. 发展多元智能

C. 创设认知冲突　　　　　　　　D. 促进学生反思

6. （2015 下-6）下列化学史实陈述正确的是（　　）。

A. 拉瓦锡是最早使用天平的化学家

B. 分子概念是由道尔顿最先提出的

C. 阿伏伽德罗常数是由阿伏伽德罗测定出来的

D. 苯分子的环状结构是由凯库勒提出的

（二）案例分析题

1. （2017下-21）阅读下面材料，回答有关问题：

有两位化学教师针对同一教学内容，根据教学目标、教学重点、教学难点以及学生实际，分别设计了两种不同类型的课堂教学。

教师甲：为学生创设一个个具体的学习情境，并引导学生逐一解决问题。

教师乙：以实验为基础，组织学生开展一系列探究活动，最终达成教学目标。

（1）请指出上述两位教师所采用的教学方法，并加以分析与评价。

（2）简述采用"教师乙"的教学方法的基本要求。

2. （2015下-24）下面是针对同一化学学习任务设计的三种教学活动。

【学习任务】认识氯气与水的反应及次氯酸的漂白性。

【教学活动1】教师通过讲授告诉学生，氯气与水发生反应生成盐酸和次氯酸，次氯酸是一种有强氧化性的酸，能使部分有色物质褪色。

【教学活动2】教师进行演示实验，把氯气通入装有湿润有色布条的试管中，让学生观察是否褪色，教师告诉学生，氯气与水反应生成的次氯酸使布条褪色。

【教学活动3】

① 教师演示氯气使湿润的有色布条褪色的实验。

② 教师引导学生推测氯气与水反应可能生成的物质。

③ 学生猜测有色布条褪色的原因，并设计实验验证猜想。

根据上述案例，回答问题：

（1）对比三种教学活动，评价各自的优缺点。

（2）根据案例，概括出化学学习任务与化学教学活动的关系，并说明对教学活动设计的启示。

（3）在教学活动3中，你认为学生猜测使有色布条褪色的物质是什么？如何检验这些猜想的真伪？

二、思考与实践

1. 进一步查阅文献"张玉彬．让科学探究成为化学课堂教学的核心——以'化学能与电能'教学为例［J］．化学教育，2015，36（13）：25-28．"，请分析在该教学中教师利用了哪些自然科学方法？该教学体现了哪些教学特点？

2. 请从本章及之前章节呈现的案例中举出实例说明化学教学所要遵循的一般原则。

3. 请用"启发式讲授"设计人教版初中化学"元素"概念的教学过程。

4. 请用"探究式教学"设计人教版高中化学必修第一册"钠与水的反应"的教学过程。

5. 请查阅一篇公开发表的项目式教学案例文献，仔细研读，用如表5-10所示的表格形式呈现你所查项目式教学案例的项目任务及教学流程。请说明"项目式教学"的价值。

6. 进一步查阅文献"李学玲，杨玉琴，周志源，等．基于真实情境的任务驱动式学习设计——高铁建设中金属材料的选择［J］．化学教学，2021（11）：54-59，22．"。

（1）请找出该教学案例中的第二级教学方法及其对应的教学过程；

（2）画出该教学案例的问题结构图，并举出不同思维水平层次的问题各一例。

7. 请查阅一篇公开发表的以化学史为主线的教学案例文献，仔细研读。用如案例 5-12 的图示形式画出你所查阅的文献的教学流程，并用表格形式列出每一教学环节教师的主要教学行为和学生的学习活动。

第六章

化学实验与实验教学

学习准备

请查阅 2017 版 2020 修订高中化学课标、 2022 版初中化学课标中的学习主题 1 及其内容要求，思考为什么课程标准将"化学科学"与"实验探究"、"化学实验"与"科学探究"并列置于同一个主题？课程标准对"化学实验"的学习要求是什么？课程标准中规定的"实验"有几种类型？

在前面的学习中，我们已经认识了化学"以实验为基础"的学科特征以及教学特征。化学实验是现代化学科学研究中，认识主体获得直接的感性经验和事实材料的根本途径和重要手段，是检验和发展假说的实践基础，是化学科学知识达到真理标准的基本方法。拉瓦锡（Lavoisier）曾指出，"在任何情况下，都应该使我们的推理受到实验的检验，除了通过实验和观察的自然道路去寻求真理以外，别无他途"。❶化学实验不仅是化学科学赖以形成和发展的基础，也是化学教学中学生获取化学经验、探索化学知识和发展探究能力的重要途径与手段。化学实验在化学科学发展和化学教学中的极端重要性已成为共识，正由于此，我国化学学科教学传统中历来重视化学实验。2017 版 2020 修订高中化学课标特别规定了必修和选择性必修课程的18 个必做实验，明确要求"充分认识化学实验的独特价值，精心设计探究活动。如何充分挖掘化学实验的育人价值，充分发挥化学实验在学科核心素养培育中的重要作用是每个中学化学教师需要解决的重要问题。"

---

❶ 梁慧姝，郑长龙. 化学实验论 [M]. 广西：广西教育出版社，1996：83.

第一节 化学实验及其育人价值

一、化学实验要素及其关系

化学实验是实验者根据一定的化学实验目的，运用一定的化学实验仪器、设备及装置等物质手段，在人为的实验条件下，改变实验对象的状态或性质，从而获得各种化学实验事实的一种科学实践活动。化学科学研究实验与化学教学中的实验虽然实验的目的不同，但都由 3 个基本要素构成，即化学实验者、化学实验手段（包括仪器、装置以及科学方法）和化学实验对象。

（一）化学实验者

从化学科学研究的角度看，化学实验者是指具有一定的化学科学知识和相关科学知识水平的、能使用化学实验的科学仪器等工具进行操作的、会运用科学方法和科学思维方法，以探索物质在原子、分子水平上的运动变化规律为基本任务的科学劳动者。他们一般应具有：坚实的化学科学知识基础和丰富的相关科学知识修养，发现本学科领域中存在的问题和提出问题的能力，解决问题的能力，坚韧不拔、不屈不挠、追求真实的科学精神，谦虚谨慎、实事求是的科学态度。

化学教学中的实验者可以是化学教师（指演示实验），也可以是学生（指学生实验）。化学教学中的实验是为了实现化学教学目标而设计和安排的，对提高学生的化学学科素养起着至关重要的作用。不管是演示实验还是学生实验，对实验进行观察、用大脑接受实验对象给出的信息、对信息进行加工处理的都是学生，无疑，学生是认识的主体，即在教学的全过程中他们始终处于主体地位，而教师则要充分发挥其主导作用。作为实验认识主体的学生，虽然与化学科学研究中的实验者在专业知识水平、实验技能、思维能力等方面有着明显的差别，但所需要的科学方法、科学精神和科学态度是一致的。且在实验活动中，都需要最大限度地调动学生的主动性和积极性，才能更好地发挥其认识主体的作用。

（二）化学实验对象

化学实验对象是指在化学实验过程中被实验者变革的物质对象，即化学实验者所要认识的对象。化学科学研究中的实验对象，可能是自然界存在的物质，其目的在于探索其属性、认识其化学变化规律；也可能是创造或合成出的自然界不存在的新物质，其目的在于以此新物质为研究对象进行深入的、细致的实验研究。因此，化学科学实验研究的实验对象能为人类科学认识提供新的信息，是化学科学中新的概念和新的理论等建立的现实物质基础。

化学教学中实验对象的选择和确定是为实现化学课程目标服务的。这些实验对象对人类来说是早已被认识了的、最基本的物质对象，但是对学生来说却是认识较少或未认识的物质对象。因此，它们在化学实验中，既是学生实践的物质客体，又是学生认识的物质客体。它们能为学生提供最生动、最直接的各种化学实验信息，是学生形成化学概念和获得物质规律性认识的物质基础，还在对学生进行辩证唯物主义观点教育、科学方法训练、科学态度教育和能力培养等方面起着重要作用。

（三）化学实验手段

化学实验手段是实验者发挥主体性，探究和认识实验对象的重要工具。按照性质的不同，可以将实验手段分成实物形态的手段和观念形态的手段。

1. 实物形态的手段

实物形态的手段指由化学实验仪器、装置、工具和设备等所组成的，为使化学实验者变革和控制化学实验对象而使用的实在物体的总和。

在化学实验过程中，化学实验者一方面要把自己变革和控制实验对象的主观意图，通过化学实验手段以物化形式作用于实验对象；另一方面，化学实验对象受到变革和控制之后，所显现出来的各种具体的化学现象和性质，通过化学手段反作用于化学实验者，使实验者能够获得有关化学实验对象的信息。没有化学实验手段，化学实验者和化学实验对象之间的联系就不可能发生，实验对象的各种性质和规律性的变化也就不能通过实验的变革而表现出来，化学实验者也就不能获得对实验对象各种属性的认识。可见，化学实验手段是化学实验者用来认识化学实验对象，建立认识主体和认识客体间信息联系不可缺少的"桥梁"和"中介"。

在化学实验手段中最能体现化学实验特点的是化学实验仪器，包括由化学实验仪器组成的化学实验装置以及由电学、光学、电子学仪器等组成的用于进行化学分析、结构分析和测定的现代化大型科学仪器与设备。从简单的试管、烧杯到复杂的、大型的现代化实验仪器，作为物质实体的每一件仪器都不是天然存在物，而是为了达成一定的认识目的和满足某项实践上的需要被创造出来的。化学实验仪器设备以物化的形式凝结着人的经验、智慧及创造性，作为人体外的认识手段，它可以延伸人的肢体、感觉器官和思维器官，强化和提高实验者的认识能力，扩大认识主体和认识客体之间的联系范围和方式。

2. 观念形态的手段

观念形态的手段指科学地运用实物形态的手段有效地控制和认识实验对象的工具。主要有实验方法论和化学实验方法。

实验方法论是关于实验方法在科学中产生、形成和发展的理论，它包括实验方法的发展史、实验方法在科学认识中的性质及地位和作用、实验的构成要素及其功能和结构、实验实施的一般程序和所运用的一些具体的科学方法（如测量、测定、实验设计、实验条件的控制、实验观察和记录、实验结果的处理等）、实验方法与其他科学方法之间的辩证关系等。实验方法论对进行物理实验、化学实验、生物实验等的学习和研究都具有指导意义。

化学实验方法是化学实验本身所特有的一类方法。从中学化学实验来看，主要包括：化学实验基本操作方法、物质的制备（或合成）方法、物质的分离与提纯方法、物质的分析（检验、鉴别与鉴定）方法等。

构成化学实验的 3 个要素是一切类型化学实验共同具备的。它们在化学实验中彼此通过一定的结构，形成相互联系、相互作用的有机整体，从而进行一定的化学实验活动。各要素间的相互联系、相互作用沿着两个方面进行（如图 6-1 所示）：一方面，化学实验者通过化学实验手段，以控制和变革化学实验对象，促使化学实验对象发生变化显示其特有属性，给出各种信息；另一方面，化学实验对象所表现出的各种属性、信息又作用于化学实验手段，并通过化学实验现象为化学实验者所接受、加工和认识。

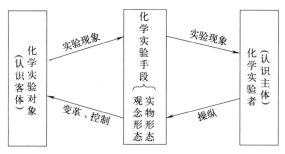

图 6-1　化学实验活动系统结构简图

二、化学实验的育人价值

由图 6-1 可见，在化学实验活动系统中，化学实验者起着决定和支配作用。从认识论角度看，实验者（主体）和实验对象（客体）的关系是认识和被认识、改造和被改造的关系；在实验过程中，实验仪器是实验者应用和操作的物质实体，实验仪器的发展、创造或方法更新无不取决于认识主体的需要；在化学实验的动态运行过程中，实验课题的选择与确立、实验构思与设计、实验手段的选取、实验技术的确定、每步实验步骤中实验条件的控制、实验信息的收集、实验结果的分析与处理以及实验结论的获得，始终受实验者理论思维、科学精神和态度等的支配，全过程的每一环节和步骤无不体现着实验主体的作用。在化学教学中，实验主体主要是学生，即使在教师作为实验主体的演示实验中，学生依然是该过程中的认识主体。因此，实验作为学生学习化学、认识化学的重要途径和手段，蕴含着巨大的育人价值。

（一）认识论价值：为学生学好化学提供实验事实

化学的研究对象是物质，而物质的性质，尤其是化学性质，只有借助于一定的实验手段，在人为控制的条件下使物质发生物理变化或化学变化时才显露出来，被学生所感知。学生通过感知物质及其变化的实验现象获得化学实验事实，从而归纳出对物质性质的认识。

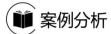 案例分析

【案例 6-1】　钠的性质实验（苏教版高中化学必修第一册）

请分析以下教材实验编制的目的。

【实验 1】取一小块钠，用滤纸吸干表面的煤油，用小刀切去一端的表层，仔细观察钠表面的颜色。记录钠的状态、颜色、硬度。

【实验 2】取一小块钠，用滤纸吸干表面的煤油，置于石棉网上，加热石棉网至钠发生燃烧，观察实验现象并记录。

【实验 3】向一只盛有水的小烧杯中滴加几滴酚酞溶液，然后投入一小块（约绿豆粒

大小）金属钠（吸干煤油，并切去钠的表层），尽可能多地记录下你所观察到的实验现象，并对其作出合理的解释。

对于金属钠性质的学习，教材设置了 3 个实验活动。在 3 个实验的操作、观察、记录、分析、解释的基础上归纳出钠的物理性质和化学性质。在化学概念或理论的形成过程中，化学实验同样起着重要作用，为学生形成化学概念、验证化学假说或检验化学理论提供实验事实。如对于电解质概念的学习，教材通过设计对比实验（如图 6-2 所示），让学生在现象分析、归纳的基础上获得"在水溶液中或熔融状态下能够导电的化合物"这一电解质定义❶。

【实验1-2】

在三个烧杯中分别加入干燥的 $NaCl$ 固体、KNO_3 固体和蒸馏水，如图1-9所示连接装置，将石墨电极依次放入三个烧杯中，分别接通电源，观察并记录现象。

取上述烧杯中的 $NaCl$ 固体、KNO_3 固体各少许，分别加入另外两个盛有蒸馏水的烧杯中，用玻璃棒搅拌，使固体完全溶解形成溶液。如图1-9所示，将石墨电极依次放入 $NaCl$ 溶液、KNO_3 溶液中，分别接通电源，观察并记录现象。

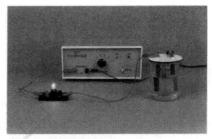

图1-9　试验物质的导电性

图 6-2　教材实验：试验物质的导电性

为了让学生理解离子反应的本质，有些老师还利用数字化实验手段测定氢氧化钡溶液中滴加稀硫酸时电导率的变化（图 6-3），让学生"看到"离子浓度变为"0"的过程，从而深刻理解电解质在溶液中的反应实质上是离子之间的反应这一本质。

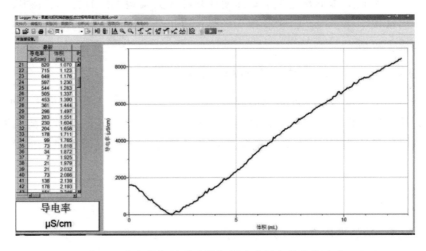

图 6-3　氢氧化钡溶液中滴加稀硫酸时电导率的变化

无论是从实践（实验探究活动）与认识，还是从感性认识（化学实验事实）与理性认识（化学概念和理论）的关系来看，化学实验对学生认识化学、学好化学都有着不可替代的作用，具有重要的认识论价值。

---

❶　王晶，毕华林. 普通高中教科书·化学（必修第一册）[M]. 北京：人民教育出版社，2019：13.

（二）方法论价值：培养学生的科学方法和能力

由图 6-1 可见，化学实验手段包括了实物形态的手段和观念形态的手段，化学实验活动不仅是一种实践操作和感知活动，更重要的是一种理论思维活动，它本质上是理论思维的物化。

学生在实验过程中一方面获得有关的化学知识，掌握相关的化学实验技能；另一方面体验化学实验的科学方法，如观察的方法、实验的方法、实验记录的方法、实验数据和事实处理的方法、科学抽象的方法、假说的方法、模型的方法等。在化学实验教学活动中，实验、观察和思维三者始终是联系在一起的。观察是实验研究的第一步，没有有效的观察，其后的思维活动就没有了基础和材料。同时，对学生观察能力的培养也必须建立在大量的实验观察基础上。但是观察本身往往并不是教学的最终目的，实验教学的关键是对观察到的现象作本质分析，使学生由感性认识逐步上升到理性认识，这就是一个启发引导学生进行分析、归纳、抽象、概括的逻辑思维能力培养过程，也就是在观察实验现象的基础上把获得的感性材料进行"去粗取精、去伪存真、由此及彼、由表及里"的思维加工过程，经过科学的抽象、形成概念、作出判断和推理、从感性认识向理性认识飞跃的过程。在这样的过程中，学生的实验能力、观察能力和思维能力都得到有效发展，为其终身发展奠定基础。

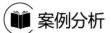 案例分析

【案例 6-2】 氯水的成分探究（苏教版高中化学必修第一册）

分析以下教材编排的实验活动，从中可培养学生怎样的科学方法？

提出问题：氯气溶解于水，是否会与水发生反应？氯气溶于水后溶质微粒以什么形式存在？

建立假设：氯气溶于水后会与水发生反应，反应后溶液中可能存在的微粒有_____。

实验探究：

【实验1】分别用玻璃棒蘸取新制氯水和稀盐酸，滴在 pH 试纸上，观察并比较实验现象。

【实验2】将干燥的有色布条和湿润的有色布条分别放入两瓶干燥的氯气中，观察并比较实验现象。

【实验3】在洁净的试管中加入 1mL 新制氯水，再向试管中加入几滴硝酸银溶液和稀硝酸，观察实验现象。

现象分析：见表 6-1。

表 6-1 氯水的性质实验

实验序号	实验现象	分析解释
实验1		
实验2		
实验3		

得出结论：_____。

如案例 6-2 所示的教材实验编排，通过提出问题→建立假设→实验探究→现象分析→得出结论的过程设计，让学生体验科学探究的一般过程和方法，通过理论思维建立合理的假设，控制实验条件设计进行对比实验，利用表格观察、记录并分析实验现象，最终归纳获得氯水的成分的学科知识。

（三）情感态度价值：培养学生的优良品质和科学精神

在化学实验过程中，为了保证实验达到预期的效果，学生必须严格按照正确的操作方法和程序，丝毫不能马虎。实验之前，必须明确实验目的和要求，熟悉原理及其操作步骤和有关注意事项；实验时要集中精力、严格遵守实验操作规程，如果发生了意外事情，也要有条不紊地按照安全规范进行妥善解决；实验过程中要按规定要求认真观察、记录和分析，并按一定要求写好实验报告；实验结束后应洗净仪器、擦净桌面、检查水电门窗等是否关好等。所有这些，经过长期的实施、训练，无疑有助于学生形成从容耐心、严谨细致的优良品质。

学生在实验过程中难免会出现操作不够准确、反应条件控制不好、药品及其用量使用不当或者实验方案不周全等问题而导致实验效果不好或失败，面对这种情况，学生一方面要实事求是面对挫折和困惑，另一方面要积极寻找原因进行进一步的探究。从中体会科学研究中的曲折性，在困难中探索，感受探索后成功的喜悦，形成实事求是、不畏困难、勇于探究的科学精神。另外，学生实验往往以小组形式进行，这对培养学生的合作沟通能力及团结互助精神大有裨益。

化学实验史实实际上就是一部运用实验方法论进行实验探索，以获取实验事实、建立科学理论的发展史，同时蕴含着化学家的智慧、科学精神、态度以及爱国主义情怀等，同样具有深厚的育人价值。如化学家侯德榜为打破当时欧美国家对制碱法的技术封锁，潜心研究，在考察索尔维法和察安法各自优点的基础上，创造性地提出侯氏制碱法——氨碱联合生产的流程，经过连续试验获得成功❶。侯氏制碱法在国难深重、条件艰苦的时代获得成功，反映了中国科学家的智慧、不屈不挠攀登科学高峰的进取精神和改变我国工业落后面貌自强不息的精神。

三、化学学科核心素养与化学实验

2017 版 2020 修订高中化学课标提出了"宏观辨识与微观探析、变化观念与平衡思想、证据推理与模型认知、科学探究与创新意识、科学态度与社会责任"5 大化学学科核心素养，根据这些素养对高中学生发展的具体要求，提出课程目标。虽然学科核心素养的名称表达上没有"实验"，但从课程目标的（表 6-2）内涵可见，学科核心素养的发展必须以实验为基础。

表 6-2　学科核心素养与课程目标内涵中的"实验基础"

学科核心素养	课程目标内涵中的"实验基础"
宏观辨识与 微观探析	通过观察能辨识一定条件下物质的形态及变化的宏观现象，能用符号表征物质及其变化；能根据物质的微观结构预测物质在一定条件下可能具有的性质和发生的变化，并能解释其原因

---

❶ 陈歆文. 侯德榜与侯氏碱法：献给建国 50 周年 [J]. 纯碱工业，1999（5）：57-64.

续表

学科核心素养	课程目标内涵中的"实验基础"
变化观念与平衡思想	能用对立统一、联系发展和动态平衡的观点考察化学反应,预测在一定条件下某种物质可能发生的化学变化
证据推理与模型认知	初步学会收集各种证据,对物质的性质及其变化提出可能的假设; 基于证据进行分析推理,证实或证伪假设; 确定形成科学结论所需要的证据和寻找证据的途径; 能运用多种认知模型来描述和解释物质的结构、性质和变化,预测物质及其变化的可能结果
科学探究与创新意识	能依据探究目的设计并优化实验方案,完成实验操作,能对观察记录的实验信息进行加工并获得结论; 能和同学交流实验探究的成果,提出进一步探究或改进的设想; 能尊重事实和证据,破除迷信,反对伪科学; 养成独立思考、敢于质疑和勇于创新的精神
科学态度与社会责任	具有安全意识和严谨求实的科学态度; 增强探究物质性质和变化的兴趣; 具有"绿色化学"观念

每一种学科核心素养的发展都离不开化学实验。对物质的宏观辨识需以实验中所观察到的物质形态及变化现象为基础,根据物质的微观结构所预测的可能性质和变化需要通过实验来验证与解释;用动态平衡观点预测物质在一定条件下可能发生的化学变化也需要通过实验来验证;证据推理主要是指根据观察和实验等获取的物质及其变化的信息(证据),通过基于证据推理的方法形成科学结论,模型认知是指对研究的物质及其变化等方面的问题提出假设,根据观察和实验得到的信息,通过抽象和模型思维,用简化的、形象化的模型再现物质及其变化的本质、内在特性和一般规律,并通过实验验证和完善模型;科学探究实践是以化学实验为主的探究,用实验方法探究分子层次物质的结构、组成、性质和变化规律,创新是化学科学探究最重要的特征;化学科学探究最能体现和发展人的创新精神和实践能力、团队协作和合作能力,最能培养人的科学精神和社会责任❶。所以,"以实验为基础"的学科特征决定了化学实验对于发展学生的化学学科核心素养起着至关重要的作用。

第二节 化学实验教学

教师将化学实验置于一定的化学教学情境下,为实现一定的化学教学目标而进行一系列教学活动,称为化学实验教学。化学实验教学对于培养学生的学科核心素养具有不可替代的作用,是化学教学中进行科学探究与实践的重要方法与手段。

一、中学化学实验教学内容

2017版2020修订高中化学课标和2022版初中化学课标都将"实验"贯穿在学科

---

❶ 吴星. 对高中化学核心素养的认识 [J]. 化学教学,2017 (5):3-7.

（课程）核心素养课程目标中。高中化学必修课程将"化学科学与实验探究"作为 5 个学习主题之一，选修课程专门设置了"系列 1 实验化学"。在必修及选择性必修课程的每个主题中，不仅规定了学生必做实验，且在"学习活动建议"中皆有"实验及探究活动"的相关建议。可见，化学实验既是化学学习目标，也是重要的化学学习内容和主要的化学学习方式。

（一）作为学习目标的化学实验

2017 版 2020 修订高中化学课标在必修课程主题 1 中，对于有关实验探究的学业要求是：

① 具有较强的问题意识，能提出化学探究问题，能作出预测和假设。能依据实验目的和假设，设计解决简单问题的实验方案，能对实验方案进行评价。

② 能运用实验基本操作实施实验方案，具有安全意识和环保意识。能观察并如实记录实验现象和数据，进行分析和推理，得出合理的结论。能与同学合作交流，对实验过程和结果进行反思，说明假设、证据和结论之间的关系，用恰当形式表达和展示实验成果。

③ 能根据不同类型实验的特点，设计并实施实验。能预测物质的某些性质，并进行实验验证；能运用变量控制的方法初步探究反应规律；能根据物质性质的差异选择物质分离的实验方法；能根据物质的特征反应和干扰因素选取适当的检验试剂；能根据反应原理选取实验装置制取物质。

将课程目标及学业要求中的实验目标具体化，可以将化学实验的学习目标分解为以下几个方面。

1. 化学实验基础知识目标

① 化学实验事实知识目标：能描述所观察到的实验现象，能根据现象进行分析推理获得结论，或用化学事实解释和证明结论。

② 化学实验仪器和药品知识目标：能够描述常见化学药品的颜色、状态、浓度及其主要化学性质，知道其存放和取用方法；能看懂化学药品标签，能根据实验目的选择化学药品；能说出常见化学实验仪器的名称，知道其构造，了解其规格和主要用途；理解常见实验仪器的操作原理和连接方法，能根据实验目的选择实验仪器。

③ 化学实验安全知识目标：知道常见的易燃、易爆、有毒和腐蚀性药品的使用、贮存方法；熟悉常见仪器的安全操作步骤，了解防止事故发生的具体措施；能运用基本安全知识找出处理紧急情况的办法。

2. 化学实验基本技能目标

① 基本操作技能目标：学会使用酒精灯进行加热；学会天平的使用；学会气体收集；学会过滤和蒸发等基本操作。

② 仪器和药品选择技能目标：初步学习根据实验目的对实验仪器的种类、规格和数量等进行恰当选择，对实验所需药品的种类、纯度、浓度和用量等进行恰当选择等。

③ 化学实验综合技能目标：会制取常见的气体物质；会对常见化学物质进行检验；会配制一定物质的量浓度的溶液；会用过滤、蒸发、萃取等方法对混合物进行分离和提

取；初步学会用中和滴定法、氧化还原滴定法对物质进行定量分析等。

3. 实验探究能力目标

所谓实验探究能力，是指学生在化学教学中运用实验来探究化学物质及其变化的本质和规律的一种能力[1]。它是科学探究能力在化学教学中的具体化，是科学探究与创新意识素养发展程度的重要体现和标志。根据实验探究的一般过程，可将其细化为以下目标：

① 能从已有知识或生活经验出发，提出并清晰表达有实验探究价值的问题。

② 能有依据地对实验问题的可能结论作出猜想和假设，并根据实验目的和假设，设计实验方案，对实验方案的可行性进行论证。

③ 能独立或与同学合作进行实验，对有关的实验条件进行有目的的控制，运用多种方式和方法对实验现象、数据等进行观察和记录；能对所获得的数据运用化学用语、表格、线图等形式进行处理。

④ 能对实验数据进行分析推理，运用比较、分类、归纳等方法得出结论，对猜想与假设进行解释。

⑤ 能主动与他人讨论和交流化学实验探究结果，反思自己在实验活动中的表现；能较为规范地独立书写化学实验报告。

4. 实验态度目标

实验态度是指学生在化学实验教学中对实验活动的一种内在反应倾向，也反映了学生的实验价值观。目标具体为：

① 能认识实验在化学科学研究和化学学习中的重要作用，体会到化学实验是学习化学知识、解决生产和生活中的实验问题的重要途径和方法。

② 对生活中和自然中的现象具有好奇心，并试图通过化学实验来探究其中的道理；能体验到化学实验探究活动的乐趣和实验成功的欢喜。

③ 能积极参与化学实验活动，善于与他人合作，主动交流各种化学实验信息。

④ 能从实验绿色化角度设计和完成实验，在实验中注意节约和合理使用化学药品，能保持实验台和仪器等的干净整洁。

⑤ 能客观、准确地观察和记录实验现象，实事求是地完成实验报告。

（二）作为学习内容的化学实验

为了改变教学实践忽略学生动手做实验的突出问题，真正落实"科学探究与创新意识"学科核心素养的培养，强化实验教学，2017 版 2020 修订高中化学课程标准在必修课程和选择性必修课程中分别明确规定了 9 个学生必做实验，共计 18 个学生必做实验（见表 6-3）[2]。从实验分布看，必修课程 5 个主题中有 4 个主题安排了学生必做实验；选择性必修课程 3 个模块都安排了学生必做实验，突出对学生实验探究能力的培养，进一步强化实验在化学学习中的重要地位。

---

[1] 化学课程标准研究组. 普通高中化学实验课程标准（实验）解读 [M]. 武汉：湖北教育出版社，2004：212-214.

[2] 王寿红. 高中化学新课标实验要求分析与启示 [J]. 化学教学，2020（2）：13-18.

表 6-3　2017 版 2020 修订高中化学课标规定的学生必做实验

课程类型		课程主题	学生必做实验
必修课程		主题 1：化学科学与实验探究	配制一定物质的量浓度的溶液
		主题 2：常见的无机物及其应用	铁及其化合物的性质
			不同价态含硫物质的转化
			用化学沉淀法去除粗盐中的杂质离子
		主题 3：物质结构基础与化学反应规律	同周期、同主族元素性质的递变
			化学反应速率的影响因素
			化学能转化成电能
		主题 4：简单的有机化合物及其应用	搭建球棍模型认识有机化合物分子结构的特点
			乙醇、乙酸的主要性质
选择性必修课程	化学反应原理	主题 1：化学反应与能量	简单的电镀实验
			制作简单的燃料电池
		主题 2：化学反应的方向、限度和速率	探究影响化学平衡移动的因素
		主题 3：水溶液中的离子反应与平衡	强酸与强碱的中和滴定
			盐类水解的应用
	物质结构与性质	主题 2：微粒间的相互作用与物质的性质	简单配合物的制备
	有机化学基础	主题 2：烃及其衍生物的性质与应用	乙酸乙酯的制备与性质
			有机化合物中常见官能团的检验
		主题 3：生物大分子及合成高分子	糖类的性质

　　作为学习内容的化学实验在高中化学课程中以两种方式加以组织。一种以分散的方式，即将化学实验分散在高中化学必修课程及选择性必修课程的各个主题内容中；另一种以集中的方式，即将化学实验单独作为一个课程模块——选修课程"系列 1　实验化学"，以此来强化化学学科特征，培养学生的实验探究能力，从而发展化学学科核心素养。

　　学生在化学学习中，不仅要学习"内容要求"中所规定的基础内容，达到相应的"学业要求"，而且还要经历和体验"学习活动建议"中所列出的"实验及探究活动"。"内容要求"和"学业要求"侧重于阐述学生在化学学习中应该学什么，学到什么程度，是刚性的；而"实验及探究活动"侧重于回答用什么样的活动方式来学，是弹性的、建议性的，学生可以利用这些活动来学习，也可以利用与这些活动的价值相似的其他活动来学习，这为教师的教学设计提供了较大空间。二者的联系在于，"实验及探究活动"是为"内容要求"及"学业要求"的达成服务的，为学生提供了达到目标要求的途径和手段，二者统一于学生的具体学习过程中。

（三）作为学习方式的化学实验

　　化学课程倡导以科学探究为主的多样化的学习方式。化学教学中的科学探究主要有两种形式：一种是实验探究，如"氯水的性质及成分探究"；另一种是调查、讨论等活动，如"从含硫、氮物质的性质及转化的视角分析酸雨和雾霾的成因、危害与防治""调查水体重金属污染及富营养化的危害与防治"等。这两种方式中，实验探究是化学教学中学生最常用、最主要的学习方式。2017 版 2020 修订高中化学课标在必修课程和选择性必修课程每个主题的"学习活动建议"中都提出了"实验及探究活动"建议，各主题"实验及探究活动"数量见表 6-4❶。

表 6-4 2017 版 2020 修订高中化学课标"实验及探究活动"数量统计

课程类型		课程主题	实验及探究活动数量
必修课程		化学科学与实验探究	5
		常见的无机物及其应用	20
		物质结构基础与化学反应规律	6
		简单的有机化合物及其应用	8
		化学与社会发展	5
选择性必修课程	化学反应原理	化学反应与能量	8
		化学反应的方向、限度和速率	6
		水溶液中的离子反应与平衡	5
	物质结构与性质	原子结构与元素的性质	3
		微粒间的相互作用与物质的性质	5
		研究物质结构的方法与价值	5
	有机化学基础	有机化合物的组成与结构	3
		烃及其衍生物的性质与应用	10
		生物大分子及合成高分子	7
合计			96

2017 版 2020 修订高中化学课标对实验版课标"活动与探究建议"中的实验内容进行了调整，增加了部分实验内容，仅必修课程"常见的无机物及其应用"主题，实验及探究活动数量就由实验版课标的 4 个增加到 2017 版 2020 修订高中化学课标的 20 个。在新增实验中，有些是将现行高中化学教材中的实验在课标中予以明确，例如胶体的丁达尔实验、电解质的电离、金属钠的性质、测定某些反应的速率等；有些是补充实验，如自主设计制作元素周期表、设计制作简易即热饭盒、固体酒精的制备、实验室模拟金属的冶炼等。可见，实验探究活动在课程实施中占有重要地位。

实验探究是一种重要的科学实践活动，是化学学科核心素养的构成要素之一，也是以实验为基础的化学教学观的具体体现。化学教学中的实验探究具有如下特点❷：

① 实验探究是一种基于实验的探究活动。这里的"实验"，不仅仅只是指实践活动，还包括实验方法论、实验事实和实验史实；从在实验教学中所外显的形式来看，它不仅包括探索性实验，而且还包括验证性实验。当前的化学实验教学改革，尤其要注意增强验证性实验的探究性。

❶ 王寿红. 高中化学新课标实验要求分析与启示 [J]. 化学教学，2020（2）：13-18.

❷ 化学课程标准研究组. 普通高中化学实验课程标准（实验）解读 [M]. 武汉：湖北教育出版社，2004：212-218.

② 实验探究是针对一定的"问题"所展开的活动，因此，能够发现和正确表述所要解决的与化学实验有关的问题，对于增强实验探究的目的性和针对性具有重要意义。

③ 实验探究是一种逻辑和想象相结合的活动。在实验探究活动中既需要猜测，也需要作出科学的假设，并需要通过实践来求证和检验假设。因此，实验探究的开展，不仅需要学生具备一定的逻辑思维能力，而且还要具有一定的想象能力，敢于大胆地进行猜想与假设。这对于培养学生的创新精神和实践能力有着重要的作用。

④ 实验探究是一种以科学证据为基础的活动，通过获取证据、分析证据来进行预测和推理，以及作出合理的解释，得出探究结论。

⑤ 实验探究是一种综合运用所学的科学知识与化学实验技能、科学过程与科学方法来展开的一种活动，并且在这一活动中，学生要秉持科学观念、具有良好的科学态度和科学精神，要客观求实和避免偏见。

化学实验的"学习目标""学习内容"和"学习方式"这三种角色，是相统一的。如图 6-4 所示，以"实验内容"为载体，通过学习化学实验内容，形成实验探究的学习方式，从而实现提高科学探究能力、发展学科核心素养的学习目标。

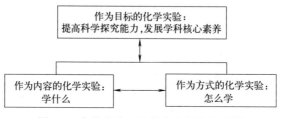

图 6-4　化学实验三种角色之间的关系图

二、化学实验教学形式

化学教学中的实验各种各样，对它们作适当的分析，有利于掌握其内在的规律。可以从不同的角度对化学实验的教学形式进行分类。

（一）演示实验与学生实验

根据化学教学中实验主体的不同，可分为演示实验和学生实验。

1. 演示实验

演示实验一般是指教师在教学过程中为配合教学内容的讲解而面向全体学生进行示范操作的一种教学实验。其在化学教学中运用广泛，是最基本的实验教学形式之一。对于教师的演示有如下基本要求：

（1）确保实验成功

教师必须要做好充分的准备工作，备齐有效、充足的实验药品与仪器。尤其要事先反复预试以确保把握好实验关键与难点环节，确保在课堂教学中演示成功。

（2）实验现象要明显

实验演示时需保证全体学生都能观察到明显的现象，因此，要根据学生观察的需要进行操作。例如，要注意仪器的尺寸大小与摆放位置合理、药品的用量足够多、实验现象持续时间足够长。有时，可在反应装置后面衬一合适的背景以便观察现象。另外，也可通过投影仪等放大实验装置和现象。

（3）实验操作要规范

教师演示的过程同时也是学生观察与学习的过程，规范的操作有利于学生观察和模仿。教师在仪器的组装和摆放，药品的取用、加热、振荡、洗涤，废弃物品的处理等实验细节各方面都要严格要求，为学生做好示范。

（4）讲演结合引导学生观察与思考

无论怎样的教学活动，都是为学生的学习服务的。教师在演示时，要注意边演示边讲解，且通过问题引导学生思考。如引导学生注意观察的顺序、观察的位置、观察的时机、实验现象特征、实验条件等，启发学生思考现象的本质、实验条件与方法的选择依据、实验规律等。

（5）注意安全与环保

教师在演示实验时应充分认识反应物质的性质与反应原理，预测各种可能出现的现象与问题，并事先做好预防措施。实验过程中操作规范，以保证实验时教师和学生的安全。另外，还要注意适当控制药品的用量，减少浪费，反应过程中与反应后的各种产物要规范处理，防止污染环境。

（6）注意控制实验用时

中学化学课堂教学时间有限，教师在实验演示时要能够控制实验现象适时出现，防止等待时间过长或重新实验。对于一些耗时较长的实验，可以预先准备使之先反应一段时间，或者课前录制老师亲自操作的视频，课堂中以快进方式呈现重要操作和现象等。

📖 案例分析

【案例6-3】"乙酸与乙醇的酯化反应"教学片段

研读下述教学案例，试小结该演示教学过程的基本环节，并说明在教学中教师是如何落实演示实验的教学要求的？

【教师创设情境】为什么"酒是陈的香"？

【教师提示】同学们可从酒的主要成分乙醇的化学性质方面推测。

【学生思考推理】乙醇在一定条件下，可以被氧化为乙醛再被氧化为乙酸，那么是否在乙酸和乙醇之间存在着某种化学反应能生成有香味的物质呢？

【教师演示实验】那下面我们就通过实验来验证一下同学们的推理是否是真的。请同学们观察这一实验装置（图6-5），由哪几部分组成？

【学生回答】两部分，加热装置和收集装置。

【教师演示实验】左侧试管（学生视角）中已经加好了饱和碳酸钠溶液，这一溶液的作用是什么？请同学们在实验过程中思考。现在，我取下右侧试管添加试剂，请同学们注意药品添加的顺序并思考为什么？我先加入3mL乙醇，然后一边振荡试管，一边再慢慢加入2mL 98%浓硫酸和2mL冰醋酸，连接好装置。用酒精灯先均匀加热试管，再集中在试管底部缓慢加热。请同学们尤其注意观察盛有饱和碳酸钠溶液试管中的现象，并注意闻气味。

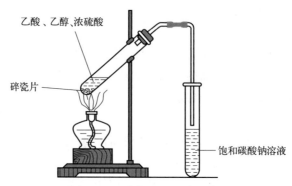

乙酸、乙醇、浓硫酸

碎瓷片

饱和碳酸钠溶液

图 6-5　乙醇与乙酸反应的装置

【提问】实验结束了，请同学们汇报你们观察到了什么？

【学生回答】①在饱和碳酸钠溶液上方出现一层油状液体，且有香味；②饱和碳酸钠溶液中还有少许气泡产生。

【教师评价并提问】同学们观察得很仔细，实验证明乙醇和乙酸反应的确生成了有香味的物质，这一物质叫作乙酸乙酯（教师板书乙酸乙酯的结构简式）。那请同学们思考并讨论：①浓硫酸在该反应中具有哪些作用；②为什么试剂添加时先加乙醇，再加浓硫酸和乙酸？③长导管的作用是什么？为什么不能伸到液面以下？④饱和碳酸钠溶液的作用是什么？请结合表 6-5 所示数据思考回答。

表 6-5　几种物质的物理性质

物质	沸点/℃	密度/(g/mL)	水溶性
乙酸	117.9	1.05	易溶
乙醇	78.5	0.7893	易溶
乙酸乙酯	77	0.90	微溶

【学生讨论交流】①浓硫酸在该反应中应该起到了催化剂的作用；②可能与水加入浓硫酸中类似，若将酒精加入浓硫酸中，则会放热使液体飞溅；③长导管起冷凝作用，若伸到液面以下，可能会发生倒吸，且乙酸乙酯不易分层；④乙醇和乙酸乙酯的沸点相近，乙酸也易挥发，所以从导气管流出的气体中三种物质都有，饱和碳酸钠溶液可以中和乙酸、溶解乙醇，还可以减少乙酸乙酯的溶解，使其分层析出。

【教师评价与补充】同学们讨论热烈，并且能够结合已有知识进行分析，非常好。乙酸与乙醇反应生成乙酸乙酯是一个可逆反应，浓硫酸还起到吸收反应中的水使平衡向右移动的作用。

【小结】反应方程式：$CH_3COOH + CH_3CH_2OH \underset{\triangle}{\overset{浓硫酸}{\rightleftharpoons}} CH_3COOCH_2CH_3 + H_2O$

这种醇和某些酸作用生成酯和水的反应叫作酯化反应。

【提问】对比乙酸乙酯、乙酸、乙醇的分子结构，试推测乙酸和乙醇可能以怎样的方式反应形成乙酸乙酯？……

2. 学生实验

学生实验又可根据实验场所进一步分为随堂实验、实验室实验、课外或家庭实验等。

（1）随堂实验

随堂实验是在教师引导和指导下，由学生在课堂中亲自动手进行实验、观察和思考的一种学习形式。它不仅能使学生观察清楚细微的实验现象，为学生提供更直观的感性经验，有利于培养和巩固实验基本操作技能，有利于培养学生的观察能力、思维能力和科学态度，而且能激发学习兴趣，使学生更好地成为学习的主体。

（2）实验室实验

实验室实验是学生利用整堂课的时间，在教师的组织和指导下，在实验室里独立进行实验、完成学习任务的教学形式。通常，实验室实验对于巩固和加深化学学科知识、培养实验能力和科学方法以及严谨求实的科学态度有着重要作用。

（3）课外或家庭实验

课外或家庭实验是学生在课外条件下进行的实验。家庭实验是课外实验的一种，也被称为厨房实验。

学生的随堂实验和实验室实验通常以分组的形式进行。在进行此类实验时，教师需要做好实验课堂的组织与教学的控制：①课前充分准备。教师首先应充分考虑学生分组实验时可能遇到的问题，特别是安全问题，并做好相应的预防措施。另外，还要准备好齐全的仪器、药品，并摆放整齐，保证实验台面、仪器等的整洁。②强调注意事项。在学生分组实验操作前，教师需充分、有效地向学生强调注意事项，保证学生在实验时都能按照要求去做，这是保证学生课堂实验有效开展的重要前提条件。首先，要向学生强调实验安全，并告知相应的防范措施；其次，使学生明确实验目的、实验过程与关键；最后，教会学生规范操作、认真全面观察、如实客观记录，使学生养成良好的实验态度与习惯。③及时巡查与指导。学生在具体操作时，教师需要在教室巡视，及时发现学生实验中的困难或问题，并给予及时的指导。④做好实验小结和交流。学生实验完毕，教师应及时对学生的实验操作、观察和记录、实验态度以及实验结论等进行小结，并进行小组间的汇报交流。

（二）定性实验和定量实验

1. 定性实验

定性实验是用来判定实验对象具有哪些性质、某种因素是否存在、某个因素是否起作用、某些因素之间是否具有某种联系，测定某些物质的组成，探究研究对象具有怎样的内部结构等所进行的实验。定性实验的目标主要在于解决"有没有""是不是"的问题。如在化学教学中为了判定某物质是否具有某种性质（如可溶性、可燃性、氧化性、还原性、导电性、酸碱性等）所进行的实验就是定性实验。又如，定性分析就是用实验方法鉴定物质中含有哪些元素、离子、原子团和官能团的定性实验。

定性实验在化学科学研究和学习中具有十分重要的地位，它是研究元素化合物性质的基础，也是定量实验的基础。因为，只有通过定性实验了解和掌握研究对象的组成及其大约含量，才能进一步正确选用和安排定量分析的实验方法。在定性实验中也可能会用到一些定量实验的方法，例如，化学史上拉瓦锡利用天平做定量测量获得的数据作为证据，才确立了物质燃烧过程本质的"氧化说"，并发现了氧气。

2. 定量实验

定量实验是指为了深入了解物质和自然现象的量的特征，揭示各因素之间的数量关系，确定某些因素的数值等而进行的实验。如汤姆生（J. J. Thomson）测定电子荷质比的实验就是科学史上著名的定量实验，法国化学家普罗斯（J. L. Proust）在对各种化合物做了定量分析的基础上建立了定比定律（又称定组成定律），英国化学家道尔顿（J. Dalton）在对由两种相同元素生成的多种化合物做了定量分析后建立了倍比定律。化学中测定某元素的原子量、确定某化合物中的定量组成、确定化学反应过程中各种元素的消耗量及能量吸收或放出的多少等都需要进行定量实验。

从定性到定量，是人类对自然事物的认识不断深化的标志。定量实验与数学方法的结合，是现代自然科学进步的显著特征之一。自然科学要从描述的、经验的上升为精确的理论阶段，就必须借助于定量实验的帮助。中学化学教学中，以定性实验为主，这是由学生认知顺序以及中学化学学习内容所决定的。

（三）验证性实验和探索性实验

验证性实验是为验证教科书或者教师讲授的结论而进行的实验，即结论在先，实验在后。在实验中，往往是按照既定的实验方案或步骤"照方抓药"式地做。这样的实验学生能够得到实验技能的训练，但不利于培养学生的科学思维和方法。对于一些基本的实验操作技能以及学生很难通过自己的探究获得的知识可以采取这种实验方法。

探索性实验则是将实验作为科学探究的重要方法，用实验来证明探究过程中所提出的假设，或自己设计实验来解决某一问题。在此过程中，学生经历和体验实验探究的过程，对科学知识和科学方法能够产生较为深刻的理解，也能培养科学的态度和价值观。当然，并非所有的知识都需要通过探索性实验来获得，但应该尽可能多地提供学生亲自探索的机会。

三、实验内容的选择与呈现

作为中学化学教学重要内容和方法的化学实验，不仅要体现化学学科的特点，同时还承载着如下诸多功能：通过实验为学生提供生动、真实的学习情境；培养学生的化学实验技能，提高动手能力；使学生经历实验探究的一般过程，学习科学方法；激发学生化学学习的兴趣，促进学生的问题意识；培养学生不畏艰辛、严谨求实的科学态度等。因此，需要从实现其教学功能的角度对实验内容进行恰当选择与呈现。

（一）化学实验的选材贴近学生生活和社会实际

为了帮助学生认识化学与生活、社会、技术的关系，中学化学实验的选择不再局限于化学经典实验的呈现，而是更加注重"贴近生活、贴近社会"。选择学生身边的化学物质作为实验试剂，如"食用油和洗洁精在水中的分散实验""纯碱、肥皂水、石灰水、食盐水、蔗糖水的酸碱性实验""84消毒液的性质实验探究"等；日常生活和社会生活中的很多化学现象也都可以作为化学实验内容选取的素材，这些素材学生熟悉、内容丰富，有利于激发学生的化学学习兴趣，引导学生从化学的角度解释身边的化学现象，如"比较我们吸入的空气和呼出的气体有什么不同""铁钉锈蚀条件的探究""果汁中维生素C含量的测定""简易水果电池的制作""简易即热饭盒的设计与制作"等。

📖 案例分析

【案例 6-4】 "84 消毒液不能与洁厕灵混用" 的原理探究❶

请分析下述案例中的实验设计有何特点？体现了怎样的设计理念？

【情境与问题】展示有关 "84 消毒液与洁厕灵混用后中毒" 的新闻报道，提问 "为什么 84 消毒液与洁厕灵（成分中含酸）混用后会出现中毒？"

【猜想与假设】根据 NaClO 和 HCl 中氯元素的化合价，推断两者可能发生氧化还原反应，产生有毒的氯气。

【实验与验证】设计实验方案（见图 6-6）证明自己的观点。

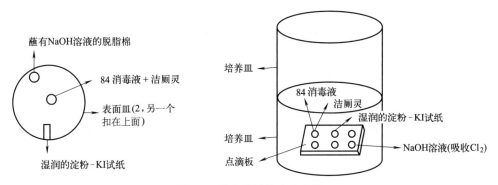

图 6-6　学生设计的实验方案

【结论与解释】湿润的淀粉-KI 试纸变蓝，有氯气生成，说明 NaClO 与 HCl 反应生成了 Cl_2。其中氯元素的化合价发生了变化，是氧化还原反应，而氯气是有毒的，用氢氧化钠溶液来吸收。

离子反应方程式：$ClO^- + Cl^- + 2H^+ \!\!=\!\!= Cl_2 \uparrow + H_2O$

（二）化学实验的设计和呈现重视体现科学方法

中学化学实验的教学目的不仅仅是向学生提供一定的化学事实，而且还应该让学生学会利用实验方法解决问题，运用观察、实验等方法获取信息，能用文字、图表和化学语言表达有关的信息，学习运用比较、分类、归纳、概括等方法对获取的信息进行加工，从而提升实验探究能力。如案例 6-4 实验不仅取材于生活实际，还让学生根据氧化还原反应原理，从两种物质的主要成分推理其可能发生的反应，并设计实验获取证据验证自己的猜想。让学生经历了科学探究的过程，对科学使用含氯消毒剂具有更深刻的理解。并且，该实验设计还呈现了绿色化和微型化特征。

（三）化学实验设计体现绿色化、微型化

绿色化学又叫环境无害化学、环境友好化学或清洁化学，倡导应用化学技术、工艺或方法减少乃至消除那些对人类健康、社区安全和生态环境有害的原料、催化剂、溶剂、产物、副产物等的使用和产生。绿色化学的核心是原子经济性和 "5R" 原则。原子经济性

❶ 李晓倩，刘翠，王磊，等. 氧化还原反应复习的项目式教学设计与实施——探秘 "84" 消毒液 [J]. 化学教育（中英文），2020，41（17）：43-48.

指充分利用反应物中的各个原子，既充分利用资源又防止污染。"5R"原则包括：reduction——减量使用原料，减少实验废弃物的产生和排放；reuse——循环使用，重复使用；recycling——资源的回收利用；regeneration——变废为宝，资源和能源再利用；rejection——拒用有毒有害品。

中学化学实验的绿色化，是指整个实验过程能够体现出绿色化学的环保、安全、经济的特点。如在实验过程中通过有效的措施使化学实验对实验场所和环境污染降低。例如，通过实验装置和方法的改进、优化，使反应过程中有毒、有污染的气体零排放；还可以用一些微型化学实验代替常规实验，微型实验的仪器装置一般比常用的要缩小十分之一到几十分之一，所用试剂的量也为常规实验的几十分之一到千分之一。微型实验的试剂用量少、反应产物少、生成的污染性物质少、对环境造成的污染也小。如案例 6-4 所用的点滴板就是一种微型实验装置，利用很少的量就能看到明显的实验现象，且实验中用 NaOH溶液吸收未反应的氯气，整个实验装置用透明的表面皿或培养皿罩住，避免了氯气的扩散，整个实验设计体现了绿色化学思想。

（四）实验内容的趣味化

趣味化的实验内容能有效激发学生学习化学的兴趣，激起进一步探究的欲望。如图6-7 所示教材实验"烧不坏的手绢"，能够有效激发学生的好奇心，利用所学化学知识思考问题和解决问题。

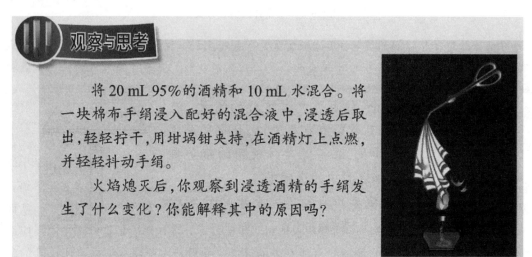

图 6-7　教材实验"烧不坏的手绢"

化学是一门有"魔力"的科学。通过有趣的实验现象，如吹气生火、滴水生火、纸上指纹、空瓶生烟、化学振荡实验、碘时钟实验、蓝瓶子实验、用化学方法制作肥皂和电池等，让学生感受化学的神奇，自觉地投入探究化学的奥秘的学习中。

（五）实验手段的数字化

与传统化学实验相比，手持数字化技术化学实验通过传感器、数据采集器和配套软件，简便、快捷、可视和精确地采集各种物理量数据，更好地认识物质在化学反应中变化的事实。如案例 6-5，教材中没有给出"氮气在放电条件下与氧气发生反应"的实验，导致学生只能被动地记忆化学式和化学反应现象。教师将之设计成数字化实验，有效地解决了这一问题。

📖 案例分析

【案例 6-5】　模拟雷雨条件下氮气和氧气反应的数字化实验探究❶

阅读以下案例，说明数字化实验具有什么突出优势？你认为在实验教学中应该如何恰当利用数字化实验？

1. 实验设计

为了直观地演示 N_2 和 O_2 在放电作用下的反应，设计了高压放电条件下 N_2 和 O_2 反应的实验装置。由于放电生成的 NO 易与 O_2 反应生成红棕色的 NO_2 气体，无法知道放电生成的气体是 NO 还是 NO_2。因此利用氧气和压力传感器，测量放电后 O_2 浓度的变化，通过停止放电后 O_2 浓度进一步减小，说明 NO 和 O_2 进一步反应，进而说明放电反应时生成了 NO。

向放电后的体系内注入紫色石蕊溶液，模拟雨水中 NO_2 与 H_2O 反应，可以观察到红棕色变淡，紫色石蕊溶液变红且氧气传感器、压力传感器数值进一步减小。测量数值说明 NO_2 气体与水反应生成酸性物质，同时生成可以与氧气反应的物质，即 NO 气体。

通过实验设计，3 个化学反应连续完成，传感器数值变化突破了对放电过程中生成 NO 的理解。通过教学实践表明，这个实验设计可以增强学生对"雷雨发庄稼"原理的理解。

2. 实验装置（见图 6-8）

图中的 2 个三颈烧瓶，下面的三颈烧瓶用于对比实验，上面的三颈烧瓶用于放电实验。将两根铁棒插入上面的三颈烧瓶两侧的胶塞内，调整两根铁棒在三颈烧瓶内的距离大约为 5cm。连有压力传感器的硬塑料管伸入三颈烧瓶一侧胶塞内，氧气传感器放入三颈烧瓶的中间瓶颈内。注射器与针头之间加入一个双通阀，可以调节液体进入及关闭。

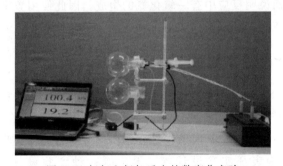

图 6-8　氮气和氧气反应的数字化实验

3. 实验过程

（1）连接实验装置，检查气密性。

（2）放电实验。将 2 个放电电极通过导线连接到高压放电仪器的正负极上；将氧气传

❶　王保强，刘方云，李增坤. 模拟雷雨条件下氮气和氧气反应的数字化实验探究 [J]. 化学教育（中英文），2019，40（5）：68-70.

感器和压力传感器连接到数据采集器上，打开电源开关，进行放电。2min 后关闭电源。

（3）断电后，注入紫色石蕊溶液。

4. 结果与分析

放电时，氧气传感器和压力传感器显示数值瞬时增大，然后保持相对稳定。放电 1min 后，三颈烧瓶内开始出现红棕色气体；放电 2min 后，三颈烧瓶内出现浓郁的红棕色气体。断开电源后，三颈烧瓶内氧气和压力传感器数值迅速减小后保持稳定，5s 后氧气和压力数值继续缓慢减小。向三颈烧瓶内注入紫色石蕊溶液后，紫色石蕊溶液变为红色，三颈烧瓶内氧气和压力数值都继续减小。将实验过程中的测量数据转换为曲线，如图 6-9 所示。

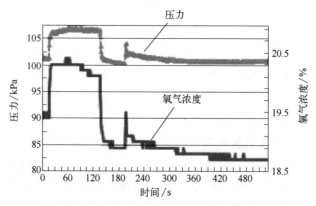

图 6-9　实验过程中压力和氧气浓度变化曲线

（结果分析）略。

数字化传感器具有准确、实时、直观、全面等特点。但传感器呈现的是数字，不是颜色、气味，因此高中化学中使用数字化传感器是在用常规的方法不好解决、常用的实验器材不能说明原理的时候才考虑使用。本实验中氮气和氧气在放电条件下只能观察到红棕色气体，无法说明氮气和氧气反应生成了一氧化氮气体。因此通过传感器测量断电后氧气浓度和压力的变化，进而说明反应中有一氧化氮的生成。因此使用数字化传感器可用来解决常规实验难以解决的原理问题。

四、化学实验设计的基本原则

化学实验设计是指实验者在实施化学实验之前，依据一定的化学实验目的和要求，运用有关的化学知识与技能，对实验的仪器、装置、步骤和方法等在头脑中进行规划的过程。一般有物质的制备（或合成）实验设计、物质的分离与提纯实验设计、物质的性质实验设计以及物质的结构表征实验设计等。无论哪一种实验设计，一般都应遵循以下原则❶。

（一）科学性原则

这是化学实验设计的首要原则。科学性是指实验原理、实验程序和操作方法必须与理论知识和化学实验方法论相一致。

---

❶　刘知新. 化学教学论［M］. 4 版. 北京：高等教育出版社，2011：174-176.

（二）绿色化原则

绿色化原则即从化学反应的原料、化学反应的条件、化学反应的产物、化学实验操作等化学实验的全过程贯彻绿色化学思想。在设计实验方案时，要尽量避免使用和生成毒性较大、容易形成污染的物质，尽量选择污染少的实验方法和装置；在无法避免使用或者产生有害物质和污染的情况下，实验方案必须包括有效的保护和消除处理措施。

（三）可行性原则

可行性是指在设计化学实验时所运用的实验原理在实施时切实可行，所选用的化学试剂、实验仪器、设备和方法在中学的条件下能够得到满足。

（四）安全性原则

安全性是指实验设计时应该尽量避免使用有毒化学试剂和具有一定危险性的实验操作。如果必须使用，应在所设计的化学实验方案中详细写明注意事项，以防造成环境污染和人身伤害。

（五）简约性原则

简约性是指要尽可能采用简单的实验装置，用较少的实验步骤和试剂，在较短的时间内完成实验。

第三节   化学实验的教学策略

在"素养为本"的教学中，实验已不仅仅是为学生提供感性认识的直观手段，更是激发学生化学学习兴趣、掌握科学方法、形成科学态度的重要途径和方法。能否通过化学教学达到化学教学目标，取决于教师是否采取了恰当的教学策略，引导学生主动参与实验活动。

一、组织做好"必做实验"，打牢实验"双基"

实验探究能力的发展以掌握化学实验的基础知识和基本技能为基础，没有化学实验"双基"，则实验探究能力就是无源之水、无本之木。这也是 2017 版 2020 修订高中化学课标规定学生必做实验的原因之一。从课标规定的必做实验（表 6-3）可见，包含了溶液的配制、物质的分离与提纯、物质的性质与检验、物质的制备与转化以及化学反应原理的探究。教师应认真组织学生完成这些必做实验，形成良好的实验工作习惯和安全意识，掌握解决化学实验问题所必需的知识基础和技能基础。

1. 解决化学实验问题的知识基础

① 化学基础知识。主要包括化学实验操作知识、化学实验事实、化学基本概念和基础理论。

② 实验方法论初步知识。主要包括科学实验的一般过程及其所运用的科学方法。

2. 解决化学实验问题的技能基础

① 化学实验操作技能。它是解决化学实验问题的运作技能，如仪器的装配、药品的取用、溶液的配制、加热、滴定等。

② 运用实验方法论技能。它是解决化学实验问题的心智技能，也称过程技能（process skill）或探究技能（skill of inquiry），如观察、记录、测定、条件控制、数据处理、模型、假说等。

教师可根据学校实际情况合理地选择实验教学形式，有条件的学校尽可能多地为学生提供动手做实验的机会；条件有限的学校，可采取教师演示实验或利用替代品进行实验，鼓励实验的绿色化设计，开展微型实验；注重发挥现代信息技术的作用，积极探索现代信息技术与化学实验的深度融合，合理运用计算机模拟实验，但不能完全替代真实的化学实验❶。

二、以实验现象为基础，强化宏观辨识与微观探析

化学学科的特殊性在于它既从宏观上研究物质的性质和变化，又从微观上研究物质的组成和结构，以揭示物质性质和变化的本质和规律。善于发现实验现象、仔细观察实验现象、客观描述实验现象、准确记录实验现象、严谨分析实验现象、认真讨论实验现象是化学实验观察的一般要求❷。而透过现象从微观结构或微观发生过程角度说明或解释宏观现象或过程的机理，或从微观结构或微观发生过程出发预测可能的现象，则是让学生的思维在宏观、微观之间进行灵活的转换，发展宏观辨识与微观探析的化学学科核心素养。

如图 6-10 所示为苏教版高中化学必修一教材中"强、弱电解质"教学中的实验探究活动。在教学中，教师可引导学生从以下角度分析、观察和思考。

① 从物质的分类角度，4 种电解质各属于哪类物质？

实验探究

在4只100 mL的小烧杯中分别加入50 mL物质的量浓度均为0.1 mol·L^{-1}的盐酸、醋酸溶液、氢氧化钠溶液和氨水，分别按图3-11所示装置进行实验，接通电源，观察实验现象并分析原因。

图3-11　电解质溶液的导电性实验

图 6-10　教材实验：电解质溶液的导电性实验

❶ 中华人民共和国教育部. 普通高中化学课程标准（2017 年版 2020 年修订）[S]. 北京：人民教育出版社，2020：72-73.

❷ 孙佳林，郑长龙. 发展学生化学学科核心素养离不开化学实验 [J]. 化学教育（中英文），2019（5）：59-63.

② 为什么取体积、浓度都相同的电解质溶液？

③ 观察到什么现象？

④ 为什么会有不同的现象？

通过观察分析同体积同浓度不同种类物质在不同状态下的导电情况，属于"宏观辨识"；运用强、弱电解质电离理论解释不同种类的物质在不同状态下的导电情况，属于"微观探析"。教师通过引导学生观察导电演示实验现象，建立宏观实验现象与微观解释之间的思维关联。

三、以实验事实为依据，发展证据推理能力

从科学探究的一般历程来看，无论是学生的学习还是科学家的研究，通常都是从情境中发现问题，再根据原始资料或数据等对问题形成假设，通过观察和实验获得事实性证据，基于证据进行推理并对假设进行修正，最终得到科学结论，如图 6-11 所示。在此过程中，证据推理发挥了重要作用。第一次推理是从问题到假设，当问题出现时，我们往往会利用已有的知识或经验对问题进行初步推理，提出可能的解释，并以某种观点或者模型的形式呈现出来，此时的观点或模型处于"假设"阶段；是否科学需要进一步的证据来证明，即必须经历从假设到结论的过程，此为探究活动中的第二次推理。如果观察（测）到的证据与假设吻合，则某种意义上假设便得到了检验；也有可能原先的假设面对新的证据，通过推理会产生一些矛盾，进而要否认或修改假设❶。如案例 6-6 所示。

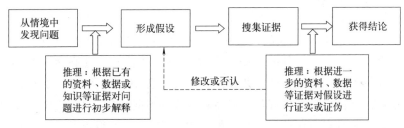

图 6-11 科学探究过程与证据推理

📖 案例分析

【案例 6-6】 "SO_2 的化学性质"教学片段❷

阅读案例，分析在该教学片段中教师是如何引导学生进行"证据推理"的？

【情境与问题】教师展示葡萄酒酒瓶，引导学生观察标签，发现辅料中含有"SO_2"，产生问题："为什么添加二氧化硫？"

【推理与假设】葡萄酒发酵和存放过程中最需要考虑的是抑制细菌生长以及抗氧化，添加 SO_2 是不是能起到这些作用？而这些用途由 SO_2 本身的某些性质所决定，即 SO_2 溶于水可能产生酸性物质，SO_2 具有还原性。

【收集证据】

❶ 杨玉琴，倪娟. 证据推理与模型认知：内涵解析及实践策略［J］. 化学教育（中英文），2019，40（23）：23-29.

❷ 张旭东，杨玉琴. 浅析"证据推理"在元素化合物探究教学中的应用［J］. 化学教学，2018（4）：47-51.

（1）设计并完成实验

①往集满 SO_2 的塑料瓶中加入少量水，振荡，用 pH 试纸检验其酸性；②将二氧化硫的水溶液滴入氯化钡溶液中观察是否有白色沉淀，再加入过氧化氢溶液后再观察；③将 SO_2 气体通入酸性高锰酸钾溶液中，观察。

（2）实验现象

①塑料瓶迅速变瘪，pH<7；②先没有沉淀，加入过氧化氢后有沉淀；③高锰酸钾紫色褪去。

（3）查阅资料

酸雨形成过程以及工业生产硫酸工艺中的化学反应之一为：

$$SO_2 + O_2 \xrightarrow[\triangle]{催化剂} SO_3$$

【推理与结论】

（1）推理

SO_2 是酸性氧化物，所以能与水反应生成相应的酸；SO_2 中硫元素的化合价为 +4 价，具有还原性，所以能被高锰酸钾溶液氧化，使得溶液褪色。

（2）结论

SO_2 能与水反应生成相应的酸；SO_2 具有还原性。

【进一步的探究】SO_2 作为酸性氧化物还有其他化学性质吗？从 SO_2 中硫元素的化合价分析，还应具有什么性质？……

上述案例用葡萄酒添加二氧化硫作为情境，自然引起学生认知上的冲突，通过溯因推理探究 SO_2 的性质。在收集证据的过程中，有时候单一证据还不足以支撑结论，如 SO_2 具有还原性，由于课堂实验条件的限制，只做了 SO_2 气体与酸性高锰酸钾溶液反应的实验，这时候再提供资料"硫酸生产工艺及酸雨形成过程中 SO_2 与 O_2 的反应"，即通过多个证据的归纳得出结论。科学推理与一般逻辑推理的不同点还在于能对观察到的事实作出合理的解释（为什么具有还原性，为什么能与水反应），最终得出结论。这种推理方法适用于以元素化合物在生产生活中的应用或在自然中发生的一些变化（如铁生锈）为情境，根据"用途（变化）体现性质"的学科观念从用途（变化）推理性质，再通过多方收集证据，利用证据推理获得结论。

四、以实验史实为载体，渗透探索精神与态度

"以实验为基础"中的实验包括实验探究活动、实验方法论、实验事实和实验史实。化学史实实际上就是一部运用实验方法论进行实验探索，以获取实验事实，建立和发展化学理论的历史。教师引入化学史、化学实验史能够使学生带着兴趣和好奇去探究化学科学知识，更为重要的是，能够使学生通过化学史、化学实验史了解化学科学知识产生的过程，体会科学本质以及科学家实事求是探索科学的精神。

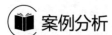 案例分析

【案例 6-7】"原子结构模型的演变"教学片段

研读案例，分析在该教学片段中学生能够获得哪些科学认识、科学方法和科学精神？

【史实】卢瑟福的 α 粒子散射实验

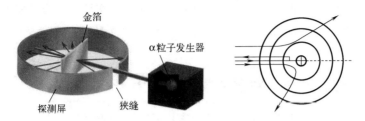

①绝大多数 α 粒子穿过金箔后仍沿原来方向前进；②少数 α 粒子发生了较大的偏转；③极少数 α 粒子的偏转超过 90°；④有的偏转甚至几乎达到 180°。

（信息提示：α 粒子带正电，电子的质量不到 α 粒子的 1/7300）

【问题】面对这些实验证据，卢瑟福说"这是我一生中从未有的最难以置信的事，它好比你对一张纸发射炮弹，结果被反弹回来而打到自己身上……"，为什么？

【衍生问题 1】若根据汤姆生的原子模型进行预测，应该会发生怎样的现象？（学生讨论回答）

【衍生问题 2】从卢瑟福的实验事实推理出的结论是什么？（学生讨论回答）

【衍生问题 3】汤姆生的原子模型所预测的现象和实验证据之间发生了强烈的矛盾，这也正是卢瑟福感到震惊之处。那么，如何解释这些新的证据呢？（学生分组建构能够解释新证据的模型）

【评价】新建构的模型必须能够解释：原子中绝大部分是空的，原子的正电荷和绝大部分质量几乎集中在某一区域。

【展示】卢瑟福核式原子模型：①原子由原子核和核外电子构成；②原子核带正电，位于原子中心；③电子带负电，在原子核外空间做高速运动。

【衍生问题 4】卢瑟福原子模型如何解释 α 粒子散射实验中的现象？（学生讨论回答）

【补充史实】1919 年，卢瑟福用粒子轰击氮核，得到了质子，进而猜想原子核内存在不带电的中子，这一猜想 10 年后被他的学生查德威克用实验证实，并得到公认。

【问题】卢瑟福的核式结构模型成功地解释了 α 粒子散射实验中的大角度散射和其他的实验现象，为人类认识原子结构的史册中增添了光辉的一页。但是依据经典电动力学原理，当电子围绕原子核旋转时，它在辐射电磁波的同时会因失去能量而坠落到原子核上，原子的结构应该崩溃，而实际上原子是稳定的。这又如何解释？

……

上述教学片段，从卢瑟福的 α 粒子散射实验所获得的实验证据出发进行推理，发现与汤姆生原子模型所预测现象之间的矛盾，从而意识到原子模型发展的必要性。并且通过自己建构与评价新模型进一步体会模型的作用、模型与证据之间的关系，增强模型认知能力。并且，通过化学实验史料，教师引导学生认识到科学概念的发展绝非一日之功，原本看起来完美的概念会被更为完善的概念所取代；受社会条件的制约，实验手段对认识物质有着制约性等。由此使学生认识到科学具有经验性、暂定性、建构性和社会性等本质特征。教师通过引导学生分析化学实验史实材料，养成注重实证、严谨求实的科学态度，以及不迷信权威、敢于提出自己见解、勇于修正观点的科学精神，发展学生的"科学态度"素养。

五、以实验探究为依托，发展科学探究能力

化学科学发展至今，化学实验仍然是探索物质奥秘的重要研究方法，也是学生化学学习中进行科学探究的重要途径，是培养学生创新精神和实践能力的重要活动。从化学实验研究的对象看，有物质的合成（转化）与分离、物质组成和结构的表征、物质的性能和应用等；从化学实验研究的过程看，化学实验通过一定的实验技术和方法获取物质及其变化的信息，再从结构与性质相联系、变化与平衡相统一的视角，运用比较分析、归纳概括、证据推理、模型建构等方法对实验现象和事实作出合理的解释，揭示化学变化的规律，形成科学的结论；从化学实验结果分析看，化学实验获取新的化学知识，揭示未知的化学反应原理和规律，发展新的技术和方法，将新的实验研究成果应用于生产、生活和科学研究实践。因此，从化学实验研究的对象、研究的过程和结果分析可以发现，创新是化学科学探究最重要的特征，化学科学探究最能体现和发展人的创新精神和实践能力、团队协作和合作能力，最能培养人的科学精神和社会责任。"以实验为主的科学探究能力"是"科学探究与实践"素养的核心要素❶。

教师应依据"科学探究与实践"素养发展水平和学业质量标准，结合学生的认知发展特点，精心设计实验探究活动、有效地组织和实施实验探究教学，增进学生对科学探究能力的理解，发展学生的科学探究能力。实验探究活动应紧密结合具体的化学知识的教学来进行。例如，"实验探究卤族元素的性质递变规律""实验探究维生素 C 的还原性"等，使化学知识的学习、科学探究能力的形成与化学学科核心素养的发展有机结合起来。实验探究教学要讲究实效，不能为了探究而探究，应避免探究活动泛化、探究过程程式化和表面化；应把握好探究的水平，避免浅尝辄止或随意提升知识难度的做法；应避免实验探究过程中教师包办代替或对学生放任自流的现象。

🐢 对标整理

学完本单元，你应该能够：

1. 描述化学实验要素及其相互关系，举例说化学实验中所蕴含的育人价值。

2. 列表说明化学实验在"化学学科核心素养"中的基础作用。

3. 描述化学教学中实验探究的特点。

4. 说明化学实验教学的不同形式及其教学要求，会设计和组织不同形式的实验教学。

5. 举例说明化学实验内容的选择、呈现方法与设计原则。

6. 掌握化学实验教学的策略，能够利用这些策略培养学生的化学学科核心素养。

---

❶ 吴星. 对高中化学核心素养的认识 [J]. 化学教学，2017（5）：3-7.

练习与实践

一、真题再现

（一）选择题

1. （2017 上-18）要发挥实验的教学功能，下面做法中不正确的是（　　）。

A. 开展实验探究活动　　　　　B. 背诵实验过程和现象

C. 做好演示实验　　　　　　　D. 开展课外兴趣实验

2. （2017 下-19）某教师在引导学生探究金属钠与水的反应时，采用了如下实验探究教学模式：创设情景→发现问题→X→得出结论→交流应用。其中 X 表示（　　）。

A. 验证假设→得出假设→实验设计

B. 提出假设→验证假设→实验设计

C. 实验设计→提出假设→验证假设

D. 提出假设→实验设计→验证假设

（二）简答题

（2018 下-22）阅读下面文字，回答有关问题：

有位化学教师在进行高一化学 1 （必修）"钠及其重要化合物的性质"教学时，先让学生分组进行实验 1：将金属钠从煤油中取出，用小刀切去表层，再将绿豆粒大小的钠放入盛有水的烧杯中，观察现象。然后，教师结合学生的实验开展教学；接着，教师做了实验 2：在空气中点燃一小块钠，实验 3：向包有过氧化钠的脱脂棉上滴少量水。

问题：

（1）写出该教师所用的教学方法。

（2）实验 2、3 的实验现象分别是什么？

（3）利用实验 1、2、3，教师将分别开展哪些知识的教学？上述教学过程的优点是什么？

二、思考与实践

（一）请设计利用实验进行"电解质"概念的教学过程，并说明在此过程中实验的作用有哪些？

（二）请利用"实验探究"的形式设计"钠与水的反应"的教学过程。并说明在你的教学设计中体现了哪些实验探究特点？

（三）案例分析题

1. 现行各版本的高中化学教科书中比较碳酸钠和碳酸氢钠热稳定性的实验，均是分别加热试管中的碳酸钠和碳酸氢钠（并将可能产生的气体通入石灰水中）。如图 6-12 （a）和图 6-12 （b）分别是中学老师对教材实验的改进装置[1]。

分析上述装置，回答以下问题：

（1）这两个改进装置的设计有何共同特点？

（2）你认为图 6-12 （b）的加热顺序是什么？

---

❶ 宋广良，李德前，凌一洲. 直角玻璃管和广口瓶组合构建的多功能实验装置［J］. 化学教学，2020 （3）：68-71.

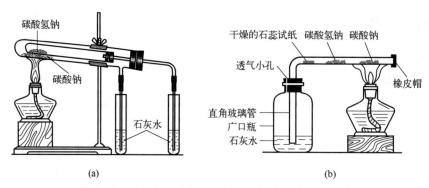

图 6-12　比较碳酸钠和碳酸氢钠的热稳定性实验装置

（3）你认为图 6-12（a）和图 6-12（b）的改进哪个更好，为什么？

2. 如图 6-13 所示为"运用数字化技术探究盐酸滴定碳酸钠溶液的反应"的实验装置[1]。教师利用该装置，先基于酸碱滴定法采用滴数传感器和 pH 传感器测定盐酸滴定碳酸钠的 pH 变化曲线，然后采用酸碱质子理论从定量角度对滴定起点 pH、半滴定终点和滴定终点进行误差分析以及滴定误差分析，并从宏观、微观、符号、曲线四个方面定性表征反应过程的各个阶段。

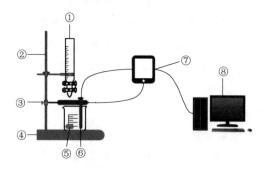

图 6-13　"盐酸滴定碳酸钠溶液"的数字化实验装置

①—滴数传感器配套滴管；②—铁架台；③—滴数传感器；

④—磁力搅拌器；⑤—磁子；⑥—pH 传感器；⑦—数据采集器；⑧—电脑及配套软件

实验步骤如下：

① 分别配制 250.0mL 1.000mol/L 的 HCl 溶液和 100.0mL 0.5000mol/L 的 Na_2CO_3 溶液。

② 向滴管中添加 HCl 溶液，打开开关阀并排尽下端空气，调节流速阀，使液滴以合适的速度成滴落下。按图 6-13 所示，连接装置。调节滴管位置，保证液滴能被滴数传感器感应，然后对滴数传感器进行校准。

③ 用移液管量取 15.00mL 0.5000mol/L 的 Na_2CO_3 溶液，并将溶液转移到放在磁力搅拌器上的装有小磁子的烧杯中。液面应没过 pH 传感器的玻璃泡，且调整合适转速，使得液体不会溅出；调整磁子和 pH 传感器的位置，使得磁子不要触碰到 pH 传感器。

④ 点击数据采集按钮，向烧杯中滴加几滴酚酞试剂，打开滴管下端的开关阀。观察

❶　韩慧磊，信欣，孙影. 运用数字化技术探究盐酸滴定碳酸钠溶液的反应 [J]. 化学教学，2020（3）：56-60.

实验数据变化和溶液颜色变化。待红色完全褪去后，快速向烧杯中滴加几滴甲基橙试剂，观察实验数据变化和溶液颜色变化。待数据曲线变化趋于稳定时，关闭滴管的开关阀，并停止数据采集。待实验数据采集完毕，清洗仪器，并重复操作（3）和（4）两次。第二次实验的数据结果如图 6-14 所示。

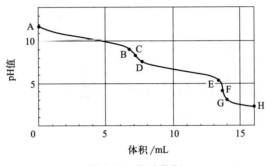

图 6-14　实验数据

请根据以上实验过程和图 6-14 数据回答以下问题：

（1）补充完整以下"四重表征（曲线变化-宏观现象-微观解释-符号表征）分析"表格。

pH 段	曲线变化	宏观现象	微观解释	符号表征
AB 段	平缓下降	溶液红色逐渐变淡		
BD 段	急剧下降		在 C 点时,溶液中的 CO_3^{2-} 完全转化为 HCO_3^-。随着 HCl 的滴加,HCO_3^- 会和 H^+ 继续反应,生成 H_2CO_3	$H^+ + CO_3^{2-} \rightleftharpoons HCO_3^-$ $H^+ + HCO_3^- \rightleftharpoons H_2CO_3$
DE 段		溶液橙色逐渐变淡;有气泡产生,附着在 pH 传感器和磁子上,并逐渐增多	在 F 点时,溶液介于生成的 H_2CO_3 溶液和 CO_2 溶于水形成 H_2CO_3 之间。随着 HCl 的滴加,此时溶液为 HCl 和 H_2CO_3 混合酸体系	
EG 段		溶液由浅橙色变为红色;有大量气泡产生		
GH 段	逐渐趋于平缓			

（2）相比传统化学实验，数字化实验的优势是什么？

（3）上述教学设计对培养学生的化学学科核心素养具有什么价值？

第七章

化学教学情境的创设与利用

 学习准备

请查阅 2017 版 2020 修订高中化学课标、 2022 版初中化学课标中每个主题 "教学提示" 部分的 "情境素材建议"。你认为这些情境素材大概可以分为哪些类型？课程标准为什么要建议利用这些情境素材？

第一节　认识化学教学情境

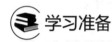 案例分析

【案例 7-1】 "物质的量浓度" （化学必修） 概念教学片段

请分析两位老师对 "物质的量浓度" 概念引入所用的方法有何不同，你认为哪一种教学效果更好，为什么？

1. 郭老师的教学过程

【教师】展示人工降雨小视频。同学们知道人工降雨吗，人工降雨通常是将降雨炮弹装入用汽车或飞机携带的发射器内，然后射入云团，云团中的水蒸气就会凝结而变成雨水降落下来。有一种降雨炮弹中装的就是 AgI。AgI 由以下反应制得：

$$AgNO_3 + KI = AgI\downarrow + KNO_3$$

【教师】你能说出这个化学反应中各物质的质量关系和物质的量关系吗？

【学生】立即说出物质的量的关系，并算出质量关系。

【教师】从刚才的比较中，我们一眼就能看出在化学反应中计算物质的量的关系更加

简单方便。$AgNO_3$ 与 KI 的反应是在溶液中进行的，在初中我们已经学过用质量分数来表示溶液的组成。如果在生产 AgI 工序中工人已经配好了 5% $AgNO_3$ 溶液和 10% KI 溶液，下一道工序中工人该取多少质量的溶液才能使两者恰好完全反应生成 AgI 呢？

【学生】计算出 340∶166。

【教师】称液体的质量方便吗？（生：不方便）如何取用一定量的液体更方便呢？（生：量体积）。

根据上面的分析我们发现：对于溶液中的反应，用质量分数来表示溶液的组成，并称量一定质量的溶液进行反应，操作上非常不方便。这就需要我们引入一种新的浓度，这种新的浓度最好能把溶质的物质的量（n）和溶液的体积（V）联系起来，化学家们把这种浓度叫作物质的量浓度。

【边讲解边呈现】　$$浓度 = \frac{溶质的量}{溶液的量} = \frac{溶质的质量}{溶液的质量} = \frac{溶质的物质的量}{溶液的体积}$$

【整理】"物质的量浓度"的定义、表达式和单位……

2. 王老师的教学过程

【引入】展示一组生活中的溶液的图片，让学生认识溶液组成的表示方法的多样性；展示两瓶实验室中的溶液，引出物质的量浓度的概念。

【讲解并板书】　一、概念

物质的量浓度表达式：$c_B = n_B/V$

强调：V——溶液的体积……

郭老师以碘化银降雨炮弹的工业生产为背景，引入在溶液中的化学反应。通过让学生计算，直观地感受化学反应中各物质的物质的量关系比质量关系更加简单明了。而且对于溶液中的反应，用质量分数来表示溶液的组成，并称量一定质量的溶液进行反应，操作上非常不方便，而量体积比较方便，从而引入了一种新的表示溶液组成的量——物质的量浓度。不仅让学生体会到物质的量浓度这一概念的引入源于工业生产的需要，而且让学生对物质的量浓度的理解建立在初中已有的浓度概念之上。很显然，这种将概念置于实际应用背景中的教学方法，比王老师直接引入概念的教学更能够吸引学生注意，也更能够理解概念的来龙去脉，还能够加强化学与生产生活的联系。像"碘化银降雨炮弹的工业生产"这种应用于教学的背景即为教学情境。

一、什么是教学情境

教学情境是经过教师加工的，与教学内容相适切的、包含相关问题的特殊的教学事件。其目的在于为学生的化学学习提供素材和知识背景，激发学生的学习兴趣，帮助学生发现问题，以引起学生的化学学习行为——主动探索、解决问题，从而获得化学知识、提高化学学科能力❶。

第八次课程改革以来，化学课程标准对教学情境一直非常重视。如 2017 版 2020 修订

---

❶ 杨玉琴，王祖浩. 教学情境的本真意蕴——基于化学课堂教学案例的分析与思考 [J]. 化学教育，2011，32（10）：30-33.

高中化学课标在课程基本理念中提出，"倡导真实问题情境的创设，开展以化学实验为主的多种探究活动……"；在每一主题内容之后的"教学提示"中，都有"情境素材建议"；在"实施建议"中要求"创设真实问题情境，促进学习方式转变"，并指出"真实、具体的问题情境是学生化学学科核心素养形成和发展的重要平台，为学生化学学科核心素养提供了真实的表现机会。"

情境素材是指能帮助学生构建起学习经验的、与化学学习主题相关的背景材料，是教学情境的来源。课程标准中的情境素材大致可以分为如表 7-1 所示的几种类型。

表 7-1　课程标准中"情境素材"的类型

类型	情境特点	素材实例
生活情境	以贴近学生生活的各种现象、经验为载体	含氯消毒剂及其合理应用、食品中二氧化硫的适量添加
社会情境	以社会中的热点话题等为载体	"PX"事件、碳中和
实践情境	以化学实验等为手段的实践活动为载体	印刷电路板的制作、水果电池的制作
自然现象情境	以自然中的化学变化和现象为载体	"雷雨发庄稼"、火山喷发中含硫物质的转化
生产情境	以化学在农业、工业等行业中的应用、工艺等为载体	汽车尾气的处理、工业制硫酸
化学史情境	以化学发展历程中的事件为载体	氯气的发现、元素周期律的发展
科学研究情境	以重要的科学研究成果或技术的应用为载体	稀土资源的开发与利用，从 CO_2 到淀粉的转化

二、教学情境的育人价值

情境教学的倡导者布朗（J. S. Brown）、克林斯（A. Collins）、达吉维德（P. Duguid）认为，"知识只有在它们产生及应用的情境中才能产生意义。知识绝不能从它本身所处的环境中孤立出来，学习知识的最好方法就是在情境中进行。"教学情境具有以下几个方面的育人价值。

（一）教学情境能够激发学生的化学学习兴趣

如表 7-1 所示，教学情境来源于生产、生活或实践等，与学生的日常经验或将要经历的社会生活有关，会激起他们强烈的认知兴趣，让他们觉得化学是"有趣的""有用的"。如案例 4-4 教师将"溶液的形成"的学习置于"自制盐汽水"这一实践情境中，案例 7-1 将"物质的量浓度"置于工业上碘化银降雨炮弹这一生产情境中，无疑都能引发学生的学习兴趣，自觉地投入新知的探究中。

（二）教学情境有利于化学知识的理解

教学情境并非只是给传统教学"包装"一下或给传统教学加点"味精"，也并非只是在新课教学之前利用有关的实验、故事、问题等来激起学生的学习兴趣，调动学生的学习积极性，从而引出新课。它是教学的具体情景（situation）的认知逻辑、情感、行为、社会和发展历程等方面背景（context）的综合体，学生所要学习的知识不但存在于其中，而且得以在其中应用。

在去情境化的教学中，学生直接接触现成的结论，知识犹如横空出世一般突然呈现在学生面前。由于不知道知识是为了解决什么问题，以及是如何得来的，这就给学生深刻理解学习内容带来了障碍。而在情境化的脉络中，当学习者认识到知识的效用以及利用知识去理解、分析和解决真实世界中问题的需要时，有意义的学习及建构就自然而然地发生了。因此，教学情境的核心内涵在于它是学生知识建构的载体，在整个学习过程中都能激发、推动、维持、强化和调整学生的认知活动、情感活动和实践活动等，让学生的思维不断地走向深入，建构有意义的知识体系。因此，教学情境作为知识建构的载体，应在教学的全程发挥作用。可以分阶段设计教学情境，逐步地扩展、深入、充实、明晰，既能成为课堂问题产生的源头，又能使整个教学围绕情境展开。如案例 7-1 中，教师通过碘化银降雨炮弹的生产情境引出了"物质的量浓度"定义和表达后，又抛出第二个生产情境引出"如何精确配制一定物质的量浓度的溶液"的学习，如案例 7-2 所示。

📖 案例分析

【案例 7-2】"配制一定物质的量浓度的溶液"教学片段

请分析在此教学片段中，教师是如何设置新的情境使其与导入新课的情境进行衔接的？

【教师呈现】某生产碘化银降雨炮弹的工厂购进了一批硝酸银，工厂技术人员需要检验硝酸银的含量是否达到产品标准（≥99.5％），如何进行检验？

【教师揭示】根据 $AgNO_3 + NaCl \!=\!=\!= AgCl\downarrow + NaNO_3$ 原理，将硝酸银和氯化钠配成溶液进行反应。若要求出硝酸银的物质的量，除了需要知道消耗氯化钠的体积，还需要知道什么？

【学生】氯化钠的物质的量浓度。

【教师追问】怎么获得这样一个浓度的溶液？

【学生】利用实验的方法配制。

【教师提问】假设工人现在配制 0.1mol/L 的 NaCl 溶液与 0.1000mol/L 的 NaCl 溶液，哪个更能准确地测定 $AgNO_3$ 的含量？

【学生】0.1000mol/L 的 NaCl 溶液，因为这个浓度的精确度更高。

【教师引导】因此，硝酸银含量的定量分析，首先需要精确配制一定物质的量浓度的 NaCl 溶液。下面就来讨论如何精确配制 0.1000mol/L 的 NaCl 溶液 100mL。

……（略去溶液的配制教学过程）

【问题解决】我们都已经配好了 0.1000mol/L 的氯化钠溶液，最后就让我们帮助前面的工人来检测硝酸银的含量是否达到产品标准吧。检测方案如下：准确称取 0.426g $AgNO_3$ 样品，放在锥形瓶中，加水完全溶解后，向其中滴加 0.1000mol/L NaCl 溶液至反应恰好完全，测得消耗的 NaCl 溶液的体积为 25.06mL。请同学们计算硝酸银的含量是否在 99.5％以上……

【结语】同学们，一定物质的量浓度溶液的配制是高中阶段非常重要的定量实验，我们今后要确定物质的组成，揭示反应的规律都必须以定量实验为基础，因此，我们今天所学的知识和技能是非常有价值的，希望同学们能够运用今天所学知识解决将来遇到的实际问题。

上述教学情境与过程延续碘化银降雨炮弹的工业生产这一背景，提出需要对生产碘化银的原料硝酸银的含量进行检测的问题，从而引入对一定物质的量浓度的氯化钠溶液的精确配制，让学生体会到一定物质的量浓度溶液的配制源于生产的需要并服务于工业生产，让学生建立化学科学的应用观和价值观。课的结束又回到前面的应用，学生用精确配制的一定物质的量浓度的氯化钠溶液来解决硝酸银含量的定性分析问题，让学生再次深刻体会化学知识和技能对解决实际生产问题的意义，体会化学科学的价值。

（三）教学情境能够引导学生正确认识化学

化学为现代文明作出了巨大贡献，化学与自然、社会、人类的关系，从来没有像今天这样密切，人人享受着化学的成果与恩惠。但是，人们对化学的误解、冷淡与隔膜却越来越重，甚至将化学与"污染""有害""危险"联系在一起。通过真实应用情境的创设，引导学生赞赏和热爱化学，培养学生积极的化学情感。许多与化学有关的新闻事件、最新科技成就、生活生产实际问题等都是创设课堂教学情景的好素材，教师要努力挖掘素材中的积极因素，引导学生正确认识化学。

如在"氯气的性质"的教学中，教师可以利用氯气作为消毒剂在生活中的应用作为教学情境，围绕"氯气为什么可以作为消毒剂？体现了氯气什么化学性质？如何正确使用氯气作为消毒剂？"等问题展开探究，体现化学品在生产生活中的积极作用。而对于氯气的毒性也不回避，但应该让学生在这样的情境"如果我们是氯气的生产或运输人员，如何注意安全？""当我们遭遇氯气泄漏时，如何利用所学的知识避免伤害？"中来学习。让学生明白，化学品的危险性不会比驾驶汽车更大，知道这些危害，深入地进行研究，谨慎地处理它们才是至关重要的。这样让学生通过具体情境的学习，不仅学到化学科学知识和方法，更重要的是要让学生能从化学的视角去认识科学、技术、社会和生活方面的有关问题，了解化学制品对人类的影响，懂得运用化学知识和方法去治理环境污染，合理地开发和利用化学资源，在面临与化学有关的社会问题的挑战时，能作出更理智、更科学的决策。

（四）教学情境有助于促进化学学科核心素养的培养

核心素养从本质上来讲，是个体面临不可预测的情境时，调用已有知识、方法和态度来解决复杂问题的能力。这种能力并不能通过老师的讲授而习得，需要学生在真实的问题解决活动中逐渐地自主建构起来。教学情境是能够体现学科知识发现的过程、应用的条件以及学科知识在生活中的意义与价值的事物或场景。这样的情境可以有效地阐明学科知识在实际生活中的价值，帮助学生准确理解学科知识的内涵。教师通过设置基于工作的、模仿从业者真实活动的情境，使学生有可能在似真的活动中，通过探究概念原理的应用以及问题解决，形成科学家看待问题的方式和解决问题的能力，促进学科核心素养的发展，从而保证知识向真实情境的迁移，这是教学情境的深层价值所在。

第二节　化学教学情境的创设

第8次课程改革以来，由于课程标准特别强调情境的价值与利用，广大化学教师对于教学情境的创设利用进行了有价值的探索。但也存在由于教师对教学情境的内涵及其价值缺乏正确的理解，在教学情境的使用中尚存在某些误区的问题。因此，有必要理清教学情境的本质、从情境素材到教学情境的加工方法，以使教学情境的运用能够真正地改善教与学。

一、常见的教学情境利用误区

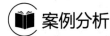 案例分析

【案例 7-3】　教学情境创设案例

研读以下教学案例，试分析其教学情境创设是否恰当？为什么？

【案例 7-3-1】"化学能转化为电能"（高中化学必修）教学片段

教师：用 PPT 呈现图片 1——灯火通明的纽约城；图片 2——一片漆黑的纽约城；图片 3——人们纷纷涌上街头。

教师：这是一座美丽的不夜城，可是有一天它突然陷入地狱般的黑暗，恐惧万分的人们涌上街头，发生了什么事？

学生齐答：停电。

教师：对，停电。这就是 2003 年发生在美国纽约的大停电事件，从这个事件中我们可以知道有一种物质已经成为我们生活中不可缺少的物质，它是什么？

学生齐答：电。

教师：那前面我们学过化学能转化为热能，那化学能还可以转化为其他什么形式的能吗？

学生齐答：电。

教师：很好。这节课我们就一起来讨论化学能与电能。

【案例 7-3-2】"氧化还原反应"（高中化学必修）教学片段

教师先让学生看一段录像：伴随着悠扬的乐曲，魔术师翩翩而至，只见他取出一个深色装满"酒"的瓶子和五个无色透明的小酒杯，反复让大家看，看不到杯里有什么。他把瓶中的"酒"慢慢装满第一个小杯，是浓浓的橙红色的"鲜橙汁"！真令人垂涎。还是刚才那个酒瓶，在装满第二杯时，奇了，竟是绿色香甜的"葡萄美酒"！正在大家满心疑惑时，魔术师又装满第三杯，却是褐色的"咖啡"，再倒出第四杯时却变成了蓝色的"墨水"，更有趣的是，装满第五杯时，竟是不断涌出气泡的"啤酒"，乳白色的泡沫正向杯外溢出。"魔瓶"令人啧啧称奇。

教师：同学们，魔术师神奇不神奇？

学生齐答：神奇！

教师：魔术师并没有你们想象得神通广大，他只不过是巧妙地应用了氧化还原反应。让我们一起走进五彩缤纷的氧化还原世界，领略和享受物质变化的妙趣。

【案例 7-3-3】"氯气"教学片段

教师：播放 1——江苏某地发生液氯泄漏事故的有关报道（麦地枯黄、油菜变白、人畜中毒等）；播放 2——第一次世界大战德军使用"毒气弹"的图片。

教师：根据上述报道和图片，同学们能总结出氯气有哪些性质和危害吗？闻氯气的气味应如何操作？为什么农作物颜色发生了改变？

【案例7-3-4】"原电池"教学片段

教师：展示发出悠扬动听音乐声的生日贺卡，拆掉贺卡上的电池，音乐声戛然而止。再将贺卡与课前准备好的水果电池相连，悠扬动听的音乐声再次响起。

学生：脸上充满了好奇。

教师：同学们想知道其中的奥妙吗？那就跟随老师一起进入"原电池"的学习。

（接下来教师引领学生一起探究了原电池的工作原理、原电池的构成条件、原电池的应用，对水果电池的原理却没有再涉及）

从以上案例分析中，我们发现在教学情境创设中通常存在如下误区。

（一）情境中没有学科问题

在案例7-3-1中，教师通过美国纽约大停电事件创设情境引出本节课的话题"化学能转化为电能"，貌似引起了学生的兴趣，学生对老师的问话呼应踊跃。但若分析该情境所引发的师生对话，不难发现虽然师生之间展开了一问一答，但这些"问答"却不需任何思考。教师的意图显而易见，学生只要做应景之答就能显现出"热闹"的课堂气氛。"纽约大停电"情境中虽包含了与教学主题有关的"电"，却不蕴含着与"化学能转化为电能"这一主题相关的化学问题，如"化学能是如何转化成电能的？""化学能为什么能够转化成电能？"等需要探究、思索才能解决的问题。这种绕了一大圈（停电事件在学生的日常生活中较常见，没有必要从纽约大停电说起。）创设的情境，却没有蕴含学科问题，并不能引起学生认知上的不平衡和有意义学习的心向。

（二）情境偏离核心知识

案例7-3-2中的教学情境看起来新奇，似乎在课的开始就能引起学生强烈的好奇心，且情境中蕴含着化学原理及应用。但我们需明辨的是，这样的情境引起的是学生对新奇现象的关注，还是对其中所蕴含的化学原理的探讨？这节课是"氧化还原反应"的起始课，教学重点是引导学生从新的角度（化合价升降）对化学反应进行分类，进而探讨氧化还原反应的本质。情境中魔术师所表演的五个反应虽是氧化还原反应，但其反应原理并不能在本节课中进行探讨。故情境所起的作用只是牵强附会地引出了"氧化还原反应"，与本节课的核心知识却无关联。一个接一个的新奇现象也许满足了学生的感官刺激，却不能引发学生对其中所含化学原理的探讨，这样的情境创设喧宾夺主，偏离了教学情境的应有价值。

（三）情境渲染负面影响

案例7-3-3中的情境取材于生活以及史实，其中蕴含着化学学科问题，能够有效引导学生对化学知识的探究。但是，当如今人们普遍对化学存在误解（将化学与有毒、爆炸、污染等同起来），热爱化学、选学化学的学生越来越少时，引导学生正确地认识化学是化学教育工作者的责任之一。如果我们在讲浓硫酸的腐蚀性的时候，一定要选取有学生将浓硫酸泼到某动物园动物身上，造成动物严重烧伤；学习氯气的时候，一定要从第一次世界大战时德国在战场上使用氯气说起；学习甲烷一定要从瓦斯爆炸开始，那么在我们的学生的头脑中所建立起来的化学物质都与"毒""腐蚀""爆炸"有关。如此下去，还会有多少学生喜欢化学呢？

（四）情境创设虎头蛇尾

案例 7-3-4 教学情境的创设既能够引起学生的兴趣，也能引起学生探究的欲望，不失为一个恰当的教学情境。但遗憾的是，当该情境完成了引入课题的作用后，教师便弃于一旁，未用原电池的原理来解释水果电池的工作原理。倘若教师在此情境创设之后，提出问题"水果为什么也能做成电池？其中蕴含了怎样的化学原理？"，而当和学生一起将"原电池的工作原理、原电池的构成条件"探究清楚之后，再回到情境所产生的问题，让学生运用所学知识解释水果电池的奥秘，学生则经历了问题产生、解决、应用的完整过程，教学情境则真正发挥了作为知识产生、建构的载体的作用。

二、有意义的教学情境的特征

美国学者杜兰蒂（A. Duranti）等认为情境（context）由低到高可分为 4 个层次：①学生处在由时间和空间构成的社会背景框架中，体会到情境中重要事件（focal event）的意义；②学习者受已有知识经验的影响指向对情境中重要事件的讨论；③在与情境的相互作用中不断挖掘与重要事件有关的信息和内容；④产生能够迁移到其他情境的一般性知识。我们平时所说的"情景（situation）"便是"情境（context）"的第一个层次，即能激起学生积极学习的各种场景、事件，它是客观的，与主体没有发生实质性的联系。只有引起主体的兴趣并参与进来，引发和维持学生的有意义学习，才是一种"有意义"的教学情境。有意义的教学情境具有以下特征。

（一）真实性

真实性即教学情境取材真实，来源于真实的学生生活经验、工农业生产实际、化学实验事实、化学史料或与化学有关的社会问题等。教师通过设置基于工作的、模仿从业者真实活动的情景，使学生有可能在似真的活动中，通过观察思考、概念原理的应用以及问题解决，形成科学家看待问题的方式和解决问题的能力，从而保证知识向真实情境的迁移，这是教学情境的深层价值所在。只有在真实的教学情境中，学生才能切实领会知识的价值。如果仅仅对知识进行转化，或者情景内容不符合生活实际中的基本事实，是为创设情境而随意杜撰出来的，就有可能设置一些虚假的问题，从而消解教学情境应有的功能。如有老师在"生石灰与熟石灰"教学中，创设了这样一个教学情境"某班同学组织外出春游，一同学想把生鸡蛋带到野外煮熟，现实验室有浓 H_2SO_4、NaOH 固体、生石灰、水等试剂，你能帮他选择一些带到野外吗？"如此编造出来的教学情境虽然也将某些化学知识镶嵌其中，但实在太不实际了，并且会带来不少负面影响。当然，真实的情景也并非拿来即用，而是需根据教学需要进行裁剪和加工，使之更符合教学目标和学生认知水平。

（二）目的性

教学情境的创设必须有明确的目的，必须能围绕本节课的教学内容、学习任务来进行。学生在教学情境中进行的是目标明确的学习，参与的是目标定向的活动，在教学情境中通过不同的学习活动能够获得不同的知识，形成不同的情感体验，没有知识蕴含其中的教学情境不论多么真实都是毫无意义的。如有老师在初中"水的组成"教学中，课的开始呈现了十几张祖国的山山水水的图片，这些图片表现出水很美、水很多、生命离不开水等含义，但与水的组成却没有关联，这就造成了情景本身与教学内容不相关。这样的情景不仅不能让学生产生目标定向的学习，反而浪费了课堂时间，造成了对主体学习内容的干扰。

（三）问题性

学生有意义学习的心向往往产生于由问题所引发的认知冲突中，摆脱认知冲突所引起的心理失衡状态构成了问题解决的需要和动机。因此，问题性是有意义教学情境的重要特征之一。杜威在他的"五步思维法"中指出，思维活动可分为五个阶段，"第一步：问题；第二步：观察；第三步：假定；第四步：推理；第五步：检验。"思维起始于问题而不是确定的结论，问题是思维的引发剂。有意义的教学情境中蕴含着与知识相对应的学科问题，在问题解决的活动中学生体验到知识的产生与发展，从而深刻理解教学内容，发展思维能力。如有老师在高中"镁的化学性质"教学中，巧妙地利用一则新闻报道"'镁'雨一相逢，擦出大火花"创设教学情境，并联系现场消防员在灭火时没有用随身携带的二氧化碳灭火器而是用沙土灭火，提出问题"为什么'镁'雨一相逢能擦出大火花？为什么镁着火不能用二氧化碳来灭火？你认为在镁的贮存和运输过程中应该注意些什么？"等，学生猜想到镁可能与水或二氧化碳会发生化学反应，进而顺利过渡到对镁的化学性质的实验探究中。

（四）可理解性

选取教学情境时需考虑学生心理特征和认知规律，情境中所蕴含的问题应处于学生已有的知识和即将要学习的知识"节点"上，即位于学生的最近发展区内。如初中"燃烧与灭火"教学中，有老师用了一段某生产和贮存金属钠的化工厂发生大火的视频作为教学情境，视频中详细阐述了起火原因、救火的原则、消防队员救火的困难等。而对于钠燃烧的特殊性、钠的燃烧产物的特殊性、扑灭钠燃烧所用灭火材料的特殊性等不是初中学生的学习范围，也不是他们所能理解和认识的。所以并不适合作为此阶段"燃烧与灭火"的教学情境。

（五）全程性

在实际应用中，有些老师误以为，教学情境就是在新课教学之前利用有关的实验、故事或问题等来激起学生的学习兴趣，引出新课。而实际上，教学情境的功能并不是传统意义上的导入新课，不只在新课教学前发生作用，而是在整个学习过程中都能激发、推动、维持、强化和调整学生的认知活动、情感活动和实践活动等，即具有全程性。为此，教学情境可以分阶段设计，逐步地扩展、深入、充实、明晰。目前教学情境的全程性有两种表现形式：一种是一个情境贯穿整节课的核心知识，如有老师在"Fe^{2+} 和 Fe^{3+} 的相互转化"教学中，以"补铁剂——硫酸亚铁片"为情境将核心知识"Fe^{2+}、Fe^{3+} 的检验""Fe^{2+} 转化为 Fe^{3+}""Fe^{3+} 转化为 Fe^{2+}"等巧妙串联起来；另一种是在每个教学关键点上穿插情景，如在初中"分子和原子"的教学中，以"漫步花园闻到花香"为情境引入对物质微粒性的讨论，以"品红在水中的扩散"实验为情境引入对分子运动性的讨论，以"酒精与水混合"的实验为情境引入对分子之间有间隙的讨论，等等。

上述特征也是在选择和创设教学情境时应遵循的原则。

三、从情境素材到教学情境的加工方法

课程标准给出了众多"情境素材"，涉及生活类、社会类、科学研究类、自然现象类、实验类以及历史类等。但"情境素材"不等同于"教学情境"，它只是教学情境的重要来源之一。从情境素材的表述，如"补铁剂""日常生活中的氧化还原反应"等可知，情境素材是与知识相关的一个静态的例子。而情境性意义不仅涉及知识，还涉及活动环境、具体行为人、活动及其目标指向等。从情境素材到教学情境需在教学目标的导向下进行恰当加工，将之转化为一个工作或生活中会遇到的事件，使它成为教学叙事的背景，具有能够引发学生积极参与学习的活动属性，并且承载核心知识的建构与迁移功能。其加工逻辑如图 7-1 所示。

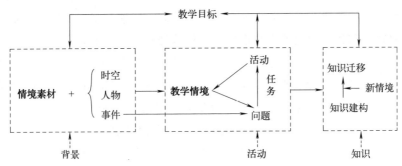

图 7-1　从情境素材到教学情境的加工逻辑

📖 案例分析

【案例 7-4】 **"铁及其化合物"**（高中必修）**教学情境片段**

教师讲述＋PPT展示图片：在老师的办公桌上放了两盆绿萝，原来是碧绿的，不知为什么逐渐变黄了，我就请教了学校的园艺师，园艺师看了诊断说可能是缺铁得黄花病导致的，建议买点 $FeSO_4$ 花肥回来试试。

教师提问：$FeSO_4$ 同学们并不陌生，从分类上来讲它属于亚铁盐，那么大家还知道哪些含铁物质吗？能否把它们都放在这个框图中呢？（注：价类二维图的初步框架）

学生：回忆已学过的含铁物质，并按照化合价和物质类别在二维图中分类放置。

教师PPT展示：含铁物质如 Fe、Fe_2O_3、$FeCl_2$、$FeCl_3$、$FeSO_4$、$Fe_2(SO_4)_3$ 实物图片，如果从水溶性上，还可以如何分类？

学生回答：$FeCl_2$、$FeCl_3$、$FeSO_4$、$Fe_2(SO_4)_3$ 等为可溶性物质。

教师讲述：老师根据园艺师的建议从网上购买了一袋 $FeSO_4$ 花肥（展示实物），并按照说明书配成溶液对两盆绿萝进行了施肥，施用后过了几天，绿萝并没有转黄为绿。这究竟是什么原因呢？老师今天把花肥带到了课堂，请同学们来帮我一探究竟……

上述情境是经过教师加工的一个真实的故事，就发生在我们真实的生活环境中，事件

本事是"绿萝发黄了",要"我们"解决的问题是"为什么 $FeSO_4$ 花肥溶液未能起作用"。这一问题处于学生已有知识和将要学习的知识节点上,引发了学生的认知冲突,学习的认知内驱力自然产生。需要注意的是,教学情境虽由素材加工而来,但必须基于真实性,即是真正发生的,只是通过教学手段置于课堂环境中,将学生代入问题解决中。倘若为虚构脱离了真实的知识产生、应用的背景,则教学情境的价值会受到消解,如"原电池"教学中以"格林太太装了两颗假牙:一颗金的、一颗不锈钢的,经常头痛、失眠……"为教学背景,因故事来源不明且没有真实的应用背景,则不宜作为教学情境。

(一)由情境素材到教学情境须以教学目标为指向

学生在情境中进行的是目标明确的学习,参与的是目标定向的活动,最终也是为了达成目标,任何偏离目标的情境再有意思也是无意义的。因此,当把时空、人物、事件等嵌入情境素材以使它具有教学情境的背景属性时,需要思考的问题是,教学情境所引发的学习活动及知识建构是否服务于核心教学目标的达成。如根据课程标准相关要求,案例 7-4 "铁及其重要化合物"的教学目标是"①学生能够从物质类别和元素价态变化的视角预测铁及其化合物之间的转化路径,并设计实验初步验证;②能列举、描述、辨识铁及其重要化合物的重要物理和化学性质及实验现象,能用符号表征重要的化学反应;③能根据铁及其重要化合物的性质分析实验室、生产中某些常见问题,说明妥善保存、合理使用的方法。"当教师把"我""办公室的绿萝原来碧绿后来变黄了""施用了 $FeSO_4$ 花肥后绿萝并没有由黄转绿""我们来一探究竟"这些背景要素放进" $FeSO_4$ 植物补铁剂"这一素材后,由其中的关键事件"施用了 $FeSO_4$ 花肥后并没有由黄转绿"引发了本节课所要解决的三个核心问题,三个核心问题的解决所达成的目标如表 7-2 所示。

表 7-2　案例 7-4 由情境引发的核心问题及解决问题所达成的目标

问题	解决问题所达成的目标
Q1:你知道哪些含铁的物质?能将它们初步分类吗?	学生能够将已学过的含铁物质从化合价、类别两个角度进行分类,初步建立部分物质的转化关系
Q2:什么原因导致了 $FeSO_4$ 花肥溶液的失效?	学生会用实验方法鉴定 Fe^{3+} 和 Fe^{2+},能根据 $FeSO_4$ 中铁元素的化合价预测 Fe^{2+} 向 Fe^{3+} 的转化,并设计实验证明,能描述和解释实验现象,归纳出 Fe^{2+} 的重要化学性质,会书写相应的反应方程式,完善含铁物质转化关系
Q3:如何处理变质的 $FeSO_4$ 花肥溶液?	能够有依据地预测 Fe^{3+} 转化为 Fe^{2+} 的路径,并设计实验验证,描述和解释实验现象,归纳出 Fe^{3+} 的重要化学性质,会书写相应的反应方程式,进一步完善含铁物质转化关系;体会物质转化在合理使用化学物质中的价值

不难发现,案例 7-4 情境中问题解决所达成的目标与预设的核心目标一致。我们也注意到,一个教学情境在一节课中并不是万能的,并不能保证所有教学目标的实现,有时还需辅以其他教学手段和素材,如在案例 7-4 中 Q2、Q3 解决后,还给出了新的情境素材让学生解释"补铁剂为什么和维生素 C 同服效果更佳",说明"在实验室中应如何配制 $FeSO_4$ 溶液",这些情境素材充当了知识迁移应用的载体,也实现了"能根据铁及其重要化合物的性质分析实验室、生产中某些常见问题,说明妥善保存、合理使用的方法"的目标。这些达成的目标不仅涵盖重要的知识、技能,同时蕴含了宏观辨识、微观探析、变化观念、科学探究以及社会责任等学科核心素养目标。

（二）情境素材转化为教学情境的关键是"问题"

情境虽然影响学习，但并不能确保学习的发生。由图 7-1 可见，在情境素材加工成教学情境的过程中，"问题"起了关键作用，它连接了情境中的事件与学习的任务、活动。问题引起了现实情境与主体已有经验之间的认知冲突，这种冲突激发了学习者寻求问题解决以达到认知平衡的欲望，因而，问题始终是情境选择和组织的缘由和核心。2017 版2020 修订高中化学课程标准明确要求"创设真实且富有价值的问题情境"，问题情境是个体体验到的目前状态与目标状态不一致的认知困境，摆脱这种困境的心理倾向就构成了问题解决的需要和动机。在情境化的脉络中，当学生识别到情境中所蕴含的问题继而主动投入探究问题解决的活动中，有意义的学习及建构就自然而然地发生了，这正是情境"富有价值"的体现。仍以案例 7-4 为例，情境所引发的问题与学习任务、活动之间的逻辑关系如图 7-2 所示。

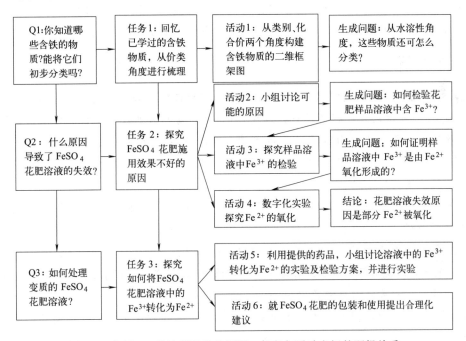

图 7-2　案例 7-4 情境所引发的问题、任务与活动之间的逻辑关系

由图 7-2 可见，情境中的问题转化为了解决问题的学习任务，学生为完成特定的任务必然要经历一定的活动，在活动过程中还会生成新的问题……将学习活动抛锚在真实的应用情境中，学生在问题解决的任务和活动中，不仅能建构知识，而且能体验到知识的效用。知识也因为与具体的问题解决脉络相连而获得了意义与理解。可见，正是由于"问题"的存在，教学情境具有了活动属性和知识属性，情境素材才转化为了教学情境。也有老师在"铁及其化合物"的教学中用"公园中的鹅卵石"作为情境素材，"通过百度发现其成分含少量的 Fe_2O_3"，从而引入对 Fe_2O_3 的检验，但这一情境只是描述了一个简单的事实，不含要解决的问题。即使是满足"是真的吗？"此类的认知兴趣问题，也因为该问题的解决并不能产生后续问题，问题解决的应用价值无从体现，无法承载核心知识的建构。则这样的情境素材并不能成为一个有价值的"问题情境"。

第三节　化学教学情境的利用

一、以形象化方式呈现情境

情境的"真实性"意指基于真实的现实世界的任务、从事的是任务驱动的真实学习，正是在真实的任务和真实的学习中，知识得以创造，素养获得发展。但对于课堂中的"情境"而言，又具有虚拟性，借由教师的创设，将真实世界中的事件搬到课堂当中来，将学生代入事件中，身临其"境"地学习。这就需要教师采取一定的教学手段生动形象地呈现情境，使其具有真实性。在课堂中，可以电影、图片、实物、新闻视频、文字材料、实验以及教师口述等方式中的一种或几种组合的方式进行呈现。如上述案例 7-4 中是以教师口述＋实物图片＋实物展示的方式展开。再如案例 7-5、案例 7-6。

📖 案例分析

【案例 7-5】　"铁及其化合物"（高中必修）教学情境片段

教师 PPT 展示图片：富马酸亚铁胶囊，（讲述）富马酸亚铁是一种治疗缺铁性贫血的安全有效的铁制剂，它是由富马酸、碳酸钠和硫酸亚铁溶液在一定条件下反应而制得的（同时展示流程图）。随着研究的进一步深入，一些制药厂家又生产出了富马酸亚铁维 C 片（同时展示图片）。

提出问题：（1）合成富马酸亚铁中的 $FeSO_4$ 溶液如何配制？（2）富马酸亚铁中添加维生素 C 的目的又是什么？

学生实验：尝试配制 $FeSO_4$ 溶液（配出来的溶液呈黄色）。

教师展示：这是老师课前配出来的 $FeSO_4$ 溶液（浅绿色），同学们看看有何不同？为什么？

学生讨论：呈黄色的可能原因……

上述案例中，教师利用口述＋实物图片＋学生实验的方式呈现了开篇情境，此时，学生成为富马酸亚铁工业生产中 $FeSO_4$ 溶液配制中的一个角色，发现了溶液颜色不对的矛盾，解决这一矛盾问题的需要激发了学生主动探索的欲望。

【案例 7-6】　"水的净化"（九年级化学）教学情境片段

教师：播放微视频 1（写实电视节目《荒野求生》的片头），今天就让我们跟随贝尔去寻找水源并获得饮用水。

播放微视频 2（《荒野求生》片段）贝尔蹲在山涧旁捧起溪水："因为现在正值雨季，有很多水从山上流下，你可以看到水很浑浊，里面有很多沙子，还有很多淤泥……"

提出问题：从山上流下的这杯泥沙水，可以直接饮用吗？让我们与贝尔一起来想想办法吧！

学生：从日常生活经验出发提出自己的方法……

案例 7-6 中，教师将贝尔"荒野求生"的视频素材进行剪裁加工，在"水的净化"各个知识点（静置、过滤、吸附、过滤）引入阶段以视频方式呈现，不仅引起了学生的兴趣，而且迅速与角色一起进入视频情境所产生的问题的解决探究中。

根据教学情境素材特点，采取生动形象的呈现方式，能够营造一种主动学习的氛围，引人入胜，让学生成为教学事件中的主角，主动投入问题解决活动中。需要注意的是，让学生快速进入角色、聚焦问题解决是情境呈现的主要目的，切忌刻意"吸引眼球、刺激感官"、过度堆砌或过度渲染。

二、以结构化逻辑展开情境

以情境展开的教学叙事是一个由发生、发展的线索串联起来的连贯整体。正由于此，更容易让学生捋清知识的来龙去脉，在知识与解决问题的情境脉络之间建立联系，便于知识的存储与记忆、提取与应用。为了建立这种整体性结构关系，教学情境可以分阶段在教学事件的关键点有逻辑地展开，逐步地扩展、深入、明晰，既能成为课堂问题产生的源头，又能使整个教学围绕情境展开，让学生的思维不断走向深入。由图 7-2 可见案例 7-4 的情境展开逻辑，在纵向上体现出以情境衍生的问题线索及其逻辑关联，在横向上体现情境、问题、任务与活动之间的逻辑关联。在课堂教学的小结阶段，教师也展示了自己用同学课堂探究到的方法"在部分变质的花肥溶液中加入维生素 C"再浇灌绿萝后绿萝重新变绿的图片，形成了与教学内容切合的完整"故事链"。知识点之间不仅依托"故事链"形成了结构化联系，且鲜活起来。学生置身于情境中，在问题解决中实现了情感、知识、方法等的有意义建构。

📖 案例分析

【案例 7-7】 "溶液的形成"（人教版九年级化学）教学流程

请分析图 7-3 所示教学流程中"情境、问题与活动"之间的一体化设计关系。从教学

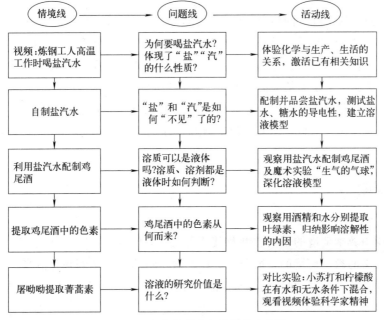

图 7-3 "溶液的形成"的教学流程图

的纵向发展脉络看，情境之间具有什么逻辑关联？"提取鸡尾酒中的色素"情境教学设计的目的是让学生理解同一种溶质在不同种溶剂中的溶解能力不同。请查找教材所利用的素材是什么？分析老师为什么没有用教材中的素材。

三、以共同体角色置身情境

情境学习与认知理论对情境的理解经历了从实习场（practice field）到实践共同体（communities of practice）的转变。实习场指为了达到一种学习目标而设置、创设的功能性学习情境或环境，实践共同体则包括了一系列个体共享的、相互明确的实践和信念以及对追求共同利益的理解。两者中的学生都通过实践为某一具体目标进行有意义的合作探究，但相比于实习场，实践共同体中更强调学习者具有共享的背景和真实任务，并且具有身份的再生产力。作为合法的边缘性参与者的学生，首先必须是参与者，而非被动的观察者。但由于其"新手"身份，不可能一开始就完全参与，需要在专家的指导下，在与专家、同伴的互动交往中，通过亲身实践，从部分参与逐渐向完全参与过渡，逐步完成从"新手"到"专家"的身份转变。在共同体内，作为专家身份的教师的任务是创造机会让学生主动参与，促进并支持学生的"合法参与"和生成性学习。必要时，介入学习过程并提供支架，学生能够自主解决问题时，则及时"隐退"，让学生自己来建构学习。

如图 7-2 所示案例 7-4 的任务 1 中，教师给出一个价类二维图的框架，让学生有的放矢地对含铁物质进行分类放置，而在后续的转化关系建立中，则由学生根据探究所获得的结论自主建构；任务 2 中，Fe^{3+} 的特征检验方法由教师用信息提示的方式给出，活动 2 实验操作和结论皆由学生自主完成。活动 2 的生成性问题由小组讨论得出实验的关键是证明溶液中有氧气并且在 $FeSO_4$ 溶液的配制过程中溶解氧会减少，再由学生观察老师的数字化演示实验获得证据。任务 3 则放手让小组合作，根据教师所提供的药品自主设计实验方案进行探究。

在情境所创设的实践共同体中，师生合作，为解决共同的问题、实现共同的目标而努力。教师借助提供信息资料、示范问题解决、适当提示点拨及适时反馈评价等"支架"的作用，帮助学习者穿越"最近发展区"，将学生的认知发展从一个水平提升到更高水平，真正做到教学走在学生发展的前面。而学生则通过"支架"（教师或有能力的同伴）的帮助，逐渐由边缘走向核心，完成自己身份的重构。基于共同体的合作性学习不是一种权宜之计，而是渗透于学生学会与他人一起生活和工作的途径，是 21 世纪学科核心素养的重要组成成分。

对标整理

学完本单元，你应该能够：

1. 举例说明教学情境的不同类型及其蕴含的育人价值。

2. 用有意义的教学情境的特征分析具体的教学情境创设案例是否恰当。

3. 将课程标准提供的"情境素材"加工为教学情境，并将情境、问题与活动一体化设计。

4. 以教学情境为载体，建立教学的逻辑线索，实现知识的建构。

练习与实践

一、真题再现

（一）简答题

（2017下-21）阅读下面材料，回答有关问题：

有化学教师针对同一教学内容，根据教学目标、教学重点、教学难点以及学生实际，分别设计了两种不同类型的课堂教学。

教师甲：为学生创设一个个具体的学习情境，并引导学生逐一解决问题。

教师乙：以实验为基础，组织学生开展一系列探究活动，最终达成教学目标。

（1）请指出上述两位教师所采用的教学方法，该教学方法具有哪些作用？

（2）请说明该教学方法利用应遵循哪些原则。

（二）案例分析题

（2017上-24）下面是某位化学教师在"氧化铝和氢氧化铝的性质"课堂教学引入的情境设计。

教师1：从铝元素在自然界中的存在——铝土矿的成分引入，展示工业上从铝土矿制备铝的工艺流程，从对工艺流程的步骤分析，引出氧化铝的两性。

教师2：从日常饮食中油条制作曾用明矾和小苏打作发泡剂，引出氢氧化铝的性质。

教师3：从提出问题"铝制炊具加热或与酸、碱、盐接触时铝元素是否会溶进食物"开始，让学生进行实验探究，引出氧化铝的生成和性质。

问题：

（1）"两性"是氧化铝和氢氧化铝的主要化学性质，请分别写出氧化铝和氢氧化铝与盐酸的反应及离子方程式。

（2）请说明这三位教师课堂教学引入的情境设计所体现的课程理念和各自的特色。

（3）简述课堂教学引入的情境设计的基本要求和常用方法（不少于3种）。

二、思考与实践

1. 有老师在课题"镁的提取及应用"（苏教版化学必修第一册）教学过程中，利用如图所示的图片创设了学习情境。该情境的创设是为了引入什么知识的学习？你认为通过该情境可以引发什么问题？请设计引导学生探究这些问题的简要教学过程。

2. 以下是两位化学（师范）专业同学在课题"饱和溶液和不饱和溶液"（人教版九年级化学）中分别创设的教学情境：

陈同学：我国北方有很多盐碱湖，湖水中溶有大量的食盐和纯碱，那里的农民冬天捞碱，夏天晒盐。这是为什么呢？带着这个问题一起走进今天的学习课题——饱和溶液和不饱和溶液。

胡同学：展示我国最大的咸水湖青海湖的图片，介绍咸水湖的相关知识。水中含盐度超过1‰的湖泊为咸水湖，其中，含盐度在1‰～24.7‰之间的为微咸湖，大于24.7‰的为咸水湖。青海湖正日益咸化。同学们都知道食盐溶解于水形成溶液，那么，向一杯水中一直加盐，这杯水会不会一直变咸呢？

"镁"雨一相逢 擦出大火花

http://www.sina.com.cn 2012年05月17日05.49 深圳晚报

金属镁遇大雨自燃烧了货柜车。深圳晚报记者 王研 摄

深圳晚报讯 （记者 王研） 昨日14时许，广深高速公路鹤州出口方向一辆运输金属镁的货柜车发生自燃，货柜车损毁严重，所幸并未造成人员伤亡。初步怀疑是雨水渗透入车内与金属镁发生化学反应而自燃。

请回答以下问题：

（1）依据教学情境的基本性质，分析两位同学对于该课题教学情境的创设是否适切。

（2）挑选你认为适切的教学情境，设计本课题的核心问题、活动及相应的知识建构（以流程图形式呈现）。

3. 以下是某位同学参加师范生教学基本功大赛的教学设计流程，课题是"二氧化碳"（人教版九年级化学）。

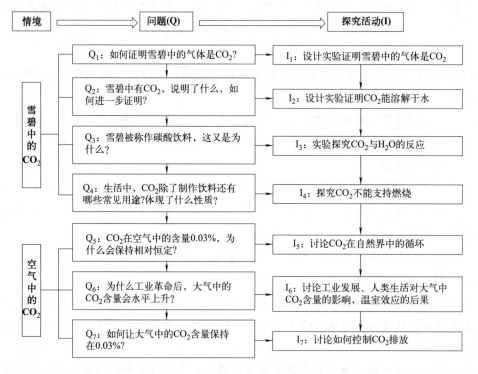

请回答以下问题：

（1）该教学设计的情境创设有何特征？

（2）该教学设计体现了哪些课程基本理念？

第八章

化学教学媒体的选择与运用

案例分析

【案例8-1】 "水的净化"（沪教版九年级化学）教学片段❶

研读以下教学过程，分析教师利用了什么手段导入新课？这样的方法具有什么优点？

【新课导入】

教师：今天，我和大家来一次说走就走的野外旅行，学习一种野外求生的基本技能——水的净化。有请我们今天的野外旅行向导。

播放微视频1：（写实电视节目《荒野求生》的片头）一组蒙太奇镜头展现野外生存第一人——英国探险家贝尔·格里尔斯在沙漠、沼泽、森林、峡谷等危险的野外境地施展野外生存绝技的画面。

教师：下面让我们跟随贝尔去寻找水源并获得饮用水。

播放微视频2：（《荒野求生》片段）贝尔蹲在山涧旁捧起溪水，"因为现在正值雨季，有很多水从山上流下，你可以看到水很浑浊，里面有很多沙子，还有很多淤泥……"

教师：从山上流下的这杯泥沙水，一般情况下可以直接饮用吗？

学生：不能。

教师：让我们与贝尔一起来想想办法吧！

……

化学教学系统是由教师、学生、教学内容和教学媒体所组成的具有一定教学结构和相应教学功能的有机整体。其中，教学媒体起着存储和传递教学信息的作用。教师、学生及教学内容三者之间借助教学媒体进行互动。教学媒体的选择利用是影响教学效果的重要因素之一。在案例8-1中，教师利用视频这一媒体手段，播放《荒野求生》节目主人公"贝

❶ 杨宝权，陈彪. 基于故事的初中化学教学实践与反思——以上教版"水的净化"为例 [J]. 化学教学，2018，381（12）：53-56.

尔野外生存寻找饮用水"片段，用其作为课堂教学引入，既具新奇感和震撼力，也与教学内容高度地契合。利用媒体手段创设情境，巧妙地将学生代入故事中，有力地激发了学生兴趣、引发了学生的探究活动。

第一节　化学教学媒体的类型与功能

化学教学媒体是在化学教学过程中，用于负载化学教学信息以实现经验传递的手段和工具。根据不同的分类标准，可将化学教学媒体进行分类。

一、化学教学媒体的分类

（一）按照学生使用媒体的器官分类

按学习者使用媒体的感知器官分类，可分为：听觉型媒体，如口头语言、广播录音等；视觉型媒体，如教科书、板书、板画、挂图、幻灯、投影等；视听型媒体，如电影、电视等；交互型媒体，如多媒体课件等。

（二）按照媒体是否利用信息技术分类

现代教学媒体是以现代电子信息技术为基础来存储、传递教育信息的载体或工具。教学媒体一般由两个相互联系的方面构成：一是硬件，即用以传递教学信息的各种教学设备，如幻灯机、投影仪、电影放映机、电视机、扩音机、录像机、录音机、电子计算机等；二是软件，即承载教学信息的各种教学片、带，如幻灯片、投影片、录音带、录像带、光盘、影碟、计算机课件等。

传统教学媒体是指在现代教学媒体出现之前常用的呈现教学信息的手段，主要有：①直观教具，如实物、实验器材和装置、模型、图表等；②教师的教学语言、板书、板画等；③教科书及其他教学印刷品。

教学媒体是人体感官和大脑的扩展、延伸和加强。由上述分类可见，印刷媒体、光学媒体和文字图像媒体等都传递视觉信息，可看作是人眼的延伸和强化；音响媒体传递听觉信息，可看作是人耳的延伸和强化；音像媒体则同时是眼耳的延伸和强化；而计算机、网络和虚拟现实这些知识媒体或智能媒体则不仅是感官而且是人脑的延伸和强化。

作为信息时代的教学媒体，多媒体计算机技术（multimedia computer technology）能综合处理文本、图形、图像、音频、视频、动画等多种媒体信息，具有集成性、交互性、可控性、信息空间主体化和非线性等特点，使其与黑板、粉笔、挂图等传统媒体有质的区别。与传统教学媒体相比，它更具趣味性、形象性和艺术性，较易被学生接受，在现代教学中得到广泛应用。

二、化学教学媒体的功能

化学教学媒体能把教师、学生与教学内容有机地联系在一起，具有以下几个方面的功能。

（一）创设生动的教学情境

教学媒体的利用能突破课堂时空限制，提供真实的或逼近实际的景色、现象、情节，增强学习趣味，为教学活动的有效展开设置有利的认知和情感环境。

（二）提供学习材料

教学媒体能提供描述物质及其组成、结构、变化、应用、制造等等的事实材料、图文材料、微观过程等，供学生学习理解；能够凸显感知重点，帮助微观想象，促进思维发展。

📖 案例分析

【案例 8-2】"原子结构"（高中化学必修）**教学片段**

阅读以下教学片段，分析 PPT 课件展示的图片对课堂教学起到了哪些作用？

【教师 PPT 课件展示和讲述】卢瑟福指导其学生盖革和马斯顿用 α 粒子轰击金箔去验证汤姆生原子模型，请同学们看图（图 8-1），这是他们做实验所用的装置。结果发现：①绝大多数 α 粒子穿过金箔后仍沿原来方向前进；②少数 α 粒子发生了较大的偏转；③极少数 α 粒子的偏转超过 90°；④有的偏转甚至几乎达到 180°。

【提出问题】面对这些实验证据，卢瑟福说："这是我一生中从未有的最难以置信的事，它好比你对一张纸发射炮弹，结果被反弹回来而打到自己身上……"，同学们思考一下，卢瑟福为什么如此震惊？

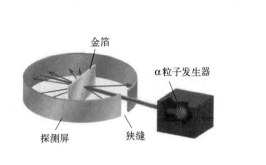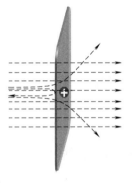

图 8-1 α 粒子轰击金箔实验

（三）提供行为示范

通过教学媒体可高效提供标准的行为模式（如语言、动作、书写或操作行为），供学生模仿和学习。如图 8-2 所示为教师在引导学生探索"配制 100mL 0.100mol/L 的 NaCl 溶液"后，通过图示的方式带领学生回顾总结溶液配制的规范操作步骤，不仅再现了各个步骤的规范操作，还将学生头脑中零散的操作步骤进行了有序的连接，形成程序化的知识。

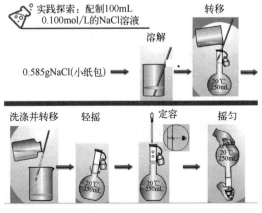

图 8-2 溶液配制的操作步骤

（四）进行学习评价

通过教学媒体给学生提供应用所学内容来解决问题的机会，以此获得反馈信息，及时改进教学，促进学生的发展。

（五）提高教学效率

多种媒体的组合运用，以文字、声音、图片、影像等多种形式传递丰富的教学信息，调动学生的多种感官，增加教学密度和教学容量。

第二节 化学教学媒体的开发利用

化学教学媒体的开发利用，主要指传统教学媒体的设计与利用以及现代多媒体的制作与利用，它们是化学教师应该掌握的基本技能。在传统教学媒体中，教师的教学（口头）语言和板书使用最为常见，而在现代多媒体中，PPT 的使用最为广泛，所以本节重点讨论这三种媒体的开发利用。

一、化学教学语言的运用

课堂教学离不开语言。教师通过语言在教学过程中传递信息，教师的教学语言水平与教学效果有着密切的关系。苏霍姆林斯基曾指出，"教师的语言修养，在极大程度上决定着学生在课堂上脑力劳动的效率。"化学教师在教学中使用的语言具有鲜明的职业特点和专业特点。从职业角度看，教学语言所传递的信息要体现对学生的启发引导，为学生知识、能力、价值观的培养服务；从专业角度看，化学教师的教学语言还具有化学学科特点，不仅有本学科的专业用语，还包括从化学角度对物质世界运动变化规律的分析和阐释，为培养学生的化学学科核心素养服务。

（一）化学教学语言的构成要素

1. 语音

语音是语言的声化形式，是言语信息的载体，也是教学语言的基本要素。教学语言对语音的要求是读音准确、规范，吐字清晰、音色悦耳。教学语言要求用普通话，发音不准会影响教学信息传递，甚至造成误解。教学中对国家标准 GB/T 2312—1980 列出的常用汉字和 40 多个化学专用字的读音必须准确，如氙（xiān）不读"山（shān）"、铬（gè）不读"络（luò）"、钚（bù）不读"环（huán）"、铊（tā）不读"砣（tuó）"、铵（ǎn）盐不读"安（ān）盐"、重结晶的"重（chóng）"不读"众（zhòng）"等。

2. 音量

音量是指语音的强度，即说话声音的大小。在教学中，教师讲话的音量要适中。教师可通过音量大小的变化来表达自己的意图和情感，如有特别需要时可适当加大音量，但不要骤然变化。在教学过程中还需注意语言音量的保持，自始至终让每个学生都能听清教师的每一句话。

3. 语速

语速是指讲话的快慢。教学语言的语速要适中，一般以每分钟 200～250 字的语速为宜。语速过快会造成学生听课困难，过慢会使课堂气氛沉闷。在教学过程中，教师的语速不应当从头至尾是匀速的，而要根据教学的要求有所变化，比如在做金属钠的性质实验时，为强调操作要点，教师可适当放慢语速、加大音量说："请同学们注意，一定要用镊子夹取一小块金属钠，用滤纸吸干表面的煤油，然后在表面上用小刀切取绿豆大小的金属钠，观察其切面发生的变化……"。

4. 节奏

教学语言的节奏是指其表现出的抑扬顿挫、轻重缓急，是语音、语速、语调等有秩序、有限度、有节拍的变化。教学语言的节奏能传递一定的教学信息，反映出教师的意图和情感，富有节奏的教学语言有利于学生保持最佳的听课状态。教师根据教学内容和学生的情况，运用富有节奏和变化的语言，提高教学语言的感染力。教学语言还要有适当的停顿，如提问后适当停顿以给学生留下思考的时间，讲解过程中碰到较难理解的内容要适当放慢语速、句子间适当停顿给学生消化的时间等。

5. 词汇和语法

教学语言对词句的要求是规范、准确、精练、易懂、生动。规范是指遣词造句要符合词法、句法等口头语言的语法要求；准确是指教学语言中的词、句表意准确，不要使学生产生歧义，化学专业术语要正确，不用未经定义的术语，如物理变化、化学变化不能随意简化为"物变""化变"等；精练是指按教学的需要设计好简单、明确的语言，没有不必要的重复和废话；此外，教学语言的词句不仅要使学生能听懂，还要生动形象、深入浅出，能吸引学生。教师需储备丰富的词汇、掌握修辞的方法，以利于形成具有自身教学风格和个性化的教学语言。

6. 语态

语态是与口语表达相伴随的体态动作，如手势、眼神、面部表情以及动作等。在教学中，教师的语态要自然，要融入自己的感情；同时还要适度得体，与口语表达协调一致。语态在一定程度上反映出教师个人的仪表、风度和修养。

（二）化学教学语言的类型和设计

在化学教学中，根据语言所表达的内容和所起的作用可以分为叙述性语言、论证性语言、演示性语言等。

1. 叙述性语言

叙述性语言指教师在介绍客观事实、现象、人物或描述物质的外观、属性、结构、变化等情况下使用的语言。它分为说明式和描述式两种。

（1）说明式语言

在化学教学中，说明式语言一般用于对具体的、事实性的知识或某些基本概念的说明和分析。主要形式为意义解释（如案例 8-3-1）、结构说明（如案例 8-3-2）、比较说明（如案例 8-3-3）等。

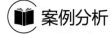 案例分析

【案例 8-3】 说明式语言设计利用

【例 8-3-1】什么是离子键

……通过对金属钠在氯气中点燃生成氯化钠这一反应微观过程的分析，我们发现，活泼金属与活泼非金属化合时，活泼金属的原子容易失去其最外层上的电子形成阳离子，活泼非金属的原子容易得到电子形成阴离子，它们之间通过电子转移，分别形成阳离子和阴离子，阴阳离子之间通过静电作用这种强烈的相互作用结合在一起形成了稳定的化合物。人们把这种阴、阳离子之间存在的强烈的相互作用称为离子键，由阳离子与阴离子构成的化合物称为离子化合物。

【例 8-3-2】乙醇的分子结构

……通过刚才的实验探究证明了乙醇的结构中含有氧氢键（—O—H），在钠与乙醇的反应中断裂的是 O—H 键（如图 8-3 所示）。氧氢键（—O—H）对于乙醇的性质起着决定作用，我们称之为羟基，像这种决定有机化合物特性的原子或原子团叫作官能团，羟基是醇类物质的官能团。

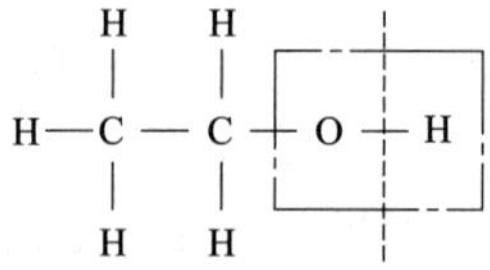

图 8-3　乙醇的结构式

【例 8-3-3】离子键和共价键的比较

……由上述分析可知，离子键和共价键都属于化学键，但两者有着明显的区别（如表 8-1 所示）。从成键方式上看，离子键是通过阴、阳离子之间的静电作用力而形成的，所以它的成键微粒是阴、阳离子，通常在活泼金属元素与活泼非金属元素之间形成，所形成的化合物称为离子化合物；而共价键是由非金属元素的原子之间通过共用电子对所形成，相应的化合物称为共价化合物。

表 8-1　离子键和共价键的比较

化学键	离子键	共价键
成键本质	阴、阳离子之间的静电作用力	共用电子对
成键微粒	阴、阳离子	原子
成键元素	活泼金属元素与活泼非金属元素	非金属元素
形成化合物	离子化合物	共价化合物
实例	$NaCl$、MgO、$MgCl_2$ 等	HCl、H_2O、CO_2 等

（2）描述式语言

在化学教学中，描述式语言的主要作用是帮助学生发展形象思维，使学生对所描述的事物的外观、结构、属性、变化等有比较形象或有一定深度的认识。除一般叙述外，有时也用比喻的方式进行描述。化学教学中的描述主要有以下两类：①物质的微观结构和微观变化。此类知识学生不能直接观察，教师要基于学生的已有认知基础，用学生能够理解并能引起联想的语言进行生动形象又不失科学性的描述。如案例 8-4-1 中对"金属键"形成过程的描述。②物质的外部特征和宏观变化。如物质的物理性质、化学性质、化学反应的现象、实验过程、化学生产过程等。这类描述要注意条理清楚、用词准确，有利于加深学生的直观印象。对于过程要按先后顺序叙述，并讲清各阶段（环节）之间的关系。如案例 8-4-2 中，学生汇报实验现象后，教师再进行归纳整理，让学生形成对实验现象的全面感知。

📖 **案例分析**

【案例 8-4】 描述式语言的设计利用

【例 8-4-1】 对"金属键"形成过程的描述

在金属钠晶体中，多个钠原子相遇相邻了。每个钠原子都想丢弃自己最外层的那个电子从而达到稳定结构。有"丢"的没"捡"的，那些电子就只能"浪迹"于晶体各处，成了"自由电子"。所以金属晶体中每个自由电子都是被大范围共享的。这种超级共享客观上起到了使金属原子互相粘连的作用。这种作用当然也是"强烈的相互作用"，若是铁原子能一个一个"飞"走，铁块也就不会那么硬了。

这种金属阳离子（如 Na^+）与"自由电子"之间的强烈的相互作用就是金属键。

【例 8-4-2】 对"铜-锌原电池"实验现象的描述

……同学们所观察到的实验现象主要有：铜片上有大量气泡产生；锌片上基本无气泡产生，但有锌片溶解现象；电流计发生了偏转。

2. 论证性语言

论证性语言的特点体现在条理清楚、结构严谨、逻辑性强。为很好地发挥论证性语言的功能，在论证过程中要做到论题鲜明、论据充分、逻辑清晰、层层深入、语言简明扼要。在化学教学中，一般没有长篇大论的论证，论证性语言主要用于推理分析的讲解中，而且要结合提问及板书，引导学生边听边思考，增强讲解的直观性。如案例 8-5 对氯化铵溶液显酸性的论述。

📖 **案例分析**

【案例 8-5】 对"氯化铵溶液呈酸性"的论证

【教师】 ……通过刚才的实验，我们发现氯化铵溶液虽然是盐溶液，但是却显酸性，那这是为什么呢？请同学们思考一下，溶液显酸性的本质原因是什么？

【学生】 氢离子浓度大于氢氧根离子浓度。

【教师】 那氯化铵溶液中存在哪些离子呢？这些离子来源于哪里？

【学生】 氯化铵溶液中应该含有 4 种离子，由氯化铵电离产生的铵根离子、氯离子，由水微弱电离生成的氢离子和氢氧根离子。

【教师】 同学们思考这 4 种离子间还可以发生什么相互作用？

【教师】 铵根离子与氢氧根离子能相互结合形成弱电解质——一水合氨，导致水的电离平衡将向右移动，因此溶液中的氢离子浓度大于氢氧根离子浓度，从而使得氯化铵溶液显酸性。

【板书】

$$NH_4Cl = NH_4^+ + Cl^-$$
$$+$$
$$H_2O = OH^- + H^+$$
$$\Updownarrow$$
$$NH_3 \cdot H_2O$$

3. 演示性语言

在化学教学中，演示性语言是教师在向学生提供实物或模型等直观教学材料或进行实验操作演示时，用于说明、提示的语言，它有很强的依附性。演示性语言的运用，要求教师边演示边讲解，把模型或实物的展示、实验操作等与语言介绍、说明、提示、提问等很好地结合起来进行；教师要认真观察学生对演示内容的理解程度，随时调整语言表述的详略和节奏快慢，对重点内容和关键步骤等要给以强调。

📖 案例分析

【案例 8-6】 "配制一定物质的量浓度的溶液"实验演示片段

请研读以下教师演示实验过程的教学语言，分析该演示性语言的运用特点。

【引导】 我们终于找到了可以精确配制 100mL 溶液的实验仪器——容量瓶，接下来继续探讨如何完整的配制 100mL 0.100mol/L 的氯化钠溶液。

首先第一步做什么？（学生：计算）计算什么？（学生：计算氯化钠的质量）请同学们算一算。要保证浓度精确，首先计算不能出错。

接下来第二步做什么？（学生：用托盘天平称量 0.585g 的氯化钠固体）托盘天平能称到 0.585g，小数点后三位吗？（学生：不能），那应该使用精确度高的称量仪器，如电子天平或分析天平。所以，要确保浓度精确，称量必须要精确。

【演示称量】 电子天平称量。

第三步做什么？（学生：加水溶解）直接将氯化钠倒进容量瓶溶解行吗？（学生：不行，很多固体溶解会放热，或者吸热，当溶液的温度超过或低于容量瓶上所标记的温度时，所配溶液的体积就不准确了。所以不能在容量瓶中直接溶解氯化钠固体）那么，应该将氯化钠放在哪里溶解呢？（学生：烧杯）。

【演示溶解】 将固体倒入小烧杯，请问加多少水溶解呢？依据是什么？（学生回答）

接下来该怎么做？是不是直接将它倒进容量瓶呢？日常生活中我们用水壶向水瓶中加水时，经常一不小心就会洒出来，更何况是容量瓶这么小的口径呢。怎样才能使溶液不洒出来？（学生：用玻璃棒引流）玻璃棒的下端最好是靠在刻度线以下，这样会使溶质全部转移到刻度线以下部分，从而使浓度更精确。但是玻璃棒不能靠着容量瓶口，否则溶液也会洒出来。

【学生演示】 学生演示引流操作。

接下来怎么做？是不是直接加水到容量瓶的刻度线了？

【学生回答】 烧杯内壁和玻璃棒上还沾有溶液，所以，应洗涤烧杯内壁和玻璃棒，将洗涤液再次转移到容量瓶中。

【引导】 只洗涤一次吗？（2~3 次）洗涤的原则是少量多次。

【演示洗涤】 多次洗涤，其实就是为了将所有的溶质尽可能地全部转移到容量瓶中。因此，要确保浓度精确，必须转移完全。

【演示摇匀】 这时候容量瓶中的溶液上下浓度是不同的，所以要振荡，混合均匀。

接下来加水到刻度线进行定容。定容好的标准是什么？（学生：溶液的凹液面正好与刻度线相切）要做到这一点也不容易呀，因为加水到细颈的时候，蒸馏水一不小心就可能超过刻度线，这时候最好是一滴一滴地往容量瓶里加水，什么实验仪器有这样的功能？（学生：胶头滴管）现在就用胶头滴管加水吗？（学生：太慢了）当蒸馏水加到离刻度线

$1\sim2cm$ 的时候，再改用胶头滴管来定容。

【演示】继续加水至离刻度线 $1\sim2cm$。

【学生参与演示】学生演示定容操作。

【检验】另一学生帮忙检验定容是否准确。

【演示摇匀】上下颠倒，摇匀。右手的食指抵住瓶塞，左手的手掌托住瓶底，来回倒转几次。

4. 评价性语言

评价性语言包括教师对客观事物的看法和对学生的评价。教师对客观事物的看法反映出教师个人的态度和观念，会直接影响学生某些观念的形成。比如，在"溶液的形成"教学中，教师在带领学生探究了影响溶解的内因——溶质、溶剂本身的性质，播放屠呦呦的采访视频后说："屠呦呦从中国古代中药获得启发，利用青蒿素在水和乙醚中的溶解度不同提取青蒿素治疗疟疾，造福人类，体现出了科学家的创新精神和社会责任。同学们要以屠呦呦为榜样，学好科学，为实现中华民族的伟大复兴、人类的福祉多作创新性贡献。"通过这些评价语言激励学生学好化学、报效祖国，有效地培养了学生的家国情怀。

在课堂当中，教师对学生问题回答的评价是一种形成性评价方式，能让学生知道他们在哪些方面做得好，并促使学生去提供正确、完整的或者在预期认知水平上的答案。但在课堂中也存在着这样的现象：为了体现对学生的尊重，调动学生的学习热情，不少教师对于学生的回答无论是答非所问还是曲解误解，都会给予激励与夸奖，"很好！""真聪明！""你真棒！""给他来点掌声！"这样无疑会消解表扬的积极作用。作为学生学习的一种强化物，表扬应建立在充分分析或评估学生答案的基础上。只有当期望中的学生表现——知识掌握完整而准确、思维达到了预期的加工水平、很好地运用了口头表达技巧、对后续问题给予了积极关注等受到表扬，这样的表扬才是有效的，学生们才会更加愿意倾听、珍惜并对教师的反馈进行反应。而对于不正确的、不完整的，或者是不恰当的回答，应该有进一步的探询，帮助学生找到思维在哪里搁浅、哪些方面还需要继续努力等。

（三）化学教学语言运用的原则

教学语言是语言这一人类重要的传播工具在教育、教学领域中的具体运用，教学语言是教师进行化学教学时最常用的工具和手段。因此，能够恰当设计利用教学语言是教师必备的基本功。教师在设计和利用教学语言时需要遵循以下原则：

1. 教学语言要有科学性

化学教学语言的科学性体现在知识表达准确无误、用语贴切、句法正确、语意准确等。化学作为一门科学学科，对教学语言的科学性要求更高，语言表达的内容必须符合客观事实、科学原理等。

例如，不少高中化学教师在"胶体"的教学中，在对日常生活中胶体举例时，将豆浆、云、雾、烟尘等都认为是一种胶体，将是否产生丁达尔效应作为检验和鉴别是否是胶体的一种方法。而在日常生活中的许多分散系（如豆浆、云、雾、烟尘等）都能产生丁达尔效应，但这些体系并不一定在任何时候、任何状况下都是胶体，只能说它们不是溶液，不能肯定它们全是胶体。因为丁达尔效应并非是胶体特有的性质，如果一种分散系中的粒子半径是 1～100nm，或是大于 100nm，都能产生丁达尔效应，但这种分散系并不一定是胶体。丁达尔效应只能鉴别溶液和胶体，但并不能将胶体与其他分散系区分开来。

再如，许多教师总结了原电池构成的 4 个条件：①氧化还原反应；②两种活动性不同的金属材料（或一种金属与一种能导电的非金属）作电极；③有电解质溶液；④构成闭合电路。实际是，根据原电池原理，一个化学反应只要 $\Delta G < 0$（不一定是氧化还原反应）、外电路只要是电子导体（两电极既可以是同一导体，也可是不同导体）、内电路中是离子导体（既可是电解质溶液，也可以是能允许离子通过的固体物质），理论上都可以实现化学能到电能的转化。在教学时，因为学生的已有认知中没有吉布斯自由能的概念，可以先基于氧化还原反应讲清楚原电池的工作原理，并不一定要精确归纳出构成条件。

语言的科学性还表现在用词的准确上。如对气态、液态、固态物质与液态或固态物质的反应，则分别用"通入""滴入""加入"等词，容器里所盛气体过满后会"逸出"，液体过满后会"溢出"。再如反应条件中的"点燃""加热""高温"的区别等。在帮助学生理解概念时，应注意其严密性，以达到学生在掌握定义上"不漏不杂"。例如，"物质中直接相连的原子或离子之间存在的强烈的相互作用叫作化学键"，在该定义中，"直接""强烈"都不可漏掉。

2. 教学语言要有规范性

教师讲课说普通话，语音准确，运用化学术语，注意语病，切忌口头禅。不能说方言土语，南腔北调。语句要符合语法修辞和逻辑，不发生谬误等。如有的教师把"溶解"说成"化了"，把"凝聚"说成"冻了"，把"振荡"说成"晃动"等，这些都是不规范的表现。化学教学语言中常见的不科学或不规范表达如表 8-2 所示❶。

表 8-2　化学教学语言中常见的不科学或不规范表达

类型	错误或不规范的用语	正确的语言表达	说明
用不恰当的方言土语或口头语言代替化学术语	向装有 20 毫升水的烧杯中加入 5 克氯化钠，搅一搅，等到氯化钠完全化了之后，再加入 5 克…… 我们需要干净的铁钉、试管、烧开后迅速冷却的蒸馏水	向装有 20 毫升水的烧杯中加入 5 克氯化钠，搅拌，等到氯化钠完全溶解之后，再加入 5 克…… 我们需要洁净无锈的铁钉、试管、煮沸后迅速冷却的蒸馏水	类似的还有： 把"凝聚"说成"冻了"，把"振荡"说成"摇一摇""晃一晃"，把挥发性物质的挥发，说成"冒白烟"等
混淆字义、字形相似的用语	红磷和氧气在加热的条件下反应生成五氧化二磷	红磷和氧气在点燃的条件下反应生成五氧化二磷	注意反应条件中"加热"与"点燃""高温"的区别。类似的还要注意：加热、微热、强热；难溶、不易溶、微溶、可溶、易溶、极易溶。颜色描述中的：无色、白色、浅黄、黄、棕黄、红、红棕、红褐等的区别

❶　郑长龙. 化学课程与教学论 [M]. 长春：东北师范大学出版社，2011：252-253.

续表

类型	错误或不规范的用语	正确的语言表达	说明
用语搭配不当	为了防止气体溢出，要在集气瓶上方盖一片玻璃片	为了防止气体逸出，要在集气瓶上方盖一片玻璃片	用语的搭配要准确。还如对气态、液态、固态物质与液态或固态物质的反应，则分别用"通入""滴入""加入"等词
缺少限定条件	二氧化碳不支持燃烧。 惰性气体很难与其他物质发生化学反应	二氧化碳一般不支持燃烧。 惰性气体在通常情况下，很难与其他物质发生化学反应	对所处阶段还无法准确解释或讲解清楚的概念，可以加上"一般""在通常情况下"等词语，为今后的进一步讨论留下余地。如前例，去掉了"一般"二字就造成了科学性上的不严密。因为镁、钾、钠等活泼金属能在二氧化碳中燃烧，只不过由于学习上的阶段性，当时还未学习镁、钾、钠等金属。类似的还有："一般来说，气体分子的直径约为 0.4nm"，"氧气是比较活泼的气体"等
描述不够准确	有铜和水生成。 二氧化碳能使紫色石蕊试液变红色	黑色的氧化铜变为红色的铜，同时试管口有水珠生成。 二氧化碳与水反应生成碳酸，碳酸使紫色石蕊试液变红色	在描述物质的性质和实验现象时，教学语言要锤炼，从而准确清晰地表达
出现知识性错误	1. 酚酞试液使氢氧化钠溶液变红。 2. 硫酸不导电。 3. 向硫酸铜溶液中加入氨水，生成深蓝色溶液。 4. 氢气与氯气在光照条件下反应生成盐酸。 5. 催化剂能加快化学反应速度。 6. 在这个有机物分子中羟基与苯环相连，所以它属于酚类	1. 氢氧化钠溶液使酚酞试液变红。 2. 无水硫酸不导电。 3. 向硫酸铜溶液中加入过量氨水，生成深蓝色溶液。 4. 氢气与氯气在光照条件下反应生成氯化氢。 5. 催化剂能改变化学反应速度。 6. 在这个有机物分子中羟基与苯环直接相连，所以它属于酚类	注意化学基础知识的准确表述，杜绝出现知识性错误

3. 教学语言要有逻辑性

教师的教学语言要意义完整、条理清楚、前后连贯、层次分明、结构紧凑。对每一个论点的论证和推导要步骤严谨、理由充分、无懈可击、合乎逻辑推理，最后得出结论。这样才能使所讲授的知识系统化，成为一个整体，形成一个知识结构网。如案例 8-5 对"氯化铵溶液呈酸性"的论证。

4. 教学语言要有启发性

教师的教学语言深蕴着潜在的信息内容，富有启发性，引导学生积极思维，有助于学生展开联想与想象，学会举一反三、触类旁通、联系已知去解决未知。因此，教师语言的启发性主要体现在教学中运用追补语、引导语、商讨语、设疑句等，来启发学生思考问题，使学生思维处于积极活动状态。如在"气体摩尔体积"的教学中，教师让学生计算相同条件下 1mol 不同固体、液体、气体的体积，学生发现相同条件下 1mol 不同固体、液体的体积不同，1mol 不同气体的体积相同，探究"为什么"的欲望很强烈，教师就顺势提问"从构成物质的微粒角度分析，影响物质体积的因素有哪些？""这些因素分别如何影响物质的体积？""当微粒数相同时，决定气体体积的主要因素是什么？"，通过系列问题的讨论让学生建构关于气体摩尔体积的定义。

设疑语言要简明扼要、指向明确，让学生具有明确的思考方向。切不可"设问"很长，提的问题多而杂、过难过易，或为提问而提问，追求形式，这都会影响启发学生思维活动的效果。

5. 教学语言要有教育性

教学本身就是对学生进行情感态度与价值观培养的重要途径。教师的教学语言，从内容到形式，都有强烈的教育性。化学教师可以根据学生的实际，有针对性地运用生动有趣的化学史实与经典的化学家故事去引导和启发学生，将教学语言的教育性切合时宜、恰到好处地渗透在知识传授的过程中。

如在学习"空气"时教师可以介绍普利斯特里、舍勒、拉瓦锡、卡文迪许等化学家对空气组成的发现过程，让学生从中看到科学家对科学研究的执着；在学习"纯碱碳酸钠"的内容时，教师可以介绍我国的著名化学家侯德榜和他的成就"侯氏制碱法"，让学生感受到他的拳拳爱国之情；在学习"原子的结构"时，教师可以介绍道尔顿、汤姆生、卢瑟福等科学家对原子理论逐步完善的过程，培养学生的批判性思维能力和不断探索的科学精神。在化学课程中有很多将教学语言的教育性自然渗透的教学点，恰到好处地处理可以摆脱语言的平淡和无效的说教，使学生更加信服，从而起到"润物细无声"的教育效果。

二、化学教学板书的设计

📖 案例分析

【案例 8-7】"溶液的形成"（沪教版九年级化学）教学板书

如图 8-4 是教师在"溶液的形成"一节教学的板书。请分析该板书具有哪些特征？对学生的学习有何促进作用？

在化学教学中，教师主要运用语言向学生传递教学信息。但是，作为辅助教师语言表达 的文字信息，板书是不可缺少的。板书是教师以教学目标为依据，以教学内容为素材，在黑板上用书写文字、符号或绘图等方式，向学生呈现教学内容、

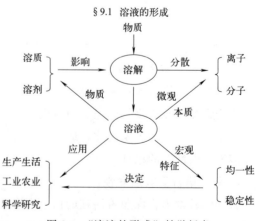

图 8-4 "溶液的形成"教学板书

分析认识过程，将知识概括化和系统化，启发学生思维，帮助学生理解和记忆的重要教学手段。

（一）化学教学板书的功能

1. 呈现系统化的知识，便于理解和记忆

知识的系统化对理解有很大影响，割裂的材料难以理解。教师用板书配合语言向学生呈现系统化的知识（如表格式板书、价类二维图板书、思路式板书等），并用一些特殊的符号、线条、色彩等表示知识间的关系或强调重点及关键内容，同时调动学生的听觉和视觉对信息的感知，提高学生获取信息的效率。图 8-4 所示板书系统呈现了"溶液的形成"一节内容的知识体系。通过系统化板书的逐步展开，还可以长时间、多次向学生传递教学信息，有利于学生对知识的理解和保持。

2. 启发思维，揭示方法

教师运用板书能清晰地表达事物之间的关系，有助于激发学生的思维。如"溶液的形成"教学中，教师利用如图 8-4 所示板书，将影响物质溶解的内因——溶剂和溶质本身的性质，溶液的宏观特征"均一性、稳定性"与溶液的微观本质"溶质以分子、离子等微粒形式均匀分散到溶液中"的联系，溶液的宏观特征与其应用的联系等随着教学的展开巧妙地置于结构图中，不仅呈现了知识的发生发展思路，还揭示了宏观与微观之间的联系、组成与性质的关系，培养了学生的科学思维。

3. 增强直观性

对于比较抽象的知识以及一些化学反应的规律、化学概念和原理的分析，仅用口头语言讲解，学生往往难以理解。如果教师配合运用板书加以说明，就可增强教学内容的直观性，同时也能集中学生的注意。比如，离子键的形成教学中，教师以氯化钠的形成为例，边讲解、边画图分析原子间电子得失情况、阴阳离子间的静电作用等，可使教学既直观又生动，对引导学生思维、降低学习难度都是有利的。

4. 向学生提供示范

在化学教学中，教师运用板书可以为学生提供以下三个方面的示范。

（1）书写和运用化学用语的示范

化学用语（元素符号、化学式、结构式、化学方程式等）可以简便、确切地表达化学知识和化学学科的思维特点，是学习化学的基本工具。学生在学习化学用语时，首先要学会规范的书写方式，在此基础上，还要学会运用化学用语，这无疑需要教师运用板书为学生提供模仿的原型。比如，在离子反应方程式教学中，教师要以若干个具体的反应为例，通过板书示范教会学生如何正确地书写离子反应方程式。

（2）解题格式的示范

在化学习题教学中，教师运用板书不仅可以配合讲解清晰地表示出解题的思路、方法、步骤和结果，还能给学生示范规范的解题格式，这有助于学生养成严谨规范的解题习惯，学习科学方法和提高表达能力。

（3）绘图的示范

在化学课上，学生要学习画一些简单的实验仪器和装置图，这也需要教师运用板书向学生提供示范。

除以上几方面外，教师能写一手好字，能明快地画出规范、美观的图示或实验装置图，可展示教师的教学功底和人文素养，能给学生以美感，提高教师的威信，也是对学生的一种教育和熏陶，同时对形成良好的课堂气氛也能起到促进作用。

（二）化学教学板书的构成要素

化学教学设计、书写教学板书的行为由以下要素构成。

1. 书写和绘图

在化学教学中，教师实施板书行为主要是文字、化学用语的书写和一些简图、图像及仪器装置图的绘图。书写文字和化学用语要正确、工整、清晰、规范、美观；画仪器装置图时还要注意比例恰当。化学教师应在书法与绘图方面不断提高水平。

2. 内容的编排

板书要能够科学、系统、概括地反映教学内容的知识结构。教师应从板书标题的确定、板书表现形式、各部内容出现的次序及相互之间的呼应和联系、文字的详略等方面设计编排好板书的内容。

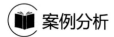 案例分析

【案例 8-8】 必修课程教学内容"氧化还原反应"板书设计❶

请分析如图 8-5 所示板书的构成特征和教学功能。

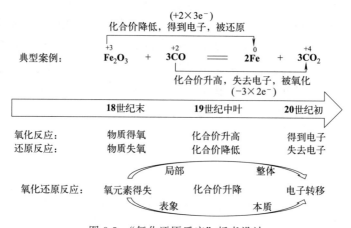

图 8-5 "氧化还原反应"板书设计

该板书包含化学方程式、时间轴以及化学史上对氧化还原反应认识的发展，呈现了该主题的知识结构、认识思路。以高炉炼铁的核心反应为案例，以化学史实为线索，引导学生从局部到整体、从表象到本质逐步深化对氧化还原反应基本概念的认识与理解，启迪学生运用对立统一思想和定性定量结合的方式揭示氧化还原反应的本质特征和基本规律。

3. 版面的布局

板书的版面要讲究布局，主要指各部分内容在黑板上的排列和分布。

❶　经志俊. 例谈基于教学内容结构化的板书设计策略［J］. 化学教学，2020（10）：24-29.

反映一定教学内容的板书是主板书，主板书应写在黑板正中或偏左的位置。作为主板书的补充，如对一些问题的说明、强调，对学生的提示等随时写在黑板上的是副板书，副板书一般写在黑板两侧或右侧。合理的板书布局能起到便于讲解、利于学生思考和理解的作用，如案例 8-8 所示。

4. 时间的掌握

板书必须与讲解一致，与其他教学方式相配合。板书内容的书写、课件的展示、实验的演示等，要把握好时机，力求成章、避免随意性。板书保留时间的长短应符合教学的需要。板书时长应在规范、美观的前提下尽量迅速，以免分散学生的听课注意力。

（三）化学教学板书的表现形式

化学教学板书有多种形式，教师要根据教学内容特点、学生认知规律等灵活运用各种形式科学、生动地表达教学内容，有效地向学生传递教学信息。化学教学的板书形式主要有以下几种。

1. 提纲式板书

提纲式板书是把教学内容用简明扼要的文字提纲挈领地反映出来的板书。这种形式的板书条理清楚、能突出重点、便于学生抓住要领，多用于体现教学的内容和顺序。

📖 案例分析

【案例 8-9】 必修课程教学内容"配制一定物质的量浓度的溶液"板书设计（见图 8-6）

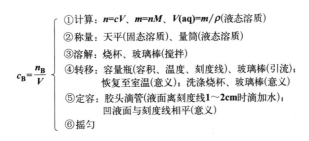

图 8-6 "配制一定物质的量浓度的溶液"板书设计

该板书依据实验目的和原理，以提纲形式呈现出"计算、称量、溶解、转移、定容、摇匀"等实验流程顺序，引导学生匹配计算公式、选择所需仪器、规范实验操作。

2. 表格式板书

表格式是根据教学内容可以明显分项的特点设计的。此种板书形式把有关内容分类列表，类目清楚、对照鲜明，便于学生进行对比和建立联系。如表 8-1 所示即为随着教学过程展开而逐步形成的"化学键"一节内容的表格式板书，学生能够清晰地比较离子键和共价键之间的不同。

3. 图示式板书

图示式板书是指将文字、化学用语或简单图形用线头、箭头、框图等联系起来的板书。这类板书的特点是能清晰、简明地反映事物间的关系，便于学生了解知识的结构和内在联系，优化学生的认知图式。如案例 8-10、案例 8-11 所示。

案例分析

【案例 8-10】 必修课程教学内容"二氧化硫的性质"板书设计（图 8-7）

该板书基于二氧化硫在价类二维图中的坐标，从酸性氧化物的通性演绎推理出二氧化硫能与碱性氧化物、碱、水反应的事实，从硫元素价态（＋4 价）通过分析综合形成二氧化硫兼具有氧化性和还原性的结论。"氯及其化合物""氮及其化合物"等元素价态和物质类别具有多样性的元素及其化合物的教学内容，板书设计均应聚焦价类二维图优化认知图式。

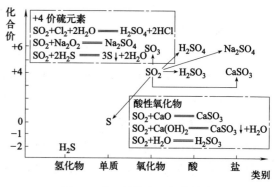

图 8-7 "二氧化硫"板书设计

【案例 8-11】 选择性必修课程教学内容"原电池"板书设计（图 8-8）❶

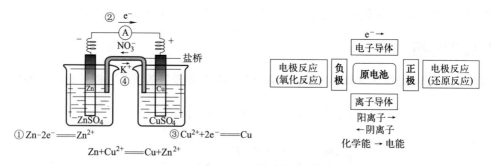

图 8-8 "原电池"板书设计

该板书以"铜锌原电池"为案例，以"闭合回路"的形成为抓手，引导学生基于"电极材料、电极反应、电子导体、离子导体"4 要素建构电化学系统工作原理的认知模型，学会运用模型分析或解释原电池工作时的物质变化、电荷移动和能量转换，优化学生关于电化学的认知图式。

4. 化学计算格式

在化学计算教学中，教师一方面要启发学生的思维，另一方面还要引导学生用规范的格式解题。这绝不是表面上的形式，而是培养学生的思维能力、训练科学方法所必须的。因此，化学计算教学中的板书要体现化学计算的原理、知识间的逻辑关系以及规范的解题格式。如案例 8-12、案例 8-13 所示。

案例分析

【案例 8-12】 根据化学方程式的计算板书

例题：某高炉日产含铁 96％ 的生铁 70 吨，每天至少需要含杂质 20％ 的赤铁矿多少吨？

---

❶ 经志俊. 例谈基于教学内容结构化的板书设计策略 [J]. 化学教学，2020（10）：24-29.

解：设需赤铁矿的质量为 x。

$$Fe_2O_3 + 3CO \Longrightarrow 2Fe + 3CO_2$$

160　　　　　　　　 2×56

$x(1-20\%)$　　　 $70t \times 96\%$

$$\frac{160}{x \times 80\%} = \frac{112}{70t \times 96\%}$$

$$x = 120t$$

答：每天至少需要含杂质 20% 的赤铁矿 120 吨。

这种板书是化学方程式计算的规范格式。明确表达了计算原理和计算过程。

【案例 8-13】　有关化学平衡的计算（图 8-8）

例题：500℃ 时，容积为 2L 的密闭容器中充有氮气和氢气，氮气的浓度为 3.5mol/L，氢气的浓度为 5.5mol/L。经过一段时间后，达到化学平衡状态，氨的浓度为 1mol/L。求平衡时氮气的浓度。

解：设氮气的转化量为 x mol。

$$N_2 + 3H_2 \Longrightarrow 2NH_3$$

起始量（mol）　　 3.5×2　　　 5.5×2　　　 0

转化量（mol）　　　 x　　　　　 $3x$　　　 $2x$　　 $2x = 1mol/L \times 2L$　　 $x = 1mol$

平衡量（mol）　　　 6　　　　　 8　　　 2

N_2 的平衡浓度为 $6mol \div 2L = 3mol/L$

这例板书清楚地列出了在解关于化学平衡的计算题时必须明确反应物及生成物的三种量，即起始量、转化量、平衡量。板书突出了解题关键，有助于学生理解解题思路与方法。

化学教学的内容是丰富多样的，这就决定了板书的多样性。在课堂教学中，教师往往要根据实际情况综合运用多种形式的板书，以更加有效地传递教学信息，取得尽可能好的教学效果。

（四）化学教学板书的应用要点

1. 紧扣教学目标，体现教学核心内容

化学教学板书是教师对教学内容进行"二次创作"的结果。其内容应从教学目标出发，体现教学的核心内容、知识结构以及方法思路，选择易被学生理解、利于启发学生思维的板书形式。板书语言要精练地反映教学内容的重点、难点、关键点及知识间的联系，有利于学生将新知识纳入原有的认识结构中。在教学中要避免"教材搬家"式的板书，更要避免教师抄教材、学生抄板书、课后背笔记的情况。

2. 保证内容的科学性

板书保留的时间较长，给学生留的印象较深，如果出现错误，对学生产生的负面影响也较大，有的甚至难以挽回。因此，必须保证板书内容的正确，文字、化学用语、图示、表格等所表示的意义应当准确，不随意使用缩写和简称，要保证科学性。

3. 系统性和概括性相结合

教师在备课时，要在深入了解学生和钻研教材的基础上设计板书。在设计板书语言时，既要考虑到如何有条理、系统地反映教学内容，还要对教材加工、提炼，高度概括地表达教学内容。呈现给学生的板书既系统又概括，才能充分发挥板书的作用。

4. 做好版面设计、注意工整美观

教师在确定了板书的内容和形式的基础上，要精心设计板书的版面，使其布局和结构能生动、恰当地体现自己的教学意图。设计得好的板书能够很好地引导、启发学生，帮助学生学习。

此外，板书要在工整的基础上力求美观，还要注意板书的简练和直观。在用特殊颜色表达教学内容时要注意适度，不可色彩太多，以免分散学生的注意。具有美感的板书，展现了板书的艺术性，能使学生受到美的陶冶❶。

三、化学多媒体教学课件的设计

多媒体（multimedia）是指传递信息的多种媒体，通常包括文本（text）、图形（graphics）、图像（images）、音频（audio）、视频（video）、动画（animation）。现行的多媒体技术是指利用计算机技术对文、图、声、影像等多种信息媒体进行交互式、综合处理和控制，使之建立逻辑联系，并集成一个系统。多媒体课件即多媒体计算机辅助教学软件，是一种利用计算机技术设计并开发的教学软件。从课件内容上讲，它是以教学理论、学习理论为指导，运用系统论的方法针对教学目标和教学对象的特点，合理地选取并设计教学信息媒体的有机组合，从而形成优化的教学结构的一种教学系统。常用的多媒体课件制作软件有 PowerPoint、Authorware、Flash、3Dmax、Director、几何画板等。其中 PowerPoint（简称 PPT）能集文字、图形、图像、声音、动画、视频剪辑等多媒体元素于一体，且功能强大、简单易学、操作方便、可利用资源多等，成为最为常用的中学化学课堂演示型多媒体课件。

（一）多媒体课件在化学教学中的价值

1. 激发学生的学习兴趣

在教学过程中，适时运用多媒体技术，将生动的学习情境、真实的生产过程、有趣的化学现象等形象地展现在学生面前，让学生充分认识化学与生产、生活的联系，可以很好地激发学生学习兴趣，并在轻松的气氛中学习。

2. 提高化学课堂教学效率

PPT 课件利用表格、图形等将传统教学媒体耗时较多的教学内容直观地呈现出来，能够加深学生的印象，减少文字阅读和理解的时间，提高课堂教学效率。

3. 优化化学教学过程

PPT 课件可以将传统教学中难以实现的教学过程展现出来，让学生更好地理解与认识，从而优化教学过程。例如原子的结构、原电池的工作原理等涉及微观领域的内容抽象，既看不见也摸不着，用语言描述也很困难，利用 PPT 课件图片、动画等可以进行"可视化"呈现，从而降低学生的理解难度；另外，一些耗时较长或危险性较大的实验在

---

❶ 朱嘉泰，李俊. 化学教学艺术论［M］. 南宁：广西教育出版社，2002：161-176.

课堂上难以演示，这时可以用视频实验替代，加深学生的感知。如可用视频实验展示稀释浓硫酸时"水入酸"的错误操作，让学生直观感知错误操作带来的后果。

（二）化学多媒体课件设计的基本原则

多媒体课件是利用计算机软件，按照教师的教学设计，将文字、图像、视频等多种媒体信息集成在一起，以实现对教学材料的存储、传递、加工、转换和检索的一种现代教学技术手段。多媒体课件的设计涉及到教育学理论、心理学理论、学习理论、教学设计、美学等多方面的知识，并非一个简单的过程。多媒体课件的设计需要遵循以下基本原则。

1. 具有科学性

多媒体课件作为教师教学的辅助手段，其承载的教学内容将作为科学知识传递给学生，所以必须具有一定的科学性，即各种教学资源的整合需正确反映知识的客观性和规律性，是经实践验证了的科学知识及真理。主要表现在化学基本概念、定理、定义、公式的描述正确；公式、符号、单位符合国际标准，语言文字规范，内容表达无误，引用资料正确、具有权威性，图片、动画等能够正确反映科学原理、模拟客观事实等。

2. 具有教学性

多媒体课件辅助教学的目的是达到更好的教学效果，使学生学得更好、更快，所以课件的设计需以学习者为中心，从有助于学生学习出发，围绕教学目标选择课件素材和制作课件，即具有教学性。选择使用的图像、声音、动画、视频等各种媒体目的是突出学习主题，激发学生思维，帮助学生更好地理解和掌握学习内容。要克服媒体设计与学习设计相脱离的常见问题，避免"为媒体表现而设计媒体"的现象，努力做到"为学生学习而设计媒体"。过分烦琐花哨的界面，不仅使用起来不方便，还容易使学习者分散注意力。PPT界面设计力求简洁、突出主题，与主题无关的或不能为学生更好的学习服务的素材不要采用，以免增加学生的认知负荷。

3. 具有教育性

具有教育性是指多媒体课件内容要融入社会主义核心价值观下化学学科育人的基本要求，有助于学生形成正确价值观念和必备品格。这就要求课件内容无政治性错误、思想健康、符合社会道德，能够将科学态度和社会责任融入其中，帮助学生塑造健康人格。

4. 具有美观性

所谓美观性原则，是指课件的画面、声音等要素的表现要符合审美规律，要在不违背科学性、教学性、教育性的前提下，使内容的呈现具有美学意义上的表现力和感染力，有利于激发学生的情感，引起学生的兴趣，让学生乐于接受所学知识，同时使学生受到美的熏陶。因此，编制教学课件时要注意设计构思和艺术加工。如在画面的处理上，要把文字、构图、等诸多要素精心布置、合理布局、巧妙安排，使得 PPT 整体上不仅美观大方，而且具有学科特色。

📖 案例分析

【**案例 8-14**】"氨气"（苏教版高中化学必修第二册）PPT 设计

以下是第三届长三角师范生教学基本功大赛一等奖课例"氨气"的 PPT（参赛者：陈静怡；指导教师：杨玉琴等）。请分析该 PPT 课件制作具有哪些鲜明特征？能够起到哪些作用？

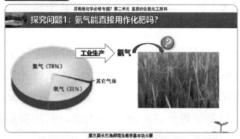

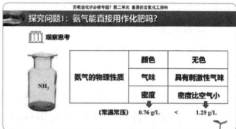

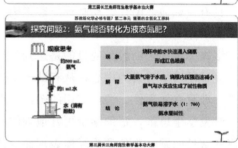

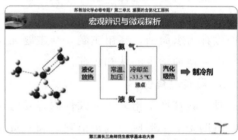

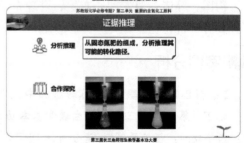

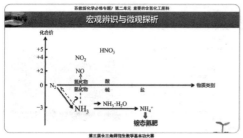

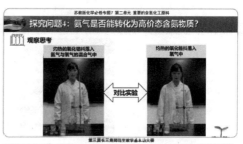

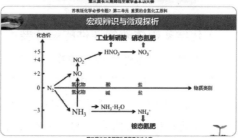

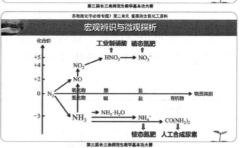

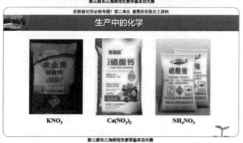

（三）化学多媒体教学课件的设计要点

1. 整体规划课件内容和结构，呈现有意义的教学过程

设计好一个 PPT 课件其实就是设计好一堂优质高效的课。设计一个成功的 PPT 课件关键在于教师能够全局把握教学过程，即做好整体上的教学设计。教师不仅要熟稔教学重难点，还要把握教学内容之间的内在关联，能将看似不相关的教学信息整合成有意义的整体，根据具体教学情境给学生展示富有整体意义的课堂教学，促进学生结构化思维和知识的形成。教师可以借助教学设计的经典模型——ADDIE 模型，从教学设计的角度全面把握 PPT 设计，使得 PPT 设计具有针对性、实效性和整体性，如表 8-3 所示。

表 8-3　ADDIE 模型与 PPT 设计

教学设计		PPT 设计
分析 （analyze）	教学对象	根据学生特点、认知规律等选择和设计 PPT 模板风格，符合学生的视觉及思维习惯
	教学目标	围绕教学目标的有效达成选择 PPT 素材和呈现方式
	教学内容	PPT 的设计与特定内容相符，凸显教学的重难点
	学习环境	PPT 的设计因时、因地、因人而制宜，比如根据投影情况选择字体和颜色、根据学生人数和投影仪尺寸大小调整字体大小
设计 （design）		整体把握教学内容，串联和整合各个知识点，并与各种视听觉元素相互统一
开发 （develop）		PPT 的具体制作，包括图片、文字、动画、声音、交互等方面的具体操作过程
实施 （implement）		PPT 的演示、互动过程
评价 （evaluate）		教师对 PPT 设计与利用的自我评价和不断修改、精进，学生利用 PPT 进行学习的感受和效果

PPT 强大的使用功能和丰富的表现形式很容易使教师滑入"只重表现形式而忽视内容呈现"的误区。事实上，PPT 用于教学的最终目的是让学生更好更快地掌握教学内容，发展学科思维，而教师呈现和演示内容的合理性和关联性是达到教学目标的前提。所以，在制作 PPT 时要思考清楚每张 PPT 呈现的目的是什么，怎样的呈现方式能帮助学生更好地理解与思考，每张 PPT 之间的逻辑关联是什么，PPT 的整体结构线索是什么等问题，这样才能使得每张 PPT 具有针对性和实效性。

值得注意的是，PPT 只是辅助教学的工具，教师和学生始终是教学的主体，需要避免 PPT 课件"将教材或板书搬家""教师成为课件的播放员，学生成为观众"的现象。

PPT 之于教学的意义不是单纯传达数据或信息，而是表达隐含在信息或数据背后的深刻含义，尤其是思维的方式方法。PPT 的整体设计应该能够体现 PPT 应用于该教学的优势所在，即教师选择使用 PPT 进行教学一定是增强了教学的效果。在 PPT 的媒体优势、创意设计和教师的个性演示下，学生能够积极思维，主动获取信息和知识，产生进一步学习和思考的动机。因此，PPT 内容和演示应力求精练，引导学生进行高阶思考，并且能留出较多的时间让学生讨论和思考。

2. 发挥技术整合优势，强化课件的"故事感"

关联主义认为，在意义制定过程中，认知和情感的融合非常重要。思维和情感是相互影响的，事实性知识的传递和情感的交互是成功课堂教学的两大法宝。齐普·希思（Chip Heath）和丹·希思（Dan Heath）认为成功的演说要遵循六大原则：简单（simplicity）、意外（unexpectedness）、具体（concreteness）、可信（credibility）、情感（emotions）和故事（story），即 SUCCESS 法则❶。与严密的逻辑内容相比，情感和故事在成功 PPT 课堂教学中具有同样重要的作用。

故事性 PPT 的魅力在于能以生动形象的图片、声音、动画等多媒体元素展示教学内容，以富有渲染力或能动之以情的故事性表达配合讲解教学内容。PPT 集文字、声音、图像、视频于一身，能调动人的多种感官，将信息、情感、视觉效果三者合一，构成生动活泼的课堂教学。教师不再单纯地教授事实性知识，而是将事实性的知识、教师的自我理解和个性融入 PPT 设计中，通过"故事性"的呈现和演示将教学内容转化为学生的自我认知，使学生在投入性的学习中发挥丰富的想象力和创造力，在知识建构中不断地进行有意义的学习。

3. 关注信息呈现形式，优化学生认知体验

PPT 传载信息的同时需要关注信息表现的形式，以符合视觉设计原则和学生认知规律，优化学生认知体验，增强信息传递效果。一般而言，应遵循以下基本要求。

（1）页面布局的 PARC 原则

①P，即毗邻（proximity），指彼此相关的元素应当靠近，归组在一起。如果多个项之间存在很近的亲密性，它们就会成为一个视觉单元，而不是多个孤立的元素。这有助于组织信息、减少混乱、为读者提供清晰的结构。②A，即定位（alignment），指每个元素都应当与页面上的另一个元素有某种视觉联系，不能随意安放，以形成一种清晰、精巧而且清爽的外观。③R，即重复（repetition），指让设计中的视觉要素在整个作品中重复出现，可以重复颜色、形状、材质、空间关系、线宽、字体、大小和图片等等，既增加条理性，又加强统一性。④C，即对比（contrast），指为了避免页面上的元素太过相似，如果元素（字体、颜色、大小、线宽、形状、空间等）不相同，则让它们截然不同。对比通常是使页面引人注目的一个重要因素。比如，将强调内容的字体、大小、颜色与其他内容形成强烈对比，以突出强调部分。

（2）图文并茂

---

❶　Chip Heath，Dan Heath. Made to stick：why some ideas survive and others die ［M］. New York：The Random House Publishing Group，2007.

在 PPT 设计中，有"字不如表、表不如图""一图胜千言"之说。多数情况下，表格具有条理清晰、对比鲜明的特点，而图片直观、形象，更能吸引注意力，也容易被记住，印象更深刻。在当下的"读图"时代里，以图像为主的"视觉文化"影响力日渐增强。如果教学要求学生在较短或有限的时间里能够理解并接受所呈现的内容，PPT 的设计就要尽可能发挥图效优势，图文并茂呈现相关信息。研究表明，图效优势的运用能够帮助人们记忆关键信息。另外，图形组织（如概念图）作为认知工具，可使学习者的知识结构较好地得到表征，学习者在概念的不断同化中，能使知识不断分化、整合和系统。

（3）风格统一

格式塔心理学的相似性原则认为，人们总是乐于将布局风格一致、色彩一致、各编排要素结构相似的事物看成是一个整体。这就意味着 PPT 的设计应当注意风格统一。风格统一的 PPT 可以降低学习者视觉上的认知负荷，提高阅读和理解效率。研究表明，当界面元素，如标题、菜单等在界面上的位置无规律时，学习者思考的时间几乎增加了一倍。因此，起到控制和导读作用的元素（比如，表示章节的编号或图示等）在形象和格式上要力求一致。

（4）简约、重点突出

PowerPoint 的本意是重点、要点之意，意在突出重点，迅速抓住信息接受者的眼球，并辅以演示者的讲解让他人迅速接受信息。因此，PPT 要力求形式、要素和内容等的简约，突出重点内容以迅速吸引学生，迅速地被理解和支持，甚至被立即使用。同时，简约的设计还是一种意味深长的"留白"，给学生留下思考的空间，以激励他们进一步地想象和探索，主动投入学习。因此，PPT 在内容呈现上应尽量使学生在短时间之内就可以通读或理解 PPT 内容；在表现形式或表现元素上，幻灯片上相关内容与无关内容的比率（又称信噪比），应该达到最大值，尽量避免使用削弱主体学习的内容。

知识拓展

信噪比英文名称叫作 signal-to-noise ratio，缩写为 SNR 或 S/N，是科学和工程中所用的一种度量，用于比较所需信号的强度与背景噪声的强度。信噪比越高，说明声音信号越好。在 PPT 设计中也存在同样的原理，幻灯片上主题内容与无关内容（即所谓的"噪声"）的比率就是信噪比，而我们的幻灯片设计目标就是使该比率达到最大值。

当然，PPT 的设计并不存在必然的、不能变通的原则或定理。例如，追求简约美和保留本质内容、视觉上的"吸引眼球"和信噪比最大化、版面的设计和主题的烘托、教学内容的严谨和课堂氛围的活跃性之间并不存在孰是孰非或非此即彼的判断，最终的侧重点应该依照不同的教学对象、教学目标、教学内容等具体情境而定。

四、化学教学媒体的选择利用原则

教学媒体因其丰富的呈现能力、强大的重现能力、广泛的接触面以及良好的交互性在化学教学中得到了广泛的利用。教学媒体有多种类型，每一种教学媒体既具有自身的功能，又有其局限性，这就决定了它只适合某些教学情境。没有一种教学媒体在任何方面都优于另一种教学媒体，也没有一种教学媒体能对任何学习目标和任何学习者产生最佳的作用。对某一特定的学习任务和具有某种特征的学习者来说，只有选择适宜有效的一种或组合多种教学媒体，才可望取得最佳的学习效果。

教师在选择使用教学媒体时，必须从教学系统的整体角度出发，认真考察教学媒体和教师、学生、教学目标、教学内容等教学要素之间的关系，根据教学目标和教学内容的需要，选择使用最适合于学生学习的教学媒体。一般遵循以下原则。

（一）服从教学目标需要，适合表现教学内容

教学目标是教学活动的出发点，是教学过程的指南，同时它也是评价教学效果的依据。教学目标具有较强的指引性，它要求教学过程中教师、学生和媒体的相互作用必须实现一定的目标。因此，课堂教学中选择什么教学媒体和使用什么教学策略，都必须围绕教学目标来确定。在制作媒体时，尽量不添加与教学目标和内容无关的元素，以免造成信息冗余，或分散学生的注意力。

对于化学教学而言，每一节课的教学目标和教学内容也各有差异。教师围绕教学目标选择使用教学媒体时，还应注意所选的媒体是否适合表现相应的教学内容。课堂教学中，教师为完成不同的教学目标和表现不同的教学内容常常需要选择使用不同的教学媒体。比如，对于微观结构，通常利用实物模型和图片相结合的方式呈现；对于化学反应的微观机理，则可利用微观动画的形式让看不见的过程变得"看得见"，加深学生的认识和理解。

（二）适合学生特征，符合教育心理规律

学生的学习不是对知识的被动接受，而是一个主动选择的过程。在学习的过程中，注意和知觉的选择起着重要的作用。由于不同年龄段的学生对事物的接受能力不同，教师在选择教学媒体时，就必须顾及他们的年龄特征和学习心理。比如初中生的认知特点是从经验型、直观型向理论型、抽象型思维转化，对于他们来讲，教学应主要以使用图片、动画和视频等直观媒体为主，力求生动、形象突出。并且每节课使用的课件张数不宜太多，使用视频媒体宜选用短片，一般以不超过 3～5 分钟为宜。对于高中生来讲，他们的概括和抽象能力已经有所发展，感知的经验也逐渐丰富起来，注意力持续集中的时间也相对延长。对于他们可以选用的媒体范围就比较广泛，而且可以适当增加媒体内容中理性认识的成分，把教学的重点放在揭示事物的内在本质和规律上。

（三）媒体内容科学，准确有效传递教学信息

教学媒体所表达的内容要正确，要能够反映事物的客观面目，在科学性、思想性上不能有错误。进行模拟仿真时，图像、色彩、动画等要反映事物的客观面目，而不能一味追求表现效果，导致学生对教学内容的误解或不准确的理解。教学媒体要能清晰、完整地向所有传递对象传送有关的教学信息，实用性和表现力强。有时还要求能有效地逆向传输信息，具有较好的交互性。

（四）充分发挥媒体特长，优化组合教学媒体

围绕教学目标选择教学媒体时，必须根据不同媒体的功能特性，充分发挥各种教学媒体的特长，选择使用最能表现相应教学内容的媒体种类；同时还要注意传统教学手段与现代媒体的有机结合，利用二者的优化组合达到媒体功能的相互深化和补充。

我们已经知道，不同的教学媒体具有不同的功能特性，同时也都存在各自的局限性，

不论传统媒体还是现代媒体，它们都是为实现教学目标服务的，就其在教学过程中的地位而言，两者并无高下之分。现代媒体作为一种新型有效的教学手段，固然有着许多优点，如形象、直观、生动等，可以弥补传统教学中的不少缺陷。但是，现代媒体并不是样样功能都优于传统教学媒体，比如在学习参与性、信息保留的时长性等方面就不如语言、板书、模型、实验等传统教学媒体。两者在教学中需要相互配合、优势互补。因此，教师在选择教学媒体时，决不能过分地依赖某一手段而忽略另一种手段，任何偏废一方的做法都是有害的。正确的做法应该是将现代媒体和传统媒体有机结合，相互渗透，充分发挥不同媒体的特长，以达到优化课堂教学的目的。

（五）尽量不用多媒体呈现实验，充分发挥实验教学功能

在教学媒体选择中需要特别注意的一个问题是，尽量不用计算机模拟实验或者放映录制的视频实验来代替实际的化学实验。化学实验能够提供多方面的信息，具有多种教学功能。计算机模拟实验或实验录像提供的信息较实际实验会产生信息损失和失真，也无法替代实验教学的某些功能。模拟实验的实际效果远远不及真正的化学实验。因此，在选择化学教学媒体时，除了比较危险、污染比较严重、缺少实验仪器、耗时较长或不便于实际观察的实验外，应尽量创造条件让学生做实验或观察演示实验，给学生提供真实的体验和感知。而且，为了培养学生的创新能力和实践能力应该大力加强化学实验教学。

对标整理

学完本单元，你应该能够：

1. 举例说明化学教学中的常见媒体及其功能。
2. 设计和利用不同类型的化学教学语言。
3. 设计和利用不同类型的板书。
4. 组合设计和利用教学语言、课件和板书等媒体进行教学。

练习与实践

一、真题再现

（2018上-21）阅读下面文字，回答有关问题：

某教师在进行"活泼的黄绿色气体——氯气"第一课时教学时，在查阅大量资料的基础上，将教学内容设计成PPT课件（约50页）。在课堂上他根据每一张PPT进行讲解，整节课共有2次提问，几乎没有板书，遇到需要演示的实验时，播放实验视频，供学生观看。

问题：

（1）该教学过程的主要优点和缺点有哪些？
（2）演示实验的教学功能是什么？

二、思考与实践

（一）请设计以下教学过程的教学语言及辅助媒体（板书或PPT等）

1. 九年级化学"质量守恒定律"教学中讲解"为什么物质在化学反应前后，各物质

的质量总和相等?"

2. 九年级化学"酸碱指示剂"教学中讲述"波义耳发现指示剂的故事"。

3. 高中化学必修"氧化还原反应"教学中讲解"是什么原因导致元素的化合价发生变化呢?"

4. 高中化学必修"化学反应中的热"教学中讲解"热化学方程式"。

(二)请分析以下板书设计的优点

1. "甲烷"(高中化学必修)板书设计

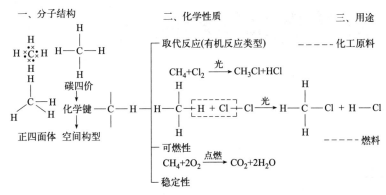

2. "溶液中微粒浓度关系分析——以 Na_2CO_3 溶液为例"板书设计

Na_2CO_3溶液中的存在微粒
$Na_2CO_3 == 2Na^+ + CO_3^{2-}$
$CO_3^{2-} + H_2O \rightleftharpoons HCO_3^- + OH^-$
$HCO_3^- + H_2O \rightleftharpoons H_2CO_3 + OH^-$
$H_2O \rightleftharpoons H^+ + OH^-$

Na_2CO_3溶液中微粒浓度关系
①电荷守恒$c(Na^+) + c(H^+) = 2c(CO_3^{2-}) + c(HCO_3^-) + c(OH^-)$
②物料守恒$c(Na^+) = 2[c(CO_3^{2-}) + c(HCO_3^-) + c(H_2CO_3)]$
③质子守恒$c(OH^-) = c(H^+) + c(HCO_3^-) + 2c(H_2CO_3)$

质子守恒建构模型

(三)请设计以下课题教学(1课时)的板书及 PPT

1. 质量守恒定律(九年级化学)

2. 氯气(高中化学必修)

3. 离子反应(高中化学必修)

4. 化学反应的限度(高中化学必修)

第九章

化学作业的选编与利用

学习准备

2017 版 2020 修订高中化学课标"教学与评价建议"中要求"实施'教、学、评'一体化，有效开展化学日常学习评价"。请查阅"化学日常学习评价"的常用形式，研读 2019 年人教版《化学必修 第一册》"第二章 第二节 氯及其化合物"教材内容"练习与应用"部分。思考以下问题：教材设计"练习与应用"栏目的目的是什么？"练习与应用"这一环节与教学目标、教学过程的关系是什么？教师在教学中又应该如何利用这一环节呢？

通过前面几章的学习我们已经解决了"学生走向哪里"即教学目标的确定问题、"学生从哪里出发"即学生学习起点的分析问题以及"学生如何到达那里"即教与学的载体、过程及方法等的设计问题等。那么我们怎样才能确定"学生到达了那里"？这是教学评价的问题。教学评价有多种形式（如表 9-1 所示），在教学过程中为改进和完善教学活动而进行的对学生学习过程及结果的评价称为"形成性评价"，"作业"是形成性评价常用形式之一，也是化学教学中不可或缺的重要环节。合理选择、编制和利用作业是教师发挥主导作用的主要渠道之一，也是减轻学生过重课业负担、提高教学质量的重要手段。

表 9-1　化学教学评价的分类

项目	诊断性评价	形成性评价	总（终）结性评价
定义	在学期开始或一个单元教学开始时，为了了解学生的学习准备状况及影响学习的因素而进行的评价	在教学过程中为改进和完善教学活动而进行的对学生学习过程及结果评价	是在一个大的学习阶段、一个学期或一门课程结束时对学生结果的评价，也称终结性评价
评价时间	在单元、学期、学年开始时，正常的教学活动尚未纳入正轨之前	在教学展开的过程中	在单元、学期、学年结束时

续表

项目	诊断性评价	形成性评价	总(终)结性评价
评价功能	①检查学生的学习准备程度；②决定对学生的适当安置；③辨别造成学生学习困难的原因	①改进学生的学习；②为学生的学习定步；③强化学生的学习；④给教师提供反馈	①评定学生的学习成绩；②证明学生掌握知识、技能的程度和能力水平以及达到教学目标的程度
常用形式	摸底用的形成性检测检验、课前小练习、学习档案等	日常观察、课堂提问、课堂练习、作业、单元测验等	期末测验、学业水平合格性考试、学业水平等级性考试

第一节　认识化学作业

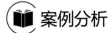 案例分析

【案例 9-1】"离子反应"（人教版高中化学必修第一册）作业两例

【案例 9-1-1】课堂中，教学环节"离子方程式的书写"结束后，教师布置：

完成下表中各反应的化学方程式和离子方程式，写出两种方程式在表示某一类反应时，表达的含义有什么不同。

反应物	化学方程式	离子方程式	两种方程式的不同
$HCl + NaOH$			
$HCl + KOH$			
$H_2SO_4 + NaOH$			
$H_2SO_4 + KOH$			

【案例 9-1-2】某兴趣小组的同学向一定体积的 $Ba(OH)_2$ 溶液中逐滴加入稀硫酸，并测得混合溶液的导电能力随时间变化的曲线如右图所示。

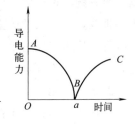

（1）写出 $Ba(OH)_2$ 溶液与稀硫酸反应的离子方程式。

（2）该小组的同学关于右图的下列说法中，正确的是____（填序号）。

A. AB 段溶液的导电能力不断减弱，说明生成的 $BaSO_4$ 不是电解质

B. B 处溶液的导电能力约为 0，说明溶液中几乎没有自由移动的离子

C. BC 段溶液的导电能力不断增大，主要是由于过量的 $Ba(OH)_2$ 电离出的离子导电

D. a 时刻 $Ba(OH)_2$ 溶液与稀硫酸恰好完全中和

请分析，教师设计上述两例作业的意图分别是什么？

一、什么是化学作业

化学作业是教师在化学教学过程中给学生布置的各类练习的统称，是帮助学生理解、复习、掌握并练习应用所学化学知识、技能和方法的重要环节，也是教师收集教学反馈信

息，检查教学效果的最常用工具。化学作业类型多样，如课内、课外、书面、口头、实验、设计、制作、实习、实践活动等，根据一定的分类标准可将作业进行分类。

（一）根据完成作业的课堂内外分类

1. 课内作业

课内作业是在课堂内完成并得以反馈的作业，又称为课堂作业，是教师在课中布置学生当堂完成的各种类型的练习。它是课堂教学的组成部分，有书面作业、口头作业、实际操作练习等。其作用在于加深和加强学生对教学内容的理解和巩固，为下一步教学打好基础，同时教师也能从中及时发现教学目标的达成情况，从而对教学进程作出相应的调整或改进。如案例 9-1-1 通过该课堂作业的完成，学生既可以巩固刚刚所学的离子方程式的书写技能，也便于教师了解学生技能的掌握情况。而学生通过离子方程式与所对应的化学方程式的比较、讨论，能够归纳出离子方程式的意义，强化"宏-微-符"三重表征思维方式。

2. 课外作业

课外作业是教师所布置的学生在课外完成的作业，既可以是课前预习作业，也可以是课后作业。课前预习作业，可以引导学生进行自主学习，教师通过分析学生的课前作业可以发现学生较易掌握的内容以及面临的学习困难，进而采取有效措施突破难点；课后作业主要是对课堂所习得知识的再认识阶段，是课堂中所学知识的运用、拓展或延伸，它不仅可以把以往知识与现在习得的知识联系起来，而且，通过留有一些具有挑战性、实践性和创造性的课外作业，可以激发学生的学习兴趣，培养学生的创新能力。教师通过分析作业完成情况，可以及时发现教学中存在的问题并进行及时的教学改进。

（二）根据作业完成的方式分类

1. 书面作业

书面作业即学生通过纸笔完成的作业，其来源有书本练习、自编题等，可分为选择题、简答题、论述题、读后感、小论文、实验报告、调查报告等。书面作业便于教师的布置和批改，发挥教师的主导作用，有利于学生对基础知识和基本技能的巩固和掌握。同时学校管理层可以通过学生书面作业的完成情况检查学生的学习效果与教师的教学效果。但是，书面作业不利于学生解决真实问题能力及实践能力的培养，需与实践作业配合使用。

2. 实践作业

实践作业是指学生在教师的指导下完成的各种实验、活动及各种能提高动手能力的作业。实践作业是"学以致用"的最好注解，它是一种重要的作业形式。重视实践活动是新版课程标准的一大特色。学生通过学科及跨学科实践活动，可将所学知识运用到日常生活当中，从而加深对所学知识和方法的理解，初步学会与人交流合作，并且获得积极的情感体验。实践作业的特点是突出学科活动的实践性，使学生在动手、动口、动脑中学习，能运用所学知识去收集资料、展开调查、分析问题、得出结论并获得启发。与书面作业相比较而言，实践作业是一种程序较复杂、自主程度更高的作业形式，它更强调实践活动的过程。

（三）根据作业的内容分类

1. 诊断或巩固型作业

诊断或巩固型作业即知识技能型作业，是目前作业的主要形式。它可以帮助学生诊断、巩固课堂中习得的知识与技能，提高分析、解决化学实际问题的能力，提高学习能力和思维品质，及时发现、纠正存在的问题，调整学习方法和策略等。

2. 概括与整合型作业

概括与整合型作业要求学生将零碎、繁乱的知识进行整理，形成富有条理和系统的知识体系，可以促进学生建构知识逻辑关系链和知识网，培养学生逐步养成善于分析事物之间的内在逻辑关系的能力和理清事物之间本质联系的良好学习习惯，提升学生自主学习的能力。这类作业对学生思维能力的培养、学习能力的提高、学习方法的改进和综合素养的提升有着重要的作用和意义。如案例 9-2 所示。

📖 案例分析

【案例 9-2】 概括与整合型作业两例

【例 9-2-1】"常见的酸"（人教版九年级化学）课后作业：完成该课题的思维导图

【例 9-2-2】"氧化还原反应"（人教版高中化学必修第一册）课后作业：阅读本节的"科学史话"，利用图或表简要表示氧化反应、还原反应、氧化还原反应概念的发展。从中你能得到什么启示？

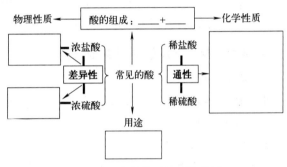

图 9-1 "常见的酸"思维导图

在例 9-2-1 中，通过图 9-1 思维导图的补充完善，不仅让学生完成知识体系的建构，还从物质组成角度认识酸的性质具有差异性和通性的本质原因，体现了组成决定性质，性质决定用途的学科观念。

在例 9-2-2 中，让学生自主建构科学概念发展的图表，不仅让学生进一步理解概念，还通过概念发展史让学生体验科学探究的历程，建立科学真理是相对的、是不断发展的观念。

3. 实验探究型作业

实验探究型作业属于实践型作业的一种，要求学生能独立或与同学合作完成实验活动，记录实验现象和数据，完成实验报告，并能主动进行交流。如案例 9-3 所示。

📖 案例分析

【案例 9-3】 "化学反应的快慢和限度"（鲁科版高中化学必修第二册）**作业**

请利用实验室提供的用品探究实验室制备氢气的最佳条件。

实验用品：锌粒、镁条、稀硫酸（1mol/L，3mol/L，5mol/L）；大试管、秒表、导管、单孔塞、双孔塞、量筒、水槽、广口瓶、烧杯、玻璃棒、镊子、胶头滴管。

（1）请设计实验方案。

（2）请画出实验装置示意图。

（3）请设计实验记录单，包括实验现象、收集气体的体积、收集气体所用时间等。

（4）由此实验可得出什么结论。

请分析完成该作业学生所需要运用的基础知识有哪些？通过该作业能诊断和发展学生的哪些学科核心素养？

实验探究型作业有助于学生了解实验方案设计、实验条件控制、数据处理等方法在化学学习和科学研究中的应用，提升学生提出假设、方案设计、现象预测、数据处理、解释与推论、模型建构、信息处理和评价反思的科学探究能力。在实验探究型作业中回答假设、猜想的相关问题时，需要运用联想、想象、比较和系统思考等高阶思维活动；在收集证据和分析论证、获得结论过程中，则需要经历分析、综合、抽象概括或模型建构等高阶思维活动。因此，这类作业对提升学生的学科核心素养大有裨益。

4. 社会实践型作业

社会实践型作业有利于学生认识化学科学在人类生产、生活和社会可持续发展中的作用，有利于学生从更加开阔的视野、更加综合的视角，更加深刻地理解化学科学的价值，科学与社会、技术的相互关系以及科学的局限性，促进学生分析和解决实际问题能力的发展。同时培养学生关心社会和生活实际的积极态度，增强学生的社会责任感，发展学生的创新精神和实践能力，促进学生科学态度和社会责任素养的发展❶。

（四）根据作业所涉及的学科类型分类

1. 学科作业

指应用本学科知识和方法来完成的作业。一般而言，学生在化学学习中所完成的作业都是化学学科作业。

2. 跨学科作业

跨学科作业是相对于学科作业而言的，问题或任务往往与社会、生活密切关联，要求学生以小组合作方式，将信息、资料、技术、工具、观点、概念和源自不同学科的理论加以整合，以创造产品或解决问题等，旨在促进学生对一个主题（subject）的基础性和实践性理解。如要求学生"基于碳中和理念设计低碳行动方案"需要学生整合化学、生物学、地理、物理及道德与法治等课程的相关内容来完成。

二、化学作业的功能

在教学系统中，课程标准、教学目标、课堂教学、学生学习和作业是浑然不可分的一个整体，作业是"基于课程标准的教学的有益补充，既可以是达成目标的一种手段，也可以是收集学生学习证据的一种载体"❷。在化学教学中，作业主要有如下功能。

（一）及时巩固和应用所学知识

艾宾浩斯遗忘曲线规律告诉我们：知识在学习后的短时间内遗忘较快，然后遗忘速度会变慢。因此，在学习后的一天内进行复习会取得最佳的效果。当天布置的课外作业能让学生在快速遗忘之前及时地巩固、理解和应用知识，从而达成相应的教学目标；同时，得到巩固的知识也为后续学习奠定基础。以作业促进学生及时复习和应用所学知识是最基本的作业功能。

---

❶ 蒋小钢，张贤金. 高中化学作业多样性设计的实践与思考 [J]. 教学与管理：中学版，2015（3）：65-67.
❷ 蔡文艺，周秋凤. 基于课程标准的家庭作业设计 [J]. 教育理论与实践，2012，32（29）：50-52.

（二）诊断、评价并改进教与学

为了诊断学生的学习结果是否达到了教学目标的要求，教师要收集学生学习的证据。为此，教师可以通过多种方式来收集，如观察、课堂提问、课堂练习、测验等。与此同时，作业也是收集学生学习证据即评价教学目标是否达成的一种有效方式。教师在完成教学活动之后，为学生布置一定量的作业，并通过作业的完成情况来评价学生实际达到了怎样的目标，离既定的目标还有多远，通过这些信息的反馈来及时改进和完善自己的教学。教师还可以根据学生完成作业的态度，了解学生的学习兴趣和学习态度心理，根据学生平时完成作业的情况建立学生的学习档案袋，从而对学生进行形成性评价。而学生通过完成作业及教师的作业批改反馈可以了解自己对所学知识的掌握情况，发现薄弱之处，并及时查缺补漏、复习巩固等。通过作业评价和反馈，能够真正促进和改进教与学。

如在案例 9-3 中，学生完成该作业不仅需要运用本节课核心知识——影响化学反应速率的因素来控制条件设计实验方案，还需运用实验基本操作技能实施实验方案，能观察并如实记录实验现象和数据，能进行分析得出合理的结论，并用恰当形式表达和交流结论等。教师可通过学生的活动表现充分诊断学生的科学探究与创新意识学科素养发展状况。

📑 知识拓展

学生学业成就评价的主要方式：

纸笔测验：是一种重要而有效的评价方式。在中学教学中运用纸笔测验，重点应放在考查学生对化学基本概念、基本原理及化学、技术与社会的相互关系的认识和理解上，而不宜放在对知识的记忆和重现上；应重视考查学生运用所学知识、技能和方法分析和解决问题的能力，而不是强化应试的技能；应注意选择具有真实情境的综合性、开放性的问题，而不宜孤立地对基础知识和基本技能进行测试。

学习档案袋评价：也称成长记录袋，是指教师和学生有意识地将各种有关学生表现的材料收集起来，并进行合理的分析与解释，以反映学生在学习与发展过程中努力、进步的状况或成就的一种质性评价方式。

活动表现评价：是通过观察、记录和分析学生在学习活动中的表现，对学生的参与意识、合作精神、实验操作技能、探究能力、分析问题的思路、知识的理解和认知水平以及表达交流等记录进行的全方位的评价。活动表现评价可以采用独立、小组或团体的形式，可以是学生自我评价、相互评价，也可以是老师、家长等对学生的评价。

（三）拓展延伸以促进学生素养发展

教学中的每一个环节都必须围绕教学目标所展开。而课堂教学时间固定且有限，教师往往很难在一节课时间内完成并确定学生是否达到了教学目标的要求。因此，作业不仅可以检测学生是否达成教学目标，还可将课内无法完成的教学任务延伸至课外。学生通过课后作业梳理所学知识方法形成知识结构，利用课堂所学知识方法解决问题，从而发展化学学科核心素养。例如在高中化学必修课"铁及其化合物"教学后，教师可布置学生整理、完善关于铁及其化合物相互转化关系的"价-类二维图"，还可布置学生进一步探究"如何制得白色的氢氧化亚铁固体"，不仅让学生整理归纳知识，还将课内实验"向 $FeSO_4$ 溶液中滴加 NaOH 溶液"延伸到课外,既能激发学生的学习兴趣,使学生的学习内容得到了拓展,而且还能发展学生的"科学探究"核心素养。

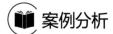 案例分析

【案例 9-4】"氨气"(苏教版高中化学必修第二册)**作业**

请研读如下"氨气"课后作业。试分析作业的形式有哪些,具有哪些功能?

1. 如图为某工厂液氨泄漏现场。

(1) 请分析推理消防人员喷洒的液体是什么?

(2) 消防人员为什么要穿厚厚的防护服,戴防毒面具?

(3) 事故废水该如何处理?

(4) 若不慎鼻腔、咽喉部位沾有氨液,可向鼻腔内滴入 2% 硼酸,喝食醋。请解释其原理。

2. 氨气作为一种重要的化工原料,还可在发电厂用于除去煤燃烧过程中的氮氧化物(脱硝)。

(1) 试分析氨气可用于脱硝的原理。

(2) 如图为电厂氨区,请解释为什么在氨区"严禁烟火"。

3. 调查研究:利用节假日时间,以小组形式到农村进行调查研究,或走访专业人士、查阅资料等,了解如下问题:(1) 当前农村使用的氮肥主要有哪些,各占比是多少?(2) 各种氮肥的适用范围和施用方法分别是什么?(3) 氮肥施用中存在哪些问题?

取施用了不同氮肥的土壤样本,带回学校检测其成分及酸碱性。

完成调研报告,提出未来氮肥利用和发展建议。

第二节　化学作业的科学选编

2017 版 2020 修订高中化学课标在"教学与评价建议"中要求:"教师应注意发挥课堂练习和课后作业对于学生化学学科核心素养的诊断与发展功能,依据课程内容各主题的学业要求,精心编制或精选课堂练习和课后作业题,使'教、学、评'活动有机结合,同步实施,形成合力,有效促进学生化学学科核心素养的形成和发展。"作业设计是指教师选择和编写题目以形成作业系统的过程,化学作业的科学选编需要教师把握作业设计的基本要求及基本方法。

一、作业设计的基本要求

(一)具有目的性

作业设计需要有的放矢。教学目标是化学作业设计的出发点与归宿,它决定着作业的题型选择以及习题取舍、设计和编排,决定着作业设计的方向。依据课程标准要求、教材

内容特点、学情分析等设计好教学目标后，再依据教学目标设计相应的作业用来评价和诊断目标的达成度，即作为形成性评价手段的"作业"应该与教学目标、教学内容及教学过程保持一致性，通过学生完成作业的质量评价反馈教学目标的达成度以及教学过程的有效性。依据教学目标设计作业，可让学生不做无关作业，能切实减轻学生的负担，从而大大提高化学教学质量❶。如案例 9-3 作业所对应的教学目标是"能利用影响化学反应速率的因素设计实验探究化学反应的最佳条件"。

（二）具有典型性

为减轻学生过重作业负担，所布置的作业一定要少而精，选择覆盖重点目标内容、代表各种类型的最典型的练习，通过练习达到举一反三、触类旁通的效果。由于不同目标内容所涉及的知识点分布不一样，不同内容的学业要求或学业质量水平也不同，因此，化学作业的设计既要在数量上与教学内容的知识点分布相适配，又要在难度上与学业要求或学业质量水平相适配。这就需要设计的作业具有一定的典型性，不但要使学生"吃饱""吃好"，而且还要"消化"，从而避免学生滥做习题，避免与目标要求相关度不高的"偏题""怪题""难题"等作业对学习的负面干扰，减少重复作业、机械训练，切实减轻学生负担。

📖 案例分析

【案例 9-5】"二氧化碳"（人教版九年级化学）**作业设计**

请研读该课题的教学目标与典型作业。试分析该课题作业与教学目标的关系，从作业水平层次及数量等角度说明该作业是否具有一定的典型性。

【教学目标】

（1）能通过实验观察归纳 CO_2 的主要物理性质和化学性质，写出相应的化学方程式。

（2）会利用二氧化碳的化学性质鉴别 CO_2，解释 CO_2 在生产生活中的用途。体会化学与人类生产、生活的密切联系，建立性质决定用途、用途体现性质的学科观念。

（3）会画出简单的碳循环示意图；会举例说明温室效应对人类生活和环境的影响；说出践行低碳生活的方式。

【作业】

（1）完成以下表格。

实验操作	现象	结论或化学方程式
		二氧化碳能溶于水 $CO_2 + H_2O \longrightarrow H_2CO_3$
将二氧化碳气体通入澄清的石灰水		

---

❶ 郭浩芳. 化学作业呼唤"量体裁衣"——新课程背景下高中化学作业设计的问题与思考 ［J］. 化学教育，2011，32（12）：28-30.

（2）在实验室通常用 A. 带火星的木条　B. 燃着的木条　C. 澄清的石灰水　D. 紫色石蕊试液等实验用品来区别不同的气体。为区别下列三组气体，请你选择合适的实验用品的编号填在相应的空格中。

① 区别氧气和氮气选＿＿＿；

② 区别氮气和二氧化碳选＿＿＿；

③ 区别氧气和二氧化碳选＿＿＿。

（3）以下用途主要运用了二氧化碳的什么性质？

① 二氧化碳能够灭火；

② 二氧化碳用于生产汽水；

③ 干冰用作制冷剂。

（4）长期盛放澄清石灰水的试剂瓶内壁往往附着一层白色固体。这层白色固体是怎样形成的？主要成分是什么？石灰水用完以后，如何除去瓶壁上的白色固体？写出有关反应的化学方程式。

（5）设计一个简易可靠的实验方案，证明人呼出的气体中二氧化碳气体的含量高于空气中二氧化碳气体的含量。

（6）通过查阅资料，画图表示大气中二氧化碳的循环。从表达的全面性、准确性、美观性等角度，评价自己和他人成果。

（三）具有系统性

作业设计必须系统地考虑学期、单元和课时的连贯性与一致性，切忌心血来潮、随意布置。学生进行有目的、系统性的训练，可使学到的知识在头脑中形成知识网络，有利于知识的巩固和能力的提高。单元是依据课程标准，结合教材内容，围绕内容主题、基本问题、关键能力或项目任务等组织的相对独立的学习单位。相对于课时，单元具有整体性、结构性、关联性、递进性和相对独立性，将单元目标、教学、作业、评价等进行系统设计实施，有助于实现"教、学、评一体化"，更好地发挥教学系统各要素的协同作用。围绕单元教学目标，对各个课时的作业内容、类型、水平、时间等进行整体设计与统筹安排，既有助于确立不同课时的侧重点，也有助于增强课时之间的整体性与关联性。通过具有递进性的作业系列，可持续发展学生的学科关键能力。

📖 案例分析

【案例 9-6】"烃的衍生物"（《有机化学基础》模块）单元作业❶

仔细研读以下作业案例，分析该作业设计是如何体现系统性的？

【感悟生活】醛类物质在生活中有很多用途，请在空格中填写出其对应的性质。

（1）酿酒工艺中，可以使用氢气将乙醛转化为酒精，该过程体现了乙醛的＿＿＿性。

（2）40％的甲醛水溶液俗称福尔马林，这说明甲醛＿＿＿溶于水。

（3）劣质家具是甲醛室内发生源，这是因为常温常压下甲醛是＿＿＿态。

---

❶ 吕天恩，占小红，林美凤. 高中化学情境化作业设计研究——以"烃的衍生物"单元作业为例 [J]. 化学教育（中英文），2022，43（5）：62-67.

（4）酒精性脸红反应是因为缺乏将乙醛转化为乙酸的脱氢酶，该过程乙醛体现____性。

【类比结构】溴乙烷可以看作是乙烷中的一个氢原子被溴原子所取代：

（1）"溴乙烷"似"乙烷"

溴乙烷与乙烷都具有相同的基团____（填名称），因此溴乙烷也能与卤素单质在____条件下发生____反应。

（2）"溴乙烷"异"乙烷"

溴乙烷的官能团为____（填名称），已知 C—H 的键能为 414kJ/mol，C—Br 的键能为 289kJ/mol，说明 C—Br 更____（填"易断裂"或"难断裂"），因此化学性质更____（填"活泼"或"稳定"）。

$$\begin{array}{c|c} CH_3{-}Cl & CH_3CH_2CH_2Br \\ \textcircled{1}\textcircled{2} & \\ \hline \textcircled{3}\textcircled{4} & CH_3 \\ & | \\ CH_3CHCH_2 & CH_3{-}C{-}CH_2Cl \\ | \quad | & | \\ Cl \ Cl & CH_3 \end{array}$$

【迁移应用】卤代烃用途广泛，右图的 4 个卤代烃中：

（1）能发生消去反应的是____（填序号）。

（2）④发生水解反应产物的结构简式是____。

（3）写出②发生消去反应的化学方程式____。

【实验探究】（节选）某研究小组探究乙醛和新制氢氧化铜的反应时，发现试剂用量对产物有影响。于是进行 4 组实验，每组实验均使用 0.5mL 体积分数为 40% 的乙醛溶液。

（1）表中 a、b 应为____mL。

编号	2%$CuSO_4$ 溶液的体积	10%NaOH 溶液的体积	振荡后现象	pH 值	滴加乙醛并水浴加热，沉淀颜色
1	2mL	3 滴	浅蓝绿色沉淀	5~6	浅蓝绿色沉淀
2	a	15 滴	浅蓝色沉淀	7~8	黑色沉淀
3	1mL	1mL	蓝色悬浊沉淀较少	9~10	红褐色沉淀
4	b	2mL	蓝色悬浊沉淀较多	11~12	红色沉淀

（2）查阅资料，实验 1 中浅蓝绿色沉淀主要是 $Cu_2(OH)_2SO_4$，实验 2 的黑色沉淀是 CuO，据此推断，乙醇____（填"有"或"没有"）参加反应，理由是什么？

【情境实践】木糖醇（结构简式如右图）是用玉米芯和甘蔗渣等原料提炼加工后制成的天然甜味剂，甜度是蔗糖的 1.2 倍。

$$\begin{array}{l} CH_2CHCHCHCH_2 \\ \ \ | \ \ | \ \ | \ \ | \ \ | \\ OH \ OH OH OH OH \end{array}$$

（1）已知正戊醇难溶于水（结构简式：$CH_3CH_2CH_2CH_2CH_2OH$），而木糖醇极易溶于水，请从结构角度分析原因：____。

（2）标准状况下，含 0.1mol 木糖醇的有机溶液（所用有机溶剂不与金属钠反应）与足量金属钠反应放出____L 氢气。

（3）根据所学知识，推测木糖醇还能发生的反应类型。

（4）查找龋齿过程中涉及的化学反应，谈谈木糖醇的护牙功效。

活动目的：比较木糖醇与蔗糖对牙齿健康的影响。

活动方案建议：测量木糖醇与蔗糖在口腔环境中时 pH 值随时间的变化情况。

活动指导：①查阅资料，了解龋齿形成过程中存在的化学平衡及其影响因素；②运用实验方法，模拟相似环境并测定 pH 值随时间的变化；③画出 pH 值-时间变化曲线；④结合 pH 值-时间变化曲线与相关资料分析木糖醇与蔗糖对牙齿健康的影响。

案例 9-6 "烃的衍生物"单元作业系统设计了 5 个逐步递进的板块：感悟生活（从生活情境中感悟性质与用途的关系、体现性质决定用途的科学认知）、类比结构（理解结构与性质的关系，体现宏观微观结合的科学思维）、迁移应用（以官能团为线索，推测同类物质的性质，体现分类与转化的学科观念）、实验探究（通过实验现象探究反应机理，体现证据推理与科学探究的学科核心素养）、情境实践（运用知识在真实情境中展开实践活动，体现科学精神与社会责任的学科核心素养）。5 个板块的系统设计让学生了解学科知识的应用点和学科技能的实践点，帮助学生构建科学思维、掌握科学方法并塑造对事物的科学认知观与学科价值观。

（四）具有丰富性

如果教师让每个学生都能感到完成作业不是应付差事，而是一种内在需要时，作业就成为学生的自觉行为，成为学生愿意投入时间去做的事情，反之则会成为负担。教师用一种系统的、开放的、立体的教学视野和课程理念来设计作业，使之富有创意、形式多样、内容联系实际并具有一定的趣味性，让学生饶有兴趣在完成作业中寻觅真知、增长才干、体验成功。作业的形式设计可以有书面作业、家庭小实验、化学板报、化学谜语、探究实验以及课外观察、调查、实践等。这样不仅可以扩大学生的知识面，产生学习的激情，更能发展学生的学科核心素养。

（五）具有选择性

不同学生在兴趣特征、认知风格、学习能力等方面存在差异，在设计作业时需要给予关注。可通过多种途径满足不同学生对作业的差异化需要，使得所有学生均能充分获益。提供可供选择的作业能很好地调动学生的积极性。设计可供选择的作业时不宜将重心置于拓宽内容、拓展要求层面，应该从深化理解、发展能力的角度去进行设计。必要时，可提供对应目标、难度、完成时间、完成方式等基本信息，供学生选择时参考。如有老师采用"作业套餐"的形式，对于同一目标，设计不同作业形式，由学生自主选择任一形式完成，以满足学生的兴趣和个性发展需要；还有学校将作业分为基础作业和荣誉作业，基础作业为每个学生都必须完成的作业，而荣誉作业是为学有余力的学生布置的、具有一定挑战性且能够提升思维能力的作业。荣誉作业布置采取奖励形式，为基础作业设置积分，学生达到积分后，才能选择是否完成荣誉作业。基于不同层次学生的实际，实施分层作业，针对性地调控作业难度，使作业既有统一要求，又能照顾不同类型学生的实际，从而让每个学生在适合自己的作业中取得成功，促进学生差异发展[❶]。

⟳ 信息链接

2021 年 7 月，中共中央办公厅、国务院办公厅印发了《关于进一步减轻义务教育阶段学生作业负担和校外培训负担的意见》（即"双减"），并发出通知，要求各地区各部门

---

❶ 宋秋前. 有效作业的实施策略 [J]. 教育理论与实践，2007（5）：54-57.

结合实际认真贯彻落实。该文件明确要求"全面压减作业总量和时长，减轻学生过重作业负担"，具体要求如下：

（1）健全作业管理机制。学校要完善作业管理办法，加强学科组、年级组作业统筹，合理调控作业结构，确保难度不超国家课标。建立作业校内公示制度，加强质量监督。严禁给家长布置或变相布置作业，严禁要求家长检查、批改作业。

（2）分类明确作业总量。学校要确保小学一、二年级不布置家庭书面作业，可在校内适当安排巩固练习；小学三至六年级书面作业平均完成时间不超过 60 分钟，初中书面作业平均完成时间不超过 90 分钟。

（3）提高作业设计质量。发挥作业诊断、巩固、学情分析（学生情况分析）等功能，将作业设计纳入教研体系，系统设计符合年龄特点和学习规律、体现素质教育导向的基础性作业。鼓励布置分层、弹性和个性化作业，坚决克服机械、无效作业，杜绝重复性、惩罚性作业。

（4）加强作业完成指导。教师要指导小学生在校内基本完成书面作业，初中生在校内完成大部分书面作业。教师要认真批改作业，及时做好反馈，加强面批讲解，认真分析学情，做好答疑辅导。不得要求学生自批自改作业。

（5）科学利用课余时间。学校和家长要引导学生放学回家后完成剩余书面作业，进行必要的课业学习，从事力所能及的家务劳动，开展适宜的体育锻炼，开展阅读和文艺活动。个别学生经努力仍完不成书面作业的，也应按时就寝。引导学生合理使用电子产品，控制使用时长，保护视力健康，防止网络沉迷。家长要积极与孩子沟通，关注孩子心理情绪，帮助其养成良好学习生活习惯。寄宿制学校要统筹安排好课余学习生活。

二、自编作业题的技术流程

除了教材中的作业外，教师还可根据教学目标、学生实际等自编作业题。作业题的编制遵循图 9-2 所示的流程。

图 9-2　作业题编制的基本流程

（一）确定目标要求

根据课程标准内容要求、学业要求及学业质量水平等，确定作业评价的目标及要求。根据"教、学、评"一致性，作业评价目标应与教学目标具有一致性。

（二）选定情境素材

选取紧密联系学科内容的情境素材，关注其真实性、适用性，确保情境素材中所包含信息的权威性，杜绝政治性和科学性错误。将原始素材改编为问题情境时，根据学生的知识基础和活动经验基础优化素材的呈现方式，在遵循学生认知规律的前提下，根据题目的预设难度调整素材的陌生度和复杂度，与问题（任务）类型相匹配。

（三）设计问题（任务）和优化题目呈现形式

基于情境设计任务，注意设问点对核心素养考查的进阶性，设计考查包括辨识记忆、概括关联、分析解释、推论预测、简单设计、综合问题解决等多种任务类型的作业题。积极探索设计科普阅读、社会性科学议题探讨和辩论、项目设计等多种形式的作业题，适当增大试题的开放度。

（四）提供答案和评价标准

对于答案唯一的题目，提供的答案要准确；对于答案不唯一的题目，尤其是主观题或开放题，提供的答案要具体合理，尽可能列出各种可能情况，提供清晰、明确的评价标准。

三、科学选编作业的基本路径

教学、作业都是课程实施的主要环节，且作业与教学相辅相成，共同促进课程整体目标的实现。作业的来源有教材中的练习、课外辅导书的练习，以及教师的自编作业等。作业布置不是一种随意为之的行为，需要教师在单元整体目标指引下，对各个课时的作业进行科学的选择与编制。

（一）设计单元目标下的作业分配

应根据单元目标，结合教学内容，进行课时规划，确定新授课、复习课或单元练习课等。其中，单元练习课要考虑试卷设计。短周期作业以课时作业为主，长周期作业应在综合思考单元学习目标与内容的基础上，以发展探究能力、思维方法与科学态度等为主。可采用"目标-作业"的双向细目表形式（如表9-2所示），确定单元目标在各课时的作业分配。

表9-2　单元目标分配（示例）

目标序号	课时1	课时2	课时3	课时4	复习课	长周期作业	单元练习课
1	*				*		*
2	*				*		*
3			*	*			*
4		*				*	
5	*	*	*	*	*	*	*
6	*			*	*		*

注：*代表考查该目标的作业题数。

📖 案例分析

【案例9-7】"溶液"单元长周期作业——"天气瓶"的制作

以下是中学老师所设计的关于"溶液"单元的长周期作业。请仔细研读，分析该作业的5个学习任务有什么逻辑关联？可分别在单元教学的哪些时段完成？通过该作业可实现哪些功能？

亲爱的同学：小饰品"天气瓶"如右图所示，网络上将

其功能描述为："当瓶中液体清澈干净，代表天气晴朗；当瓶中液体浑浊朦胧，代表天空多云阴郁；当瓶中出现大片结晶，代表将降温甚至下雪……"天气瓶真的能预报天气吗？

请按照表 9-3 所示任务完成作业。

表 9-3 "溶液"单元长周期作业任务

任务 1	查阅资料，了解"天气瓶"的由来、制作材料、制作步骤，了解"天气瓶"结晶现象的原理。
任务 2	(1)按照所查资料"天气瓶"的制作步骤，利用教师提供的化学药品以及生活中的一些物品，完成"天气瓶"的制作； (2)利用制作出的"天气瓶"观察至少 1 周的天气变化并做记录(若天气无明显变化，可人为改变条件进行实验观察)，分析"天气瓶"出现的现象与天气变化之间的联系。
任务 3	探究资料中单一药品对于"天气瓶"预测天气所起的作用，如单独将资料中的硝酸钾与水按资料所给配比进行实验，观察天气变化与"天气瓶"之间的联系。
任务 4	(1)根据本单元所学的知识，从氯化钠、氢氧化钙、碳酸钠、硝酸钾、硫酸铜、氯化铵中选择一种药品与水混合代替网络"天气瓶"中的药品制作自己的"天气瓶"； (2)利用自己制作的"天气瓶"探究其与天气变化的关系，并分析"天气瓶"制作成功与失败的原因； (3)与其他同学制作的"天气瓶"进行比较，找出自己制作的"天气瓶"的优点与缺点，反思并改进。
任务 5	(1)请从科学探究、科学态度与创新精神等角度，谈谈你在"天气瓶"的制作与创新过程中的感受； (2)谈谈你对"天气瓶"广告语的认识。

该作业是"溶液"单元的实践性长周期作业。学生在完成"天气瓶"的制作过程中，可以加深对物质溶解性及其影响因素的理解，对溶质质量分数和溶解度的区别与联系形成进一步的认识。实验过程中，在各小组成员分工与合作的基础上，进行资料的收集与筛选、实验方案的设计并动手实验。通过将所得作品进行组间交流与评价，提升表达交流能力，树立团队协作观念。

对于出现在不同课时的单元目标，需要进一步考虑不同课时要求的联系性与递进性。例如，表 9-2 中所示的目标 5，在所有课时作业目标中均有体现。为此，需要考虑此目标在不同课时要求中的差异，最好能够适度体现出由浅入深的特征。更重要的是，需要从单元整体或各课时层面，考虑不同作业目标分别对应多少题量、选择哪些题型、时间如何分配、难易程度如何把握、体现哪些作业功能等基本问题，从而确立作业的框架结构❶。

📖 案例分析

【案例 9-8】 "氧化还原反应"(鲁科版高中化学必修第一册)**单元(3 课时)作业递进式设计**

请分析以下同一单元目标中的 3 道作业有何递进关系。

单元目标 2：从氧化性、还原性的角度认识和研究物质的性质。

作业 1(选自第 2 课时)：下列各种微粒中，只有氧化性的是(　　)，只有还原性的是(　　)。

A. Mg　　B. Cu　　C. Cu^{2+}　　D. H_2O_2　　E. Cl^-　　F. Cl_2

作业 2(选自第 2 课时)：下列化学反应都与盐酸有关。通过分析这些反应，你对盐酸的化学性质有了哪些新的认识？

---

❶ 上海市教育委员会教学研究室. 初中作业设计与实施指导手册 [M]. 上海：华东师范大学出版社，2019：56.

① $MnO_2 + 4HCl（浓） \xrightarrow{\triangle} MnCl_2 + Cl_2\uparrow + 2H_2O$

② $HCl + AgNO_3 \xrightarrow{} AgCl\downarrow + HNO_3$

③ $Zn + 2HCl \xrightarrow{} ZnCl_2 + H_2\uparrow$

④ $2HCl \xrightarrow{通电} H_2\uparrow + Cl_2\uparrow$

作业 3（选自第 3 课时）：某同学了解到维生素 C 具有抗氧化作用，他预测维生素 C 应该具有还原性。

（1）请你帮助该同学设计实验方案并实施，以确定维生素 C 是否具有还原性。

选择试剂	实验方法	关键现象	实验结论

（2）仿照此实验，你能否想办法探究家中哪种蔬菜或水果的维生素 C 含量较高？

（二）选择和分析作业题

在确立作业框架后，就可以有针对性地选编、改编或创编作业题目。可从质量、属性、应用等角度，对作业题进行分析，并填写化学作业题属性表（见表 9-4）。

表 9-4　化学作业题属性表（示例）

基本信息	单元：_____；课时：_____					
作业题						
参考答案及评价标准						
作业题属性	对应目标	学习水平	题目类型	完成方式	难度	预计完成时间
作业题质量	功能、目标明确	表述科学，用语精练	要求明确，易于理解	体现学科思维、方法	答案合理	情境真实，体现应用
应用情况分析						
优化完善建议						

1. 作业题属性分析

进行作业题属性分析时，重点关注对应目标、题目类型、完成方式、难度、预计完成时间等。其中，题目类型可分为选择题（包括单项选择题和多项选择题）、非选择题（包括填空题、简答题、实验题等），完成方式主要为纸笔类、操作类、实践类、合作类等。

2. 作业题质量分析

进行作业题质量分析时，除考虑用语精练、要求明确、易于理解、答案合理等基本要求外，还要考虑作业功能和目标指向是否明确，是否体现学科思维和方法的运用，情境设计是否真实有价值等问题。在分析基础上，可对作业题进行进一步的优化，以保证作业质量。

3. 应用和优化建议

对应用情景、批改、分析、讲评、辅导等方面提出建议。如应用情景，涉及新授课、复习课、测验课、长周期作业等，可考虑在哪些情景中使用题目更为恰当；又如批改、分析时，可考虑学生作业结果具有哪些特征，采取怎样的批改和反馈方式可有效地让学生发现自己的问题，激励学生进一步学习的积极性等。

4. 形成作业题档案

作业题档案积累可使用 Word 文档或 Excel 表格进行操作。相对而言，用 Excel 表格更有助于后续统计、分析与调整。若设计好电子模板，或直接在网络平台上进行操作，后续加工会更加方便。

（三）组织作业题并形成作业

整理并汇总作业题，可形成单元作业属性统计表（见表9-5），以把握整个单元作业的整体分布和质量。

表 9-5　单元作业属性统计表

不同目标题量分布	目标 1	目标 2	目标 3	目标 4	目标 5	目标 6
	3	2	4	3	2	1
不同课时题量分布	课时 1		课时 2		课时 3	
	4		6		5	
不同学业水平题量分布	水平 1		水平 2	水平 3		水平 4
	3		7	4		1
不同题型题量分布	选择题		填空题	简答题		实验题
	5		4	3		3
不同完成方式题量分布	纸笔类		操作类		实践类	
	13（独立完成）		2（独立类1，合作类1）		0	
不同难度题量分布	较低		中等		较难	
	4		8		3	
作业总时间	65 分钟					

注：数字表示作业题数量。

（四）应用与优化作业

教师在作业批改的基础上，辅以学生问卷、个别访谈等措施，可以根据正确率调整作业中某些题目的难度，也可以将预设完成时间调整为学生实际完成作业的时间，还可以通过增删或修改题目、调整顺序，优化作业的整体结构，提高作业的整体质量。

第三节　化学作业的批改分析

作业批改是教师发现问题、调整策略和指导学生学习的一个重要手段。教师在认真批改作业后，要及时通过讲评等形式把正、误信息反馈给学生，并针对性地指导学生纠正和消除错误。在此基础上改进教学，并进一步地完善作业设计、批改与辅导等。

一、作业的批改与记录

对于每次作业，教师都要认真、及时、规范批改。教师作业批改的主要方式为用红色笔给出对错从而给出分数或等级，还可通过批注或写评语的方式指出学生的具体问题或对学生做得好的地方给予鼓励。为了便于后续的分析和讲评，教师应该对学生的错误与可能的原因进行记录。教师还可以设计电子记录档案，对学生进行个性化记录与分析，样式如表 9-6 所示。

表 9-6　学生作业/测试中错误内容及原因记录

学生姓名	××单元作业/测试典型问题	××单元作业/测试典型问题	××单元作业/测试典型问题	……
学生 1				
学生 2				
学生 3				
……				
共性问题				
讲评、辅导及教学改进措施				

二、批改结果的统计分析

教师主要从以下几个角度对批改结果进行统计分析。

（一）统计作业的错误率

学生完成作业的错误率主要通过学生群体的掌握情况来判断。教师可以根据作业错误率的情况进行有针对性的讲解。一般来说，教师课堂上进行讲评的往往是错误率比较高的题目。教师可通过不断统计各种作业的错误率情况，一方面掌握相关作业的难度，了解班级学生的学习难点，另一方面反思自己教学中可能存在的问题。当然，教师还需关注那些作业完成困难的学生，分析这些学生作业做错或不会做的原因，采取个别化辅导、同学互助、"小先生制"等方式来给予帮助。

（二）统计分析学生的典型回答

统计学生的典型回答，是一种以质性记录为主的分析方式。教师可以记录、统计优秀的典型回答以及错误的典型回答，根据学生不同的表现，分析学生达成各种学科核心素养的水平，并分析不同表现的学生分别有哪些值得进一步提高的地方。这种以质性为主的统计分析，不仅可以帮助教师掌握学生在不同作业任务中的不同表现，发现不同类型学生存在的主要问题，为后续讲评辅导提供依据，而且，这种以质性方式统计的作业资源，也是今后有效教学的宝贵资源❶。

（三）统计分析教学目标的达成度

作业是形成性评价的重要方式之一，作业的设计是围绕教学目标进行的。因此，可以

---

❶　王月芬. 课程视域下的单元作业［M］. 北京：教育科学出版社，2021：187-189.

通过学生作业结果的统计，分析教学目标的达成度，使得后续教学、作业改进或作业讲评等具有针对性，从而充分发挥作业的评价、诊断功能。

三、作业的讲评与辅导

教师可根据作业分析结果与作业问题产生原因的分析，优化作业的讲评方式和辅导学生学习的方法，合理选择个别辅导、分组交流、集中讲评、成果展评等方式，解决作业中存在的问题，对教学进行矫正弥补，对学生进行恰当的反馈、激励，促进学生的学习。

（一）针对共性问题进行集中讲评

对于学生作业中出现的普遍性问题，可采用集中讲评的方式进行教学。集中讲评时要注意对学生的错误进行归类分析，发挥学生的主体作用，引导学生自我剖析原因，找出避免错误的策略。将作业讲评作为改进学生学习的过程，引导学生回顾、梳理知识，重视学习方法的指导，提炼解决问题的一般思路。

（二）针对差异问题开展分组交流

鼓励学生之间互教互助。对于不同能力学生群体之间存在较大结果差异的作业，可组织异质小组，开展分组交流。在异质小组中，优秀学生通过对作业的分析讲解，深化知识和方法，发展表达能力；学习困难学生通过倾听与交流，可以清晰地把握自身问题所在，促进问题解决。

（三）针对个性问题进行个别辅导

针对学生存在的个性问题，可实施个别指导。对于少数学生存在的问题，则可进行小组辅导。在辅导时，要选择特定的内容，运用与学生能力相匹配的方法，提高辅导的有效性。且要注意避免责怪、批评学生，多用激励的方法保护学生的自尊和学习热情。

四、作业批改讲评的效能

通过以上作业批改和讲评等措施，可以达成以下效能。

（一）不断增强日常教学、作业和评价的有效性

教师对自己所任教班级学生所存在的问题进行了整体记录后，就可以对其进行分析研究，同时在设计教学、作业、考试评价的时候，能针对学生存在的主要问题，设计有针对性的教学内容、作业和命题，这样就会大大提高教学、作业和评价的有效性。

（二）有效提升作业讲评及辅导的针对性

教师针对学生的共性问题及个性问题，可以进行有针对性的作业讲评及个别辅导，而非简单讲几道错题，或者简单批评学生作业不认真、学习态度不好之类。针对性的讲评及辅导能够让学生及时地发现问题、解决问题、改进学习，提高学生的学习效果。

（三）促进良好师生关系的形成

多项研究表明，良好的师生关系有助于提升教学效果。良好的师生关系建立的前提是师生之间的相互信任。只有当学生感受到教师对自己的优点、不足或困难等了然于胸的时候，才会感受到教师对自己是关注的、足够了解的，对教师会自然而然地产生敬佩、信任、爱戴之情，自然会促进学生学习兴趣和学习动力，提升教与学的效果。

（四）提高教师的专业化素养

教师的专业成长往往体现在教师精准理解学生学习表现及存在的问题，并能够采取有

效的解决策略上。当一位教师不断积极寻找不同学生在学科学习中存在的常见问题与解决策略时，则拥有了真正的学生视角，拥有了以学生的发展为本去更好地设计教学、作业和命题的能力，才有可能成为一位真正的学科教学专家，实现自己的专业发展。

对标整理

学完本单元，你应该能够：

1. 描述化学作业的具体类型和教学功能。

2. 把握作业设计的基本要求，会科学选编一个单元的作业题。

3. 掌握作业批改与记录的一般方法，会对作业进行讲评。

练习与实践

一、真题再现

（一）选择题

1. （2019下-14）高中化学学业水平考试属于（　　）。

A. 终结性评价　　　　　B. 诊断性评价

C. 自主性评价　　　　　D. 形成性评价

2. （2021下-19）下列说法不正确的是（　　）。

A. 化学作业除了习题的形式外，还可以采取实验报告等形式

B. 教师备课主要是备典型性例题和练习题，以提高教学效率

C. 教学过程既包括教师教的过程，也包括学生学的过程

D. 教学评价既包括对学生的评价，也包括对教师的评价

（二）诊断题

（2021下-23）某化学教师在一次化学作业中设计了下列题目，并对学生的答题结果进行了统计。

【试题】下述实验的试管中均有红棕色气体产生，对比分析所得结论不正确的是（　　）。

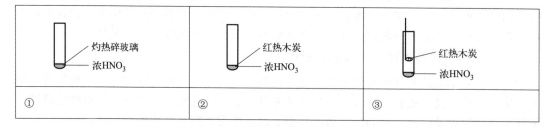

A. 由①中的红棕色气体，推断产生的气体一定是混合气体

B. 红棕色气体不能表明②中木炭与浓硝酸发生了反应

C. 由③说明浓硝酸具有挥发性，生成的红棕色气体为还原产物

D. ③的气体产物中检测出 CO_2，由此说明木炭一定与浓硝酸发生了反应

【作业结果】对参加考试的全体考生的答题情况进行统计，答案正确的考生占 50%。

根据上述信息，回答下列问题：

（1）请指出本题的正确答案。

（2）分析和诊断各个选项解答正确或错误的原因。

（3）请指出本题的解题思路。

二、思考与实践

（一）根据作业设计的基本要求分析 2019 苏教版化学必修第一册"专题 4 硫与环境保护 第一单元 含硫化合物的性质"第 97 页"理解应用"第 1～第 7 题是否可以作为该单元的课后作业。

（二）案例分析题

高三化学"专题复习"公开课，课题为"离子反应与离子方程式的书写"，教学任务是评讲前一节课学生在规定时间内完成的针对本专题知识的"专项训练题"。以下摘自教师的教学日志："课前，我对所有学生的答卷批阅后进行遴选，按答题规范、书写工整但准确率不高，答题马虎、字迹潦草但准确率很高以及答题出现的错误有典型性或普遍性等 3 类答卷各遴选出 2 份。课堂上我在实物投影仪上依次展示了这 6 份答卷，对前 2 类答卷的长处给予充分肯定和表扬，然后重点就第 3 类答卷上的有关问题，让同学与同学之间开展辩论甚至争论，整个课堂气氛热烈，许多学生争先恐后发表自己的看法。讨论过程中，我只充当主持的角色，让学生充分发表观点，只是到了非说不可时，才做适当引导与提示。"

请分析上述案例中教师作业讲评的特色和优点。

（三）诊断题

某化学教师在"铁盐和亚铁盐"教学的课后作业中，布置了下面一道题，并对学生的答题结果进行统计分析。

【作业】向含 Fe^{2+} 的溶液中滴加几滴新制氯水后，再滴加 KSCN 溶液，溶液变成红色。下列结论中，正确的是（　　　）（只有一个正确选项）

A. 原溶液中只有 Fe^{2+}

B. 氧化性：$Fe^{3+} > Cl_2$

C. Fe^{2+} 被氧化为 Fe^{3+}

D. Fe^{2+} 只具有还原性

【作业结果】每个选项均有学生选择，答对的学生占比为 56％。

根据上述信息，回答下列问题：

（1）请指出本题的正确选项。

（2）分析和诊断各个选项解答正确或错误的原因。

（3）请指出本题的解题思路。

（四）请从以下 4 个课题中至少选择 2 个课题进行课后作业的设计，并对作业题属性进行分析。

1. 溶液的形成（人教版九年级化学上册）

2. 金属的化学性质（人教版九年级化学下册）

3. 化学键（苏教版高中化学必修第一册）

4. 氨气（苏教版高中化学必修第二册）

第十章

化学教学设计与教案编制

 学习准备

化学教学是一种有目的的实践活动，为了使教学工作具有明确的方向性、计划性、合理性及高效性，必须在现代教学理论指导下根据课程标准要求，对相关课题教学做好系统的设计。在解决了"学生走向哪里？""学生从哪里出发？""学生如何到达那里？""怎样知道学生到达了那里？"等问题后，每位教师在上课之前，都需要对相关教学进行精心的设计和周密的准备，这样才能保证课堂教学高效、顺利地实施。没有优秀的教学设计就不会产生优秀的教学活动，也就难以取得良好的教学效果。教学设计作为连接教学理论与教学实践的桥梁、提供教学"施工"的蓝图，是开展教学活动的前提与基础。教学设计能力是每位教师的必备能力。

第一节 认识化学教学设计

化学教学系统是由相互作用、相互依赖的若干要素（或部分）结合而成的、具有一定的化学教学结构和相应的教学功能的有机整体。化学教学系统的构成要素有：人的要素（教师、学生）、物的要素（化学教材、化学实验器材、各种直观教具等）和观念要素（教学理论、科学方法、思维方法等）。为了发挥化学教学系统的功能，化学教师需要根据化学课程标准规定的内容要求、学业要求等，结合具体的教材内容、学生情况以及教学资源

等，对不同层次的化学教学系统进行规划和设计。

化学教学设计就是指运用系统分析方法，综合考虑教学系统各种因素的相互联系、相互制约与相互作用，从理论上和技术上为教学目标确定、教学内容组织、教学策略选择、学习活动安排、教学媒体设计、课后作业编制等进行全面、综合、有序的规划和安排，以书面形式的教学方案提供最优化实现教学目标的切实可行的操作程序和方法。

一、化学教学设计的层次

教学系统是有层次的，根据教学系统所涵盖的内容层次，可把化学教学设计分为学期（或学年）教学设计、单元教学设计、课时教学设计以及局部教学设计 4 个层次，它们之间是整体和部分、系统和要素之间的关系。

（一）学期（或学年）教学设计

它是化学教师在一学期（或一学年）教学之前，根据课程标准要求，对学期（或学年）教学内容、教学方法、教学进程等进行的总体规划，是在研读课程标准要求、了解学生上学期（或学年）已有学习基础及发展可能性、了解学校相关教学资源和物质条件的基础上进行的。对于保证学期（或学年）教学任务的完成、教学目标的达成等方面起着重要作用。

学期（或学年）教学设计主要包括如下工作：

① 了解本学期（或学年）教学工作与前、后学期间教学工作的联系；

② 调查、诊断、分析学生已有知识基础、学习能力和学习动机等；

③ 确定本学期（或学年）的教学目标、重难点等；

④ 规划教学单元及其课时，安排教学进程、实验活动、作业评价、过程性评价等；

⑤ 规划化学学科实践活动的形式和内容；

⑥ 在上述工作基础上，制订学期（或学年）教学计划。

学期（或学年）化学教学设计方案可以采用文字叙述形式或表格形式（如表 10-1 所示）。

表 10-1　学期（或学年）化学教学设计方案

____～____年第____学期

班级		教材		总学时	
周学时		任课教师			
学生化学学习基础分析					
学期(或学年)教学主要目标任务					
学期(或学年)教材与教学内容简要分析					
主要教学方式及教学改革措施					

周次	教学单元	课时	实验活动	教学媒体	作业
学科实践活动(形式和内容)					
过程性评价(形式和内容)					

在学期（或学年）教学设计中，最为关键的是根据学期（或学年）教学目标对教学单元及其课时的划分，这样才能较为合理地进行整个学期（或学年）的教学规划。"教学单元"是指教师在对课程标准、教材等教学指导性资源进行深入的解读和剖析后，根据自己对教学内容的理解，以及学生的情况和特点，对教学内容进行分析、整合、重组后所形成

相对完整的教学主题。教学单元不一定就是教材单元。作为一个教学单元，一般具有如下几个基本属性：①相对完整性，即自成系统，内部各要素形成一个有机整体，能够发挥整体效应；②相对独立性，即与其他教学单元之间具有较明确的边界；③内在关联性，即构成整体的各个部分之间具有内在的逻辑关联，且都指向共同的教学主题；④目标一致性，即单元中的每个部分皆指向且服务于共同目标的实现。一个教学单元就是一个指向学科核心素养的、相对独立的、体现完整教学过程的课程"细胞"。

对于一个教学单元应该有多大，并没有严格的规定，关键在于是否能够满足上述基本属性。当教材中的某个单元符合以上属性时，则教材单元即为教学单元，如 2019 年出版的各版本高中化学教材中"硫及其化合物"的相关内容虽然单元名称及呈现方式不尽相同，如以节的形式出现的"硫的转化"（鲁科版）、"硫及其化合物"（人教版），以专题形式出现的"硫与环境保护"（苏教版），但都围绕着含硫物质性质及相互之间的转化与利用，内容相对完整、独立且具有内在关联性，因此可作为一个教学单元来处理。再如，人教版教材"海水中的重要元素——钠和氯"单元内容中并未涉及从海水中的钠、氯元素如何转化为我们所需的氯化钠、金属钠以及氯气等物质，则内容的相对完整性欠缺，主题所隐含的目标——利用物质转化进行海水资源综合利用的学科价值也不能实现，这时就需对教材内容进行加工，重构教学单元❶。

（二）单元教学设计

单元教学设计是以一个完整的单元教学主题为单位进行的教学设计，是介于宏观学期（或学年）教学设计与微观课时教学设计之间所展开的中观教学设计，向上可以较好地兼顾学期（或学年）整体目标和知识结构，向下可以合理协调课时之间的教学逻辑。其在单元整体目标指引下规划和设计单元中每一课时的教学，课时之间具有紧密的逻辑关联，每一个课时都服务于单元教学目标的实现。这样，教师的头脑中就会有一幅相对完整的"教学蓝图"，进而根据这幅蓝图"瞻前顾后"地进行教学设计及实施，使得教学单元整体发挥的功能大于课时简单叠加所产生的效用。学科核心素养视域下单元教学设计作为桥梁连接了课程标准要求和课时教学，突出教学的方向性和结构性，有助于教师连贯地理解目标、灵活地整合教材，是落实学科核心素养目标的基本单位。

1. 单元及其具体课时的划分

教师在对不同版本的教材"章-节"或"专题-单元"进行研读时，需要在把握前述单元属性的基础上，深入分析课程标准要求，对教材进行理性分析，采纳合理的教材单元，对于不适合教学逻辑或学生特点的教材单元进行解构与重构。

📖 案例分析

以《普通高中化学课程标准（2017 年版）》所规定的必修课程"主题 2：常见的无机物及其应用"中有关"氧化还原反应"的内容为例，2019 年出版的三个版本新教材的编排如表 10-2 所示。

---

❶ 杨玉琴. 核心素养视域下的单元教学设计：内涵解析及基本框架 [J]. 化学教学，2020 (5)：3-8，15.

表 10-2 不同版本教材（2019 版）中的氧化还原反应内容编排

课程标准相关要求	人教版	鲁科版	苏教版
2.1 元素与物质 认识元素在物质中可以具有不同价态，可通过氧化还原反应实现含有不同价态同种元素的物质的相互转化。 **2.2 氧化还原反应** 认识有化合价变化的反应是氧化还原反应，了解氧化还原反应的本质是电子的转移，知道常见的氧化剂和还原剂。 **2.6 物质性质及其转化的价值**	第一章 物质及其变化 第三节 氧化还原反应 一、氧化还原反应 二、氧化剂和还原剂	第 2 章 元素与物质世界 第 3 节 氧化还原反应 一、认识氧化还原反应 二、氧化剂和还原剂 三、氧化还原反应的应用	专题 1 物质的分类及计量 第一单元 物质及其反应的分类（化学反应的分类中涉及从化合价变化角度进行分类） 专题 3 从海水中获得的化学物质 第一单元 氯气及氯的化合物（氧化还原反应中电子的转移与守恒，安排在氯气的性质及应用后） 专题 4 硫与环境保护 第二单元 硫及其化合物的相互转化（氧化还原方程式的配平、氧化剂和还原剂，安排在含硫物质的转化后）

可见，三个版本教材的明显区别是苏教版将氧化还原反应内容分散，与元素化合物知识穿插编排；而人教版和鲁科版则集中编排且置于元素化合物内容之前，皆以节题形式呈现，鲁科版还将"氧化还原反应的应用"单独作为一个部分呈现。分散编排或是出于认为刚进入高一的学生化学基础知识储备及抽象思维水平仍不足以支持复杂化学概念的学习，故以螺旋上升的编排方式分散难点。但这样也造成了知识的碎片化，弱化了氧化还原反应理论对元素化合物知识学习的指导作用。如果并不涉及复杂的氧化还原反应，也不强化氧化还原方程式的配平，而只是让学生从氧化还原反应角度去认识化学反应、从元素价态变化角度认识物质性质及转化的路径并理解这种转化的价值，即发挥了该主题在发展学生化学学科核心素养上的作用，也为理解性学习元素化合物知识奠定了基础，并且在学习元素化合物性质时还能继续深化对氧化还原反应的认识，则氧化还原反应作为一个教学单元是合理的。由此，可以构建以目标"建立研究物质及其变化的氧化还原视角"统整的教学单元，并将该单元划分为有内在逻辑关系的 3 个课时（如图 10-1 所示）：第 1 课时是化学反应角度，第 2 课时从对化学反应的认识转到对反应中物质及其性质的认识，第 3 课时则是如何利用物质的氧化性、还原性及反应。3 个课时围绕素养目标层层递进，逐步深入。

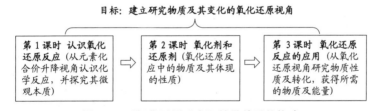

目标：建立研究物质及其变化的氧化还原视角

第 1 课时 认识氧化还原反应（从元素化合价升降视角认识化学反应，并探究其微观本质） ⇒ 第 2 课时 氧化剂和还原剂（氧化还原反应中的物质及其体现的性质） ⇒ 第 3 课时 氧化还原反应的应用（从氧化还原视角研究物质性质及转化，获得所需的物质及能量）

图 10-1 "氧化还原反应"教学单元的构建

当然，教学单元的构建并非临时起意，而是发生在设计学年或学期教学计划时，教师深入分析课程标准相关要求、不同版本教材的内容与逻辑结构、学生的认知准备以及可利用的课程资源等，按照学期或学年的课时，合理重构教材单元，规划好教学单元及其课时数。

2. 单元教学目标的研制

根据"第三章 化学教学目标及其科学研制"中所述路径，在分析课标、教材和学情等基础上，基于学科大概念确定单元整体的教学目标，并将其分解到各个课时目标中。

3. 确定单元教学结构、方法和过程

单元教学结构的设计包括情境、问题、任务、活动的一体化设计。如果说，一个单元就是一个完整的学习事件或故事的话，就需要一个事件发生的背景（情境），从中提出问题，引导学生在完成解决问题任务的各种探究活动中实现知识的自主建构，达成学习目标。即通过情境、问题、任务、活动之间的逻辑关系（如图 10-2 所示），将单元教学组织成一个围绕目标、内容、过程实施与评价的"完整"的探究故事。

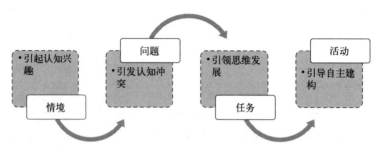

图 10-2　情境、问题、任务、活动之间的逻辑关系

📖 案例分析

根据前述单元内容的构建、学习起点的分析，以学生在初中所学过的有关"金属冶炼"的内容作为"氧化还原反应"单元教学的"大情境"，以解决从更为本质的角度认识物质间的化学反应及物质的性质问题。其设计如表 10-3 所示。

表 10-3　氧化还原反应单元教学情境、问题、任务与活动的设计

单元	课时	问题	任务与活动
大情境：金属冶炼 **大问题**：这些化学反应如何分类？体现了物质怎样的性质？	**课时 1**：认识氧化还原反应 **情境**：高炉炼铁 **问题**：如何从更本质的角度认识化学反应	**问题 1.1** 所涉及的三个化学反应根据 4 大基本反应类型如何分类？还能怎么分类？ **问题 1.2** 这些氧化还原反应中元素的存在态发生了怎样的变化？若从元素的化合价看变化的规律是什么？ **问题 1.3** 钠与氯气、氢气与氯气、铁与硫酸铜等反应是否是氧化还原反应，为什么？ **问题 1.4** 元素的化合价为什么会发生变化？能否证明你的理论推理	**任务与活动 1.1** ①对高炉炼铁中的化学反应进行分类，从两个角度：四大基本反应类型，氧化反应、还原反应；②分析氧化反应与还原反应是同时发生。 **任务与活动 1.2** 分析反应前后元素存在态的变化及化合价的变化，分析发现规律。 **任务与活动 1.3** 根据化合价变化判断常见的反应是否是氧化还原反应。 **任务与活动 1.4** 从原子结构角度分析化合价变化的本质原因；观察 Fe-CuSO$_4$-C 组成的电池实验，分析、解释实验现象
	课时 2：氧化剂和还原剂 **情境**：湿法炼铜 **问题**：如何认识氧化还原反应中各物质的性质	**问题 2.1** 高炉炼铁中的化学反应分别体现了各反应物的什么性质？反应物中的元素化合价是如何变化的？湿法炼铜中的反应呢？ **问题 2.2** 如何根据物质所含元素化合价的高低，判断元素可能具有的性质？你认为 FeSO$_4$ 可能具有什么性质？有证据吗？ **问题 2.3** FeSO$_4$ 可以用作补铁剂，说明书中建议与维生素 C 同服，为什么？你能设计实验证明你的推理吗	**任务与活动 2.1** ①分析高炉炼铁中的化学反应体现了 C、CO 的还原性，O$_2$、CO$_2$、Fe$_2$O$_3$ 的氧化性；②从元素化合价变化角度对氧化还原反应中的物质进行分类；③同理分析铁与硫酸铜的反应。 **任务与活动 2.2** ①归纳元素价态变化趋势与物质可能性质之间的关系规律；②利用规律分析 FeSO$_4$ 可能具有氧化性，根据金属活动性顺序设计实验证明。 **任务与活动 2.3** 推理 FeSO$_4$ 可能易被氧化，具有还原性。设计实验证明

续表

单元	课时	问题	任务与活动
大情境：金属冶炼 **大问题**：这些化学反应如何分类？体现了物质怎样的性质？	**课时3：氧化还原反应的应用** 情境：过氧化氢制氧气 问题：如何利用物质的氧化还原性	**问题3.1** 实验室 H_2O_2 制氧气的反应属于氧化还原反应吗？体现了 H_2O_2 什么性质？ **问题3.2** H_2O_2 真的既具氧化性、又具还原性？如何设计实验来证明？ **问题3.3** 你能归纳出研究物质氧化性还原性的一般思路和方法吗？ **问题3.4** 研究氧化还原反应具有什么价值呢？举出具体的实例证明你的观点	**任务与活动3.1** ①分析 H_2O_2 制氧气过程中的元素化合价变化；②归纳其既具氧化性又具还原性的原因是氧元素为一1价，既可升高，又可降低 **任务与活动3.2** 设计实验证明 H_2O_2 既具氧化性又具还原性。 **任务与活动3.3** 归纳研究物质氧化性、还原性的一般思路和方法。 **任务与活动3.4** 举出实例说明研究氧化还原反应的价值：①研究具体物质的性质；②实现物质之间的转化；③获得能量的重要途径（热能、化学能）

第1课时以高炉炼铁的情境（也称先行组织者）引发问题1.1，从而唤起学生已有认知中的相关知识，并引起认知冲突（CO 与 Fe_2O_3 的反应不属于4大基本反应类型中的任一种），进而引发如何从更为本质的角度分类、氧化反应和还原反应是否分开进行等系列问题，为概念转变奠定基础。注意该课时中的 Fe-CuSO$_4$-C 组成的电池实验只是为了让学生用从实验观察到的现象来证明 Fe 与硫酸铜溶液的反应的确发生电子的转移，并不涉及原电池概念。在教学过程中，问题会转化为解决问题的任务，做任务即为"活动"，所以在设计中可将"任务与活动"合二为一表述。

课时2的导入问题2.1承接课时1高炉炼铁中的三个氧化还原反应，引导学生从对反应的讨论转向对反应中的物质的讨论，从而自然构建氧化性-氧化剂、还原性-还原剂两组概念；再以学生熟悉的湿法炼铜反应为情境，继而提出 $FeSO_4$ 可能具有的性质，这一问题位于学生的最近发展区内，学生利用新学知识（根据铁元素的化合价升降可判断其氧化还原性）及已有知识（初中所学金属活动性顺序表中排在前面的金属可将排在后面的金属从其盐溶液中置换出来），设计诸如用镁条与 $FeSO_4$ 溶液反应的实验证明；再提出问题2.3，这时教师可提供 Fe^{3+} 的特征检验方法，让学生设计实验来证明。在此环节中，以 $FeSO_4$ 为载体，并不是要学习铁的化合物相关性质，而是作为学生建立认识物质氧化性、还原性及物质间转化规律的一个载体。

课时3则是对课时1、课时2的深化，是在新情境中迁移应用前面所学知识。这时从工业生产情境金属冶炼转到实验室情境氧气的制取，提出问题3.1。在问题3.2的解决过程中，先给学生提供恰当的"脚手架"（如典型的氧化剂和还原剂），再让学生完成设计实验证明 H_2O_2 既具氧化性又具还原性的任务。最后总结出研究物质氧化性、还原性的一般思路和方法，并举出实例说明研究氧化还原反应的价值，突出学科观念、方法和价值。

由表10-3及上述分析可见，3个课时的教学以工业生产或实验室中的化学反应为真实情境，引发问题。从单元"大问题"到课时"问题"再到课中"问题"的建构思路清晰、层层递进、逻辑严密，有效地搭建了单元教学的结构框架，自然生成了解决问题的任务，引发了学生的自主探究活动，可以实现该主题在发展学生化学学科核心素养上的目标。

4. 规划单元学习评价的内容和形式

2017版2020修订高中化学课标所提倡的"教、学、评"一体化，意指评价本身就是教学的有机组成部分，评价在课堂层面持续地进行，采用各种正式或非正式的评价方法收集关于学生理解与表现的证据，这些证据被用来确定学习者达到目标的程度如何、需要作出什么调整、还需要哪些努力等。这是一种动态的形成性评价，评价的目标是改进教学以使学生最大程度地获得进步。

所以，在单元教学设计中，须有意识地将评价任务嵌入教学过程中。课堂教学中，有些学习任务为构建新知识服务，如表10-3中任务与活动1.1、1.2等；有些学习任务既可以为连接新旧知识服务，同时还可作为评价任务，如任务与活动1.3、1.4等。此时，教学、评价与学习的任务与活动是一体的，且与教学目标具有一致性，如表10-4所示。教师通过倾听、观察等方法获取学生在完成任务中的活动表现，判断学生是否达成目标，及时给予学生反馈，并根据目标的达成情况决定教学的进程。

表10-4　氧化还原反应"教、学、评"一体化设计

课时	目标	任务与活动	评价方法
课时1	1.1	1.3	学生用黑板或多媒体展示自己的分析结果，同学互评、教师反馈
	1.2	1.4	学生演示用结构示意图分析的过程，观察描述 $Fe\text{-}CuSO_4\text{-}C$ 组成的电池实验的现象，并从微观角度解释。同学互评、教师反馈
课时2	2.1	2.1	学生回答问题，并建构分析氧化性（氧化剂）、还原性（还原剂）的分析模型。教师分析反馈
	2.2	2.2、2.3	学生回答问题，小组合作展示实验方案，小组互评、教师分析反馈
课时3	3.1	3.3	学生小组合作展示思路和方法，小组互评、教师分析反馈
	3.2	3.4	学生举出具体的实例，教师分析反馈

重视课堂教学中"教、学、评"一体化的设计，并不意味着不需要课后的作业或单元练习的设计。因受课堂时间所限，评价任务不会是主角，而且，在有限的课堂时间和空间里实现对所有学生的即时评价也是不现实的，所以还需要通过课后评价的设计以收集信息进一步诊断学生教学目标的达成情况。课后作业或单元练习时需注意教、学、评的一致性，即围绕单元目标，采用细目表，精心选择或编制，重视培养学生解决真实情境下不同复杂程度的化学问题的能力。避免简单练习、重复练习或机械练习，与课堂教学评价形成合力，充分发挥评价促进化学学科核心素养形成与发展的功能。

上述评价的设计实际上也为单元教学效果的反思提供了依据。教师可根据学生完成评价任务时的活动表现、课堂中的教学生成情况、学生的作业完成情况或者单元练习的结果等，从多个角度获得预设目标达成与否的证据，分析教学设计的实施效果，以获得成功的经验或补救教学的方向等。所以在实际的单元教学设计最后部分，可呈现基于评价证据的教学反思，这也是实现教师专业发展的重要路径。

5. 在上述工作基础上，形成"单元教学设计方案"

综上，一个单元教学设计方案主要包括以下内容：

① 教学单元组织：分析课程标准相关内容要求、学业要求以及教材编排，构建一个中心目标导向的、符合单元基本属性的教学单元，并划分课时。

② 单元教学目标：基于课程标准要求、单元内容、学生特点以及教学资源的综合分析制订教学目标。以总述单元目标及分述课时目标的方式呈现和表述。

③ 学生学习起点：分析与单元相关的学生已有知识经验、前概念或学习困难等，为相应教学策略的制订找到依据。

④ 单元教学过程：包括单元情境、问题、任务与活动的整体设计框架，以及每个课时的具体展开。

⑤ 化学学习评价：课堂中将评价任务嵌入教学过程中，课后精选作业、精心设计单元练习，以获得教学目标达成的证据。可在单元教学设计方案中用双向细目表形式呈现作业或练习，体现单元目标下教、学、评的一致性关系，避免作业或练习布置的随意性。

⑥ 教学效果反思：基于教学评价的证据，反思教学设计的成功和不足之处，以改进教学，促进师生共同发展。

单元教学设计是教师教学专业性的重要体现，它是基于学生立场，对学生围绕某一单元开展的完整学习过程所做的专业设计，是从期望学生"学会什么"出发，逆向设计"学生何以学会"的过程，为化学学科核心素养的培养指明了清晰的路径。

（三）课时教学设计

课时教学设计是在单元整体教学设计下，以课时为单位进行的教学设计。在各层次教学设计中，课时教学设计最为具体和深入。课时教学设计主要包括以下工作：

① 分析课标和教材，确定课时教学内容；

② 研制本课时的教学目标、教学重难点；

③ 分析学情；

④ 构思本课时的教学过程、具体的教学策略和方法；

⑤ 选择和设计教学媒体；

⑥ 准备课时的学习评价任务（含作业）；

⑦ 在上述工作基础上，编写课时教学方案（简称教案）。

上述教学设计主要的内容在前面的章节中都已具体阐述，可见教学设计就是前面所学有关课程、课标与教材知识、教学目标设计、化学教与学原理、实验教学、情境创设、媒体设计以及作业编制等的综合应用。

（四）局部教学设计

在进行教学设计时，除了要设计教学的整体结构，即进行系统设计外，还需要对某些重要环节、关键片段等分别做具体的局部设计，例如，导入设计、过渡设计、实验设计、课堂小结设计等。

如果没有局部设计，就不能使教学设计达到比较深入和精细的程度，更谈不上教学设计较高的艺术水平和科学水平，系统设计会停留在较为粗略、模糊的状态，难以保证其可操作性，也难以保证设计方案的实施效果。但局部设计必须在系统设计指导下进行，才能不偏离方向，在整体方案中起到应有的作用。在完成各局部设计后，还需要在系统设计指导下做整体的协调。

因此，研究教学设计时，既要注意研究整体的系统设计，又要注意研究局部的具体设计，使两者相互配合、相互补充，有机地统一起来。

📖 案例分析

【案例 10-1】 "溶液" 之教学片段 "溶液的用途" 教学设计

【过渡】利用溶质、溶剂的性质不仅可以帮助我们从天然植物中提取色素，而且在日常生活、工农业生产和科学研究中也都具有广泛的用途，可否列出一些事实来说明？

【教师提示】盐汽水的作用是要补充盐分、降温，同学们有没有想过为什么要配成溶液喝？小苏打和柠檬酸在水中混合产生了 CO_2，如果把两种固体混合情况又是怎样？

【分组实验】取适量柠檬酸晶体和小苏打的混合粉末于两支试管中，其中一支直接套上气球，另一支注入约 1/4 试管的蒸馏水后，再迅速套上气球，观察现象。

【学生归纳】①生活中很多的营养品、药剂都是配成溶液，可以帮助人们补充营养、战胜疾病；②植物所需的营养物质通常溶解在水中，利于植物的吸收；③物质以分子或离子的形式分散在水中时，往往能够加快反应的速率，所以许多化学反应都是在溶液中进行。

【提供资料卡】晋时，葛洪《肘后备急方》有关"青蒿一握，以水二升渍，绞取汁，尽服之"的截疟记载，给了屠呦呦灵感和启发。

【播放视频】屠呦呦的采访视频：提取青蒿素，造福人类，荣获诺贝尔奖。

【教师小结】许多药物的提取都利用了物质的溶解性。溶液在生产及科学研究中具有重要价值。学好化学，以屠呦呦为榜样，为实现中华民族的伟大复兴多作创新性贡献。

案例分析：上述教学片段对溶液的用途的学习不是泛泛而谈，而是让学生在实验对比中、在事实列举中、在榜样人物的事例中，获得深刻体验，真切感受到化学学科的巨大价值。

二、化学教学设计的基本环节

单元教学设计或课时（题）教学设计的基本环节是一致的。主要有：

1. 设计准备工作

各种前期准备工作构成了化学教学设计的准备阶段。在这一阶段，设计者主要应该学习和掌握先进的教学理念、化学教与学的原理，会分析教学的起点、目标、条件，初步作出方案设想。具体工作为：

① 学习、理解各种教学理论和主张，结合化学教学实际和具体课题进行选择利用。

② 分析学生情况。采用作业分析、课前诊断、问卷调查、访谈等形式了解学生的学习基础，包括原有的知识基础、能力基础、生活经验基础以及学习方法、学习习惯等，以便从学生的实际情况出发为制订教学目标、组织教学内容、确定教学重难点、选择教学方法等提供依据。

③ 研究并掌握教学内容。通过对教材的研读，结合课程标准要求，将清教学内容的内在逻辑结构，明确教学重点、难点和关键；分析教学内容与学科核心素养之间的关联，分析承载学科观念、方法、态度或价值观的内容等。

④ 了解教学条件和可利用的教学资源。初步确定完成教学活动需要哪些外部条件，如实验仪器、试剂、模型、软件、资料、技术手段等，了解这些外部条件是否具备，若不具备有无替代方法或能否自己制作。调查在外部环境中哪些教学资源可以利用，如何利用等。

为了做好教学设计的前期准备工作，教师要注意研究化学课程标准、化学教材，阅读有关教育、教学资料，收集化学教学素材、课例等，提高自己的专业水平和教学能力，适应课程与教学改革的新要求。

2. 设计教学目标

单元目标和课时目标是教师教学目标设计的主要对象。单元教学是实现课程目标的基本单位，因此，课时教学目标的设计应置于单元整体中。先依据课程标准、教材、学情及教学资源情况设计单元教学目标，再把单元目标有机分解到每个课时中。

3. 设计教学策略和方法

所谓教学策略，是指为了达到教学目标而采用的、起主导作用的教学方式、途径和步骤。高层次教学策略（教学思想）的制订较多依赖逻辑思维。通常，在对教学目标、学生情况和教学条件进行分析和研究之后，设计者就自觉或不自觉地依据某种教学理论（或假说）从总体上形成（或选择）某种思想；教学思想形成后，以一定的教学逻辑和方式组织教学内容，就形成中层次教学策略（教学模式）；具体教学策略（教学思路）是教学思想、教学模式的细化和具体化，与具体的操作活动方式和手段结合，形成相应的教学方法。

4. 设计教学过程

教学过程的设计解决的是如何带领学生从起点到终点的问题，通过情境、问题、任务、活动之间的逻辑关系（如图10-2所示），将单元教学组织成一个围绕目标、内容、过程实施与评价的"完整"的探究故事。

5. 设计教学媒体

从教学系统的整体角度出发，认真研究教学媒体和教师、学生、教学目标、教学内容等教学要素之间的关系，根据教学目标和教学内容的需要，选择使用最适合于学生学习的教学媒体。要特别重视教学语言的设计，充分发挥实验媒体的作用，注意传统教学手段与现代媒体的优化组合。

6. 设计学习评价

将评价作为教学的有机组成部分，贯穿在课堂前、课堂中和课堂后持续地进行，采用各种正式或非正式的评价方法收集关于学生理解与表现的证据，以确定学习者达到目标的程度如何、需要作出什么调整、还需要哪些努力等。这种动态的形成性评价，目标是改进教学以使学生最大程度地获得进步。

7. 教学设计总成与方案编制

所谓化学教学设计总成是指对化学教学各部分设计的合成和整合。在化学教学设计时，先要对各要素和环节分别进行具体的局部设计，以使教学设计达到比较深入和精细的程度。化学教学设计总成则是在系统结构设计指导下的整体综合与协调，着重处理好整体与部分、部分与部分以及系统与环境之间的关系，力求使化学教学系统科学、协调、合理，能有效发挥其功能。

化学教学设计总成的结果是编制化学教学方案（简称教案）。教案应全面体现教学设计结果，表达应详尽、规范、可读（下一节将具体讨论教案编制），便于后续使用与优化。

8. 教学反思与优化

分析教学设计的实施效果、教学目标的达成程度，对教学设计与实施进行反思，根据成功的经验或教学实施中发现的问题等对教学设计进行进一步的改进优化。

三、化学教学设计的基本原则

（一）科学性原则

化学教学设计的科学性主要体现在下列方面：一是设计的思想要科学，以发展学生的化学学科（课程）核心素养为主旨，落实立德树人根本任务；二是以科学、先进的教育教学理论为基础，既重视遵循学生的认知发展规律，又重视遵循学生的情感特征和其他心理发展规律；三是设计的内容要科学规范，做好教学目标、教学内容、教学方法、教学过程、教学媒体、教学结构等的综合设计。

（二）系统性原则

所谓系统性原则是指教师在教学设计时必须从整体、动态的观念出发去考察教学系统的各个要素，设计各要素及其相互作用，进而构思教学活动；要全面考虑学科知识、观念、方法、态度及价值观等方面的教学目标，不能有所偏废；要注意综合运用先进理论、实践经验等创造性地对教学作出最佳设计。

（三）发展性原则

教学设计必须"以学生的发展为本"，培养学生终身发展和社会发展所需要的必备品格、关键能力；要贴近学生的"最近发展区"，尊重学生的个性，注意适应不同层次学生的发展需要，促进全体学生在各自原有的基础上不断发展。

（四）主体性原则

必须以学生为学习主体来设计教学方案，注意体现学生的能动作用，体现师生之间和学生之间的平等和谐关系；教师要从学生的实际情况考虑教学问题，正确把握"教为主导"与"学为主体"的关系，尊重学生，与学生平等地展开思想交流与感悟交流；要给全体学生同等的关注、鼓励，纠正传统教学观念中有关"差生"的错误认识，给每个学生提供平等的活动和表现机会，运用各种方法尽可能弥补学生个体差异的消极影响，保证学生在教学过程中主动参与。

（五）最优化原则

追求"最优化"是教学设计的基本出发点和原则之一。最优化是指在一定条件下、特定阶段和范围内最好的，具有相对性。事实上，对于教学设计而言没有"最好"只有"更好"。且要注意教学的预设与生成的关系。教学设计作为一个预设方案，需要根据教学实施过程中的情况作出灵活调整，以"最优化"实施。并且还要根据教学实施的经验与问题，对教学设计方案再优化。

第二节　化学教学设计方案的编制

课时教学设计方案（简称教案）是化学课堂中最下位的、最具体的教学材料，它全面体现了在单元教学设计下每个课时的教学实施方案，是教师进行课堂教学活动的重要依据，也是教师进行教学研究的重要资料。

一、教案的组成

根据教学设计的内容，教案一般由以下几部分构成：①课题和教科书版本；②课程标准要求和教材分析；③教学目标；④学情分析；⑤教学方法（或流程）；⑥教学过程；⑦教学板书；⑧课后作业。

教学过程是教案中最重要的部分，反映了教学的具体环节、教学内容展开的线索、具体的教师活动与学生活动，以及各部分设计的意图等。

教案既要能充分反映教学设计的内容，又要简明扼要、环节清晰、步骤分明，较好地反映教学思路、策略与方法，尤其要突出学生活动和教师活动的设计，力求在教学实践中方便利用。因此，教案要有适宜的编制形式。

二、教案的格式及其编制

（一）讲稿式

该形式以文字描述教学过程设计，能较好地反映教师的语言设计等内容，便于教师讲解。一般来说，新教师采用较多并且写得较为详细，老教师则写得简略些。这种形式适宜于表达线性的教学逻辑结构。编制时，应注意分清阶段并且冠以适当的标题和序号，使教学步骤和过程结构比较清晰和醒目。特别要注意的是，不需要把讲稿式教案写成一句不漏的"讲稿"。

【教案示例一　溶液的形成（人教版）】
第九单元课题 1　溶液的形成（第 1 课时）

1. 课程标准要求和教材分析

课程标准对该课题的要求是"认识溶解现象，知道溶液是由溶质和溶剂组成的，具有均一性和稳定性；知道水是一种重要的溶剂；体会溶液在生产生活中的应用价值"。本节内容位于人教版九年级下册第九单元课题 1，是学生继"空气"这一混合物学习后又一重要的混合物体系，本节学习为"溶解度""溶液的浓度"以及第十单元"酸和碱"奠定基础。本节内容以与学生的生活经验相关的蔗糖与食盐的溶解作为溶液概念形成的事实依据，但定义中的"几种物质""均一、稳定"等却未能建立在实验及模型认知基础上，教师一般以强调的方式讲解。教材中碘、高锰酸钾分别在水和汽油中的溶解实验虽很经典，但远离学生的生活经验，亦不能解决实际问题；教材中通过几幅图片介绍溶液在生活、生产中的应用，显然不能让学生深切感受到溶液的学习价值。这些都有可能造成浅层学习，因此需要对教材进行二次开发。

2. 教学目标

① 能够基于动手做和实验现象的观察，归纳出溶液的定义、特征等，会初步运用模型示意图表示溶液的宏观特征与微观本质的关联。

② 能够判断溶液中的溶质、溶剂，列举常见的溶剂，会利用对比实验分析归纳出溶质、溶剂本身的性质影响物质的溶解性。

③ 能够列举溶液在生产、生活及科学实验中的应用；通过屠呦呦利用乙醚提取青蒿素的事例体悟学科价值，增强民族自豪感和自信心。

教学重点：溶液的定义、特征，判断溶液中的溶质、溶剂。

教学难点：用模型示意图表示溶液的宏观特征与微观本质的关联。

3. 学情分析

① 学生已有知识基础：学生已经知道了物质可分为纯净物、混合物，能够从宏观与微观两个视角认识物质。

② 学生已有经验基础：学生在日常生活中已接触过不少溶液，如糖水、汽水等。

③ 可能的学习困难：从微观角度认识溶液的组成。

4. 教学方法

本节课设计了“自制盐汽水”“利用盐汽水再配鸡尾酒”“提取鸡尾酒中的色素”等连续情境，学生在问题驱动下主动探究发现关于溶液的组成、性质及应用，体验学科价值。教学流程见第七章案例 7-7。

5. 教学过程

环节一、情境引入：生产生活中的碳酸饮料

【展示】碳酸饮料，大家并不陌生，老师带来了一些（展示雪碧、芬达等），还有一种中国人自己发明的碳酸饮料，虽然在日常生活中不常喝，但在特殊情形下却大显身手。

【播放】马未都采访视频：炼钢工人在高温工作下饮用盐汽水。

【提出问题】为什么炼钢工人高温下要喝盐汽水？你认为盐汽水的主要成分是什么？

【学生】基于已有认知回答：为了降温，补充盐分。主要成分有盐、二氧化碳等。

【展示、追问】盐汽水标签（图 10-3）。的确主要成分与同学们分析的一样，那这又说明了食盐、糖、二氧化碳这些物质具有什么样的性质呢？（学生答：食盐、二氧化碳能够溶解于水）

盐汽水配料表

能量	43	千焦	1%
蛋白质	0	克	0%
脂肪	0	克	0%
碳水化合物	2.5	克	1%
钠	118	毫克	6%

- 配料：水、果葡糖浆、食用盐
- 食品添加剂：二氧化碳、柠檬酸、甜蜜素、食用香精、苯甲酸钠

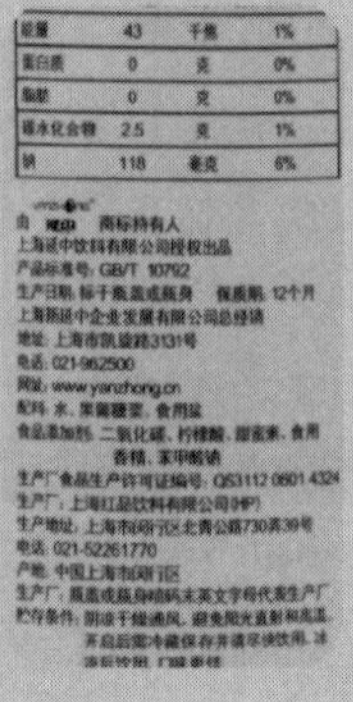

图 10-3 盐汽水标签

【教师】这节课我们就用身边的物质一起来自制盐汽水，并且从化学的视角去认识它。

设计意图：利用生活、生产创设情境提出问题，引出本节课的第一个任务"自制盐汽水"。贴近生活，引发学生学习兴趣，并激活学生已有认知中的相关知识：某些物质具有溶解性。

环节二、学习任务1：自制盐汽水

【问题】利用提供的原料（见表10-5），比较配料表，说说如何将"盐"和"汽"等溶解于水？

表 10-5　配料用量表

配料	用量	配料	用量
食盐/g	0.3	小苏打/g	1.5
蔗糖/g	10	纯净水/mL	200
无水柠檬酸/g	1.5		

【学生发现问题】碳酸饮料中需要二氧化碳，二氧化碳从哪里来？

【师生共同分析】提供的原料中有小苏打，主要成分为碳酸氢钠，与柠檬酸混合可产生二氧化碳。

【学生设计方案】①将四种粉末分别溶解于水中，然后再混合到一起；②把蔗糖、食盐、无水柠檬酸、小苏打一起放入纯净水中混合。

【教师】同学们刚才都提到一个关键词"混合"，也就是配制的是一种混合物。下面我们来动手试一试，观察所得到的混合物具有什么特征（提示：方案①得到的4种混合物先不混合）。

【学生分组实验】按照上述实验方案分组进行实验。观察：方案①中所得到的4种混合物及方案②中所得到的1种混合物。

【提问】这5种混合物在外观上有什么共同的特征？为什么原来的固体都不见了？

【学生】都是无色透明的。应该是固体分散到水中变成了我们看不见的微粒。

【追问】"看不见"，那如何证明微粒确实是存在于水中呢？能否以糖水、盐水为例说说方法？

【学生设计方案、分组实验】①品尝糖水、盐水及盐汽水；②用26011型微型溶液测电器测试糖水、水、盐水的导电性。观察实验现象（见图10-4）。

【提问】刚才品尝糖水、盐水、盐汽水的同学，感觉如何？（提示学生注意：实验室情境下不可以随便尝物质的味道）说明了什么？再尝一口，是否一样甜、一样咸、一样爽？如果把这个塑料杯密封，明天再尝是否还一样？这又说明了什么？

【学生】①构成盐、糖或二氧化碳的微粒虽然看不见，但的确存在；②盐水、糖水、盐汽水这样的混合物具有均一、稳定性。

图 10-4　糖水、盐水的
导电性实验

【师生共同归纳】溶液、溶质、溶剂的定义。

【提问】为何盐水能导电，而糖水不导电？

【学生】盐水能导电，是因为 NaCl 由钠离子和氯离子构成，它是以离子的形式分散在水中。而糖水不导电，是因为蔗糖以分子的形式分散在水中。

【追问】溶液具有均一性、稳定性的本质原因是什么呢？你能否用模型示意图的方式表达你的观点？

【学生展示】溶液的微观构成示意图。

【播放动画】蔗糖、氯化钠在水中溶解的模拟动画，学生比较并修正自己的微观构成图。

【师生归纳】溶液具有均一性、稳定性的本质。

【学生活动】填写表10-6，并思考：溶质和溶剂的状态？

表 10-6　溶液中溶质、溶剂的判断及溶液的命名

溶液	溶质	溶剂	溶液名称
①氯化钠＋水	氯化钠	水	氯化钠溶液
②蔗糖＋水	蔗糖	水	蔗糖溶液
③小苏打＋水	小苏打	水	小苏打溶液
④柠檬酸＋水	柠檬酸	水	柠檬酸溶液
⑤四种粉末＋水	蔗糖、氯化钠、柠檬酸钠、CO_2 等	水	盐汽水(俗名)

【提问】①②③④混在一起，是否与⑤味道一样？为什么？

【学生】一样，因为成分一样，组成决定性质。

设计意图：利用自制盐汽水这一任务，让学生在"做"的过程中，通过自主观察、分析，在丰富的实验事实中发现溶液的宏观特征、溶质的状态特征等，自主建构起溶液、溶剂和溶质的概念。并基于宏观事实推理其微观本质，让学生设计实验验证推理，建构模型示意图表达溶液的微观本质，在分析、推理、创造等高阶思维中发展学生的"宏观辨识与微观探析""证据推理与模型认知"等学科核心素养。

环节三、学习任务2：利用盐汽水配制鸡尾酒

【过渡】上述溶液中，溶质可以是气体、固体，溶剂都是水，且溶液都是无色的，那溶液都是无色的吗？溶质除了可以是气体和固体，还可以是液体吗？

【实验】在盐汽水中加入蓝色调味糖浆，混匀，再用注射器沿杯壁慢慢注入适量酒精，调制成鸡尾酒（见图10-5）。提醒学生观察并思考现象。

【学生归纳】①溶液不一定都是无色的；②酒精与水可以互溶。

【展示并提问】①75% 消毒酒精；②车用乙醇汽油。如何判断溶质、溶剂？

【师生归纳】溶质、溶剂的判断方法。

图 10-5　酒精与水互溶实验

设计意图：延续自制盐汽水这一情境载体，利用盐汽水配制鸡尾酒，不仅自然转变了学生头脑中可能的错误概念——溶液是无色的，而且让学生通过实验事实自主发现溶质的状态还可是液体。利用常见的消毒酒精、乙醇汽油为载体补充了当溶剂为两种液体时如何判断溶质、溶剂的知识，完善了学生对溶液的整体认知。

环节四、学习任务3：提取鸡尾酒中的色素

【过渡】彩虹鸡尾酒中不同颜色的色素可以从天然植物中提取。初一时同学们学过验证绿叶中含有淀粉的实验，还记得是如何使绿叶脱色的吗？

【提出问题】水作为最常用的溶剂，可以从绿叶中提取叶绿素吗？

【对比实验】将一片天竺葵叶子放在酒精中水浴加热，另一片直接放在水中加热，提示学生观察并分析实验现象。

【学生分析】同一种溶质（叶绿素）在不同的溶剂中的溶解能力不一样。

【趣味实验】"生气的气球"（分别将水和汽油滴在气球上）。

【追问】气球由乳胶制成，为何水不能使气球爆炸，而汽油可以？说明了什么？

【学生】汽油可以作溶剂，溶解乳胶，使气球爆炸，而水不可以。同样说明了不同溶剂对同一种溶质的溶解能力不一样。

【追问】盐汽水中的二氧化碳可以溶于水，而氧气则不易溶于水，这说明影响物质溶解的内因还有什么？你还能举出其他例子吗？

【学生】不同溶质在同一种溶剂中的溶解能力不一样。再如氯化钠易溶于水，碳酸钙难溶于水……

【师生归纳】溶质和溶剂本身的性质是影响物质溶解性的内因。

设计意图：弃用了教材中的碘、高锰酸钾分别溶解于水、汽油的实验，利用酒精提取色素的实验和"生气的气球"实验，将影响溶解性的内因探讨置于实际应用和趣味实验中，不仅激发学生认知兴趣，还为后续屠呦呦利用乙醚提取青蒿素埋下伏笔。利用对比实验，渗透了科学方法、探究意识，同时将新知与学生已有认知中关于物质溶解性的知识联系起来，不断丰富学生的认知结构。

环节五、学习任务4：探究溶液的利用价值

【过渡】利用溶质、溶剂的性质不仅可以帮助我们从天然植物中提取色素，而且在日常生活、工农业生产和科学研究中也都具有广泛的用途，可否列出一些事实来说明？

【提出问题】盐汽水的作用是要补充盐分、降温，同学们有没有想过为什么要配成溶液喝？小苏打和柠檬酸在水中混合产生了 CO_2，如果把两种固体混合情况又是怎样？

【分组实验】取适量柠檬酸晶体和小苏打的混合粉末于两支试管中，其中一支直接套上气球，另一支注入约1/4试管的蒸馏水后，再迅速套上气球，观察现象。

【事实归纳】①生活中很多的营养品、药剂都是配成溶液，可以帮助人们补充营养、战胜疾病；②植物所需的营养物质通常溶解在水中，利于植物的吸收；③物质以分子或离子的形式分散在水中时，往往能够加快反应的速率，所以许多化学反应都是在溶液中进行。

【资料卡】晋时，葛洪《肘后备急方》有关"青蒿一握，以水二升渍，绞取汁，尽服之"的截疟记载，给了屠呦呦灵感和启发。

【播放视频】屠呦呦的采访视频：提取青蒿素，造福人类，荣获诺贝尔奖。

【小结】许多药物的提取都利用了物质的溶解性。溶液在生产及科学研究中具有重要价值。学好化学，以屠呦呦为榜样，为实现中华民族的伟大复兴多作创新性贡献。

设计意图：对用途的学习不是泛泛而谈，而是让学生在实验对比中、在事实列举中、在榜样人物的事例中，获得深刻体验，真切感受到化学学科的巨大价值。

环节六、归纳整合：知识结构化

【师生归纳】从溶液的特征、组成、构成及影响溶解性的内因等 4 个角度归纳本节知识。

【课后探究】教材实验 9-2。

设计意图：深度学习强调信息整合，碎片化的、互不关联的知识无法发生迁移。引导学生从四个方面归纳整合，将所学知识进一步结构化，形成宏观辨识与微观探析之间的关联、物质组成与性质之间的关联、物质性质与用途之间的关联，有利于知识的迁移。将教材中的经典实验移到课后探究中，加深学生对影响物质溶解性内因的理解。

6. 板书计划

§9.1溶液的形成

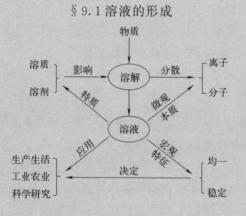

7. 课后作业

教材 p32 页 1（1）、（2）、（3），2，3，5。

8. 教学效果及反思

本节课教学设计通过 4 个连续的学习任务，让学生围绕特定目标，从已有经验出发，以解决真实问题为主线，在问题解决过程中，付出持续的心理努力，通过分析判断、创造性思维以及反省认知等复杂思维活动，形成了对知识的结构化理解和深度理解。

课堂观察中发现，学生学习投入、有效合作、发言踊跃、正确率高。课后访谈，同学们说："有趣的任务和实验让每一个人沉浸在快乐的课堂中，完成课后作业时，思路比平时更加清晰，上课时合作探究的结论都能派上用场。""屠呦呦用乙醚作溶剂，从黄花蒿中提取青蒿素，这与老师做的用乙醇提取叶绿素的实验十分相似，看起来高深的实验，其实原理很简单，关键在于要有发现的眼光。""化学不仅有趣更有用，要学好化学，为祖国多做贡献……"学生的课后作业批阅结果也显示，知识迁移能力得到了有效提升，体现了深度学习的高效。

（二）表格式

该形式以表格呈现教学过程，分别说明教学环节、教师活动、学生活动和设计意图等。为了使教学过程结构清晰，往往把表格按教学阶段进行分割，中间插入过渡环节。表格式呈现教学过程比讲稿式更加直观、明了。

【教案示例二 氨气（苏教版）】❶
专题7 第二单元 重要的含氮化工原料 氨气（第1课时）

1. 课程标准和教材分析

《高中化学课程标准（2017年版2020年修订）》在"主题2：常见的无机物及其应用"中要求"结合真实情境中的应用实例或通过实验探究，了解氮及其重要化合物的主要性质，认识这些物质在生产中的应用和对生态环境的影响。"可见，课程标准对元素化合物学习内容上特别重视STSE观念，方法上则强调"真实应用情境"和"实验探究"。

"氨气"位于苏教版高中化学必修第二册"专题7氮与社会可持续发展"第二单元第1课时。苏教版新教材（2019年版）将氮及其化合物置于氯、硫学习之后，且编排于元素周期律后，不仅能完善非金属元素及其化合物知识体系，还可根据物质结构、元素周期律演绎氮及其化合物知识；在专题7中，"氨气"位于"氮的固定"单元之后，为第二单元中"硝酸"的学习以及"第三单元含氮化合物的合理使用"奠定基础。氨气是重要的工业生产氮肥和硝酸的原料，因此，本课时不仅在知识体系上承上启下，也是强化学生"元素观"和"学科价值观"的良好载体。

"氨气"教材内容主要包括氨气的物理性质、化学性质和用途。通过"观察思考"栏目喷泉实验等引导学生认识氨气极易溶于水、与水反应以及与酸反应。但对氨气的还原性只是直接给出了化学方程式，缺乏实验证据的推理。因此，教学时，设计了相关演示实验弥补教材的不足。并且突破传统的以物理性质、化学性质和用途为线索的教学模式，而是以人工固氮产品——"氨气的合理转化利用"为线索，从"$NH_3 \rightarrow NH_3 \cdot H_2O \rightarrow NH_4Cl$"（化合价不变）和"$NH_3 \rightarrow NO \rightarrow NO_2 \rightarrow HNO_3$"（化合价变化）两个视角引领学生探究关于氨气的性质和用途，建构"价类二维图"，体悟化学转化对于人类生存和发展的重要价值。

2. 学情分析

① 已有知识与能力基础：学生在本节内容学习前已较为系统地学习了硫、氯非金属元素及其化合物，原子结构与元素周期律的初步知识，能够从物质类别、结构和化合价角度推理物质性质。通过本专题第一单元的学习掌握了"自然固氮"和"人工固氮"方法，并且在必修第一册"弱电解质"的学习中知道了"$NH_3 \cdot H_2O$"是弱电解质。在教学时，可通过设计相应的问题激活学生的已有认知来分析、解决新问题。

② 可能的学习困难：本节内容所涉及的化学反应较多，但学生思维的系统性和缜密性还不够。因此，教师一方面要发挥引导作用，通过问题设计，引领学生通过自主思维、设计、观察等逐步完善含氮物质转化的相互关系；另一方面，要发挥实验的重要作用，让学生在实验观察和分析推理中自主建构知识体系。

---

❶ 注：此教案为第三届长三角师范生教学基本功大赛一等奖教案（设计者：陈静怡；指导教师：杨玉琴）

3. 教学目标

① 能说明氨气到液氨、氨水的转化及用途；能够描述喷泉实验现象，并书写相应的化学方程式和电离方程式。

② 能够分析推理并通过实验验证从氨气到铵盐的转化，会书写相应的化学方程式。

③ 能够从氨气中氮元素的化合价推理氨气的还原性，根据实验信息书写化学方程式。

④ 能够自主构建氨气与其他物质之间转化关系的价类二维图，举例说明氨气转化的重要价值，赞赏化学学科对人类生存发展的重要贡献。

⑤ 通过氨气转化利用的发展历史，体验科学家的探索和创新精神，辩证地认识科学、技术、社会和环境的相互关系。

教学重点：氨气的化学性质与转化利用。

教学难点：含氮物质价类二维图的初步建构。

4. 教学方法和流程

以"氨气的转化利用"为真实应用情境，设计 5 个层层递进的问题主线，在每个问题解决中，以"问题情境→理论推理→实验探究→知识建构与运用"为主要教学模式，教师给予学生必要的支持和引导。主要教学流程如图 10-6 所示。

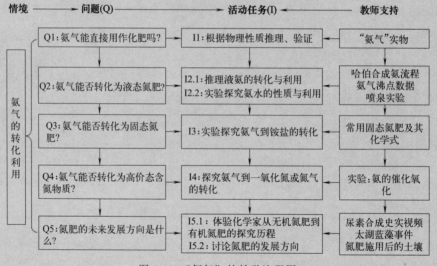

图 10-6 "氨气"的教学流程图

5. 教学过程

环节	教师活动	学生活动	设计意图
导入：回溯历史，提出问题	【引导回顾】从最初的实验室研究到实现工业生产，化学家经历了 150 多年的艰难探索，终于实现了人工固氮，哈伯和博施也因合成氨技术获得了诺贝尔奖。我国著名的化学家徐光宪院士曾说过，如果没有合成氨技术，世界粮食产量至少要减半。 【提出问题】**工厂生产出来的氨气能直接用作化肥吗？**	【激活、内化】激活已有认知。聆听感悟科学探索精神、化学学科价值。	激活学生已有认知中的合成氨方法，体悟科学探索的艰辛以及化学学科的价值。通过问题引发认知冲突。

续表

环节	教师活动	学生活动	设计意图
探究问题1：氨气能直接用作化肥吗？	【引导】这是一瓶氨气，请同学们观察、归纳它的物理性质。注意闻气味的正确方法。 【追问】那它的密度如何呢？怎么比较？ 【提问】常温常压下，氨气的密度为0.76g/L，比空气小。同学们想想，氨气能直接用来施肥吗？ 【追问】那怎么办？	【学生观察、归纳】氨气是无色、有刺激性气味的气体。 【学生回答】它的分子量是17，小于空气的平均分子量，推测它的密度比空气小。 【学生回答】不能。氨气密度比空气小，会飘走。 【学生回答】将氨气转化为液态去浇灌。	引导学生自主观察、归纳氨气的物理性质，由相关物理性质推测氨气并不能直接用作化肥。不仅培养学生的观察推理能力，还自然引出本节课的核心问题：如何将氨气转化为可施用的氮肥。
过渡	【问题】氨气由气态转化为液态可以通过什么方法？		
探究问题2：氨气能否转化为液态氮肥？	【PPT展示】哈伯合成氨流程图 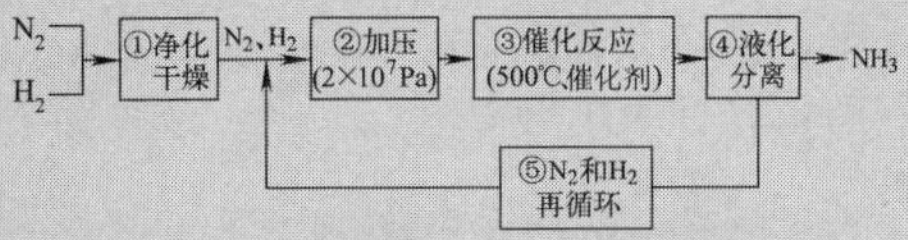 N_2、H_2 → ①净化干燥 → N_2、H_2 → ②加压($2×10^7$Pa) → ③催化反应(500℃·催化剂) → ④液化分离 → NH_3；⑤N_2和H_2再循环 【引导】从这个流程图当中，你们能发现什么？ 【追问、展示】氨气容易液化，这又是为什么呢？请同学们仔细观察液氨中的分子结构示意图，你们发现了什么？ 【评价分析】同学们的观察和分析都很到位。正因为氨分子间易形成氢键，所以在常温下加压就可以把氨气转化为液氨，也可在常温下，降温至−33.5℃，把氨气转化为液态。氨气液化时放出热量，而液氨汽化时可从周围环境吸收热量，这一性质也就决定了液氨可以用作制冷剂。 【展示图片】在我国，85%以上的大型制冷系统使用的制冷剂都是液氨。 【提问】那液氨还能施作氮肥吗？ 【教师提问】既然液氨不适于用作氮肥，那还有其他途径将氨气转化为液态吗？ 【教师演示】 如图喷泉实验装置能证明氨气的溶解性。请同学们注意观察实验现象，并分析现象背后的原因。 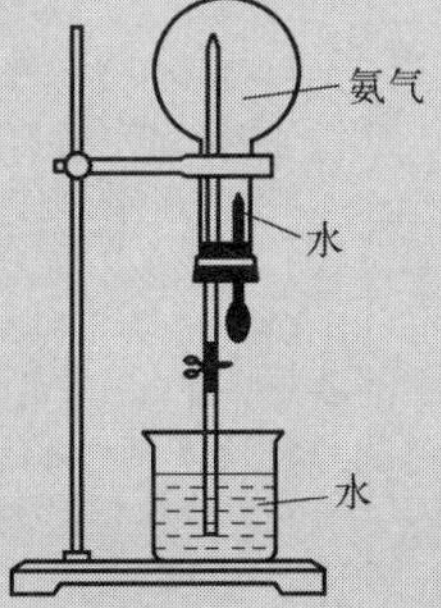 【追问】"氨气易溶于水"能不能准确解释刚才见到的喷泉现象？ 【小结】常温常压下，1体积的水能溶解700体积的氨气。那喷泉为什么是红色的呢？这说明了什么？	【观察思考】从流程图中提取信息，得出氨气可液化的结论。 【观察回答】一个氨分子中的氮原子与另一个氨分子中的氢原子之间形成了氢键。 【内化】体会结构决定性质、性质决定用途的学科观念。 【回答】不合适，因为氨的沸点很低，在常温下，液氨很容易汽化。 【回答】还可将氨气溶于水看看。 【观察分析】烧瓶中形成了红色的喷泉，应该是滴管中的水挤进烧瓶后，溶解了烧瓶中的氨气，使得烧瓶中的压强减小，大烧杯中的水就涌进了烧瓶，形成了喷泉。 【回答】不能，氨气极易溶于水。	提供哈伯合成氨流程图，不仅能让学生从真实的生产流程中提取信息，同时还能让学生再次体验科学家的探索与智慧。 从微观结构分析液化现象，培养宏观辨识与微观探析素养。 渗透结构决定性质、性质决定用途的学科观念。 培养学生分析推理能力，并引出将氨气转化为液体的另一途径——溶解。 培养学生观察、分析、推理的能力，发展证据推理学科核心素养。

续表

环节	教师活动	学生活动	设计意图
	【评价】同学们对第一册学习的弱电解质概念掌握得很牢固。请同学们写出氨气溶于水后发生的系列变化的方程式。	【分析】氨气溶于水后生成的一水合氨是弱碱,能电离生成氢氧根。	培养学生利用已有知识分析问题的能力。
		【书写】 $NH_3+H_2O \Longrightarrow NH_3 \cdot H_2O$ $NH_3 \cdot H_2O \Longrightarrow NH_4^+ + OH^-$	培养宏观辨识与微观探析素养,且不急于纠正学生书写的化学方程式的等号,留待后面有实验证据时再修正。
	【追问】根据刚才的探究结果,你们认为氨水可以用作氮肥吗?		回应问题,让学生体验探究的成功感。
	【提供素材、提出问题】氨水的确曾作为化肥被普遍使用,其具有造价便宜、施肥方便、肥效较快等优点。在使用氨水化肥时,也有许多注意事项,如"不离土"就是要深挖覆土,"不离水"就是要加水稀释,这是为什么呢?	【讨论】氨气极易溶于水,可以施作氮肥,但应该需要控制其碱性不宜太强。	通过问题又一次激起学生的认知冲突,产生进一步探究的欲望。
	【引导】稍打开氨水试剂瓶,闻一闻氨水有什么气味?	【观察思考】分析教师提供的农民施化肥图片,思考"一不离土,二不离水"的原因。	
探究问题2:氨气能否转化为液态氮肥?	【提问】这是不是说明氨水中有氨分子挥发出来呢?怎么通过实验去证明呢?	【学生活动】发现氨水散发出与氨气相同的刺激性气味。	体验氨水的挥发性。
	【趣味实验】 桃花朵朵开 滴有酚酞的棉花 氨水——		
	【提问】根据现象,你有什么结论?对于前面书写的氨气与水的反应方程式你有什么新的想法?	【观察现象】白色棉花逐渐都变成了红色。	通过趣味实验提升学生兴趣,并通过装置渗透环保意识,培养观察、分析和推理能力。
	【提问】施氨水化肥时,为什么要"一不离土,二不离水"呢?	【自我修正】氨气与水的反应,实际上是一个可逆反应,我们要用可逆符号来表示。	在获得证据的基础上,自我修正化学方程式,这样获得的知识会更长久。
	【提问】早在2008年,氨水产量就不到氮肥总产量的0.2%,逐渐退出了化肥市场,这又是为什么呢?	【回答】为了减少氨水的挥发。降低氨水的碱性。	
		【回答】氨水呈碱性,浓度过高时会灼伤植物根茎;氨水易挥发,运输、储存都不方便,氨的利用率也低;氨水中挥发出的氨气具有刺激性气味,可能会伤害农民的呼吸道。	培养利用知识分析问题、解决问题的能力。

续表

环节	教师活动	学生活动	设计意图
过渡	【问题】正是由于氨水作化肥存在诸多缺点,所以化学家还得想办法把氨气继续转化。同学们想想,转化的方向是什么?		
探究问题3:氨气可否转化为固态氮肥?	【设问】那氨气能如同学们所愿转化为固态氮肥吗? 【展示】市场上常用氮肥 NH_4Cl、$(NH_4)_2SO_4$、NH_4NO_3 图片。 【提出任务】根据固态氮肥的组成分析从氨气转化为铵盐的可能途径,有没有办法证明你们的想法? 【分组实验】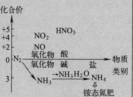 【教师提问】白烟是什么?怎么生成的? 【归纳】通过实验,我们发现氨气确实能与酸反应生成铵盐,这种转化正是铵态氮肥的生产原理。请同学们书写生成这些铵盐的化学反应方程式。	【分析】转化为固体,且常温下要比较稳定。 【分析】这些氮肥都由铵根离子和酸根离子所构成。从氨气到铵盐,就多了一个氢离子,猜测固态氮肥可由氨气与相应的酸反应转化而来,设计实验验证氨气与盐酸、硫酸等的反应。 【观察】锥形瓶中有大量白烟生成。 【学生回答】白烟应该是氯化铵固体小颗粒,是氨气和盐酸挥发出的氯化氢反应生成的。 【书写方程式】 $NH_3+HCl \longrightarrow NH_4Cl$ $2NH_3+H_2SO_4 \longrightarrow (NH_4)_2SO_4$ $NH_3+H_2O+CO_2 \longrightarrow NH_4HCO_3$	让学生从物质组成角度分析、推理从氨气到铵态氮肥的转化途径,再通过实验验证猜想的合理性,不仅学习了氨气可与酸化合的性质,同时强化了演绎推理、实验探究等科学方法的应用。 培养观察推理能力。 巩固化学方程式书写技能。
过渡	【问题】通过刚才的探究,我们实现了氨气到氨水(碱)或铵盐的转化,在这样的转化过程中,氮元素的化合价没有变,都是 -3 价。氨气中的氮是最低价,那它能否转化为高价态的含氮物质呢?		
探究问题4:氨气能否转化为高价态含氮物质?	【引导】同学们还知道哪些含氮物质?化合价分别是多少?请将这些物质填写在相应的价类二维图上。 【提问】要实现氨气到这些高价态含氮物质的转化,方法是什么? 【演示实验】根据同学们的想法,我们来做做实验,请同学们注意观察、思考: ①在集满氧气的集气瓶中,加少量氢氧化钠固体,倒入适量氨水。此时烧瓶中是什么气? ②取少量三氧化二铬于燃烧匙,灼烧至红热,抖落至烧瓶中,观察实验现象。 ③另取一集满氧气的集气瓶,重复实验②。	【回答】氮气、一氧化氮、二氧化氮、硝酸。将这些物质填到相应的价类二维图中。 化合价 $+5$ NO_2 HNO$_3$ $+4$ $+2$ NO 0 N$_2$ 氧化物 酸 氧化物 碱 盐 → 物质 -3 NH$_3$ →NH$_3$·H$_2$O NH$_4^+$ 类别 铵态氮肥 【回答】与氧化剂反应,如氧气。 【回答】氨气和氧气的混合气体。 【观察】在氨气与氧气混合的烧瓶中,三氧化二铬火花四射;而在氧气的烧瓶中,三氧化二铬则为原来的深绿色。	引导学生回顾已知的含氮物质,有意识地建立起价类二维关系,并从氧化还原角度分析氨气可能具有的其他化学性质,建立元素观。 教材中对这一反应是直接给出化学反应方程式的,缺少证据推理。此处补充的实验,现象炫目,能给学生强烈的感官刺激,激发学习化学的兴趣。同时,让学生在对比实验的基础上,

续表

环节	教师活动	学生活动	设计意图
探究问题4：氨气能否转化为高价态含氮物质？	【教师提问】灼热的三氧化二铬在盛有氨气和氧气的混合气体的烧瓶中火花四射,说明了什么？ 【教师讲述】这是氨的催化氧化反应,产物是一氧化氮和水。 在没有催化剂的条件下,氨气也可以在纯氧中点燃,生成氮气和水。请同学们分别写出这两个反应的化学方程式。 【引导回顾】实验证明了氨气的确能与氧气反应生成高价态的含氮物质。上节课我们学习了"雷雨发庄稼"这样一个自然固氮的过程,请同学们回忆一下这个过程。 【引导】同学们看,有了氨气后,我们是否可人工实现这一固氮过程呢？ 【评价】同学们分析得很正确。氨气催化转化为一氧化氮的这个反应是工业制硝酸中非常重要的反应。氨不仅可以用于制备铵态氮肥,还可以用于制备硝酸,硝酸又可以转化为硝酸盐,而这正是工业制硝态氮肥的过程。 【PPT展示】常见的硝态氮肥：硝酸钾、硝酸钙、硝酸铵。	【学生讨论】三氧化二铬是催化剂,氨气和氧气在催化剂作用下发生反应,反应放出大量的热使得三氧化二铬火花四射。 【书写】尝试书写出化学反应方程式： $4NH_3 + 5O_2 \xrightarrow[\triangle]{\text{催化剂}}$ $4NO + 6H_2O$ $4NH_3 + 3O_2 \xrightarrow{\text{点燃}} 2N_2 +$ $6H_2O$ 【回答】$N_2 \rightarrow NO \rightarrow NO_2 \rightarrow$ $HNO_3 \rightarrow$ 硝酸盐。 【回答】通过氨的催化氧化生成一氧化氮,一氧化氮与氧气反应生成二氧化氮,二氧化氮与水反应生成硝酸,硝酸再与碱或盐反应生成硝酸盐。 【体会】化学转化的重要价值。	分析现象,根据证据推理得出结论,培养了学生的证据推理、科学探究和创新意识等学科核心素养。 进一步地巩固根据现象和信息书写化学方程式的技能。 与自然固氮过程形成有机联系,并拓展到通过人工的化学转化,实现从氨气到硝酸再到硝酸盐的转化,深刻体会化学转化的重要意义。 增加感性认识,欣赏学科价值。
过渡	【问题】无论是硝态氮肥还是铵态氮肥,都属于无机肥,施用时对土壤有特定的要求,含氮量也相对较低。那还有没有办法将氨转化为含氮量更高、对土壤更友好的氮肥呢？		
探究问题5：氮肥的未来发展方向是什么？	【展示】尿素图片。 【播放视频】德国青年化学家弗里德里希·维勒经过长期的潜心研究,用氨气人工合成尿素,首次实现了从无机物到有机物的转化。要求学生能说出维勒人工合成尿素的方法,并说出自己对科学家探索的体悟。 【提供信息】工业上用液氨和二氧化碳为原料,在高温高压条件下直接合成尿素。 【展示】尿素不但含氮量高,而且适合各种土壤。各类氮肥使用量及占比。 【讲述】中国以世界9%的耕地养育了世界22%的人口。这一"中国奇迹"的背后有化学氮肥大规模施用的重要贡献。 【展示、提问】太湖蓝藻污染事件、过度施用氮肥后的土壤图片。为什么会出现这些环境问题？	【发现】尿素含氮量高达46.0%。 【体悟】化学的神奇,科学家的探索与创新精神。 【书写】 $2NH_3 + CO_2 \xrightarrow[\text{高温高压}]{\text{催化剂}}$ $CO(NH_2)_2 + H_2O$ 【观察】观察图表数据,感悟尿素氮肥的优点以及氮肥对人类生存的重要意义。	围绕以氨气为中心的转化,进一步拓展。通过视频展示让学生体悟化学家孜孜不倦的探索和创新精神。 根据信息书写化学方程式,体会从无机物到有机物的转化。 通过数据让学生深度认识并赞赏化学对人类生存和发展的价值。

续表

环节	教师活动	学生活动	设计意图
探究问题5：氮肥的未来发展方向是什么？	【讲述】氮肥对人类的生存发展发挥了重要作用。但过量施用也带来土壤酸化以及水体富营养化等环境问题。所以，未来还需要继续研发肥效高、对土壤和环境更友好的绿色化肥，让我们学好化学，为人类可持续发展贡献力量！	【讨论回答】可能是化肥流失导致水体富营养化；部分氮肥呈酸性，导致土壤酸化板结。 【内化】激发学好化学，为人类发展贡献力量的情感。	让学生辩证地认识化肥利用对人类可持续发展的影响，深化STSE观，激发学好化学、服务人类发展的远大志向。
整理归纳	【整理归纳】引导学生从物质类别和化合价角度整理本节含氮物质之间的转化关系。	【整理】价类二维图，进一步体会"氨气"作为重要化工原料的价值。	建立起氮元素不同物质间的转化关系图，内化观念和方法。
教学延伸、学以致用	1. 如图为某工厂液氨泄漏现场。 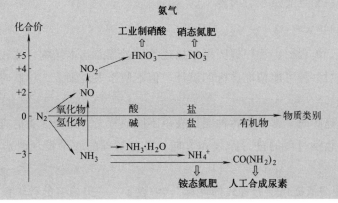 (1)请分析推理消防人员喷洒的液体是什么？ (2)消防人员为什么要穿厚厚的防护服、戴防毒面具？ (3)事故废水该如何处理？ (4)若不慎鼻腔、咽喉部位沾有氨液，可向鼻腔内滴入2%硼酸、喝食醋。请解释原因。 2. 氨气作为一种重要的化工原料，还可在发电厂用于除去煤燃烧过程中的氮氧化物(脱硝)。 (1)试分析氨气可用于脱硝的原理。 (2)如图为电厂氨区，请解释为什么在氨区"严禁烟火"。	利用课堂所学知识解决相关实际问题，学以致用。	通过学生解决真实问题表现，评价学习目标的达成情况，实现"教、学、评"一体化。

6. 板书设计

氨气

化合价

工业制硝酸　硝态氮肥

$+5$　　　NO_2 → HNO_3 → NO_3^-

$+4$

$+2$　　NO

0　　N_2　氧化物　　酸　　　盐　　　　　　　　→ 物质类别
　　　　　　氢化物　　碱　　　盐　　有机物

-3　　　NH_3 → NH_3·H_2O → NH_4^+ → CO(NH_2)_2

铵态氮肥　人工合成尿素

7. 课后作业

① 整理本节课价类二维图中各物质转化关系的化学反应方程式。

② 完成教材 p43 和 p44 理解应用：2、3、6、7、9。

③ 调查研究：利用节假日时间，以小组形式到农村进行调查研究，或走访专业人士、查阅资料等，了解如下问题：当前农村使用的氮肥主要有哪些，各占比是多少？各种氮肥的适用范围和施用方法分别是什么？氮肥施用中存在哪些问题？

取施用了不同氮肥的土壤样本，带回学校检测其成分及酸碱性。

完成调研报告，提出未来氮肥利用和发展建议。

8. 教学反思

围绕从氨气到氨水、铵盐的转化，从氨气到一氧化氮再到二氧化氮、硝酸和硝酸盐的转化，从氨气到尿素的转化，凸显元素观，让学生在这些真实的生产应用情境中，深刻体会化学、技术与社会、环境的关系，赞赏化学转化对人类发展的价值。同时，通过氮肥利用带来的问题，引导学生思考氮肥未来的发展方向，培养科学态度与社会责任。

在教学中，问题的解决、知识的获得都尽可能地让学生通过自主探究和证据推理获得。如"氨气极易溶于水"中的"极"字，学生一开始并不能说出来，教师引导学生观察烧瓶中水的体积，让学生自主建构"极"易溶于水；"氨气溶于水是一个可逆反应"，学生在喷泉实验中并不能得出此结论，教师也不急于告诉学生，而是在探究了"氨水的挥发性"后让学生在证据的基础上自主修正；氨气的催化氧化也是通过实验对比观察得出结论，而不是让学生死记硬背化学方程式。这些都体现了对学生科学探究、证据推理等素养的培养。本节课创新设计了趣味实验"桃花朵朵开"验证氨水的挥发性、氨气与氯化氢反应的封闭体系以及氨的催化氧化实验，充分体现了化学"以实验为基础"的特征，渗透了"绿色化学"观念以及创新意识。

（三）纲要式

以提纲和要点描述教学内容和教学过程设计，便于反映教学内容与教学环节的内在联系，便于教师把握整体教学思路和关键。以这种方式呈现出来的教案也称简案，编制时需要深思熟虑、认真提炼，一般老教师采用较多。纲要式不宜过于简单，应该能充分反映教学过程的逻辑思路和重要过程、内容。

（四）图示式

利用方框图、流程图、程序框图等来描述教学过程的基本结构，比较形象、直观，便于考虑和表现针对各种可能情况进行的设计，但不便于表现细节。编制时应注意配以必要的说明。

在绘制程序框图时，常常用各种图形表示不同的意义，用带箭头的直线或折线连接各图形框架来表示教学过程的进行路线和方向。各种基础的教学设计图形框及其意义如表10-7 所示。

如图 10-7 是"依据化学方程式的计算"（沪教版）一节内容的教学程序框图。

表 10-7 　教学设计图形框及其意义

图形框	意　义
	表示过程开始或结束
	表示教师的一项活动。框内用文字说明教师活动的形式和内容
	表示学生或师生共同进行的一项活动。框内用文字说明活动的形式和内容
或	表示非语言媒体的应用。其中,左半框内用文字说明媒体种类,右半框内用文字说明有关内容
	表示一次决策判断,框内用文字简要地说明需要作出决策判断的问题,下方和左、右方顶点代表不同的决策方向
或	表示程序一部分跟页外其他部分的连接点,框内数字(或文字)表示连接点的序号

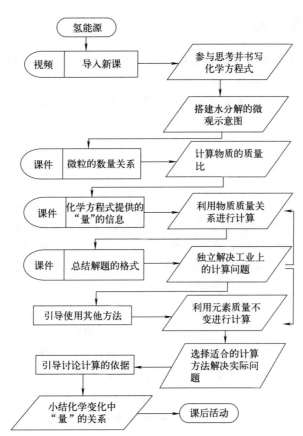

图 10-7 　"依据化学方程式的计算"(沪教版九年级上册)教学程序框图

(五)综合式

指综合上述各种形式之长,灵活地组合应用。例如,可以在讲稿式或表格式教案前面附上方框图、流程图或者程序框架图等。

教学方案是教学工作的预订方案,其中的教师活动和学生活动都是预设的,在教学过程中可能会随着课堂教学的生成发生变化，尤其是学生活动的情况，不一定和教师预设的相同，此时，教师就需根据学生的学习活动情况相应地修改教师活动。因此，教案在实施后，常常还要进行修改、补充和说明。

第三节 化学课堂结构及不同课型教学策略

交流讨论

请分析"溶液的形成"和"氨气"的教学过程，你是否发现课堂教学具有一般的结构？那么，课堂教学一般由哪些部分所组成？"溶液的形成"和"氨气"在教学组织上有何不同？

一、化学课堂一般结构

所谓化学课堂一般结构，是指课的组成部分及各部分的顺序。一般来说，一节课由三部分所组成，即课的开始部分、中心部分和结尾部分。各部分的主要工作及大致的时间划分如图 10-8 所示。

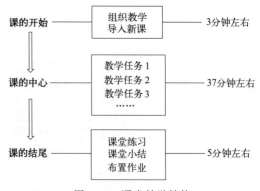

图 10-8 课堂教学结构

（一）课的开始部分

1. 组织教学

组织教学的目的是安定课堂教学秩序，使学生做好上课学习的思想准备，准备好学习用具，将注意力集中到教学活动中来。组织教学应贯穿于整堂课的始终。教师自进入教室开始，镇静、从容、亲切的举止，振奋的精神，充沛的感情，上课必要的礼节以及检查学生出席情况，新颖、别致的"开场白"，提问引起的深思等，都会起到安定课堂教学秩序的作用。继而直到下课，教师都要留心观察学生情况，使之始终保持注意力高度集中的状态。为此，除需根据不同的教学活动适当做好学生听讲、观察、讨论、实验等的组织工作外，主要的还是靠教学的生动性、启发性、探究性和逻辑性，不断激发学生的求知欲和引导学生积极开展思维活动来实现组织教学。最后，按时结束一堂课和认真布置好课外作业，也是完成整节课教学所应重视的。否则随意"拖堂"或"草率收兵"，都将会引起教学秩序的涣散。

2. 导入新课

导入新课是在课堂教学进入一个新的教学内容或教学活动之前，教师根据一定的教学目标和教学内容特点等，有意识、有目的地运用教学媒体，通过适当的方式引入新课或新的话题。导入新课在教学过程中具有承上启下的作用，力求在最短的时间内使学生精力集中，以饱满的精神状态、高涨的情绪、足够的知识储备进入新课学习；在情感上则激发学生学习兴趣，调动学生学习积极性。前面所讨论的多样化的情境素材和情境创设利用方法等都是导入新课常用的手段。

交流讨论

　　请分析"溶液的形成"和"氨气"教学过程的新课导入环节，两者创设情境的方法有何不同？课堂导入环节与后续教学环节的逻辑关系是什么？课的中心部分各教学任务的展开逻辑又是什么？

（二）课的中心部分

　　课的中心部分是完成本课时教学目标的主要部分，一堂课的成败在很大程度上取决于该部分教学质量的高低。这就要求教师根据每堂课的教学目标要求，掌握好内容的深广度，依托一定的教学情境，设计具有逻辑结构的问题推进教学过程；恰当地运用教学原则和教学方法进行师生互动，尽量多地创设让学生活动与表达的机会；教学语言力求做到清楚、准确、精练、生动，板书做到有计划、准确、简洁而具有启发性、示范性和艺术性。同时，教师在执行教案时，要从实际出发，灵活地使用教案，针对临时发生变化的情况，对教案做部分修改，以适应变化了的情况，使课堂教学收到较好的效果。还要注意课堂教学中的信息反馈，及时了解学生学习的情况，及时给予评价，根据学习反馈调控课堂教学。

　　如"溶液的形成"在课的中心部分通过 4 个连续的学习任务，让学生围绕特定目标，从已有经验出发，以解决真实问题为主线，在问题解决过程中，付出持续的心理努力，通过分析判断、创造性思维以及反省认知等复杂思维活动，形成了对知识的结构化理解和深度理解；"氨气"在课的中心部分，围绕"氨气的转化利用"设计了 5 个环环相扣的问题，以"氨气"中的氮元素为核心，建构了化合价相同的不同含氮物质之间的相互转化、不同化合价的含氮物质之间的相互转化关系，将元素化合物知识的教学重心从事实性知识的识记转向对更为根本的元素观及其认识思路与方法的理解，有利于学生从学科知识到学科观念再到学科核心素养的转化。

（三）课的结尾部分

　　课的结尾部分通常包括课堂练习、课堂小结和布置作业等环节。

　　课堂练习部分主要是通过安排学生完成一定的练习，既能及时巩固应用所学知识，又能通过学生完成练习的表现评价学习目标的达成情况，实现"教、学、评"一体化。

　　课堂小结部分是通过师生互动，将本节课的中心内容加以系统概括，使学生对本节课的核心内容、方法等形成结构化的认识，并将新知纳入已有认知结构中。教师还可通过精练的语言将本节课知识背后蕴涵的深层次的内容揭示出来，如学科观念、思想方法、学科价值等，以达到提炼升华的目的。如在"溶液的形成"教学中，教师在小结部分从溶液在生产及科学研究中的重要价值出发，激励学生学好化学，以屠呦呦为榜样，为实现中华民族的伟大复兴多作创新性贡献；又如，在"氨气"教学中，教师小结道，"氮肥对人类的生存发展发挥了重要作用。但过量施用也带来土壤酸化以及水体富营养化等环境问题。所以，未来还需要继续研发肥效高、对土壤和环境更友好的绿色化肥，让我们学好化学，为人类可持续发展贡献力量！"

一节课好的结尾也是下一节课好的开端，课堂教学结束时可为下一堂课留下疑问、悬念，这会使学生对后面的学习充满期待，也可以引导学生去拓展知识。因此，课堂结束时，还可以提出新的问题，把课内知识向课外延伸，造成悬念，激发学生去探索新问题的欲望。如"氨气"课堂小结后，教师还可提出问题，"氨的催化氧化生成一氧化氮，那么如何将一氧化氮转化为硝酸，硝酸又有哪些重要性质和用途呢？我们将在下一节课继续研究。"

布置作业部分主要是给学生布置课外学习任务，例如，完成化学习题、做课外小实验、写实验报告、阅读教科书等。课外作业能使学生进一步加深理解、巩固课堂所学的知识、熟练技能和发展能力等。课外作业是课堂教学的延续和发展，应予以重视。布置作业时，要提出明确的要求，有时还需提示或示范。

在实际的中学化学教学中，具体到每一堂课，不一定所有部分俱全，但课堂教学的三个基本步骤一般都应体现，同时教学中应使它们有机地联系为一个整体。由一个部分过渡到另一个部分时，应注意用简短的逻辑引言使之自然衔接，避免学生思维涣散松弛。在时间分配上，中心部分是主要的，应将大部分时间分配于此。不宜在开始部分和结尾部分占用过多的时间，影响主要内容的教学。古人常用"凤头猪肚豹尾"来形容写作，意思是开头要精彩亮丽，中间要充实丰富，结尾要响亮有力，好的课堂教学也应如此。

二、不同课型的化学课教学策略

课型通常是指课的类型。根据不同的分类标准，化学课可以有不同的类型：如根据化学教学内容是否是新的，可分为新授课、复习课、习题课或讲评课等；根据化学教学内容的性质，可分为元素化合物知识课、基本概念课、基础理论课、化学用语课、化学计算课、化学实验课等。不同的课型，教学策略会有所不同。

（一）元素化合物知识课的教学策略

元素化合物知识是指反映物质的性质、存在、制法和用途以及与社会、生产和生活实际相联系的知识，是基础教育化学课程的核心内容之一，也是整个化学知识的"骨架"，学生基本概念的形成、基础理论的学习都与元素化合物知识紧密相连。义务教育阶段化学课程中，元素化合物知识主要体现在"主题2 物质的性质与应用"，涉及"空气、氧气、二氧化碳""水和溶液""金属与金属矿物""常见的酸、碱、盐"等内容；在高中化学课程中主要体现在"主题2：常见的无机物及其应用""主题4：简单的有机化合物及其应用"中。学生学习化学，从元素化合物开始，进而深入到认识元素化合物之间的内在联系和物质变化的规律性，这是学生认识从具体到抽象、从现象到本质的发展过程。元素化合物知识内容面广量多，如果教学不得法，会让学生觉得化学易学难记、易得难学，激发不了学生的学习兴趣，学生的学科核心素养得不到充分发展。针对元素化合物知识特点，在遵循一般教学规律的基础上，教学设计时可采取如下策略。

1. 联系生产生活，创设教学情境

元素化合物知识中具体典型物质多，与日常生活及工农业生产关系密切，在教学时要充分利用这些内容创设教学情境，引导学生从身边的化学物质和现象入手，学习有关物质

组成、结构、性质、变化与用途的知识，让学生在情境问题的解决中获得化学知识，有利于增进学生对知识的理解，提高他们分析和解决实际问题的能力。

📖 **案例分析**

【案例 10-2】"SO_2 的化学性质"教学片段

【情境与问题】教师展示葡萄酒瓶，引导学生观察标签，发现辅料中含有"SO_2"，产生问题："为什么添加二氧化硫？"

【推理与假设】葡萄酒发酵和存放过程中最需要考虑的是抑制细菌生长以及抗氧化，添加 SO_2 是不是能起到这些作用？而这些用途由 SO_2 本身的某些性质所决定，即 SO_2 溶于水可能产生酸性物质，SO_2 具有还原性。

【收集证据】（1）设计并完成实验：①往集满 SO_2 的塑料瓶中加入少量水，振荡，用 pH 试纸检验其酸性；②将二氧化硫的水溶液滴入氯化钡溶液中观察是否有白色沉淀，再加入过氧化氢溶液后再观察；③将 SO_2 气体通入酸性高锰酸钾溶液中，观察。（2）实验现象：①塑料瓶迅速变瘪，pH<7；②先没有沉淀，加入过氧化氢后出现白色沉淀；③高锰酸钾紫色褪去。（3）查阅资料：酸雨形成过程以及工业生产硫酸工艺中的化学反应之一为：

$$SO_2 + O_2 \xrightleftharpoons[\triangle]{\text{催化}} SO_3$$

【推理与结论】（1）推理：SO_2 是酸性氧化物，所以能与水反应生成相应的酸；SO_2 中硫元素的化合价为 +4 价，具有还原性，所以能被高锰酸钾溶液氧化，使得溶液褪色。（2）结论：SO_2 能与水反应生成相应的酸；SO_2 具有还原性。

【进一步的探究】SO_2 作为酸性氧化物还有其他化学性质吗？从 SO_2 中硫元素的化合价分析，还应具有什么性质？……

上述案例用葡萄酒中添加二氧化硫作为教学情境，不仅引发了学生浓厚的学习兴趣，也自然提出问题引发学生的探究欲望，通过实验探究获得 SO_2 的相关性质。在探究的过程中不仅获得了知识，也培养了证据推理、科学探究等学科核心素养。

2. 运用实验方法，强化直观体验

研究表明，人们接受外界信息所参与的感觉器官不同，其记忆的保持率也不同。运用多种感官进行学习，多通道接受信息，能加深印象，可以更多地在大脑中留下回忆的线索，从而提高记忆的效率。元素化合物知识包含大量有关物质及其变化的条件、现象等的知识，单凭讲授，很难让学生获得全面的、深刻的认识。化学实验是学生获得物质及其性质等事实的重要途径，元素化合物知识的教学离不开化学实验。

教材在元素化合物内容部分呈现了大量形式多样的实验，为学生的学习提供了丰富的感性材料。在实验过程中，教师要引导学生注意观察、认真思考、正确描述，要使学生清楚、准确地认识物质及其变化的规律。这样做还能增强学生的学习兴趣，强化学生的形象思维，帮助他们理解和记忆这些重要的知识。在教学过程中教师要善于利用各种直观手段，把实物和实验提供给学生，引导学生调动各种感觉器官（眼、耳、口、手、脑等）参与，将实验、观察、思考有机地结合起来。这样学生不仅可以获得有关化学事实性知识的丰富的感性认识，又可以通过对现象的思考，认识事物的本质和内在联系，从而加深对元素化合物知识的印象，增进对知识的理解与记忆❶。

3. 重视理论指导，掌握变化规律

元素化合物知识虽然内容繁多，但如果能从众多的元素、大量的化合物中找出它们之间的内在联系和变化规律，并贯穿于元素化合物知识的教学中，学生学习时就不需死记硬背，也不会感到枯燥乏味了。这就是用化学基础理论去统领元素化合物知识的教学，即将化学反应原理、物质结构理论贯穿于元素化合物知识的学习中，用氧化还原理论、化学反应规律和定律等等，来预测、解释元素化合物的性质，以及它们发生化学变化的规律，使元素化合物知识形成理论贯穿、互相联系的体系。

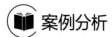 案例分析

【案例 10-3】 "SO_2 的化学性质"教学片段

【情境与问题】酸雨及其危害。硫酸型酸雨的形成与 SO_2 有关，那么你认为 SO_2 具有哪些性质呢？

【推理与假设】（1） SO_2 属于酸性氧化物，应该具有酸性氧化物这一类物质的通性。（2） SO_2 中硫元素的化合价为 +4 价，根据氧化还原反应原理，既具有还原性（在氧化剂的作用下能够生成 +6 价的硫），又具有氧化性（在还原剂的作用下能够生成 +2 价或 0 价的硫）。

【收集证据】（1）设计并完成实验：①往集满 SO_2 的塑料瓶中加入少量水，振荡，用 pH 试纸检验其酸性；将 SO_2 气体通入 a. 澄清石灰水中，b. NaOH 溶液中后滴加稀盐酸。②将 SO_2 气体通入 a. 酸性高锰酸钾溶液，b. 溴水。③将集满 SO_2 和 H_2S 的集气瓶对接，并抽去玻片，使两种气体充分混合。

（2）查阅资料：脱硫技术——在含硫的矿物燃料中加生石灰，及时吸收燃烧过程中产生的 SO_2，这种方法称为"钙基固硫"；另外也可以采用烟气脱硫技术，用石灰浆液或石灰石在烟气吸收塔内循环，吸收烟气中的 SO_2。

【推理与结论】（1）推理：实验现象及资料等证据支持了我们的假设；（2）结论：① SO_2 具有酸性氧化物的通性；② SO_2 既具还原性，又具氧化性。

【进一步的问题讨论】那么在酸雨的形成过程中，SO_2 发生了哪些变化？……

上述案例，从酸性氧化物的一般通性及氧化还原反应原理等规律出发演绎推理 SO_2 的化学性质，以此推理为依据设计实验进行验证。这种方法也称联系-预测策略，指学生在学习元素化合物等事实性知识时，有意识地抓住其与理论性知识以及与已有知识经验之间的联系，并以这些联系为依据对要学习的物质的一系列性质作出预测，然后利用实验、观察、思维等活动进行验证，从而获得关于物质性质的科学认识。这种方法适用于学生掌握了一定的物质变化规律和化学反应原理后元素化合物知识的学习。如学习金属钠的化学性质时可从钠原子的结构特点出发进行演绎推理——钠原子最外层只有一个电子，在化学反应中易失电子，所以应该能与原子易得电子的物质（如 Cl_2、O_2 等）发生反应；也可

❶　刘知新. 化学教学论［M］. 4 版. 北京：高等教育出版社，2009：246.

以从金属的一般通性出发进行推理——金属可以与非金属单质发生反应、可以将在金属活动性顺序表中排在其后面的金属从其水溶液中置换出来等等。当然，这种预测推理方法，只能揭示共性和个性的统一，不能进一步揭示个性，如金属钠与水反应、金属钠与盐溶液反应的复杂性等。

现行教材在编排元素周期律之前的无机物知识时，渗透了运用原子结构理论的初步知识指导性质学习这一思想，并充分运用归纳法，从各个元素的个性综合归纳出元素族的共性，得出元素周期律；对于元素周期律以后的无机物知识，一般是从一族元素的原子结构特征及其在元素周期表中的位置来揭示元素族的通性，运用演绎法从共性到个性来研究具体物质的性质。

4. 注意归纳整理，使知识结构化

元素化合物知识内容多、分布广，如果在学习过程中不注意及时整理、归纳，而是简单、机械地记忆在头脑中，则既不利于提取应用，也容易遗忘。知识结构化是指将零散、孤立的知识按照一定的线索进行归类、整理，使之成为彼此间相互联系的整体，形成一个系统化、结构化的知识网络结构。结构化的知识储存在头脑中，犹如图书馆经过编码的书，归置有序、寻找方便。

知识结构化的关键是要确定知识间的内在联系，以此为脉络，形成知识框架结构。价-类二维图是将元素知识结构化的常见方式之一。如图 10-9 所示，以物质类别为横坐标，中心元素化合价为纵坐标，通过类别显示物质的通性，通过价态显示物质的氧化性或还原性，从"二维"两个角度整理物质的性质以及不同物质之间的相互转化关系，把相对零散的元素化合物知识连点成线、连线成面，由面构成立体的知识体系，便于掌握、利用。

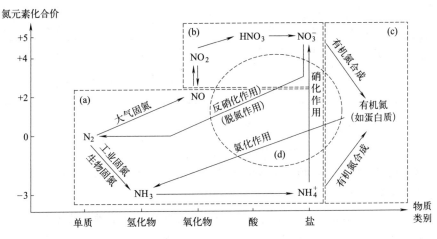

图 10-9　氮元素及其化合物价-类二维关系

（二）化学理论性知识课的教学策略

概念是客观事物及其本质属性在人脑中的反映，是人类思维的基本形式之一。化学概念反映了物质及其变化的本质属性，化学原理是物质及其变化本质属性的内在规律的反映。概念是原理的前提和基础，原理则是对概念的进一步发展，二者相辅相成。化学概

念、原理和定律等一些具有规律性的知识共同构成了化学理论性知识，它能使学生从本质上认识物质的结构、性质和变化，也能把零散的化学知识按照内在规律组成系统，建立良好的知识网络体系，有助于培养学生的逻辑思维能力和想象力。它是中学化学教学内容的精髓，体现了化学学科的基本观念。因此，化学理论性知识在中学化学教学中处于核心地位，在化学教材中起着统领和制约全局的作用。

1. 化学概念的获得方式

（1）概念形成

概念形成是指学习者从大量的具体例证中，以比较、辨别、抽象等形式概括得出同类事物关键特征的一种方式。如案例 10-5 所示。

📖 案例分析

【案例 10-4】"电解质"概念的获得

　　请分析以下教学过程中，教师是如何引导学生获得"电解质"这一概念的？

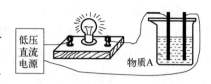

　　【教师演示实验】利用右图所示装置，完成物质A 的导电性实验。

表 10-8　物质 A 的导电性实验结果

序号	物质 A	是否导电
1	硝酸钾固体	不导电
2	熔融的硝酸钾	导电
3	硝酸钾溶液	导电
4	食盐水	导电
5	盐酸	导电
6	氢氧化钠溶液	导电
7	熔融蔗糖	不导电
8	蔗糖溶液	不导电

　　【学生】记录实验现象，完成表 10-8。

　　【教师引导】根据能否导电将物质进行分类。

　　【学生分析】2～6 的化合物在水溶液或熔融状态下能导电；7、8 的化合物在水溶液和熔融状态下都不能导电。

　　【概念形成】在水溶液或熔融状态下能导电的化合物叫电解质；在水溶液和熔融状态下都不能导电的化合物叫非电解质。

　　【强调】①电解质和非电解质指的都是化合物；②电解质定义中的"或"，非电解质定义中的"和"。

（2）概念同化

指学习者利用认知结构中原有的、适当的概念图式来学习新概念的另一种方式。如案例 10-5 所示。

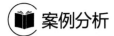 **案例分析**

【案例 10-5】 "电离平衡"概念的获得

请分析以下教学过程中，教师是如何引导学生获得"电离平衡"这一概念的？

【复习提问】①什么是化学平衡？具有哪些特征？②在已有的学习中，除了像合成氨这样的可逆反应，我们还接触过什么过程是可逆的？请举例说明。

【学生回答】弱电解质的电离，如

$$CH_3COOH \rightleftharpoons CH_3COO^- + H^+$$

$$NH_3 \cdot H_2O \rightleftharpoons NH_4^+ + OH^-$$

【教师引导】弱电解质的电离是可逆过程，因此，存在着电离平衡关系。同学们能否说出什么是电离平衡，可以小组讨论一下。

【学生回答】在一定条件下，当弱电解质分子电离成离子的速率和离子重新结合成分子的速率相等，溶液中各分子和离子的浓度不再发生变化时，电离就达到了平衡状态。

2. 化学理论性知识的一般教学过程

化学基本概念和基本原理具有高度的概括性和抽象性，具体的教学原则与方法也有许多相似之处。认知心理学认为，基本概念和基本原理的学习过程一般都有五个阶段，如概念的学习要经历：感知→加工→初步形成→联系、整合→运用等阶段，而原理性知识的学习要经历：感知→假设→验证→联系、整合→运用等五个阶段，二者既有不同之处，又有共同之处。下面，以"质量守恒定律"的教学为例，分析原理性知识学习的五个阶段的功能和任务：

（1）感知阶段

感知（如观察）有关典型的化学事实，或者温习相关知识并感知要解决的问题，从而为归纳（或演绎推理）作准备。在进行质量守恒定律的教学时，学生首先要观察不同物质反应时质量的变化，在教师的提示下，形成"化学变化过程中反应物与生成物之间质量存在何种关系"这一问题。在感知事实材料的基础上，引导学生提出要研究的问题，或是直接向学生提出要研究的问题，可引发学习的进行。正确地感知并由感知提出问题，往往是进行基础理论学习的前提。

（2）假设阶段

在准确感知事实的基础上，通过运用化学思维和化学概念对所感知的化学事实进行分析、归纳、综合，提出化学假说。在这个阶段，要充分调动学生的思维，引导学生准备好必要的概念，并引导学生积极利用其原有的化学理论知识和其他化学知识，进行科学的思维。由于学生各自的知识程度和思维水平的差异，会出现各种假设。如对于化学反应中反应物与生成物之间的质量关系可能会有如下假设：生成物的质量可能大于、等于或小于反应物的质量，这就需要引导学生思考所提出假设的依据，形成合理的或基本合理的假设。这一阶段是学生思维发展、学习能力发展的主要阶段，是学习过程中最重要的阶段，也是学生构建化学基本理论的意义最重要的阶段。教师应在这一阶段给学生留出足够的讨论时间和思考时间，让学生充分发表自己的见解，从而使学生得到思维训练和发展。

（3）验证阶段

为了验证假设，学生需要进行相关的实验或观察教师的演示实验，从而得到相应的实验结果。通过对实验事实的归纳处理，初步形成"化学反应中生成物的质量等于反应物的质量"的观点。这一阶段不仅仅是对假说的验证，对于学生的学习来说，这一阶段还是实现理论付诸实践，在理论掌握的基础上，进行创造性思维，获得新知的过程。因为提出假设是在已有知识基础上的推理，而进行假设的验证是将理论运用于实践的过程。这一过程对基础知识的教学同样非常重要。

（4）联系、整合阶段

这一阶段是要对所得结论寻求理论支撑。即用有关知识解释、说明所得的结论，或者对所得的结论进行论证，或者研究所得结论的适用范围等。通过这一过程，将相关的化学概念和原理、原有的知识经验有机地融合起来。在教学中，得出"质量守恒定律"后，还要从化学反应的微观实质进行分析，明确化学反应过程是原子重组的过程，在这一过程中，原子的种类、数目和质量没有发生变化，从而得到质量守恒定律的理论依据。这一阶段对学生思维发展的主要作用是培养学生概括和表达能力。这一阶段的另一任务是对理论的内涵和实质进行理解，辨别理论的实质和适用范畴。

（5）运用阶段

通过上述四个阶段的学习，已经得出质量守恒定律。接下来的任务就是将所形成的化学原理（相关的化学规则）运用于解决问题之中。通过运用，进一步明确原理的内涵、适用条件和使用注意事项。这一操作不仅能够使化学原理得到进一步的检验，而且能够使有关内容进一步丰富、巩固与发展。化学基础理论的运用可以体现在习题的解答上，也可以落实到真实问题的解决上。因此设置一些与实际相符的情景或实际的问题，进行理论知识的运用训练，可以让学生巩固相关理论知识，同时培养学生解决问题的能力。

一般而言，化学基本概念和基础知识的学习总是从感知具体的物质和现象开始，从学生已有的知识出发，在教师的组织引导下，通过实验或推理，经过从已知到未知、由表及里、由浅入深，有层次地由感性认识上升到理性认识，才能把握住概念原理的本质，之后还要通过再实践、再认识才能达到巩固掌握和灵活运用的目的。

3. 教学策略和方法

化学基本概念、基础理论都具有严密的逻辑性、高度的概括性和抽象性，比较难以理解且难以直观表现，是中学化学教学的难点。教学时可以选择以下教学策略和方法。

（1）遵循认识规律，加强直观教学

人们认识事物总是从感性认识上升到理性认识，再从理性认识到实践。化学概念和理论的形成可以是从生动有趣的化学变化的事实及现象出发，经过分析、综合、抽象、概括等思维的方法揭示事物的本质，得出结论或概念，这是从感性认识到理性认识的飞跃，然后应用到实践中解答化学问题，完成从理性认识到实践的飞跃。在化学概念和理论教学中，要给学生的学习提供有针对性的感性材料，要充分利用直观教学法，使抽象的知识形象化、直观化，降低思维难度，启发学生运用思维方法导出概念和理论的基本内容。在化学教学中采用直观教学的策略，教学手段包括：实物直观、模象直观和语言直观。

① 实物直观。化学教学中实物直观主要是通过实验（包括演示实验和学生实验）或观察实物进行的。实物直观可以使学生获得关于实际事物的感觉、知觉、表象和观念，以及感知记忆和想象等。例如，关于化学变化概念的教学，一般通过三个过程来进行：首先，掌握具体材料；其次，分析材料；再次，概括共性得出结论。把某些物质发生变化后生成其他物质的某些现象通过实验，如镁带燃烧、石灰石中加入稀盐酸等表现出来，在这个过程中，学生通过观察、分析、比较、综合、去伪存真，抽象出它们的共同本质属性，然后进行概括，得出"化学变化"的定义。又如，学习盐类水解时，先让学生做三个实验：用 pH 试纸分别测定氯化钠溶液、碳酸钠溶液和氯化铵溶液的酸碱性。这三种物质都属于盐类，pH 试纸测定结果显示三种不同的酸碱性，与学生的已有认知发生冲突，这时综合运用酸碱理论、水的电离平衡、强弱电解质的电离理论解释不同的盐溶液使 pH 试纸显示不同颜色的原因，最后得出"盐类的水解"的定义。这样从感性知识入手，运用已知理论解释新的实验现象，引出新的概念，有利于学生理解和应用。

② 模象直观。所谓模象直观就是在教学中采用关于事物的模拟性形象（而不是事物本身）作为直观对象，如模型、图像、图形、线条和图表以及幻灯、电影、多媒体课件等现代教学手段来表示化学中不能用实验来表示的概念和理论，采用模拟性形象会取得良好的教学效果。例如，介绍电子云概念可用幻灯投影叠加的方法，使学生对电子云示意图有个初步印象；有机物的教学可用分子模型提供学生不能直接感受到的微观结构知识，再通过实验现象的分析，使感性知识与理性知识结合起来，掌握其本质。

③ 语言直观。在教学中，语言直观是在形象的言语描述作用下，学生对言语所表达的事物进行感知，对语义进行思考、记忆以及想象等。利用语言直观的作用，使学生回忆有关事物的形象，以此作为支柱，学生就会对概念等理性知识进行很好地理解和掌握，它不受时间、空间和设备的限制。如讲分子这一概念时，可以从描述生活中接触到的一些现象入手：走进花园，花香扑鼻；"南国汤沟酒，开坛十里香"等。又如"金属键"概念的形成，将金属阳离子与自由电子的关系比喻为金属阳离子浸泡在自由电子的海洋中，使枯燥的知识变得生动，学生印象深刻。

（2）揭示事物本质，理解内涵外延

要全方位地理解和掌握概念和理论，教师在教学中必须引导学生分析内涵、理清外延、注意关键的字词。

① 引导学生揭示事物的本质，把握概念的内涵。所谓概念的内涵，就是概念所反映的客观事物本质。学生在化学学习中初步形成的概念，往往是朦胧的。有的学生虽然把概念的定义背得滚瓜烂熟，但理解往往是片面的。要使学生真正掌握概念，教学中必须揭示概念所反映的客观事物本质。例如，讲"溶液"这一概念时，常用食盐或蔗糖的溶液为例，学生很容易将"无色透明"理解为溶液的本质特征。如果教师不及时给出一些有色溶液，学生就会把溶液的"颜色"这一非本质特征也包括到溶液概念的内涵中去，作为判断是否属于溶液的依据，这就犯了扩大概念内涵的错误。

② 强调概念的联系和区别，充实概念的外延。所谓概念的外延，就是概念所反映的那一类事物。例如，电解质的外延就是指电解质这个概念的适用范围，它主要包括酸、碱、盐、典型低价金属氧化物等，学生了解到这样的范围后，在判断某类物质是电解质还

是非电解质时，就能做到心中有数❶。

③ 要注意概念中定语和关键字词的教学。化学概念中的一些定语和关键字词，学生往往容易忽视，造成片面的理解，在应用中就会造成判断的错误。例如，在讲电解质、非电解质概念时，首先向学生交代清楚这两类物质要建立在"化合物"的基础上，这也是这两类物质之间的共同点；其次分析电解质概念时突出讲解"或"字和"导电"一词。"凡是在水溶液中或熔化状态下能够导电的化合物叫作电解质。"这里"或"指的是化合物在上述两种状态下或者两种状态居其一，可以导电就能称为电解质。然后通过具体的例子，并结合演示实验，就能比较准确地把握概念。又如，酸的概念，"电解质电离时所生成的阳离子全部是氢离子的化合物。""全部"二字非常重要，若教学中不予强调，学生在判断时，对有些化合物是酸还是盐就搞不清楚了。

（3）比较联系，把握概念和理论教学的阶段性

化学概念往往是成对或成群的，它们之间有千丝万缕的联系，而且，有不少概念容易混淆。为了使学生对概念有较深刻的了解，就要加强概念的分析和比较，找出它们间的内在联系和区别，防止孤立地、绝对化地认识基本概念，例如，电解和电离这两个概念可以列表对比，如表 10-9 所示。

表 10-9　电解与电离的比较

项目	电解	电离
定义	电流通过电解质溶液在两极引起氧化还原反应的过程	电解质在熔化或在水溶液中离解为自由移动离子的过程
条件	通直流电	不需通电,只要把电解质熔化或溶于水
本质	属于化学反应,两极分别发生氧化、还原反应,并析出新物质	属于物理变化(熔化)或物理-化学变化(溶于水),不发生氧化还原反应

又如，"原电池"和"电解池"，它们在构造、工作原理、电极名称与反应、电解质溶液和能量转化上都是不同的，但又有"相同点"——都发生氧化还原反应，遵循氧化还原有关规律等。只有重视比较联系，才能更好地解释有关原理的内涵，把握好外延。

教材中，基于学生的认知发展规律，化学基本概念是由浅入深、由简单到复杂逐步深入和完善的，教学时要注意把握知识的阶段性。那种任意扩大要求、不分阶段、企图一次"讲深讲透讲完整"的做法是不可取的。例如，对于氧化还原反应的概念，从初中到高中是逐步深化的，即先从"得氧"和"失氧"角度学习，然后从"化合价升降"角度进行判断，再从"电子转移"角度认识氧化还原反应的本质，逐步建立和完善氧化还原反应的概念。教师在教学中要把握好每一阶段的深广度，较高层次的教学应以较低层次的理解为基础，通过对新材料的分析概括引导学生对概念的认识从旧理解过渡到新认识。

在化学基础理论教学中，同样也要注意学生的接受能力和学习负担。依据课程标准要求，化学基础理论的教学深度和广度都有阶段性。教师切忌盲目追求一次讲透或任意扩大加深教学内容。否则，学生难以理解所学理论，学习负担加重。例如，原子结构理论在高中必修阶段，先初步了解原子核外电子的排布，在积累了一定的元素化合物知识后，再结合

❶ 杨云昌. 中学化学概念教学之所见［J］. 化学教育，1997（11）：7.

有关数据和实验事实认识原子结构、元素性质呈周期性变化的规律，建构元素周期律。

（4）归纳和演绎，展示概念和理论形成的过程

在化学教学中，由具体物质及其变化等事实归纳出概念、理论、各类物质的通性等规律性的知识，这是从具体到抽象、从特殊到一般的归纳法；运用理论、各类物质的通性等规律性的知识，去认识具体物质的性质，这是从抽象到具体、从一般到特殊的演绎法。例如，初中学习时，从稀盐酸、稀硫酸等的化学性质中归纳出酸的通性；高中学习乙酸时，根据酸的通性预测乙酸的化学性质。前者是运用归纳法，后者运用了演绎法。

化学基本概念、基本理论的形成过程，就是通过观察、比较、分析、综合、抽象、概括，使感性认识上升到理性认识的过程。也是由特殊到一般、由具体到抽象、由现象到本质的矛盾转化过程，它不是思维活动的终了，而是思维过程的第一个飞跃。而从归纳推理到演绎推理，是由已知向未知的第二个飞跃。这是学生用已学过的知识去认识未知事物的关键一步。归纳和演绎相互联系，不断深化。利用通过归纳方法获得的概念、理论，去指导新知识学习时就是演绎。归纳和演绎是辩证的统一。例如，当学习"影响化学平衡移动的因素"时，需要在实验基础上归纳出"浓度、压强、温度"等对化学平衡的影响；当要判断某一个具体的可逆反应在条件变化时向何处移动时，则需要用平衡移动原理再作指导，此时则是演绎推理在起作用。

运用归纳和演绎展示化学概念或原理的形成过程，对培养学生的科学思维方法，具有十分重要的意义。

（三）化学用语课的教学策略

化学用语是一系列化学符号或图式，是化学科学研究和化学学习特有的语言。化学用语与化学学科的基本概念、基础理论、无机及有机化学知识、化学实验、化学计算等知识有着极其紧密的联系，是中学化学基础知识的重要组成部分，可以说，化学用语贯穿于中学化学教学始终，没有化学用语，化学教学就无从谈起。化学用语教学要获得好的教学效果，一般要求做到以下几点。

1. "名""实"结合，建立"三重表征"思维

化学符号语言描述物质的组成、结构和变化，它不仅代表化学事物，而且蕴含着特定的化学概念。化学符号一方面代表着具体的化学事实、化学反应，同时又具有高度的抽象概括性，联系着化学学习的宏观和微观水平。它不仅是一种工具，更是化学思维简约、科学的表达方式。因此，在化学用语教学时，首先，要做到"名""实"结合，即让学生理解符号所表示的化学概念和事实。如看到"$NaCl \stackrel{}{=\!=\!=} Na^+ + Cl^-$"，即知道它所表示的是氯化钠的"电离"。其次，要从宏观和微观两个角度认识化学符号所表示的意义。宏观上，这一方程式表示氯化钠溶解于水后逐步消失，而溶液则具有导电性；微观上则表示氯化钠溶解于水后，其构成微粒钠离子和氯离子在水分子的作用下扩散到水中，形成了水合钠离子和水合氯离子。即通过宏观-微观-符号"三重表征"思维认识物质及其变化。

学生学习化学用语，记忆负担较重。教师要让学生理解化学用语的含义，将符号、图式与物质的宏观性质、化学反应时所发生的现象以及微观本质结合起来，丰富联想的线索，减少机械记忆，增加理解记忆，这样才能提高教学效率。

2. 分散难点，合理安排

化学用语由于数量多、枯燥乏味，成了教学难点，尤其是在初三化学启蒙教学中。化学教材在编写时，由于要兼顾知识的逻辑顺序，通常会把元素符号、化学式、化学方程式集中放在某个章节中。在一个章节的学习中要求学生掌握如此多的化学用语是困难的。根据许多化学教师的经验，把元素符号、化学式当作代表某种物质的普通符号，从绪言课开始就陆续、反复出现，注在物质名称的后面，但并不要求学生去记忆、会写。通过反复出现，学生在无意注意中就建立起了物质与符号之间的对应关系，到相关章节教学时再揭示它的内涵。这样，通过难点分散，既减轻了学生的负担，又达到了教学目的。

3. 掌握规律，举一反三

化学用语虽然杂乱，但也不是没有规律可循，尤其是化学式、方程式等的书写规律性较强。掌握了一般规律不仅能减轻学生记忆负担，更能达到举一反三的效果。

（1）化学式书写的一般规律

① 单质化学式书写的一般规律：如表 10-10 所示。

表 10-10　单质化学式书写的一般规律

单质种类	书写方式
稀有气体	用元素符号表示，如氦写 He、氖写 Ne
金属或固态非金属	习惯上用元素符号表示，如铁写 Fe、碳写 C
非金属气体	在元素符号右下角写表示分子中所含原子数的数字，如 O_2

② 化合物化学式书写的一般规律：一般正价元素（或根）的符号写在左方，负价的写在右方，如 SO_2、H_2SO_4、$NaCl$、$Ca(OH)_2$，氨气（NH_3）除外；化合物中元素化合价的代数和为 0；原子（或根）的数字比是化合价绝对值最简整数比的倒数。

（2）所有的方程式都遵循守恒关系

无论是化学方程式、离子方程式还是氧化还原方程式都遵循以下守恒关系：

① 元素（原子）守恒，即化学反应前后元素的种类不变，原子的个数不变；

② 电荷守恒，即涉及离子反应的化学反应前后，净电荷数不发生改变；

③ 得失电子数守恒，即涉及氧化还原反应的方程式中，得到电子的总数与失去电子的总数相等。

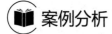 案例分析

【案例 10-6】　高考题中的化学用语书写

（2021 江苏高考卷第 17 题第 1 小题）以软锰矿粉（含 MnO_2 及少量 Fe、Al、Si、Ca、Mg 等的氧化物）为原料制备电池级 MnO_2。

（1）浸取。将一定量软锰矿粉与 Na_2SO_3、H_2SO_4 溶液中的一种配成悬浊液，加入三颈瓶中，70℃下通过滴液漏斗缓慢滴加另一种溶液，充分反应，过滤。滴液漏斗中的溶液是＿＿＿＿＿＿＿＿；MnO_2 转化为 Mn^{2+} 的离子方程式为＿＿＿＿＿＿＿＿＿＿。

……

案例分析：软锰矿粉（含 MnO_2 及少量 Fe、Al、Si、Ca、Mg 等的氧化物）若与

H_2SO_4 溶液混合，则其中的金属氧化物会被溶解，但 MnO_2 和 Si 的氧化物不会被溶解。现要求将 MnO_2 转化为 Mn^{2+}，这需要通过 Na_2SO_3 与 MnO_2 在酸性条件下发生氧化还原反应达到目的。为控制三颈烧瓶中的反应，H_2SO_4 溶液要最后加入，MnO_2 转化为 Mn^{2+}，锰原子得到 $2e^-$，SO_3^{2-} 转化为 SO_4^{2-}，硫原子失去 $2e^-$，得失电子守恒。方程式右边用 H^+ 数平衡电荷，右边加上 1 个 H_2O 从而使得原子守恒，得到离子方程式为：

$$MnO_2 + SO_3^{2-} + 2H^+ =\!=\!= Mn^{2+} + SO_4^{2-} + H_2O$$

（3）同类物质的化学反应方程式具有相似性

同类物质在化学性质上具有一些通性，因此，化学反应方程式的书写也具有相似性。如酸性氧化物都能够与水反应生成相应的酸，能够与碱反应生成盐和水，与碱性氧化物反应生成盐等。这样，掌握了某一酸性氧化物与其他物质反应的化学方程式，则可推理其他酸性氧化物相应的化学反应方程式。如案例 10-7 所示。

📖 案例分析

【案例 10-7】 SO_2 化学性质的教学片段

教师引导学生类比 CO_2 的化学性质写出体现相应的 SO_2 化学性质的化学方程式。

表 10-11 SO_2 与 CO_2 的化学性质的类比

	CO_2 的化学性质	SO_2 的化学性质
具有酸性氧化物的性质	$CO_2 + Ca(OH)_2 =\!=\!= CaCO_3\downarrow + H_2O$	
	$CO_2 + H_2O =\!=\!= H_2CO_3$	
	$CO_2 + CaO =\!=\!= CaCO_3$	

4. 加强练习，达到"三会"

使用化学用语是一种智力技能，不能强求学生一次到位，而要在不断的练习中加深体会，逐步熟练，而且要由浅及深、从易到难，从而使学生达到会写、会读、会用化学用语。

（1）会写

要写得合乎规范。学生在写化学用语时，常犯这样一些错误：

① 大小写混淆，例如，把 Mg 写成 mg，Cl 写成 cl，H_2SO_4 写成 H_2So_4，CO 写成 Co。

② 上下标书写不规范，例如把 H_2SO_4 写成 $H2SO4$，PO_4^{3-} 写成 PO_4^{-3}。

③ 化学方程式不配平，不写必要的反应条件，乱写表示气态的箭头，乱写可逆号。例如，把 $4P + 5O_2 =\!=\!= 2P_2O_5$ 写成 $P + O_2 =\!=\!= P_2O_5$（不配平），把 $2KClO_3 \xrightarrow[\triangle]{MnO_2} 2KCl + 3O_2\uparrow$ 写成 $2KClO_3 =\!=\!= 2KCl + 3O_2\uparrow$（不写反应条件），把 $H_2 + Cl_2 =\!=\!= 2HCl$ 写成 $H_2 + Cl_2 \xrightarrow{点燃} 2HCl\uparrow$（反应物和生成物均属气态，不应写 $\uparrow$），把 $CH_3COOH \rightleftharpoons CH_3COO^- + H^+$ 写成 $CH_3COOH =\!=\!= CH_3COO^- + H^+$（弱电解质电离应写 "$\rightleftharpoons$"）。

（2）会读

学生在读化学用语时，常常不够严谨、准确，例如，把 FeS、FeS_2、Fe_2S_3 都读成硫化铁或硫化亚铁，而不能根据其化合价的差异分别把它们读成硫化亚铁、二硫化亚铁、硫化铁。又如，把化学方程式 $NaCl + AgNO_3 \rule[0.5ex]{1.5em}{0.4pt} NaNO_3 + AgCl\downarrow$ 读成氯化钠"加"硝酸银"等于"硝酸钠"加"氯化银沉淀，而不是读成氯化钠与硝酸银反应，生成硝酸钠和氯化银沉淀。再如，把 $CO_3^{2-} + 2H^+ \rule[0.5ex]{1.5em}{0.4pt} CO_2\uparrow + H_2O$ 读成碳酸盐与酸反应生成二氧化碳和水，这是不严谨的，应读成可溶性碳酸盐与强酸反应，生成二氧化碳和水。前者是由于学生不理解化学方程式的含义，把化学方程式当成数学方程式了。后者是由于不理解离子方程式的书写规则（碳酸盐包括可溶性碳酸盐和难溶性碳酸盐，按照规则，难溶物不能写成离子符号）。

（3）会用

学生在会读会写的基础上不断练习、反馈，就能达到正确使用的目的。

元素符号、化学式的练习，可采用中文名称与符号配对出现的方法。练习时教师说出元素、化合物的中文名称，让学生书写元素符号、化学式；或教师提供元素符号、化学式，让学生读中文名称，并说出它们的含义。至于化学方程式的练习，教师可以描述一个化学反应的事实，让学生写出化学方程式，或者要求学生用化学方程式表示物质的性质、物质的鉴别和物质的制取等等。

（四）化学计算课的教学策略

门捷列夫曾多次指出，自然现象的质和量是各种事物最重要的特征，两者具有规律性的联系，认识这种联系，对于化学家具有特殊的重要性，把握质和量的统一，就能找到一条线索使化学家们从片断资料的迷宫中走出来。化学是在分子、原子水平上，以研究物质的组成、结构和性质为基础，着重研究物质化学反应的规律的科学。物质的化学反应是从反应物转化为生成物的质变，同时也伴随着能量的转化。但是仅仅知道转化是不够的，在生产实践或实验室中要获得目标产物，或者要利用化学变化产生的能量，都必须要从量的角度去研究化学反应。

因此，化学计算的本质是对化学问题的数学处理过程，即对物质的组成、结构、性质和变化规律的量化过程。中学化学计算的基础是物质微观粒子在化学变化中的"质"与"量"的关系，这是化学学科中的数学计算与其他学科的本质区别之处。从量的角度解决化学问题并非单纯的数学运算，也并非简单的方法、技巧等技能的操练，而是以基本概念、基础理论、元素化合物知识为基础，以化学式、化学方程式及溶液组成等蕴含的量的关系为依据，进行分析、判断、推理、运算的过程。基于对化学计算本质的理解，在化学计算教学中教师应注意应用以下教学策略❶。

1. 创设真实的应用情境

在义务教育和高中化学课程标准中，都明确提出"体会定量研究的方法对研究和学习化学的重要作用"，这就意味着我们不是为教计算而教计算，不应该用一些没有价值或实际意义的计算题来代替对化学计量关系的了解。而应将计算问题置于真实的情境中，让学生在解决生产、生活以及实验室中有关"量的问题"的过程中，真正体验到定量研究方法在化学科学研究和工农业生产中的重要作用，理解化学计算的应用价值。如案例 10-8 所示。

---

❶ 杨玉琴. 化学计算的学科本质及其教学［J］. 化学教学，2013（10）：6-9.

📖 案例分析

【案例 10-8】 依据化学方程式的计算教学示例

例题：某钙片的标签如右图所示，已知此钙片成分中只有碳酸钙含有钙元素。通过计算说明此标签中的含钙量是否正确。

主要成分：碳酸钙
含钙量：每片含钙 0.75g
每瓶 50 片，重 40g
（中外合资××公司出品）

为测定其真实的含钙量，小东每次取 10 片钙片放入已称量的含足量盐酸的烧杯中，发生的化学反应是：

$$CaCO_3 + 2HCl = CaCl_2 + H_2O + CO_2 \uparrow$$，充分反应后再称取烧杯和剩余物的总质量。小东做了三次实验，数据如下：

物质的质量	第一次	第二次	第三次	平均值
反应前:烧杯+盐酸	22g	22g	22g	22g
10 片钙片	8g	8g	8g	8g
反应后:烧杯+剩余物	26.7g	26.5g	26.9g	26.7g

（1）请列式计算每片此钙片含碳酸钙的质量。

（2）请列式计算每片此钙片的含钙量，并建议厂家如何修改标签。

案例分析：该例题从学生身边的生活出发，利用某钙片的标签为情境，引导学生从化学的视角去观察生活世界，并运用所学的化学知识和原理去解决发生在身边的化学问题，融入对社会问题（如虚假广告宣传）的讨论中。在这样的真实应用情境中学习和运用化学计算，学生能切实体验到化学就在我们的身边，认知内驱力会油然而生。在化学实验、化学科学研究和生产生活中存在着大量需要从量的角度去解决的化学问题，教师应该善于将化学计算置于这些情境中。在情境化的脉络中，当学生认识到知识的效用以及利用知识去理解、分析和解决真实世界中问题的需要时，有意义的学习及建构就自然而然地发生了。

2. 凸显化学学科思维

化学计算是以数学运算为工具的化学基本概念和基础知识的应用过程，理解化学概念的含义及化学原理、化学符号中所蕴含的量的关系是解决定量化学问题的关键。Nakleh 的研究表明如果学生想要合适地处理定量化学问题，那么他们必须理解摩尔的含义[1]。Koch 指出学生在学习化学的第一年，在找到抽象化学符号和描述化学过程之间的联系、分子式所提供的定量信息（比如计量关系）方面会遇到困难[2]。学生首先必须彻底掌握化学知识和方法，学会将化学符号转换成有意义信息，这样才能解决化学计算问题。学生解决化学计算问题除了需具有一般解题的思维外，还需具备与学科特点相适应的思维特征，主要表现为：以化学基本知识为基础的信息识别和表征模式、微观与宏观相结合的思维方式、以一套独特的符号系统为思维媒介以及跨学科的数据处理图像识别知识等。

---

[1] Nakhleh，M B. Are our students conceptual thinkers or algorithmic problem solvers? [J] Journal of Chemical Education，1993，70（1）：52-53.

[2] Koch H. Simplifying stoichiometry [J]. The Science Teacher，1995（62）：36-39.

中考、高考化学计算题中数学计算的要求较为淡化。所以在教学中一定要回避繁杂的计算（学生畏惧化学计算的主要原因之一），注重基础知识、基本原理和方法的理解，尽可能避免偏题、难题、怪题，少讲计算技巧，多讲化学原理，让化学计算回归化学学科本身。

如高中阶段化学主要是以"物质的量"为核心，以化学方程式中所蕴含的参加反应的各物质微粒间的量的关系为依据的计算，但由于学生对物质的量及其衍生概念——摩尔质量、气体摩尔体积及物质的量浓度等概念以及概念间的关系缺乏理解，在解答此类计算问题时无法进行知识结构点间的意义联系，也就无法进行有关问题的内在关系和规则的表征，从而造成了许多学生整个高中阶段化学计算学习的困难。因此，在教学中教师宜采用多样化的概念教学形式，如运用直观手段帮助学生形成概念，对概念进行解剖辨析促进学生理解概念，建立概念图帮助学生建立概念联系等。通过强化概念原理的教学，使学生从本质上认识化学计算问题，尽可能减少学生在计算类问题解决中因概念理解应用不当而影响问题表征。

3. 精心设计样例学习

在化学计算教学中所采取的一般模式为：先由教师讲解例题示范解题步骤和过程，再由学生模仿练习。在这种教学模式下，学生主要通过大量的练习强化以达到对某类问题解答的条件反射，遇到问题时"依葫芦画瓢"，并未真正领悟规则和方法，所以当条件改变时，学生往往无所适从。已有研究表明，练习本身并不能促进解题技能的熟练和解题能力的提高，而结合样例进行的练习则能明显地促进解题技能的熟练和解题能力的迁移。

样例又称为例子或范例，是一种能够例说或表征较为抽象概念原理的相对具体的实体，是一种能够展示同一类事物性质的样本，或值得模仿的榜样。样例学习是指学生从具有详细解答步骤的事例中归纳出隐含的规则和原理并用以指导随后的问题解决。Sweller等人研究表明，在传统的练习条件下，学习者倾向于使用典型的新手策略，如试误法、目的手段分析法；而在解决问题之前呈现样例的条件下，学习者则使用较为有效的问题解决策略，表现为集中注意问题的深层结构[1]。常见的样例呈现方式有以下两种：

（1）子目标学习模型

即在样例学习中不仅要给学生呈现解题步骤，还要在解题步骤的子目标处加上标签，引导学生建立子目标，这样利于学生将解题步骤组块，并对组块的原因进行自我解释。如以"根据氯化钠晶体结构确定钠原子和氯原子个数比"为例，在呈现解答部分加入了子目标，如下：

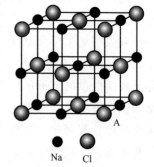

图 10-10　NaCl 晶胞结构

第一步：将晶胞（如图 10-10 所示）中所含原子按照位置分类；

问题①：直接从晶胞中数出各原子个数是否正确？

问题②：晶胞中原子是否完全属于该晶胞？

❶　Sweller J，Cooper G A. The use of worked examples as a substitute for problem solving in learning algebra. Cognition and Instruction，1985，2（1）：59-89.

问题③：原子个数比与哪些因素有关？

第二步：分别对不同类别的原子个数进行计算；

问题④：晶胞中原子按照位置可分为几类？

第三步：得出结论。

问题⑤：根据计算规则得出结论。

（2）探究型样例

即在样例中并未给学生呈现明确的解题步骤，而是由探究性的问题组成，包含了选择题和开放题，这些问题以问题解决进程为主线，并将学生可能犯的错误预设其中。同样以"根据氯化钠晶体结构确定钠原子和氯原子个数比"为例，解答部分加入了开放性的问题，如下：

① 同学甲认为：从氯化钠晶胞图中可直接数出，该晶胞中有 13 个 Na^+、14 个 Cl^-，因此个数比为 13：14，你认为这种说法是否正确？为什么？

② 图 10-10 中，A 表示顶点上的 Cl^-，同学甲认为 A 完全属于该晶胞，但乙却认为 A 其实被 8 个周围的晶胞所共用，只是图中没有画出而已，你认为哪位同学的说法正确？为什么？

③ 你认为个数比与下列哪些因素有关？为什么？

A. 离子的大小　　B. 离子在晶胞中的位置　　C. 离子的种类

④ 如果让你将晶胞中的离子按照位置分类，你将分为哪几类？

问题①预设了学生可能存在的错误，即直接数出晶胞中的原子个数。问题②对学生的这个错误进行提示，引导学生理解晶胞中原子共用的概念，改正原有的错误。同时，开放性问题能够对学生的思路进行追踪。可见，在该类型样例的解答部分，学生经历了问题探究的过程和与错误思路的碰撞，从而正确理解样例中问题的解答方法，将新知识建构于原有的认知系统中。

样例学习的模式如图 10-11 所示。学生的样例学习过程包含两个阶段：第一，学生在研究样例的过程中提取样例规则；第二，学生在利用规则完成练习、解决问题的过程中，不断反思，使规则更加完善，并内化于自己的认知体系中。在样例学习中，解题的方法和规则由学习者自己研究样例、解决问题而习得。教师讲解的作用只在于提供必需的知识储备，为学生化学样例学习搭建"脚手架"。学习过程中，学生先通过知识仔细研究样例，总结出样例中隐含的方法规则，随后有目的性和针对性地完成所附练习，当解题过程遇到困难时，学习者可以随时参照样例或者求助于教师。因此，样例学习是一种自我建构式的学习方式，学生通过自我主动的学习建构起对知识的理解和体会，计算规则在学生心中自然生成，而非通过大量强化练习而得到。这样获得的知识更为牢固，也更有利于迁移。当然，样例学习对教师提出了更大的挑战，因为需要教师精心设计样例及其呈现方式，在样

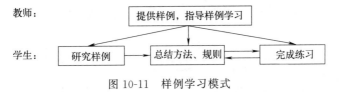

图 10-11　样例学习模式

例中有效整合陈述性知识、程序性知识以及策略性知识，还要考虑是否符合学生的认知水平以及阅读习惯等。

（五）复习课的教学策略

复习对学生的学习起着整理、深化和促进迁移的重要作用。复习课作为基本课型之一，在化学教学中的地位尤为重要，尤其是初三、高三化学教学中。在近 9 个月的初中化学学习中，大约有三分之一的时间会用于复习。而复习课由于其本身的特殊性，被认为是最难上的课型。不少复习课以讲、练、评的形式进行，学生被动记忆和题型训练。学习由考试驱动，而非源于满足认知的需要及解决问题的需要等内驱力。以至于许多知识考过即忘，复习的真正功能未能实现，学科素养的培养亦不能真正"落地生根"。

复习课的目标指向应是学生知识迁移能力的形成。所以，其"温故"不是简单的知识再现，而是需要将平时相对独立、分散的知识，通过再现、梳理、联结的方式整合起来，理清各部分知识在各自体系发生发展过程中的纵向联系，以及各部分之间的横向联系，从而形成合理的认知结构。在此基础上，学生对知识之间的联系的把握、对知识的理解会更为深刻，且能够灵活、快速地调用认知结构中的相关知识，举一反三、触类旁通地解决新问题，即实现了知识的迁移。所以，复习课教学不仅是学生对知识的内化（形成认知结构）和外化（知识的应用）过程，更是学科能力的提升。通过复习教学帮助学生实现从知识习得向意义建构再向能力生成的跨越，即达到了培养学生核心素养的目的。复习课主要教学策略如下❶。

1. 内容选择策略：聚焦学生素养发展

复习内容是学生素养得以发展的载体。专题复习课的主题虽然是确定的，但具体内容的选择策略不同，则导致的教学效果亦不同。从聚焦学生素养发展的目标来看，则应从相互关联的视角、学科观念的视角和学科方法的视角来进行内容选择。如图 10-12 所示为某教师"我们周围的空气"复习课的内容结构图❷。该节课以"鱼在旅途"为情境，将人、自然与空气自然关联起来，将氧气与二氧化碳之间关联起来，而有关"二氧化碳"的内容只呈现了与氧气相关联的部分，留待后续复习再补充。凸显了化学的学科本质——研究物质的组成与结构、性质与变化及用途与制法，化学的重要学习方法——实验探究，让学生在知识的相互关联中，在研究物质的思路方法中，领悟化学学科思想和方法，体现了"素养立意"。

2. 素材组织策略：遵循逻辑化、结构化

布鲁纳认为，"正是知识的结构——它的相互关系或因果关系——应当成为教育的重点。"教学逻辑意指包括思维在内的师生教学活动的内在规律性和有关主张，它体现了学科知识发展的因果关系以及教学活动的推进符合学科知识逻辑顺序和学生认知顺序的程度。对于复习课而言，尽管知识是熟悉的，但知识之间的结构关联依然需要一定的逻辑才能有效建构，即教学的逻辑化是知识结构化的前提。基于适宜的情境，以环环相扣的问题

---

❶　杨玉琴，赵华. 核心素养视域下的初中化学专题复习课教学策略——以"我们周围的空气"复习课为例［J］. 化学教学，2018（6）：41-47.

❷　江苏省中小学教学研究室. 关于网络直播 2017 年江苏省初中化学优质课评比（张鹏执教）

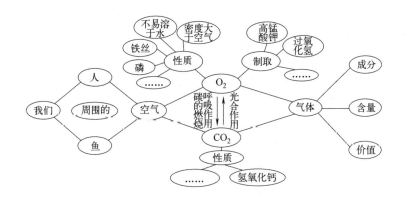

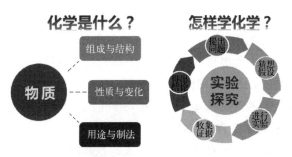

图 10-12 "我们周围的空气"中的知识结构、观念和方法

线索推进教学进程，就形成了教学的逻辑框架，借此引导学生的思维不断跟进，从而建构起关于本主题的知识结构、基本观念和方法。

仍以"我们周围的空气"复习课为例，教师自拍视频"鱼在旅途"：在两个养有金鱼的塑料袋中，一袋加入少量固体 X，一袋通入某气体，然后将金鱼从所在地常州带到南京的课堂上。以此情境衍生问题（如图 10-13 所示）。在问题解决中自然建构起如图 10-12所示的知识结构、观念和方法。

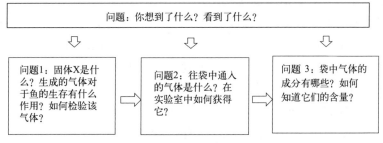

图 10-13 "我们周围的空气"复习课问题逻辑

认知心理学的研究结果表明，有时头脑中即使具备解决某个问题所需要的全部知识也不能保证问题得到解决，这是因为头脑中存储的知识表征不当、组织得不好，应用时无法提取。思维导图以直观形象的图式建立起各概念之间的联系，它往往从一个核心概念开始，随着思维的不断深入，逐步建立起一个有序的发散和相互关联的图（图 10-12），是对知识逻辑和思维过程的图形化表征。用思维导图作为复习课的工具，学生可以利用它整合知识，以使概念之间的联系更加清晰，知识的全貌了然于胸，从而形成良好知识体系，

利于知识的迁移。

3. 问题设计策略：关注学生高阶认知

课堂教学逻辑往往是通过问题来推进的，问题就是一节课前进的方向，而问题的水平也将规定学生思维的深度。图 10-13 所示课堂 3 个核心问题有辨识回忆、分析推理以及探究创造等不同水平。不同认知水平的问题并无好坏之分，它们在课堂教学中各司其职、相互补充。对于一些基础性的知识，要求学生能达到记忆层次是完全应该的，但长期停留于这样的层次，课堂教学会缺失思维发展和智慧挑战的深层价值，不利于学生的学科核心素养发展。布卢姆教学目标分类学（2011 版）将认知过程分为由低到高的六个水平。在较低的"记忆、理解"层次，所涉及的是机械记忆、简单提取、浅层理解等低阶思维活动，学习的结果为"保持"，是为浅层学习；在较高的"应用、分析、评价、创造"等层次，涉及的大多是劣构问题解决、元认知、批判性思维等高阶思维活动，学习的结果是对知识的深层理解和迁移应用，是为深度学习。学科核心素养的目标是让学生成功地适应新情境、解决新问题，即帮助学生发展可迁移的知识，那就需要深度学习。因此，教师在设计问题时，必须兼顾各个层次，并认识到较高水平的问题对学生高水平思维形式的意义，把学生推向"记忆"层面之上的更高认知水平，推动学生的学科核心素养发展。

4. 知识建构策略：引导学生自主能动

课堂中，当教师讲得非常完整且完美时，往往是教师的思维代替了学生的思维。学生的主动探索过程被取代，就无从获得形成学科核心素养所需要的学科观念和方法。无论是新授课还是复习课，都应把握这样一条原则：学生积极主动地参与是实现教学目标的前提保障。在教学过程中，学生不是简单被动地接收信息，而是主动地建构知识的意义，这种建构无法由他人替代。课堂当中问题的解决、思维导图的建构都应充分发挥学生的主体地位，在发散中思考问题，在发散中梳理知识，最后由发散升华到联系与整合，始终注意让学生自主地整理、建构、交流、反思和评价。同时，通过教师的引导、点拨等方式完善学生的知识结构，使之渐趋于合理化、系统化。

5. 迁移应用策略：在新情境中解决问题

复习课仅仅满足于知识整合还远远不够，其最终目的是更好地应用。所以复习课需要将学生置于新的问题情境中解决问题，以实现知识的迁移。传统的复习课，采取的主要是"熟悉化"策略，也就是反复再现知识，不断通过练习巩固知识；学科核心素养视域下的复习课，应该采用"陌生化"策略，即通过新载体设计，促使学生进入陌生情境，进入探究状态，从而使旧知识的提取、选择和组合成为解决新问题的过程。

如图 10-13 所示问题 1，在通过分析推理得出袋中所装固体是 CaO_2 后，给学生提供信息"CaO_2 能与稀盐酸快速反应生成过氧化氢，在水中会长时间逐渐产生氧气，是一种优良的供氧剂"，让学生设计装置完成该实验，并检验产生的气体（如图 10-14 所示）。在"问题 3：袋中气体的成分有哪些？如何知道它们的含量？"的讨论中，学生回顾氧气体积的测量方法，老师进而介绍新仪器，由学生用数字化仪器——检测管来测量两袋气体中二氧化碳的含量（如图 10-15 所示），拓宽了学生的思维。

复习课不像新授课那样有"新鲜感"，教学过程较难引起学生的学习兴趣。若努力在"新"字上做文章，在教学中根据学生的心理、认知能力选取负载知识点的新颖素材，让

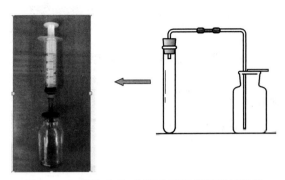

图 10-14 设计 CaO_2 与稀盐酸反应制氧气装置

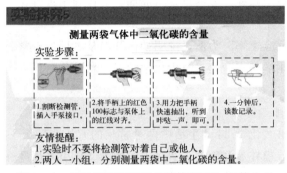

图 10-15 用检测管测量两袋气体中 CO_2 气体含量

学生亲历知识建构和问题解决过程，则实现了化学知识的再发现和再创造，也提高了学生综合应用知识解决问题的能力，有效地实现知识的迁移。

对标整理

学完本单元，你应该能够：

1. 描述单元或课时（题）教学设计的基本环节和主要工作。

2. 说明化学教学设计应遵循的基本原则。

3. 说出教案的组成要素，会用"讲稿式"和"表格式"编制教案。

4. 掌握化学课的一般结构，并能体现在教案的教学过程设计中。

5. 举例说明不同课型的化学课堂教学的策略，并体现在教案设计中。

练习与实践

一、真题再现

（一）选择题

1.（2018 下-20）教学设计是教师的日常工作，开展这项工作时，教师需要关注（　　）。

①课程标准相关要求

②教材内容

③学生情况

④教学设备情况

A. ①②③ B. ①②④ C. ②③④ D. ①②③④

2. (2014 上-15) 下列属于化学用语教学的一般原则的是（ ）。

A. 循序渐进、变式练习

B. 注重规范、辨别性练习

C. 读、写、用三方面并重发展

D. 以上都是

(二) 简答题

(2017 上-21) 阅读下面材料，回答有关问题：

化学基本理论是高中课程内容的重要组成部分，让学生理解化学基本理论是高中化学课程目标内容之一。

(1) 请以"化学反应速率"为例，说明如何开展基本理论教学。

(2) 试分析学习化学基本理论对学生化学学习的意义。

(三) 案例分析题

(2019 上-24) 案例：

某教师在必修教材《化学 2》"生活中两种常见的有机物"第一课时教学中，对"乙醇"设计了以下教学流程并展开教学：通过中国的酒文化引入课题→观察乙醇，总结其物理性质→复习回忆乙醇的分子式→根据碳原子可形成四个共价键的原则，提出乙醇的两种可能结构（即 CH_3CH_2OH 和 CH_3OCH_3）→实验验证：乙醇和钠的反应→得出乙醇的分子结构，介绍羟基官能团→实验验证：铜丝在酒精灯的外焰和内焰移动→介绍乙醇的催化氧化，启发猜想断键方式→介绍有机化学中的氧化反应→得出醇类物质的通性→介绍乙醇的性质和用途→布置作业：制作一份关于酗酒危害的海报。

问题：

(1) 简要评述上述教学设计的优缺点。

(2) 结合本案例，谈一谈教学设计时应从哪些方面开展学情分析。

二、思考与实践

请从以下课题至少选择 1 个完成教学设计方案及相应的课件制作。

1. 金属的化学性质（人教版九年级化学下册）

2. 燃烧和灭火（人教版九年化学上册）

3. 铁的重要化合物（人教版高中化学必修第一册）

4. 化学键（苏教版高中化学必修第一册）

第十一章

化学教师的专业发展

"国之兴衰，系于教育"，教育大计，教师为本。《国家中长期教育改革和发展规划纲要（2010—2020 年）》中指出："有好的教师，才有好的教育"，要"提升教师素质，努力造就一支师德高尚、业务精湛、结构合理、充满活力的高素质专业化教师队伍"。要提高教师的整体素质，打造高质量的教师队伍，就必须要实现教师群体的专业发展。只有教师的专业发展得以实现，专业素养和专业水平得以提高，全面提高教育质量才能够得以实现。随着基础教育课程改革的不断深入，对教师素养的要求也越来越高，教师需要通过积极的自我更新不断提升专业素养。促进教师专业发展已成为整个教育界乃至整个社会的共识。

第一节　教师专业化与教师专业发展

一、什么是教师专业化

我国《中学教师专业标准（试行）》中明确指出："中学教师是履行中学教育工作职责的专业人员，需要经过严格的培养与培训，具有良好的职业道德，掌握系统的专业知识和专业技能。"教师专业化的基本内涵包括以下三个方面：第一，教师专业既包括学科专业性也包括教育专业性，国家对教师的任职既有规定的学历标准，也有必要的教育知识、教育能力和职业道德的要求，国家有教师教育的专门机构、专门内容和措施；第二，国家有对教师资格和教师教育机构的认定制度和管理制度；第三，教师专业发展是一个持续不断的过程，教师专业化也是一个发展的概念，既是一种状态又是一个不断深化的过程。教师职业有自身的理想追求和理论体系，有自觉的职业规范和高度成熟的技能技巧。教师行业和医生、律师一样具有很强的专业性，主要体现为如下几点。

（一）教师职业是为国家和社会培养人的崇高事业

为国家和社会培养人是教师的专业功能或服务宗旨，专业工作是为社会、为人类谋利益的社会活动。正如律师是为了社会正义，医生是为了人类健康，教师则是为了提高人的素质、促进人的全面发展。中小学教育主要是一种社会公益事业，因此，教师职业的责任，就是让人人都享受其受教育的权利，关注所有学生的全面发展，遵循有教无类的原则，就像医生遵循救死扶伤的原则一样。教师职业所从事的是培养人的事业，它要解放人的身心、发展人的潜能、提升人的素质。这种事业有着很大的社会意义，使社会的文化得以传承，使人得以成为社会的人、幸福自由的人，使社会更加文明进步。从事这种职业的人，也应该认识其社会意义，具有一种职业意识和自觉，努力通过自身实践来实现这种社会意义和价值。

（二）教师职业要经过较长时间的以系统专业知识技能为基础的专业训练

是否经过以系统的专业知识和技能作为基础的专业训练是教师的又一个基本特征。从事教师职业要取得资格证书，国家对该专业有一系列的规范，包括道德、知识、能力和身体其他系列素质要求，如我国《中学教师专业标准（试行）》是国家对合格中学教师的基本专业要求，是中学教师开展教育教学活动的基本规范，是引领中学教师专业发展的基本准则，是中学教师培养、准入、培训、考核等工作的重要依据。一个人要能够从事教师职业，不是一件很容易的事情。

首先，要经过比较长时间的专业训练。在我国，一般高等师范院校的学制为 4 年，现在正在把教师专业训练延伸到研究生阶段，培养教育硕士以及教育博士。教师的劳动，是一种复杂的脑力劳动。而复杂劳动，需要经过专业训练才能做得更好。

其次，要经过一定的考核，以取得教师资格证书。教师有两个专业：一个是所教的专业，比如，语文、数学、物理、化学、历史等；一个是教育专业，包括的学科有教育学、心理学、教育史、教学论、德育论、教育技术学等，包括的技能有口语表达、教学设计、课堂组织、学生观察、心理辅导、活动组织、作业设计、教育科研等。这么多的内容，没有较长时间训练是无法达到真正的专业化的。此外，它的专业基础和其他专业比较，有其特殊性。教学既是一门科学，也是一种艺术，它的特殊性表现在很多方面，在方法上"教学有法，但无定法"；在结果上"教师劳动的产品是活产品，某个教师的某种直接作用的效用是较难确定的，也不易立刻看到成败效应"。所有这些，都说明了教师专业的特殊性，我们不能完全用类比的方法、技术主义的观点来衡量教师专业。

（三）教师在专业范围内有较大的自主权

教师有权处理自己专业范围内的事务与活动，也就是说，有自己的专业权力。我国的《教师法》对教师的权利有详细规定，比如教育教学权、评定权、参与管理权等。教师之所以拥有专业权力，一方面是因为受过专业训练，他或她有能力独立自主地处理专业范围内的事情；另一方面，为了体现这种工作的专业性，学校在制度上也应该保证这种自主权，而不应该过多干涉业务范围内的事情。这些事情包括对教材的处理、对教育方法的选择、对学生的观察了解、对教育结果的反馈等。当然，教师在自主处理这些事情时，应该遵循专业要求，符合教育科学规律和艺术。当出现违反这些要求的情况时，学校应该予以干涉。

（四）教师有自己的专业团体

专业团体主要是指行业协会。在 1955 年世界教学专业组织集会上，就强调建立完善的教师专业组织。现在许多国家都有教师的专业组织。在美国，有全国教育协会（NEA）、美国教师联盟（AFT）等，英国有全国教师联盟（NUT），我国有中国教育学会（CSE）、中国教育工会等组织。这些专业组织的功能，就是代表教师的利益，提高教师的专业水平，促进教育学术和专业的发展，加强教师的联系与联合，对专业领域的成就予以表彰，确立专业社会的准则和规范等，最终推进国家教育的发展。

（五）教师的社会地位和经济待遇较高并呈上升趋势

教师的社会地位和经济待遇，或者说专业地位是教师专业的重要特征之一。总体上说，教师在社会上比较受尊重，这主要是由其工作性质和意义所决定的。中国古代有"天地君亲师""一日为师，终身为父"的说法，现在我国也一再倡导"尊师重教"，每年 9 月10 日教师节就可以说明这一点。习近平总书记说，"让广大教师在岗位上有幸福感、事业上有成就感、社会上有荣誉感，让教师成为让人羡慕的职业。"中共中央、国务院《关于全面深化新时代教师队伍建设改革的意见》（2018 年 1 月 20 日）中，明确提出"完善中小学教师待遇保障机制。健全中小学教师工资长效联动机制，核定绩效工资总量时统筹考虑当地公务员实际收入水平，确保中小学教师平均工资收入水平不低于或高于当地公务员平均工资收入水平……"可见，教师的社会地位和经济待遇较高并呈上升趋势。

结合对专业化概念的理解和教师职业特点，概括地说，教师专业化是指教师个体的专业水平提高的过程，以及教师群体为争取教师职业的专业地位而进行努力的过程和结果。前者是指教师个体的专业化，后者是指教师职业的专业化，二者共同构成了教师的专业化。其中教师个体的专业化是教师专业化的基础和源泉，是教师专业化的根本方面；教师职业的专业化是教师群体专业化的发展和社会承认形式，并从根本上影响着教师个体专业化的进程和水平❶。

二、什么是教师专业发展

将教学视为专业、将教师视为专业人员，体现了对教师具有较高社会地位、职业声望、专业水准的一种期许和努力。教师专业发展侧重于教师个体的、内在的专业性的提高，即教师作为专业人员，在职业生涯中其专业知识、专业技能、专业情意、专业理想通过不断的学习更新、持续的实践反思和深入的研究改进不断获得全面的发展与提升。教师专业发展是教师专业化的基础和源泉，是教师专业化的根本，只有实现教师个体的专业发展才能实现教师群体的专业化。

教师专业发展是教师的专业素养在学校教育教学共同体内不断更新、不断演进和不断丰富的过程。叶澜教授认为，"教师应具有对人类热爱的博大的胸怀，对学生成长的关怀和敬业奉献的崇高精神，良好的文化素养，复合的知识结构，在富有时代精神和科学性的教育观念指导下的教育能力和研究能力，在实践中凝聚生成的教育智慧。"❷

---

❶　滕明兰. 对推进我国教师专业化进程的思考 [J]. 中国高教研究，2004（5）：71.

❷　叶澜. 教师角色与教师发展新探 [M]. 北京：教育科学出版社，2001：3.

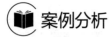 **案例分析**

【案例 11-1】 我的三次超越❶（节选）

请研读教授级中学高级教师、江苏省化学特级教师、江苏省教学名师——缪徐老师的成长经历，试分析缪老师的专业成长经过了哪几个阶段？每一个阶段的关键事件是什么？他是如何突破的？对你今后的教师生涯有何启发？

回顾 24 年来个人的专业成长道路，感触最深的是：人要不断地挑战自我，只有挑战自我，才能走出高原，走向成功。

1984 年，从南通师专毕业后，我被分配到母校——如东县古坝中学任教。在任教初三化学的过程中，我知道了什么叫钻研教材、认真备课、竞争激烈。渐渐地，我学会了备课、编作业、刻钢板，学会了辅导学生、借鉴同事，教学成绩也逐步跨入了区、县的前列。教学基本上路后的好长一段时间里，我便怀着"小富即安"的心态面对自己的工作了。然而，本校一位教师参加县优质课评比以及相邻一所学校的老师在《江苏教育》上发表了文章两件事，"打击"了我的成就感。我决定从苦练"字话"（写好字、说好普通话）和学写文章两个方面入手。

为了练得一手好字，我与书帖为友；为了学好普通话，我拜广播电视为师，跟在播音员后面"鹦鹉学舌"是我每天的必修课。经过一番屡写屡败、屡败屡写的曲折之后，我的写作终于有了一点突破：从 1989 年到 1993 年，文章陆续在《中学生数理化》《教学月刊》《化学教学》等刊物上发表。

第一轮自我挑战帮我走出了"应试型教师"的高原境地，使我拥有了较好的表达能力和较扎实的文字功底，为日后向研究型教师迈进增添了底气。

心怀第一次自我挑战获得的底气和勇气，我在上课和研究两个方面继续摸索前行。1993 年，我获得了参加县优质课评比的机会，但只获得第 3 名，失去了去南通市参加比赛的机会。失落懊恼之余，我认真分析失败的原因，发现了自己的弱点：教育理论的储备太少，教材处理的功力不够，调动学生的方法单一等。针对上述存在问题，我咬了咬牙，决心从备课、上课的技能方面向自己发起第二轮挑战……经过一段时间的摸索，我找到了几条提高自己业务能力的途径：经常阅读化学教学的专业书刊，从中汲取理论的精华，借鉴别人的经验；潜心研究教材处理艺术，提高课堂教学设计品位；注重说写的有机结合，锤炼自己的教学语言。几年的努力，终于换来了不小的突破：获得南通市化学教师基本功大赛一等奖，发表了核心期刊论文。2002 年通过高级教师评审，2004 年获得"南通市化学学科带头人"称号。于是，"功成名就""刀枪入库，马放南山"的念头在我的心中悄然萌生，此时，第二轮的自我挑战，只剩下了余温，没有了热度和激情，我再次走进了专业发展的"高原盆地"。

2005 年秋，基础教育课程改革在南通市全面展开。始料未及的是，课程改革的浪潮为我从教学理念的更新、教学风格的形成方面发起第三轮自我挑战带来了新的契机。

虽说自己的教学基本功比较扎实，也一直没有脱离教学一线，但这些年来，我的教学

---

❶ 缪徐. 我的三次超越 [J]. 教师博览，2009（3）：23-26.

总是停留在教教材、讲知识、评练习的层次上，这和新课程改革所倡导的提高学生的科学素养，让学生以轻松愉快的心情去认识多姿多彩的化学世界，掌握基本的化学学习方法等基本理念相去甚远。因为理念滞后、探索不够，教学也就没有自己明显的个人风格。带着这些反思，我认真研读了《化学课程标准》《化学课程标准解读》等书籍，从理论上对自己进行了一次全面的"洗脑"和"充电"。这次反思学习，对我的教材处理和教法、学法设计起到了积极的引领作用，教学理念和方法又一次获得突破。……2006 年我执教"溶液的形成"获得江苏省优质课一等奖，2008 年执教"二氧化碳制取的研究"获得全国初中化学优质课特等奖，2008 年 9 月被江苏省政府授予"特级教师"荣誉称号。

第三轮自我挑战，不仅使我实现了教学比赛冲出南通走向江苏、冲出江苏走向全国的愿望，凸显了自己"设计流畅、稳中求活、关注学生、善于启发、注重生成、语言精美"的教学风格，也让我找到了上课和写文章之间的最佳结合点。每执教一次公开课、比赛课，我都会将自己的教学设计意图和磨课经历写成论文……

三、教师专业发展阶段

教师的专业发展一般要经过准备期、适应期、发展期、成熟期、持续发展期 5 个阶段，而每个阶段结束时的教师可以分别称为准教师、新任教师、合格教师、骨干教师、专家教师（学者型教师）。

第一阶段（准备期）：师范教育（或职前培训）阶段。这一阶段主要学习教育教学理论，通过专业训练、观摩、实习等熟悉中学化学课堂。

第二阶段（适应期）：入职后 1～3 年，是教师刚入职的阶段，无论是专业发展还是人生发展，都是教师面临的全新阶段。这一阶段教师要尽快完成从一个师范生到教师角色的转变，"适应"是新任教师的首要任务，教师所关注的是如何教才能"站稳课堂"的问题，自我发展的意识并不强，甚至并未建立。

第三阶段（发展期）：持续 5 年左右。过了新任教师的适应期后，自信心日渐增强，进入了一个相对稳定的发展时期。这一时期，教师已具备了一定的教学方法和教学能力，开始从关注"如何教"转变为关注"如何教好"，开始关注并研究学生个体差异、自己的教学风格和教学策略。教师的学生观和教学观转变得更为科学，教师的专业学科知识和一般教学法知识成为发展的重点，教师的专业态度变得更为积极，也更为稳定。与前一时期相比，教师的自我专业发展意识尽管仍不是非常强，但在向着积极的方向发展。

第四阶段（成熟期）：此阶段的教师具有了明确的自我专业发展意识，有意识地规划自身的专业发展。在这一时期，教师对自己的教学特征和思维品质有了更为深入的了解，在实际课堂中总结了丰富的经验，能够独立地处理教材、设计教法，能根据学生的差异因材施教，有较高的教学效能感。学科教学法知识及其在教学实践中的应用成为教师知识结构发展的重点，同时，个人实践知识的拥有意味着教师完成了专业知识结构的建构。随着专业知识技能的日渐成熟，教师开始更多地对自己的教师专业发展进行反思，使专业发展成为了专业生活的方式，亦即经常保持专业发展的"自我更新"取向。但是，这一阶段教师也可能会因满足于所取得的成绩，或者无法取得新的突破，从而使前进的动力有所弱化，此时就需要新的动力促进他们积极工作，以克服思想上的倦怠或突破"高原期"，形成终身发展的自觉。

第五阶段（持续发展期）：这一阶段的教师专业已发展到较高水平，具有较强的教学监控能力、研究能力和反思能力，具有专家型教师的特点。此阶段的教师更多地思考如何起到示范引领作用，把丰富的教育经验传承下来，继续实现自我价值。

四、认识专业发展阶段的意义

教师专业发展本质上是教师个体专业由不成熟到成熟的主动发展历程，呈现出阶段性的特征。充分认识教师专业发展的阶段性对实现教师专业的自主发展具有重要意义，其意义主要体现为：

（一）正确认识自己的专业发展水平

教师处在不同的发展阶段，其教育理念、知识和能力结构、专业态度和动机等都不尽相同，有着明显的差异。教师在专业自主发展过程中，要能对自己的专业发展水平作出适切的评价，以明确当前和今后专业自主发展的主要内容和任务。

（二）合理制订自己的专业发展规划

教师在不同的发展阶段有不同的发展需求，面临的发展任务也不相同。因此，教师在专业自主发展过程中，要立足自身所处的发展阶段，结合自身实际，合理制订专业发展规划，以使自己的专业发展有明确的方向，减少自主发展的盲目性❶。

第二节　教师专业发展的规律与发展路径

教师专业发展是以教师的自主意识为动力，以教师教育和教师自主学习为主要辅助途径，从而促使教师的专业知识素养和信念系统不断完善、不断提升的发展过程。

一、影响中学化学教师专业发展的因素

影响教师专业素养形成与发展的因素是多方面的，从教师工作分析及一些专家型教师成长过程分析来看，人格因素、行为因素、环境因素是影响教师专业素养形成与发展的主要因素。其中人格因素属于内在的精神层面的因素，行为因素属于外显的行动操作方面的因素，环境因素属于外部影响因素。这三个因素既互相联系又相互独立，构成了一个影响教师专业发展的因素系统❷，如图 11-1 所示。

（一）人格因素

人格是构成一个人的思想情感及行为的特有模式，这个独特的模式包含了一个人区别于其他人的稳定而统一的心理品质。人格反映着一个人的内心世界和精神面貌，它包括气质、性格、认知风格、自我调控等方面。教师人格，是专门针对教师群体而言的一种人

---

❶　邓明兰，林长春.重庆市中学化学教师专业发展的现状与对策研究［C］.全国化学教师教育学术研讨会，2007.

❷　经柏龙.教师专业素质的形成与发展研究［D］.长春：东北师范大学，2008：89-112.

格，是从事教师职业的各个个体作为教育者这一角色所具有的共同的心理特征。教师的人格特征是由教师职业所规定的，是教师所表现的区别于其他职业人员的独特而本质的心理品质或心理特征，包括作为教师的自我意识、他人意识、责任心、意志品质、情感及能力等。

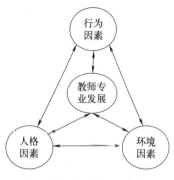

图 11-1 影响教师专业
发展的因素系统

教师的人格，与其专业素养形成与发展有着非常密切的关系。世界著名科学家爱因斯坦曾经说过："优秀的性格和钢铁般的意志比智慧和博学更重要……智力上的成就在很大程度上依赖于人格的伟大。"日本教育家本田荣义更是明确地把教师的整个职业看作"是以教师的人格决定胜负的职业"。综合教师专业素养每一个发展阶段的形成与发展过程，突破专业发展困难得以继续提升的人格因素主要由以下几方面构成。

1. 理想信念

理想是一个人生活的目标，是一个人为之奋斗的方向。在心理学中，理想是指一个人的个性心理倾向性，它不仅仅反映了人的心理发展的政治方向，而且也是一种持久的巩固人的心理状态的重要标志。人格意义中的"理想"，是人的精神需求的反映，与人的成功密切相关；教师人格意义上的"理想"，即教师个人确立的职业目标、专业方向及个人形成与发展的志向。它是教师专业素养形成与发展的精神力量。一位教师最后成长为名师、专家型教师，他（她）首先必须具有明确的理想，具有为之奋斗的目标和方向。

著名儿童教育家、情境教育创始人李吉林老师在刚走上教师岗位时就在心里一直对自己说："当老师，就得当好老师，当孩子们喜欢的老师。"全国模范教师吴正宪老师在自己的自传中写道："35 年前的盛夏，我怀着做一名优秀教师的愿望开始了教育工作的生涯。"人民教育家于漪老师很早就立下了"做一名深受学生尊敬和欢迎的好老师"这样的志向。为了做这样的好老师，她不断地加强自我教育，力求在教育教学实践中做到理论联系实际的教学；研究课堂教学，研究怎样运用语言文字给学生起到良好的示范作用，研究怎样使自己成为优秀的教师。正是这些具体的职业理想和目标，使这些教师在自己的人生道路上，在自己的教育教学生涯中，有了研究的动力，有了精神支撑，有了走向成功的精神法宝。

📖 案例分析

【案例 11-2】 于漪写给中国青年教师的一封信（节选）❶

请阅读以下内容，谈谈你对教师职业的理解以及将来如何才能成为一名"大先生"。

从事教育，必须有一种内心的觉醒，那就是把自己的命运和国家的命运紧密结合在一起。

你选择了做教师，就选择了高尚，就选择了与国家休戚与共、血肉相连。我们为党育人、为国育才的责任大如天。

我想，做老师最重要的就是要点亮生命的灯火，既是学生的也是自己的。一个人心里

❶ 于漪. 于漪写给中国青年教师的一封信. (2022.9.9)［2022.10.8］.

头如果是黑灯瞎火，他就不知道路在何方，东碰西撞，难识人间况味。有灯火照耀，才能真正脱离蒙昧，心明眼亮，生机蓬勃。

过去，蔡元培、陶行知、陈鹤琴等大先生，留学回来以后，能够在教育上有所建树，主要是因为他们有中国魂。理想信念是大先生的灵魂，一定要能够仰望星空奏神曲，心中要燃烧起实现中华民族伟大复兴的生命之火。

我想到我们的革命先驱李大钊讲过的话，他说青年是"人生之王，人生之春，人生之华"。他说要以青春之我来创建青春之国家，青春之民族。我们的青年教师就是要以青春之自我，来创建我们国家青春的教育。

希望都在青年教师的身上，你们手里掌握着国家的未来。

2. 爱事业爱学生

教育，从根本意义上说是一种爱的事业，没有爱就没有教育。我国著名教育家夏丏尊先生就曾经说过："教育不能没有感情，没有爱就如同池塘没有水。没有水就没有池塘，没有爱就没有教育。"教师的爱还有其特定的含义，它是建立在具有高尚师德基础上的爱，是一种在性质上只讲付出、不计回报的无私的爱，是推动教师自觉进行教育教学行动研究的情感因素，具有调动和整合人的整个行为的作用，因而必然能把教师专业素养的提升引向成功。

教师的爱主要体现在两个方面：一是爱事业；二是爱学生。其中爱事业是前提，爱学生是爱事业的具体表现。观察那些成功教师专业素养的形成与发展足迹，我们可以发现他们都拥有博大的爱。

于漪老师说："一个教师必须充满爱心，漫长的半个世纪，几十年的春风化雨，我教过的学生数以千计，尽管这些学生来自不同的年代，有着不同的社会背景，然而我对他们的爱是始终如一的。我对每个学生的尊重也是同样真诚的。在我眼中教育事业是爱的事业，师爱超越亲子之爱，友人之爱。作为教师，教育对象没有选择性，每个学生都是'变数'。成长有先后，教师不能用一成不变的眼光看待学生。对他们要满腔热情满腔爱，正是这种目中有学生、一心为学生的思想指引着我，无论带再乱的班和学生，我都对教育学生痴情不改。我发现，人有很大的忍受力，也有很大的潜能。只要真正把学生放在心上，就会超越自己，释放出巨大的能量来。这'巨大能量'正是来源于我的职业理想，来源于我对学生无私的爱。"❶

3. 坚定执着

坚定执着，作为与人的意志相关的一种个性心理品质，属于健康人格中的一项很重要的内容。坚定执着具体可以表述为：认准目标，不屈不挠，不达目的不罢休。用心理学的语言描述即为：具有明确的行为目标，有主见和不易受暗示；对行为控制的水平高，有较强的主动性和自制力；在紧急和困难的情况下能沉着镇定、勇敢、果断；在经常的和长期的工作中表现出有恒心、坚韧不拔。具有执着的人格，也是取得成功的一个很重要的条件。马克思说："在科学上没有平坦的大道，只有不畏劳苦沿着陡峭山路攀登的人，才有希望到达光辉的顶点。"这里的"不畏劳苦"就包含了人所具有的一种执着的性格和品质。

---

❶ 教育部师范教育司. 于漪与教育教学求索 [M]. 北京：北京师范大学出版社，2006：36.

在教师专业素养形成与发展的过程中，这种坚定执着是其走向更高阶段的保障。无论在哪一阶段，没有这种"咬定青山不放松"的品格，教师专业素养都不可能得以形成与发展。一个人成功的道路，总不会是平坦的，在某种意义上讲，成功往往是和曲折联系在一起的，看诸多名师、专家型教师走过的路无一例外。

于漪老师说："在相当长的时间内，我处于两个方面的斗争之中。一是与疾病作斗争，胃溃疡、肝炎、腹部大手术等一直考验着我，我挺过来了，而且意志得到了锻炼。二是学识浅薄，教学经验欠缺，功力不深，教学时的捉襟见肘之感，使我挑灯夜战，病榻苦读，力求把基础打得厚实一点，知识面宽一点。"正是这种执着的精神为于老师以后的研究拓宽了道路。

（二）行为因素

行为是人的外在行动表现，是人的主观见诸客观的一种方式，是人的心灵和精神世界的外显。人的任何思想、任何意图要变为现实，都要经过人的行为。教师专业素养的提升应该是一种有明确目的的、自觉的行为，是一种指向事业和工作成功的行为，是需要经过长期努力的行为，同时又是一种个体与群体结合的行为。

教师专业素养的内涵决定了教师特有的行为，一位合格的教师能在教育领域中，做到积极主动地反思自己的教育行为，具有职业敏感性、反思意识、合作精神和科研意识，及时发现教育教学工作中出现的问题，并针对问题积极探索研究，主动吸收教育科学理论和同行的经验，从而提出新的切实可行的改进方法，不断改进教育教学工作。以下的行为是影响教师专业素养形成与发展的主要因素。

1. 学习

学习是教师专业素养形成与发展永无止境的需要。联合国教科文组织在 1996 年"教育——财富蕴藏其中"的报告中指出："今天，世界整体上的演变如此迅速，以致教师和大部分职业的人员从此不得不接受这一事实，即他们的入门培训对他们的余生来说是不够用的，他们必须在整个生存期间更新和改进自己的知识和技术。"❶ 教师专业素养的形成与发展是与终身教育和终身学习分不开的。教师的学习主要体现在以下三个方面。

首先是向书本学习。苏霍姆林斯基在《给教师的建议》一书中，十分强调教师的看书学习。他指出，教师的教育素养主要取决于教师的读书。因此他提倡教师"要把读书当作第一精神需要，当作饥饿者的食物。"

其次是与同行交流。古人说："三人行，必有我师焉。"教师也不是孤立存在的，他们是群体中的一员，必然十分注意与周围的人进行交流学习。

最后是向专家请教。这里的专家指的是在某一技术或某一领域内相对有更高智慧、更高能力的人。专家的参与是教师专业素养形成与发展不可或缺的因素。这里的专家包括名师、教研人员、科研人员、大学教师，他们为教师专业素养的形成与发展提供一种引领。如果没有专家引领，教师们的学习和研究就常常会在同一水平反复，甚至会停滞不前，从而导致形式化、平庸化。从这个意义上说，向专家请教，是教师持续性发展的关键。

吴正宪老师在自传中写道："北京师范大学的周玉仁教授、上海特级教师顾汝佐老师、

❶ 联合国教科文组织. 教育财富蕴藏其中 [M]. 北京：教育科学出版社，1996：14.

中科院心理研究所张梅玲教授都是我的老师，他们认真批改我的学术论文，并亲临课堂亲自指导和点拨，我的成长和进步得益于多位专家的指导和帮助。张梅玲教授对我影响是较大的，她的讲座'儿童心理学与小学数学教学改革'，我认真听，仔细记，收获很大。我的教育教学改革能有进步是他们的科学态度、严谨治学的工作态度和优秀的人格魅力影响了我。"❶

向专家学习的途径主要有学术专题报告、理论学习辅导讲座、教学现场指导以及教学专业咨询（座谈）等，每一种形式都有其特定的功用，有助于达到某种目的。实践证明，教师与专家的对话，对教师专业素养的形成与发展的影响是巨大的。

2. 研究

教师专业素养的形成与发展过程实质是一种教育教学研究与实践过程，在教学中研究，在研究中教学，将研究和教学真正合为一体，由此促进教师专业素养的形成与发展。优秀教师与一般教师最大的区别，就在于在教育教学工作实践中有无教育科研的成分，或者教育科研水平的高低、成果的多少。前苏联著名教育家苏霍姆林斯基曾说过："凡是感到自己是一个研究者的教师，则最有可能变成教育的能手。"一般而言，专业发展较快的教师都是那些能自觉地将教育科研融入自己的教育教学实践中的教师。践行"教学即研究"一般需要做到如下几点。

第一，要做到理论与实践相结合。从理论走向行动，是一个基本的教育研究实践行为。许多成功的教师们都强调理论与实践的结合。

李吉林老师说："我从来没有刻意追求创造理论，事实上，在理论与实践的结合中，在长期的感悟中会产生理性的飞跃，从哲学上讲，情境教育是依据马克思关于人在活动与环境相互作用和谐统一中获得全面发展的哲学原理构建的。情境教育之'情境'，是'有情之境'，是'活动之境'，是一个师生互动、有情有趣的网络式的广阔空间，它是将教育教学内容镶嵌在一个多姿多彩的大背景中，是促进儿童能动地活动于其中的环境。我不仅从哲学上找到情境教育的依据，而且科学上借鉴现代心理学研究成果，构建情境教育的基本原理。"李老师不仅从理论走向行动，更从行动中产生了新的理论。理论之树总是灰色的，实践之果总是甜蜜的。古人也曾说过："纸上得来终觉浅，绝知此事要躬行。"躬行实践，将理论知识具体化作行动，就能使理论之树结出甜蜜的成功之果。

第二，要努力开展教育教学实验。教师专业素养形成与发展与教学和研究是不可分割的，教学通过研究而提高质量，研究通过教学取得成果。教育科研是为了更好地促进学生的发展，提高我们的教育教学质量。教师用自己的实践创造了教育教学科研成果，同时教育教学科研也成就了教师专业素养的提升。

第三，要勇于改革创新。作为培养人的教育教学活动，面对纷繁复杂的教育个体，具有相当的复杂性，时时刻刻都需要广大教师保持创造的品质，需要探索一般的教育教学规律，有时还需要进行比较大的教学创新改革，这就需要我们教师有敢为人先的品质。

李吉林老师的第一轮实验进行了 5 年，这 5 年不是一帆风顺的 5 年，由于当时正处于改革开放的最初阶段，习惯势力的禁锢总是难免的。对于教学改革，有人不理解，有人怀

---

❶ 教育部师范教育司. 吴正宪与小学数学 [M]. 北京：北京师范大学出版社，2006：12.

疑，甚至有人妒忌、刁难。工作中遇到的困难和承受的压力可想而知，但是她坚持下来了。在没有一分钱课题费、没有教具自己做、没有实物自己买的情况下坚持下来了。正是这种坚持，这种勇于创新改革的精神使李吉林老师的"情境教学"，进一步发展为"情境教育"和"情境课程"，使之成为了一个完整的教育教学改革成果体系。李老师曾说，她的改革没有尽头。

3. 反思

反思是教师专业素养形成与发展过程中的重要的行为因素。学者们对反思的研究可以追溯到杜威的《我们如何思维》。杜威认为，当人审慎地考察某个观念的基础以及佐证信念的充分性时，这个过程就被称作是反思，这个过程的本身就具有真正的教育价值；对于任何信念或假定性的知识，主动地、持续地、仔细地考量它赖以成立的基础以及它所倾向的结论，就称其为反思。20世纪70年代中期以后在对反思的研究中，教育界将反思与行动结合起来，进而视反思为行动改进的途径之一。20世纪80年代初，唐纳德·舍恩（Donald Schon）提出"行动中反思"的理念，很快为教育界所接受，推进了教育界对反思的重视。

反思不仅贯穿于教师专业素养形成与发展的不同阶段，而且贯穿于教师教学、学习、教研的全过程。诸多成功的教师在其专业素养形成与发展的路程上，都十分注意运用反思这一自我改善和自我调节的行为，帮助自己成长，促进自己发展。教师反思的内容主要有以下几种。

首先是对观念的反思。教师要经常运用新的教育理论来反思和检验自己已有观念的合理性和局限性，把自己外显的教育教学行为转化为教育教学行为背后隐含的教育教学目的、教育教学理念，用批判者的眼光审视自己的教育教学行为和观念。同时教师要以自己已有的教育理论来反思检验新的教育理论的真理性和合理性，比较分析各种教育理论的特点、使用条件等，对各种观念提出质疑，并在权衡各种对立或非对立的主张的基础上，选择正确的观念来指导自己的教育教学行为。

如于漪老师在赞同语文界提出的语文学科的工具性特征的同时，一直都在以批判者的眼光思考和探索关于语文学科的性质是不是仅仅就具有工具性特征的问题。随着思考和研究的不断深入，随着于漪老师全面育人观的逐渐成熟，她终于在20世纪90年代，明确而相对完整地提出了语文学科的人文说。

其次是对教师角色的反思。教师要经常反思自己的角色定位问题，在与学生的互动过程中有没有在担任教授者、管理者的同时，充当一位研究者，及时发现学生的所需所求，从而促进学生的发展。比如设计了怎样的教育教学活动让学生主动探究，是否将学生作为教育教学中重要的资源进行开发等。

苏霍姆林斯基认为：教师很重要的素养就是懂得研究儿童的方法。没有这一素养，我们就无法走进儿童的心灵世界，我们不知道他们在想什么；他们需要什么，不需要什么；他们亲近什么，排斥什么。不知道他们一旦做错了事，内心是怎样的焦急、畏惧、企盼、希冀。如果我们把自己当作一个儿童，用他们的眼睛去观察，用他们的大脑去思考，我们就可以找到打开他们心锁的钥匙，就能把教育的甘露淋洒到他们的心田。

再次是对自身知识建构方面的反思。教师对自己已有的知识基础和体系要进行及时的反思，思考如何更新自己的知识才能符合学生的需要，满足学生旺盛的求知欲。这个过程不仅需要教师的学科知识、专业知识，更需要教师的实践知识。教师在不断反思自己知识建构的基础上，完善自己的知识结构，积累实践知识。

最后是对教育教学活动的反思。在教育教学活动组织与开展的过程中，教师要反思习惯使用的教育教学方法和手段的效果如何？在遇到偶发事件时我的处理方法恰当吗？效果如何？依据是什么？同事、专家、学生等对我的教育教学过程的整体感觉如何？有什么评价？学生最受益的是什么？我如何改进？

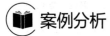 案例分析

【案例 11-3】　吴正宪对自己教学过程的反思

请阅读如下反思记录，对你将来的化学教学有何启示？

吴正宪老师经常对自己教学过程进行反思，她说："在过去的教学中，我只重视教的过程，忽视了学的过程。学生学习的主动性、创造性受到了压抑，影响了学生的发展。为了发挥学生的主体作用，我力争使全体学生参与学习的全过程，课堂上为学生留有更多的思考时间和空间，使学生呈现出勤于思考、善于思考、敢于提出问题、善于提出问题的思维状态。在课堂教学中为师生互动、生生互动创造条件，使每位学生都有较强的求知欲和积极性。为了使学生掌握良好的学习方法，我采取了自学辅导法、讨论法、操作法、小组合作学习等学习方法，帮助学生学会学习，使之既长知识又长智慧。"

4. 合作

教师合作，指教师为了提高自己的教育教学水平，通过沟通、对话与交流等方式而联合起来的协作行动。教育从本质上来说是一种合作性的事业，而教师从本质上来说，是一种合作性的职业。这种合作可以是多种形式的，如教师与教师的合作、教师与学生的合作、教师与专家的合作、教师与学校领导之间的合作、教师与家长的合作等。合作就是相互支持、相互帮助、相互启智开思，具有"1+1＞2"的效应。因此，学会合作是教师专业素养形成与发展所必备的基本条件之一。

国内外研究表明，作为一种组织形式，教师学习共同体是促进教师专业发展的有力途径，并成为学校教学变革与改善的有效策略，其在改善和重构教师教学理念、丰富教师教学智慧及促进教师专业提升方面效果显著。教师学习共同体是教师们旨在改进教育实践和促进自身专业发展而在学校中形成的合作学习关系，是一个既包括互相合作，也包括共同探究的同事关系。正如托马斯所指出的："教师专业发展思想的一个重要转向就是将关注的重心从'专业个人主义'转向'学习共同体'，在共同体中，教师通过参与合作性的实践来滋养自己的教学知识和实践智慧。"学习共同体使教师的专业发展从封闭走向开放，从被动接受走向互动分享、彼此信任、密切合作、追求共同的目标。同时还可以从其他成员那里获得支持和帮助，及时将教学智慧转化为教学实践。因此学习共同体是教师专业发展的理想选择❶。

────────────────

❶　王京华，李玲玲. 教师学习共同体——教师专业发展的有效路径 [J]. 河北师范大学学报：教育科学版，2013, 15 (2)：39-42.

（三）环境因素

影响教师专业发展的环境因素有家庭、学校和社会等，其中最重要的是教师工作的主要场所——学校。学校组织作为一种教育环境，不仅影响学生的成长，也直接制约着教师的发展。

首先，学校良好的组织文化对教师专业素养的成长有重要影响。这里的学校组织文化反映的是学校的整体状况，它包含物质文化、制度文化和观念文化三个方面。学校组织的物质文化，包含学校组织文化中的各种物质性的存在和构成。学校组织的制度文化，包括学校组织中各种条例或规章制度、行为规范、纪律等，以及那些无形的习惯、约定俗成的规范、学校长期教学过程中逐渐形成的传统和风格等。学校组织的观念文化，包括学校组织中特定的思想意识、价值观念等。这些整合起来的组织文化影响着教师专业素养的形成与发展。

其次，学校的领导、同事对教师的关心、支持和认可是教师专业素养成长的不竭动力。李吉林老师在刚参加工作后的第二年，由于她表现突出，学校便向市教育局推荐，让她到省教育厅参加小学教科书、教辅资料的编写工作，使她有机会接触到了省里的一些领导和专家，这对她后来的成长有很大影响。缪徐老师在他的"我的三次超越"中也记载了他刚工作时，分管教学的副校长与他的谈话，"我发现你现在没有学生时代的那种刻苦精神了，有时候工作还显得有些消极，为了促一促你，我想把你安排到初三去教化学，你看怎样？"正是由于这"促一促"，才有了缪徐老师的"第一次超越"。

二、教师专业发展的一般规律与路径

（一）教师专业素养的形成与发展与个体一般素质密切相关

个体一般素质包括身体心理素质、道德情感素质和知识能力素质等等。教师专业素养中的教育理念、学科教学知识、教学监控能力、专业精神、自我专业发展意识和教育智慧等都是在个体这些一般素质的基础上形成和发展起来的，二者呈现明显的正相关。二者不是一个孤立独行的过程，教师专业素养伴随着个体一般素质水平的发展而不断发展和变化，后者是前者的基础和条件，前者的提升和发展又会促进和深化后者的层次和水平。因此，教师教育不论是职前培养阶段还是职后的培训阶段，专业素养的培育都应该与一般素质的现状和发展密切结合，科学设计，精心组织，才能实现双赢。

（二）教师专业素养的形成与发展是其实体系统、动力系统和监控系统的协同作用

教师专业素养是一个系统的整体结构，其内部包含着相互影响和关联的复杂成分，是一个内容和结构的统一体。其中，教师的职业理想是其献身于教育工作的根本动力；教师的学科教学知识是其从事教育工作的前提条件；教师的教育观念或信念是其从事教育工作的持续推动力；教师的自我监控能力是其从事教育活动的核心要素；教师的教学行为是其专业素养的外化形式；教师的教育智慧是教师专业素养达到成熟水平的标志。可见，构成教师专业素养的各个要素不是简单累加的，其功能和作用是非均衡的，而且，教师的某一方面素养很难离开其他素养而单独存在和发挥作用。教师专业素养总是整体呈现和综合作用的，构成一个具有特定功能的整体结构。我们可将教师专业素养的整体解构为若干相互

关联和作用的系统：一是实体系统，二是动力系统，三是调控系统。

教师专业素养的实体系统主要包括教师的知识、技能、能力、道德、生理和心理素质等实体部分。通常人们对教师专业素养的要求和期待，多指该方面。教师只有在这些方面形成一定的优势地位，达到一定的水平和要求，才能堪任"人师""经师"的职责和使命。正如世人所谓"学高为师，德高为范"。

教师专业素养的动力系统主要包括教师的教育理想、专业精神和自我专业发展意识等因子，它们与教师的认识、需要、动机、态度、个性等相联系并在此基础上形成和发展为一种动力机制。这种动力系统既不是单纯的外驱动力，也不是脱离社会现实和生活实际的内驱动力，而是通过外部促进与自我驱动的互动而形成的一种具有动力作用的主体性结构。

教师专业素养的调控系统主要包括教育观念和自我反思与监控能力等因素。教育观念不仅仅是一种认识，同时也具有一种明显的情感性和评价性，对教师的行为具有趋向、促进或阻抑、退避等调控功能。这主要是因为教师的知识、道德以及相应的教育教学技能的运用，其所有的教育行为都不可能是一个单纯的实施、操作、实践、行动过程，背后总是自觉或不自觉地受到教育观念的支配和指导。此外，国内外教育改革和教师教育都十分强调培养"反思型教师"，这正反映出教师的自我监控能力对于教师专业素养的形成及发展的重要意义。教师自我监控能力是教师教育教学能力形成和发展的内在机制，同时它又是教育教学能力的核心成分。

综上所述，教师专业素养的形成与发展过程是教师的教育思想、知识结构、能力结构、专业情意、教育智慧和自我专业发展意识等要素的和谐统一，也是教师专业素养结构中的实体系统、动力系统和调控系统的同构与整合过程。

（三）教师专业素养的形成与发展是渐进累积式发展与跨越突变式发展的统一过程

事物发展的合理性，既包含累进性、渐进性的一面，又有突变性、跨越式的一面。教师专业素养的形成和发展同样也包含着这两个相互矛盾、相互对立而又不可分割的方面。量的增长，是学习经历、工作年限和阅历的增长，教育教学工作经验的积累，知识和能力的逐步提高，是一个渐进式的显性发展过程；质的飞跃，是由低到高、由不成熟走向成熟、由新手走向专家的一个突变式的隐性发展过程。量变到质变不可能在短期内完成，是逐步积累、逐步孕育的过程。量的增长与质的飞跃的辩证统一，渐进式、累积式发展与突变式、跨越式发展的辩证统一，构成了教师专业素养形成与发展之路的轨迹。根据这一发展轨迹，我们可以形成如下几点认识。

第一，教师专业素养的形成和发展是持续的、持久的，是一个无止境的过程，是一个长期的循序渐进的过程。教师需要持续的成长，也需要持续的支持，更需要坚定的自我专业发展意识。它起始于职前教育，终止于教师退休。

第二，教师专业素养的形成和发展是分阶段进行的。这些阶段包括进入师范院校、成为专业教师直至离开教职。教师的专业素养或某一专业素养的某些方面形成的时间、过程是有区别的，有些特质适于理论学习，通过教师讲授或自己看书学习就能形成，有些特质必须在掌握一定理论的基础上在实践过程中才能形成。所以教师教育的不同阶段在内容、方法上应据此进行改善和提高。

第三，教师专业素养的形成和发展是一个追求卓越，追求最优发展、精益求精、好上加好的发展过程。没有最好，只有更好，最好是一时的追求，更好是永恒的目标。只有视今天为落后，不断地反思自己、充实自己、超越自己、追求卓越、追求更好的境界，才可能攀登一个又一个新的高峰，实现一个又一个的发展目标，达到教师专业素养的成熟。

第四，教师专业素养的形成和发展有其发展的关键期。关键期是使教师专业素养由量变向质变飞跃的标志，是成长过程中最重要的环节，"它促使教师对可能导致教师特定发展方向的某种特定行为作出选择"。当然，关键期又是因人而异的，有研究将教师经历的"关键事件"也纳入关键期范畴。教师在专业发展过程中有许多关键时期，这些时期可以成为教师发展的转折期，它会改变教师专业发展的路径和速度。依据米索（Measor L.）的观点，教师发展的关键时期分为三类：第一类是"外在"关键期，指由于重大历史事件所引发的关键时期，教育变革属于这一类型的关键期。第二类是"内在"关键时期，指教师专业发展的自然演进过程中所出现的关键期，如教师的实习期、初任期等。第三类是"个人"关键时期，指由于家庭中的突发事件、结婚、离婚、子女生病等诱发的关键时期，这也可能导致教师对自己的专业发展作出新的选择❶。在这三类关键时期中，既能对教师群体产生整体影响，又具有突变性和偶发性的是第一类关键时期。

教师专业素养的形成与发展过程中的渐进累积式发展与跨越突变式发展是相辅相成的。没有渐进累积式发展，就没有跨越突变式发展；没有跨越突变式发展，就没有渐进累积式发展。两方面的结合与渗透，构成了教师发展过程的一生。这两者是相互渗透的，并不是截然分开的。渐进累积式发展的显性性状是量的变化，隐性性状是质的变化，量的变化中又孕育着质的变化；跨越突变式发展的显性性状是质的变化，隐性性状是量的变化，同样，质的变化中又包含着量的变化。

交流讨论

试分析 【案例 11-1】 中缪老师的三次超越中的关键事件分别是什么性质的？缪老师的专业发展是如何体现渐进累积式发展与跨越突变式发展的统一的？

（四）教师专业素养的形成与发展是一个实践与反思相互循环、层次不断深化的过程

专业实践是教师专业发展最重要、最有效的途径，专业实践的核心特征就是反思。当教师在实践中自觉地反思时，他们的职业实践就会成为一种"专业"的实践。因此，教师在实践中的反思是专业发展的核心机制。

尽管长时间的专业训练是教师专业化的一个必要条件，但并非是教师成长的充分条件。对教师的发展而言，更重要的是教师的实践经历。任何职业中新手到专家的发展过程都离不开实践的作用，波斯纳提出的教师成长公式"发展＝实践＋反思"，其实反映了所有专业工作者成长的规律。一个成熟的教师所应具备的各种知识技能中绝大部分来自于工作经历。一项对中学优秀教师各种特殊能力的形成时间的研究表明：除了语言表达能力以外，教育教学所必需的其他能力，如处理教学内容的能力、运用教学方法和手段的能力、

---

❶ 叶澜. 教师角色与教师专业发展 ［M］. 北京：教育科学出版社，2001：308.

教学组织和管理的能力、科学研究的能力、教育机智、与学生交往的能力等，都有 65％以上是在任职以后形成的**❶**。

反思是"基于实践的反思"，即教师作为主体在其专业实践中的反思活动，是教师的角色反思、问题反思。这种反思，是教师作为一名专业人员在具体复杂的教育情境下，通过自己的反思和探究，将所学的教育理论实践化，将自己获得的实践经验理论化，从而在理论与实践的结合点上形成丰富的实践性知识，成为一名"反思型实践者"。这种实践性知识的丰富和提升，正是一个教师由经验型教师向专家型教师、由新手向专家发展的重要载体和标志，也是教师的专业素养从无到有、从低到高的基本发展路径。

教师在教学中能够敏锐地发现存在的问题，并在观察与分析、广泛搜集关于自己活动的信息的基础上，以批判的眼光来分析问题，积极寻找新思想与新策略来解决所面临的问题，并在教学实践中对新思想与新策略的实施进行检验。这样通过"问题→学习→设计→行动→反思→问题"实践的循环，使自己的专业素养得以形成和发展。

这种教师专业素养形成与发展的基本循环，充分说明教师的成长依赖于"实践＋反思"。教师是专业人士，一个专业人员在其专业工作中，并不是单纯地运用过去的经验和知识，而是不断地在以"实践＋反思"的方式解决问题。具体说来，"实践＋反思"就是在面临问题时能够及时形成假说，并采取适当的实践以验证该假说，然后根据实践的结果修正假说，并决定下一步新的实践。"学习"和"设计"环节实质就是形成假说的过程，"行动"就是实践的过程，根据实践的结果，"反思"假说的合理性、科学性，至此一个循环结束。紧接着在新的问题面前汲取前一循环的经验和教训，在更高层次上展开下一个循环。如此不断地循环，使自己的"实践＋反思"的能力不断地发展，"实践＋反思"的视野不断地开阔，专业素养水平就会得到不断的提升。

（五）教师专业素养的形成与发展是主体充分整合利用内外部资源和条件的过程

教师自身的内部条件和外部环境决定着他们自身专业素养的形成与发展。一个人能有多大的成就与个人自身的条件和其外部的环境影响是分不开的。这里的内部资源与条件包括个人的理想、信念、追求、意志品质、责任心、事业心、学习的能力、反思的能力、研究的能力等等；外部资源与条件包括个人所处的社会环境、学校环境、家庭环境等等。"内因是事物发展变化的根据，外因是事物发展变化的条件，外因通过内因而起作用。"这一普遍规律在教师专业素养的形成与发展中的作用也是十分明显的。能否成才，关键在于自身的基础和努力，但是外部资源和条件的制约和促进作用也是十分关键的。

内部资源与条件是教师专业素养形成与发展的内在因素，教师专业素养的实体系统、动力系统和调控系统，无疑属于教师发展的内部资源。教师专业素养形成与发展过程中如能发挥这三大系统的整体优势就能为自身的发展提供有利的内在保证和心理基础，而且这对于教师专业素养的形成与发展起着决定作用。

在此基础上教师专业素养的形成与发展需要整合外部资源与条件，即环境因素。值得指出的是，学校积极向上的文化氛围、行业内专业人士的提携与指点、较高层次的培训学习等等，对教师专业素养的形成与发展都有着极大的促进和推动作用。而且外部条件中的

---

❶ 王邦佐. 中学优秀教师的成长与高师教改之探索 [M]. 北京：人民教育出版社，1994：46.

社会环境条件是教师专业素养形成与发展的社会土壤。大到国家"科教兴国"战略的实施、全社会"尊师重教"风气的形成、公平的竞争环境、良好的学校组织文化，小到家庭成员的支持和帮助等，对教师专业素养的形成与发展都具有重要作用。

唐僧去西天取经，遭遇八十一难，不知者以为他是自讨苦吃，其实他是抱着一个宏愿要完成，生死置外，乐而忘苦。教师专业素养形成与发展之旅又何尝不是如此呢？在专业素养形成与发展的每一个阶段，都需要教师不断地调整自己的心态与行为，以坚定的信念将自己的内在条件与外部条件进行优势整合，使自己的专业生活建立在一个良性互动的氛围之下，从而促进自身专业素养的提升。

第三节　教师专业发展的催化剂——反思性研究

肩负着为社会培养人才，为人类传承文明的神圣使命，教师不能不具有专业发展的主动性。"反思型教师"，就是能够借助先进的教育教学理论及他人的教学经验，积极主动地对自身教育教学观念及其实践活动进行批判性的思考、分析、研究和改进，以不断提高自己的专业水平的教师❶。当教师能够在教学过程中对自身已经发生过的教学行为进行反省、对自身当下的教学活动进行即时的监控与调节、对将要从事的教学活动进行筹划时，即自觉地进行"反思性研究"时，不仅表现出其专业发展的自主性，更能催化其专业发展。反思性研究尽管也运用一些客观性较强的方法，如实验法，但主要运用主观性较强的方法，比如行动研究、教育叙事研究、课例研究等。

一、行动研究

（一）什么是行动研究

约翰·艾里奥特（John Elliot）认为"行动研究是教师通过合作来评价他们的教学实践、提高他们对自己的个人理论的意识程度、清晰地呈现他们的价值观念、尝试新的策略来实现他们在实践中一贯认同的教育价值、以一种切实可行与易被其他教师理解的形式来记录他们的工作，这样他们就可以通过实践研究来发展他们共同分享的教学理论。"❷ 行动研究具有以下特征。

1. 行动研究以解决实践中的问题为目的

在教育领域中行动研究关注的是教师们日常遇到和亟待解决的"实践问题"。所以行动研究不囿于某一学科的主张或某一种理论知识，而是主动容纳和利用各种有利于解决实践问题、提高行动质量的经验、知识、方法、技术和理论，特别重视实践者、实际工作者对实践和实际问题已有的认识、感受和经验。行动研究把解决问题放在第一位，并不等于行动研究无助于、也不关心"一般知识"和"理论"的发现，它只是更强调从具体、特殊到一般和普遍，更强调已有的理论和知识都须受实践的检验、修正、补充甚至证伪，更强

❶ 张志泉. 论教师专业发展的反思性道路 [D]. 上海：华东师范大学，2007：108-121.

❷ Eliott J. Action research for educational change [M]. London：Open University Press，1991：3.

调知识和理论是来源于实践，并在实践中体现其有效性和真理性。

2. 行动研究注重行动与研究的紧密结合

行动研究要求研究者深入现场，与实践者一起研究他们面临的问题，使实际工作过程本身变成一个研究过程，使研究过程又变成一个理智的工作过程。这样，行动研究就在解决问题的过程中，是一种要求研究者参与行动、行动者参与研究的方法。甚至，在某些行动研究情境中，研究者即实践者，实践者即研究者。

行动研究要求实际工作者积极反思、参与研究，要求研究者深入实际、参与实际工作，两者相互协作，共同研究。研究者的参与，可以使他们从"局外人"转变为"参与者"，从只对"发现知识"感兴趣转变为肩负起解决实际问题的责任；研究者的参与也可以使他们更直接深入地观察行动者和行动过程，并用实践者能理解的语言把共同研究的成果表述出来，以便实际工作者改进他们的行动和工作。这样，行动研究就以相互参与和共同研究的方式，在研究者与实际工作者之间架起了桥梁，也缩短了理论研究与实践活动、研究成果与实际应用之间的距离。

（二）行动研究的一般模式

如图 11-2 所示，行动研究是由若干个螺旋循环圈构成的，在每一个圈中又由相互联系并有内反馈机制的四个环节构成。这四个环节分别是计划、实施、观察、和反思（包括"分析""解释""评价"等）。

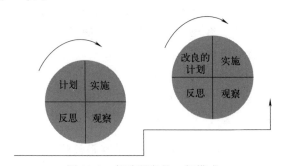

图 11-2　行动研究的一般模式

1. 计划

计划是行动研究的第一个环节，需要完成三个方面的工作：理清行动研究者的困境，提出明确的研究课题；考虑解决问题的设想；计划的制订，制订出既包括行动的"总体计划"，又包括具体的行动步骤的计划方案，尤其是第一、第二步行动方案。计划应是灵活、开放的，是实验性的、允许修正的。

2. 实施

实施是按照目标和计划作出行动。它是建立在理解基础上的有目的、负责任、按计划采取的行动步骤。实施计划的行动是在自然的状况中进行的。因此，必须重视实际情况的变化，重视实施者对行动背景的逐步加深的认识，重视其他研究者、参与者的监督观察与评价建议。

3. 观察

观察，既可以是行动者本人借助各种有效的现代化手段对本人行动的记录观察，又可以是其他合作者的观察。观察的内容主要指对行动过程、结果、背景以及行动者特点的观察。观察是反思、修正计划、确定下一步行动的前提条件。

4. 反思

反思，既是一个螺旋圈的终结，又是过渡到另一个螺旋圈的中介。它主要包括两个方面：一是整理和描述工作，即对已经观察和感受到的与制订计划和实施计划有关的各种现象进行归纳整理，描述出本螺旋圈的过程和结果，勾画出多侧面的、生动的行为案例；二是评价和解释工作，对行动过程和结果作出判断，对有关现象和原因作出分析，找出计划和结果不一致的症结，从而形成是否需要修正的基本设想、总体计划及下一步行动的判断和构想，提出怎样修正、怎样实施下一步行动的建议。

行动研究是一种以实践的改进作为关注焦点的研究模式。它是一种指导教师通过反思作出教学策略方面的决定并改进教学策略的模式。长期从事这样的实践，教师的反思意识与能力就会较快地发展起来。而有了反思素养的教师即反思型教师，其相对客观的自我评价性与合作性最终会导致对实践的合理性改进。反思型教师带着相信教室将会发生变化与他们能够控制这种变化的信仰走进教室，他们寻求那种使自己更具有效能感的策略。正是在他们反思自己已经做了什么、结果怎样并且提出"如果当初……"并将获得的革新运用到教学的过程中，反思型教师转变为真正的行动研究者。

二、教育叙事研究

教育叙事研究，是借助教育叙事的方法，研究教师的教育生活与发生在教育世界中的事情。而教育叙事，简单地说，就是教师讲有关自己或教育教学的故事。它的意义来自一般叙事的具体化。通过教育叙事，教师会更多关注自身的发展变化，了解自己内心的真实需求，从而更好地理解自己。同时，也可以使教师从对自身的关注中意识到对学生关注的重要性，从而能够使教师在教学中更好地移情。

（一）教育叙事的类型

教育叙事可大体分为想象叙事、口头叙事和书面叙事。

1. 想象叙事

所谓想象叙事，就是叙事主体借助内部语言描述生活中的事件，亦称为内隐型叙事，它是叙事者将自己头脑中各种表象通过自己思维的加工而形成各种具有意义情节的事件，所叙内容也只有叙事者一个人知道。如人们通常所说的"回想""做白日梦"等。由于这种叙事的进行不需要什么外在的条件，因此叙事不受时空的限制。想象叙事可以丰富人的精神世界，也可以使人的精神世界枯萎。如果它不借助于其他的叙事方式将其所叙内容外化，容易导致个体心理闭塞或心理问题的出现。

2. 口头叙事

口头叙事，是指叙事者通过口头言说的方式将自己内心的东西表达出来。口头叙事与想象叙事有很大不同，比想象叙事的过程复杂得多。如果说想象叙事是"想好"的过程，那么口头叙事则是先"想好"再"说好"的过程。人们常说那种说话前不认真思考的人是说话"不经过大脑的人"，就是指那些没有"想好"就说出的人。既然口头叙事的过程是一个先"想"后"说"的过程，那么主体通过经常性的口头叙事不仅可以促进自身思维的发展，同时还可以促进自身口头表达能力的提高，最终达到思维与言说的协调一致，使主体能够想到什么就能说出什么。

3. 书面叙事

书面叙事，是叙事者通过书面语言将自己所见、所闻、所经历的事件写出来。根据书写的正规程度不同，人们可以将教师的书面叙事分为日记、日志或博客、随笔、论文写作等几种形式。相对想象叙事与口头叙事而言，书面叙事对人的能力有更高的要求，它的完美程度更能体现一个人思维水平与表达能力的高低。如果说想象叙事是一个"想好"的过程，口头叙事是一个"想好"与"说好"相统一的过程，那么书面叙事则是一个"想好"与"写好"协调统一的过程。一般而言，主体写得越好，也就意味着主体想得越好，但是主体想得好并不必然地意味着个体写得好，要能做到想得好就写得好，就需要经常性写作，这才能够真正地达到思维与写作的协调统一。

当然，人们也可以根据叙事主体的不同将教育叙事分为教师叙事、学生叙事与研究者叙事；根据叙事者与所叙内容的关系将教育叙事分为自我叙事或自传或自我生活史描述、对他人的叙事等；根据叙事的时间，可以将教育叙事划分为顺叙、倒叙、插叙；根据叙事的主题，可将教育叙事分为教学型叙事、德育型叙事和管理型叙事等。

（二）教师叙事的主要内容

在教师的内心中，不仅留存着他们生活和学习、发展经历的痕迹，同时也活跃着他们对当下生活与学习状态的意识，以及对未来生存状态的期待。因此，教师进行教育叙事时，既可叙工作，还可叙生活与学习等。

1. 叙述"生活史"

随着"质的研究"方法的兴盛，教师个人生活史也受到越来越多的教育学者的关注与重视，成为教师教育研究的一个重要领域。叙述生活史指教师对他（她）在生活与教育中所发生的事件和经历的描述和刻画，是教师本人对自己在"教育的生活世界"中的体验和感悟的表达。因为它描述的是教师在日常生活、课堂教学、研究实践等活动中曾经发生或正在发生的事件，因而它是真实的、具有情境性的，它投射着教师的情感、态度和价值观，是"职前教师或新教师建构自己对教育的理解的一扇窗户"。教师的个人生活史包含着教师丰富的内心体验，蕴藏着教师细腻的情感变化，反映着教师对教育意义的探索，记录着教师专业成长的心路历程……教师正是用自己个性化的方式赋予教育的生活世界以独特的韵味。在生活史中，个人的意义是被放置在历史背景中的。教师在记叙中，原汁原味地呈现出事件发生的过程，其中包括教师在日常的教育活动中所遭遇、经历的各种事件，这些事件不是转瞬即逝、无足轻重的，它们长久地影响着学生、影响着教师、影响着教育生活。在教师进行生活史的写作时，教师对自我学习经历的反思一般通过叙事的方式进行。通过叙事，教师将自身的学习经历以可听（口头叙事）、可见（书面叙事）的形式外显，作为自己思考教育问题最为直接的证据与材料。教师在叙述自己生活经历时，要关注以下问题：

① 自己为什么对这些情境、事件与人物具有深刻的印象，这些事件对自己的发展与心理现状具有什么样的影响？

② 自己是采取什么样的线索将这些情境、事件与人物从记忆的废墟中回忆出来的，

是通过对时光追溯、地点转移、人物变换？还是通过与朋友对各种话题的交流？

③ 教师能否利用这些回忆线索帮助学生进行有效的学习？

📖 案例分析

【案例 11-4】 缪徐老师参加江苏省优质课比赛的经历❶（节选）

阅读以下"生活史"式叙事，请分析教师是通过什么方式叙述这一经历的，重点描述了什么？这对他人的专业发展具有什么借鉴作用？

2006 年江苏省初中化学优质课评比的地点在盐城，或许是代表南通市参赛，内心只有给南通教育增光、不能给南通教育抹黑的压力，我竟然经历了整夜未眠的痛苦。听着陪我来上课的老师的酣睡声，我内心有过"悔不该来逞能""放弃也是一种幸福"的想法。第二天早上在电梯间遇到市教研员时，我不敢正眼看他的情景至今还记得清清楚楚。2008 年全国 初中化学优质课评比的地点在安徽黄山市，黄山秀美的风景没能缓解我内心的压力。因为，9 月份我已被省政府授予了"特级教师"的荣誉称号。"都特级了，干吗还去比赛？""特级教师的课也就这样！"我担心别人如此说我。因为是代表教育大省去参赛，我担心自己发挥不佳令我省的教研员、与会老师以及外省的老师失望。虽然这些压力都被我顶住了、扛下了，但每每回想起来，内心还是感慨万千：挑战自我，离不开实力，离不开良好的心理素质，也离不开他人的鼓励和支持。我忘不了市化学教研员陆老师给予我的指导和帮助，忘不了省化学教研员王老师给予我的关心和支持，我的手机里至今还保存着王老师 2008 年 11 月 6 日（黄山赛课的那天）上午发给我的短信：下午放开讲，好好发挥，尽情展示你的智慧和风采！正是很多像陆老师、王老师这样的前辈和朋友为我搭起了成长的阶梯。

2. 叙述"学习史"

如果说教师对"生活史"的描述较多地关注自身在教育、教学生活过程中的体验与感受，那么教师对"学习史"的描述则将关注的焦点集中在自己学习的过程及其感受上。教师在审视自己的这些经历时要考虑以下几个问题：

① 在学习的过程中发生的哪些事件给自己留下了深刻的印象，这些事件为什么会给自己留下如此深的印象？

② 在学习过程中存在着哪些不利于学生发展的因素，怎样消除现实教学中存在的不利于学生发展的因素？

③ 在学习过程中采用哪些行之有效的学习方法，能否教会学生使用这些学习方法学习？

④ 在学习过程中，哪位教师对你的影响最大，这位教师给你如此大的影响的原因是什么，这种影响对你当前的教学有什么启示？

⑤ 你能回忆起来的课堂学习情境有哪些，为什么能回忆起这些情境，而不是其他情境？所能回忆出的课堂情境对你现在的教学有什么样的启示？

---

❶ 缪徐. 我的三次超越［J］. 教师博览，2009（3）：23-26.

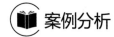案例分析

【案例 11-5】 严老师的教育硕士学习经历❶（节选）

严老师在初中教学 7 年后又进入苏州大学攻读教育硕士。以下是他对这一段学习经历的口头叙事。请认真研读，分析这一段学习经历对严老师发展的重要作用，对你的未来发展有何启示？

从 2004～2007 年，这三年里把我以前在北师大没有掌握的包括教育学、心理学、化学教育学等知识都补上了。因为意识到这些知识对中学教学的作用，所以开始自觉地去学习。这一阶段我觉得是对夯实我的教育教学理论基础知识最重要的一段时间，不但把以前的课都补上了，而且又上了一个台阶，视野与之前也都不一样了。所以经过这次学习，我更深层次地理解了新课改。原来在实践中采取的因势利导、因材施教等行为还基本上是在外界环境的压力下半主动半被动进行的，即使自己有一些想法但是还是不够主动。而经过几年在苏州大学的学习，我开始自觉地用理论指导自己的教学、科研，在教学中也开始关注对学生价值观的教育。理论丰满以后开始在国内重要的期刊上发表文章，不必再像以前那样东挪西凑，开始有理论层面的思考……数字化技术对于课堂教学的实施是一个重要的技术支撑，我们可以尝试让这些现代技术服务于我们的教学。例如有些复杂的知识用语言表达会很苍白、很抽象，用图片说明不清楚，用动画又不真实，那么就用数字化技术试试看。这样既能体现化学的真实性，对于动态变化过程的说明也很有说服力。这些想法的起因其实都是在苏大三年的学习的结果。

从叙事中，人们不仅可以部分地了解叙事者的心路历程，同时也从中意识到教师什么样的品格与素养才是教学工作所不可或缺的。更能从叙事中获得一些教学与学习方法及策略方面的启示。

3. 叙述"教学史"

"教学史"是教师在教学过程中所遇到的一些具有教育意义的事件及自身对这些事件的感受。对教学史进行描述不仅可以唤醒自身对教学的意识，同时也可以促使教师对自身教学经历进行更多的反思。这种反思涉及的不仅是自身的教学过程、学生的学习方式，同时还涉及自身的专业成长历程。在叙述教学史时，教师要思考以下的问题：

① 自己通常的教学方式、教学方法与教学策略是怎样的，它们的利弊是什么，怎样才能使他们在去弊取利的基础上得到发展？学生常用的学习方法和策略是怎样，这些学习方法与策略是不是最好的，怎样对它们加以改进？

② 自己在教学的过程中遭遇了哪些教学事件，这些教学事件对自己与对学生的意义是什么？

③ 自身现在教学的各方面同以前相比发生了哪些变化，这些变化说明了什么？

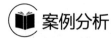案例分析

【案例 11-6】 严老师的第一次公开课❷（节选）

---

❶　武春娟. 专家型化学教师专业发展的个案研究 [D]. 苏州：苏州大学，2013：66-67.
❷　武春娟. 专家型化学教师专业发展的个案研究 [D]. 苏州：苏州大学，2013：62.

1998 年下半年严老师有机会开了他的第一次公开课。当时的很多老师都不愿意甚至是害怕上公开课，但是严老师却觉得能够上公开课是一件非常幸福的事情，是一个终于可以把自己的想法向大家展示的难得的机会。以下是他对这次公开课的叙述。请仔细研读，分析教师教学理念有何变化？教师是如何创造性地处理教材的？从中你有何启发？

因为是第一次公开课，所以我印象特别深。我当时是讲的 CO。选题的时候考虑到由于 CO 制备有毒，此前所有老师都不做这个实验，讲到这里的时候就只是一些黑板实验，这让我感觉有点儿可惜。我从制取开始，用甲酸分解制取 CO，我当时设计的是先做 CO_2 的制备再做 CO 的制备，然后把两个实验放在一起作对比，做的时候在尾气处理上也做了改进。因为这样设计的话就不是单纯讲 CO，而是把 CO 和 CO_2 合在一起，这对于学生能在实际上形成一个辩证思想，但当时是老的教材，一般老师也不大会去这样做。其实我那时就是想 CO 和 CO_2 之所以不一样，是由它的结构决定的，所以只能从性质回到结构上。所以才想到用 CO_2 作对比。在课本制取方法的基础上又增加了一组实验用来还原 CO_2，考虑到 CO 不可以使紫色石蕊变红，所以在前面加上紫色石蕊，这样紫色石蕊在前面的 CO 处不变，在 CO_2 处由于溶液呈酸性而变色，在 CO_2 被还原为 CO 后颜色消失，这样形成前后对比。

其实当时我就是考虑到我们强调启蒙教学，而化学应该是以实验引领的教学，实验可以很好地把学生们的注意力、关注度集中在课堂上，而黑板实验都是静态的，相对来说缺乏真实性。所以利用真实的实验，学生才能感悟到化学不是变魔术，而是一门真实的科学。

从严老师的这段回忆中我们可以看到，当时的他已经具备了对教学内容的基本的把握和整合能力，开始在教学设计方面进行积极的思考，并且也能看出严老师重视实验教学，重视实验的设计改进的特点。同时在这节公开课中我们也可以看到严老师既传授了知识，又培养了方法和思想，还有环保的意识渗透其中。这与我们现在新课标倡导的三维目标及学科核心素养不谋而合。

教师叙事研究不仅是个人经历和孤立经验的故事的反思，而是对社会大背景下整个教育的反思。因为，从本质上说，叙事是社会性的、关系性的。故事从人们社会集体生活的历史中获取意义。教师是叙事文本的作者，当教师透过叙述和写作试图对发生的经验进行某种观看和反省时，就开始进入一个"读者"的位置来阅读他们自己。叙事研究使人们对自己的经验的认识可以有机会跳出视为理所当然的窠臼，而有了一种辩证的观念方式，发展出另一种理解和洞视。即能够从自己所研究的教育经验中"解读"出内在的学术和理论的"意义"。这意味着，合理的叙事研究会使教师把自己个人的经历与体验与社会生活联系起来，在社会政治、经济与文化的大背景下反省自己的生活、工作与学习，从而走上更宽广的反思道路❶。

三、课例研究

教师是课堂教学的实施者，也是研究者。教师的研究，通常是在备课、上课和课后的

---

❶ 张志泉. 论教师专业发展的反思性道路 [D]. 上海：华东师范大学，2007：116-123.

反思中进行。课例研究是一种教师集体合作，通过对研究课的设计、实施与观察、反思与改进来促进教师专业发展的活动，是一种世界范围内广泛采用的教师专业发展模型，是推进教师专业学习、教学研究和团队合作提升的重要方式。以课例研究为主要培训方式的校本教研在教师专业发展中起到十分重要的作用。

📖 案例分析

【案例 11-7】 "新制氯水成分的探究"课例研究❶

请阅读以下课例研究过程，分析两次教学流程有何不同，教学效果有何不同？这对于教师今后的教学决策有何帮助？

为发挥实验探究在教学中的作用，对"新制氯水成分的探究"一节开展了课例研究。两次授课流程分别见图 11-3、图 11-4。

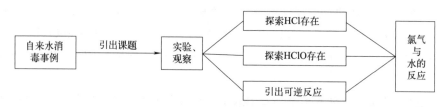

图 11-3　第一次授课教学流程

教后反思：这种设计初步体现了探究的理念和方法，为学生提供了"氯气能用于自来水消毒"的情境，提供了检验氯水成分的必要试剂，并且让学生亲自通过实验分析氯水中的成分，并根据实验结果探究得出氯气与水的反应。但教学的设计过于简单和具体化：问题是教师提的，实验设计也是按照教师的思路去做，学生的思维虽然会比较集中，解决问题比较快，但却限制了思考空间，不利于学生兴趣的培养和探究程序的掌握，影响了探究效果。

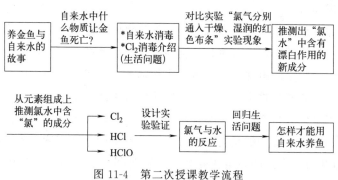

图 11-4　第二次授课教学流程

教学效果：第二次授课围绕生活中"养金鱼能否用自来水"的问题展开，进而转化为氯气与水反应的问题探究，教师的情境激发、师生间的演绎推理环环相扣，把学生的学习逐渐推向高潮，充分展现学生的主体地位，为学生打开了运用已学知识探索未知领域的广阔自学空间，学生间"自主、合作、探究"的生动活泼的学习氛围自然生成。本次授课既

---

❶ 吴兰. 化学实验教学中的课例研究——以"新制氯水成分的研究"为例 [J]. 化学教学，2012（11）：39-41.

落实了知识目标，又发展了学生探究设计的能力，对探究学习思路的形成有很好的奠基作用。

基础教育课程改革的核心理念是"为了每一位学生的发展"，而学生的发展必须建立在新课程的实施——教师专业发展的基础上。教师的专业发展需要关注实践智慧的动态发展过程，教师的专业成长迫切需要加大"研"的分量，需要有课例的专业引领，需要行为跟进的全过程反思。教师在化学实验教学中进行的课例研究，探索与研究实验教学的策略，这是新课程背景下教学研究与课题研究整合的一种有益尝试，可使教师自身成为一个研究者，在观课中成长，在课堂实践中成长，在反思、重整中不断成长。"课例研究"是优秀教师成长的必然途径，对于教师自身素养的提高有着不可估量的作用。

课例研究一般要经历"确立研究主题""规划教学活动""实施课堂观察""开展课后研讨""形成研究报告"等核心环节。学校中的教学研究小组基于教学中所面临的实践困惑，在协商的基础上确定研究主题，而后选择相应的教学内容为载体展开研究。需要通过至少两轮的教学研究过程：在第一轮教学中，依据前测结果开展教学方案的设计，而后在课上加以实施，同时由教师本人或研究小组其他成员依据课前所设计的观察工具对学生的学习状态进行观察，收集反映学生学习情况的信息；课后，研究小组围绕课堂观察的信息以及教学后测得的结果展开群体研讨，在分析教学设计和教学实施成效及问题的基础上，开展新一轮的教学和观察；第二轮教学结束后进入新一轮的"课后研讨"阶段，就两轮教学在具体的设计、组织、实施和成效等方面的变化进行系统梳理，最终形成一份课例研究报告。具体操作要点如下❶。

（一）确立研究主题

在"确立研究主题"环节，课例研究小组不仅要考察教学中的实践难题，更要思考这些难题在何种意义上与学生的学习相关。教师在课堂教学中所面临的问题，有些与学生直接相关，比如学生与自我、同伴、教师、教材和环境等的互动。需要注意的是那些表面上与学生没有直接关联的教材或教法主题，避免只是从学科逻辑或教学法的角度理解学科内容。主题的确立要充分考虑学生的学习逻辑，在确立的过程中不断反思主题与学生学习的关系，在教材或教法的考察中嵌入对学生学习的认识，即体现"基于学生学习的教学改进"。基于此，课例研究要从"教学合一"的角度确立主题。

（二）规划教学活动

在"规划教学活动"环节，课例研究小组要践行"因学设教"的原则。首先需要开展学情分析。为此，教师可以借助下列方法与技术对学情进行考察：批阅学生预习作业、访谈学生、测验、课上让学生质疑和点评及做小结、倾听学生讨论、巡视学生做练习的过程、在答疑中发现问题、作业批阅、问卷调查等等。这些方法有助于在规划教学活动时，超越原先单纯依据学科逻辑或日常经验判断教学重难点的做法，真正做到从学生的学习实态出发增强教学的针对性和个性化。

其次，在学情分析的基础上转变教学设计的重心。改变通常将教师的教学行为作为教

---

❶ 安桂清. 以学习为中心的课例研究模式的构建与实践 [J]. 全球教育展望，2019，48（10）：96-106.

案设计的重点，甚至是唯一内容的做法，采用复线型的教案设计。作为复线型教案核心部分的"课堂教学步骤安排"由四栏组成"教学活动及提问""预期的学生反应""对学生反应的应对"和"课堂教学评估"。复线型教案把学生的反应及教师对学生反应的应对列入教学设计，有助于通过设计与实施之间的差异，丰富教师对学生反应的理解。

（三）实施课堂观察

在"实施课堂观察"环节，针对学生集体学习、小组学习和个体学习的情况展开观察。同时倡导开发相应的用于记录学生学习情况的观察工具。对学生集体学习情况的观察通常是借助"学生参与度观察表"进行的。学生小组学习情况的观察则借助两种观察工具进行：一种是结构化的工具，如"小组成员话语权分配表"；另一种是非结构化的工具，即由观察者对小组合作学习的情况进行质性描述，以获得学生认知学习以及与同伴和教师交往的完整信息。对学生个体学习情况的观察是通过对抽样生（语言、行为和表情等）的观察实现的。事实上，经由上述途径所收集的反映学生集体学习、小组学习和个体学习状况的证据是相互印证的。除上述所涉及的观察工具外，教研组还可根据需要研发出一系列新型的课堂观察工具。

（四）开展课后研讨

在"开展课后研讨"环节，一般沿着如下语脉进行：首先是观察者向执教者汇报"基于研究主题我们观察到了什么（学生的课堂表现、课后访谈内容、学生作品分析等）"；其次是询问执教者"观察结果反映出学生的学习存在怎样的问题"；再次是双方共同讨论"我们如何帮助学生解决这样的问题"；最后，为促进研修教师的观念重建和改进行为的持续，研究小组共同反思"上述结论与我原有的认知和观念存在怎样的碰撞和冲突"。当然，上述话语主体分明、层次明晰，在有的群体研讨中，观点的冲突在所难免，但无论多么激烈的争论都要围绕教室中学生学习的事实展开反思与省察。

（五）形成研究报告

在"形成研究报告"环节，教师需要依据学生学习的事实对自身的教学进行反思，提出相应的改进建议。课例研究报告的结构有两种类型：一种结构循着课例研究的历程，交代研究主题的选取、教学方案的规划、教学实践的开展、教学成果的检讨、附件等信息。另一种结构为凸显"依学改教"的要求，也可以把"研究主题的选取"和"教学方案的规划"两部分合并，作为课例研究的背景信息简要地加以呈现。然后重点呈现"教学实践的开展"和"教学成果的研讨"两部分，同时将这两部分的逻辑层次进行再构，分解为三个面：首先是"观察结果"，即对学生学习的实况详加描述；其次是"问题诊断"，依照观察的结果，寻找教学中存在的问题；然后是"改进建议"，针对教学中的问题提出相应的改进建议。由于课例研究是一个系统的教学改进过程，因此一堂研究课在第一轮教学实践后会在平行班中进行第二轮乃至第三轮的教学改进，因此报告中这三方面的写作需要反映每一轮教学实践的情况。

反思性教学研究能力是教师自身专业能力发展的催化剂。教育研究是教师作为专业人员的一种专业生活方式，他（她）自己创造着自己的专业生活质量，这是教师在专业工作中自主性和自主能力的最高表现形式。教师在整个专业生涯中，终身学习，掌握专业知识技能、履行专业自主、展现专业道德、提高专业素养，成长为一个专业的教育工作者，也就经历了从一个"普通人"变成"教育者"的专业发展过程。

对标整理

学完本单元，你应该能够：

1. 描述教师专业化及教师专业发展的含义、教师专业发展的阶段。

2. 根据影响中学化学教师专业发展的因素找出自己专业发展的短板。

3. 根据中学化学教师专业发展的规律规划自己未来的专业发展路径。

4. 从优秀教师专业发展的叙事中获得启发和借鉴。

5. 掌握三种反思性研究的方法，会初步运用三种研究方法。

练习与实践

一、案例分析

请研读缪徐老师的叙事性文章《我的第四次超越》。

我是一名初中化学教师，在一线工作了 36 年，2008 年被评为江苏省特级教师，2010 年被评为教授级中学高级教师（如今的正高级教师）。2009 年 3 月，《教师博览》（原创版）曾刊登过我的一篇成长体会——《我的三次超越》。转眼间，这篇文章已经发表 11 年了。11 年来，我在专业成长方面，又做出了一些新的努力，拥有了一些新的收获。续上当年的那篇成长体会，这段经历成了我的"第四次超越"。

（具体内容请查阅文献：缪徐．我的第四次超越 [J]．教师博览，2020（5）：40-44.）

请回答如下问题：

1. 缪老师评上正高级教师后，为什么还要超越自己？他能超越自己的根基是什么？

2. 缪老师在"第四次超越"中，是如何弥补自己的短板的？

3. 你认为缪老师的第四次超越中最有价值的部分体现在哪里？为什么？

4. 缪老师认为，"超越"的本质内涵，不仅仅是超越过往的业绩，更是一种延缓衰退的精神。有这种精神在，人就不会懈怠、孤寂，更不会消沉、颓废。请谈谈你对此的理解。

5. 缪老师的"四次超越"，对你今后的专业发展有哪些启示？

二、回忆自己的学习经历中一件对自己影响和触动比较大的事情，用教育叙事的方式把它写下来。

三、请与同学组成研究小组对以下课题进行教学设计，通过模拟授课的方式进行课例研究，并写成课例研究报告。

1. 金属的化学性质（人教版九年级化学下册）

2. 燃烧和灭火（人教版九年级化学上册）

3. 铁的重要化合物（人教版高中化学必修第一册）

4. 化学键（苏教版高中化学必修第一册）